普通高等教育“十一五”国家级规划教材

交通运输组织学

● 董千里　主编

人民交通出版社

内 容 提 要

交通运输是由铁路、水路、公路、航空、管道等多种现代运输方式并联构成的系统，并向实现综合交通运输的体系发展，形成服务于旅客、货主的串联并协调运营的系统。《交通运输组织学》的内容分为三篇：基础理论篇、组织运作篇和综合运输篇。主要内容包括：交通运输组织学概论、交通运输系统及组织设计、交通运输组织方式及规划职能、交通运输枢纽及站场组织、交通运输组织绩效评价指标；陆路旅客运输组织、陆路货物运输组织、城市轨道交通运营组织、航空客运组织、航空货物运输组织、水路运输组织、远洋运输船舶的营运组织、运输代理、多式联运组织、特种货物运输组织等。

本书适用于物流管理、物流工程、交通运输、工商管理等专业的本科生、研究生教学，也可以用作物流管理、物流工程从业人员和行业行政管理人员的培训教材或参考书。

图书在版编目（CIP）数据

交通运输组织学/董千里主编. --北京：人民交通出版社，2008.4
ISBN 978-7-114-07052-5

I. 交... II. 董... III. 交通运输管理 IV. F502

中国版本图书馆 CIP 数据核字（2008）第 038943 号

书　　名：交通运输组织学
著 作 者：董千里
责任编辑：戴慧莉
出版发行：人民交通出版社股份有限公司
地　　址：（100011）北京市朝阳区安定门外外馆斜街 3 号
网　　址：http://www.ccpress.com.cn
销售电话：（010）59757973
总 经 销：人民交通出版社股份有限公司发行部
经　　销：各地新华书店
印　　刷：北京市密东印刷有限公司
开　　本：787×1092　1/16
印　　张：20.75
字　　数：502 千
版　　次：2008 年 5 月　第 1 版
印　　次：2018 年 5 月　第 6 次印刷
书　　号：ISBN 978-7-114-07052-5
定　　价：30.00 元

前言 Qianyan

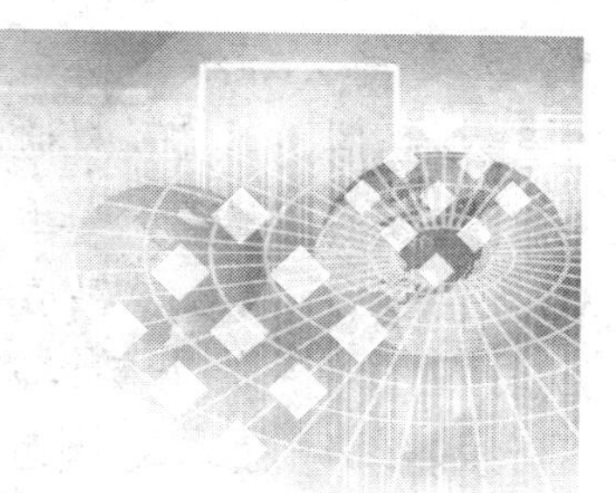

市场经济是社会主义经济发展中不可缺少的经济活动,成熟的市场机制能够引导经济在运行中寻求系统整体最优。而交通运输正是突破单一运输方式运行和发展,寻求交通运输方式专业化协作最典型的领域。作为微观经济运作主体的企业,能够在市场机制的支配下实现这一组织设计和运营过程。因此,在满足客户需要这一产业供应链原动力的过程中,《交通运输组织学》就成为顺应经济社会发展形成并指导其运行的学科,在综合的交通运输、集成的物流管理等领域中发挥其重要作用。

构建《交通运输组织学》是经济社会发展的需要,是物流高级化发展的需要,也是"以人为本"、建设和谐社会的要求。交通运输是经济社会发展的重要支柱,不仅体现经济社会对运输服务要求的支持,而且体现自身运营成本和资源消耗的要求。因此,在选择和设计运输系统时,需要从交通运输角度,从总效能、总成本角度进行全面权衡,得到理想的、优化的运输方案。在集成物流系统运行过程中,运输成本占全部物流系统总成本的比重最大。因此,集成物流系统不仅需要满足安全、准时、快捷的要求,还有降低成本的要求。特别是对于人员出行,除了安全、准时、快捷、低成本等的一般交通运输要求之外,还需要满足旅客出行舒适、方便和沿途景观等方面的要求。例如,如何满足乘客方便出行的"一站式"换乘需求,都需要经济、交通和物流管理者了解和掌握交通运输学方面的知识。

研究《交通运输组织学》是集成管理的需要。随着科学技术发展,新的载运工具不断出现,新的技术速度不断打破,如何将"线"上运输与"面"上运输更好地协调起来,更好地满足旅客方便、快捷的要求,如何节约旅客、货主的货币成本、时间成本、精力成本和体力成本,需要协调不同运输方式,进行综合运输组织设计、集成物流运营与管理。

设置《交通运输组织学》课程,有利于打破"隔行如隔山"的思维定势。虽然不同运输方式组织各有特点,但是,在不同的载运工具之间,其运输组织过程是可以相互借鉴的、相互衔接的、相互合作的。甚至在不同运输方式组织之间,还可以引发很多新的思考、新的发展思路。例如,公路客运发展过程中引进了航空客运高标准设施、高标准服务。在公路客运服务中提倡服务航空化的做法,逐步形成了今天的高速公路客运的服务体系,使公路客运服务水准上升。

学习《交通运输组织学》课程,有利于促进不同运输方式竞争合作关系的形成,改变过去那种不同运输方式经营主体“鸡犬之声相闻,老死不相往来”的状态,增进相互间的理解、沟通、融合和合作,实现共赢,促进新的竞合关系形成。

本教材作为“十一五”国家级规划教材,就是联合具有不同运输方式专业背景的高校教师,结合多年教学实践,为满足这种新时期、新思路和基于新技术发展和应用人才培养的需要撰写的。

本书将《交通运输组织学》分为基础理论、组织运作和综合运输三部分进行介绍,就是一种有益的尝试。《交通运输组织学》主要内容包括:交通运输组织学概论、交通运输系统及组织设计、交通运输组织方式及规划职能、交通运输枢纽及场站组织、交通运输组织绩效评价指标;陆路旅客运输组织、陆路货物运输组织、城市轨道交通运营组织、航空客运组织、航空货物运输组织、水路运输组织、远洋运输船舶的营运组织;运输代理、多式联运组织、特种货物运输组织等。

本书由长安大学博士生导师董千里教授主编,主要撰写者有上海海事大学博士生导师余思勤教授、长安大学何公定副教授、马超群博士、中国民航大学江红等。具体分工为:第一章由董千里编写;第二章由董千里、徐雯雯编写;第三章由董千里、闫云新编写;第四章、第五章由董千里、郑成功编写;第六章、第七章由何公定、崔红建编写;第八章由马超群编写;第九章、第十章由江红编写;第十一章至第十三章由余思勤编写;第十四章、第十五章由董千里、徐雯雯编写。以上作者名字第一次出现未注明单位者均为长安大学。董千里负责大纲撰写和全书统稿。研究生王钰、师鹏霞等搜集整理了部分资料,陈艳、支海军、谢星星、李海波、邵乐、林键、冯雪芳、刘燕等参与了文字校对工作。

在本书撰写过程中,参考、吸收了国内外众多学者的研究成果和实际工作者的实践经验,并以参考文献的形式列在书后。在此,对在本书写作和完成出版过程中提供支持的单位、个人和参考文献作者等谨致以衷心的谢意。由于作者水平有限,对交通运输这一领域涉及的知识和内容研究还需深入,有些观点可能不够成熟,在书中表述中出现的缺点和谬误,敬请专家、同行和广大读者批评指正,以便再版时修正,以臻完善。

编撰者

2008 年 1 月 8 日

于西安

目 录 Mulu

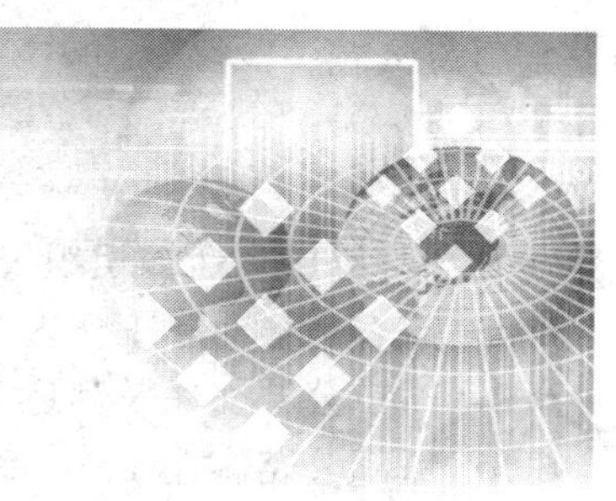

基础理论篇

组织运作篇

综合运输篇

基础理论篇

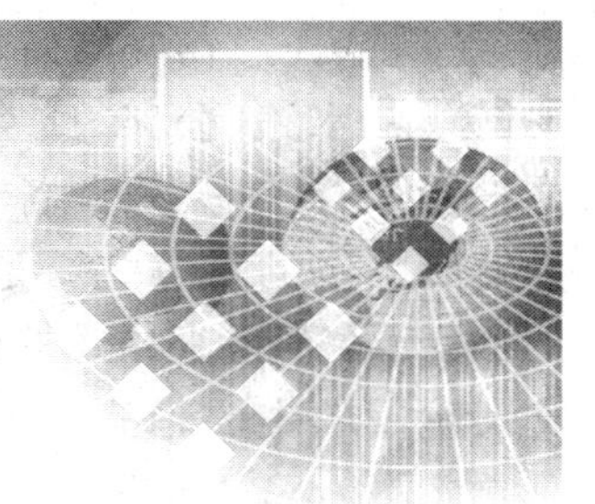

第1章　交通运输组织学概论

交通运输涉及铁路、公路、水路、航空和管道多种运输方式，为满足客货运输目的进行相互衔接、协调发展。交通运输的发展方向是综合的交通运输体系。各种运输方式如何协调规划、协调运营才能有效实现这一过程，是《交通运输组织学》研究的主要问题。本章介绍了交通运输系统的形成与发展、交通运输的发展趋势，以及《交通运输组织学》的内容和学习方法。

1.1　交通运输系统的形成与发展

1.1.1　交通运输系统形成过程

人类社会的交通运输活动与生产活动同时开始。生产工具、劳动产品以及劳动者本身的空间位置移动，是任何社会生产和再生产必须具备的条件。现代化的交通运输系统由铁路、水路、公路、航空、管道五种运输方式组成。在世界范围内从交通运输业发展的侧重点和起主导作用的角度考察，可以将交通运输业的发展划分为四个阶段，即水运阶段，铁路阶段，铁路、公路、航空和管道运输阶段，以及综合运输发展阶段。

(1)水运阶段。水上运输既是一种古老的运输方式，又是一种现代化的运输方式。在出现铁路以前，水上运输同以人力、畜力为动力的陆上运输工具相比，无论运输能力、运输成本和方便程度等方面，都处于优越的地位。在历史上水运的发展对工业布局的影响很大。水运具有其独特的地位，几乎是不能被其他运输方式替代的。

(2)铁路阶段。1825年，英国在斯托克顿至达灵顿修建了世界上第一条铁路并投入公共客货运输，从此，标志着铁路时代的开始。由于铁路能够快速、大容量地运输旅客和货物，因而极大地改变了陆上运输的面貌，为工农业的发展提供了新的、强有力的交通运输方式。从此，工业布局摆脱了对水上运输的依赖，在内陆腹地加速了工农业的发展。

(3)铁路、公路、航空和管道运输阶段。20世纪30年代至50年代，公路、航空和管道运输相继发展，与铁路运输进行了激烈的竞争。就公路运输来说，由于汽车工业的发展和公路网的扩大，使公路运输能充分发挥其机动灵活、迅速方便的优势。工业的发展和科学技术的进步，促使人们的价值观念日益增强，航空运输在速度上的优势，不仅在长途旅客运输方面占有重要的地位，而且在货运方面也发展很快。铁路、公路、航空和管道同时竞争成为交通运输发展第三个阶段的特征。

(4)综合运输发展阶段。20 世纪 50 年代，人们开始认识到：在交通运输的发展过程中，铁路、水路、公路、航空和管道这五种运输方式是相互协调、竞争和制约的。因此，需要进行综合考虑，协调各种运输方式之间的关系，构成一个现代化的综合运输体系。综合发展阶段的重点之一是在整体上合理进行铁路、水路、公路、航空和管道运输之间的分工，发挥各种运输方式的优势。调整交通运输的布局和提高交通运输的质量则成为综合发展阶段的主要趋势。

1.1.2 交通运输系统发展

交通运输系统是由公路、铁路、航空、水路、管道等多种运输方式的相互作用、相互依赖，既有竞争又有合作的综合运输有机整体。在集成管理的前提下，交通运输可能形成具有综合效应的综合运输体系，其中每一种运输方式都可以构成一个独立的子系统，对于任何一个系统都有五个特性，即系统的目标性、集合性、相关性、层次性和环境的适应性，交通运输大系统是由以国民经济发展所提出的运输任务为总目标，各个子系统都是根据运输大系统要求出发，在运输设备、布局和组织上做到干线与支线相协调，长途运输与短途运输相适应，各种运输方式都得到全面发展。

1.2 交通运输与综合运输体系

交通运输由多种运输方式所组成。在交通运输发展过程中，新的运输方式也在逐步形成，其发展方向是构建综合的交通运输体系，简称综合运输。

1.2.1 综合运输的涵义

美国国家综合运输中心提出："综合运输是一种对运输系统进行规划、建设和运营的方法；它强调运输资源的有效利用和方式之间的衔接。"

欧盟近年来对综合运输给出的定义是："各种运输方式能够整合到'门到门'的运输链中，并显示出各自合理的内在经济特性和运营特性，以提高运输系统整体的效率。"

胡思继教授对综合运输作的描述是："以国家综合交通体系所提供的公共交通网络及设施和运载工具为依托，以现代联合运输工程管理技术和信息技术为基础，以便捷、安全、高效和经济为目标，通过多种综合运输方式的协调配合，组织实现客货运输过程的经济活动和社会活动称为综合运输。"

沈志云院士等所提出的综合运输体系的概念是："综合运输体系，或者叫综合的交通运输体系，是各种运输方式在社会化的运输范围内和统一的运输过程中，按其技术经济特点组成分工协作、有机结合、连接贯通、布局合理的交通运输综合体。"

以上对综合运输的界定表述虽然各有不同，但其揭示的内涵可以简单概括为：综合运输是通过多种运输方式在合理分工与协作的情况下完成其目的的运输过程。

1.2.2 综合运输系统的结构

一般认为综合运输体系由铁路运输、公路运输、水路运输、航空运输和管道运输五种运输

方式构成。一些学者提出,“综合交通运输系统包括铁路、民航、公路、内河和海运、城市公共交通以及管道运输六大部分。”无论将交通运输划分为几种运输方式,都不影响每一种运输方式可以划分为线路基础设施、运输基础设施、运输移动设备、运输人力资源和运输管理软件系统等几个(子)系统。

(1)线路基础设施系统,指特定的运输通道(线路)系统,是其他交通运输系统建立和运行的前提和基础。在多种运输方式中,有些线路是天然的或在天然基础上改造的,如航空线路、水运及海运的航路,有些则是人工修建的专门的基础设施,如公路、铁路、管道、运河等。

(2)运输基础设施系统,指为运输工具在线路上正常运转提供保障条件的系统,主要有站场、枢纽、连接线、监控设施、通信设施及相关运输辅助设施,如维修、装卸搬运、仓储等。

(3)运输移动设备系统,指围绕载运工具运行建立起来的系统,其核心内容是客货运输工具。

(4)运输人力资源系统,指提供基本运输、辅助运输和运输服务等过程的人力资源及其组织系统,包括与运输供给相关的各环节的人员和组织,如道路修建人员和组织、运输服务人员和组织、站场服务人员等。

(5)运输管理软件系统,指基于交通运输过程的调度、协调和管理信息平台建设,包括运输组织、管理和技术等方面内容。

1.2.3　综合的交通运输运营机制

交通运输的不同运输方式,在特定的条件下,之间具有一定的替代性、竞争性等关系,在多数情况下具有天然的合作、共赢关系。能够协调这一竞合、共赢关系的是市场机制。国外一些大型物流企业的实践充分证明了:利用市场机制,企业作为主体就可以整合不同运输方式。企业作为主体,通过社会市场机制作用,将多种运输方式在为客户供应链管理服务的基础上整合起来,可以实现物流和供应链管理系统整体价值最优。在客运市场构建一站式枢纽,既可满足多种运输方式的协调运作,又可充分方便旅客出行换乘的需要,满足以人为本的要求;在货运市场构建多种运输方式协调运作平台,可以满足一体化物流服务的要求。

实现综合的交通运输体系,需要基础设施平台建设,需要有明确的运作主体、科学的运作机制。显然,其中有政府职能的作用、市场建设和机制的作用。但综合运输的运作主体是企业,只有企业在市场机制作用下,才能够将交通运输方式相互结合形成综合运输体系。这些就是《交通运输组织学》研究的一项重要任务。

1.2.4　我国交通运输系统的现状及发展趋势

改革开放以来,我国交通运输得到长足的发展,各种运输方式竞相发展,构建了我国综合运输的基础。

1. 铁路运输业整体水平显著提升

2002 年到 2006 年是建国以来我国铁路建设投资最多的时期,特别是 2006 年我国铁路基本建设投资达到 1 553 亿元,比 2002 年增长了 149.0%,年均增长 20.4%。巨大的投资完善了铁路基础设施,实现了我国铁路机车和客、货车的更新换代。

2002 年到 2006 年,国家铁路正线延展里程由 8.4 万 km 增加到 9 万 km,增长了 7.3%;国家铁路复线里程由2.3万km增加到2.5万km,增长了9.1%;电气化里程2.44万km,电气化铁路比重由2005年的26.7%提高到31.7%,增加5个百分点。预计到2010年,复线、电化率均将达到45%以上。

2003年至2006年,累计新建铁路投产里程5 273km。举世瞩目的青藏铁路于2006年7月1日正式全线建成通车,是世界上海拔最高、最长的高原铁路。其中,昆仑山隧道全长1 686m,是世界最长的高原冻土隧道;清水河大桥全长11.7km,是世界最长的高原冻土特大桥;唐古拉山车站海拔5 068m,是世界海拔最高的火车站;冻土地段时速高达100km,是目前火车在世界高原冻土铁路上的最高时速。青藏铁路的建成,改写了西藏自治区不通铁路的历史,标志着我国铁路筑路技术的飞跃。据统计,从2006年7月1日通车到年底仅半年时间,青藏铁路客运量已达110万人次,货运量为871万t。截止到2006年底,全国铁路营业里程达到7.7万km,位居世界第三,比2002年末增加了0.5万km,增长7.2%。其中,国家铁路6.3万km,增加0.4万km,增长6.5%;合资铁路0.9万km,增加0.1万km,增长16.8%。

2006年末,在全国铁路机车中,内燃、电力机车比重达到99.3%,主要干线全部实现内燃、电力机车牵引;国家铁路电气化里程达到2.3万km,电气化铁路比重由2002年末的29.2%提高到37.0%,增加了近8个百分点。2006年末,全国铁路机车拥有量为1.8万台,比2002年末增长11.1%;客车拥有量为4.3万辆,货车拥有量为56.5万辆,客、货车分别比2002年末增长8.2%和23.1%。

由于基础设施的更新和管理水平的提高,铁路运输能力显著增强。2006年,全国铁路客运量为125 656万人次,旅客周转量为6 622亿人公里,货运量为288 224万t,货物周转量为21 954亿吨公里,分别比2002年增长19.0%、33.3%、41.1%和41.5%,年均分别增长4.4%、7.4%、9.0%和9.1%。2006年全国铁路客货运输量、国家铁路运输收入、运输生产主要指标在连续三年大幅度增长的高起点上再创历史新高,客运量、货运量、换算周转量、运输密度均位居世界第一,我国铁路以占世界铁路6%的营业里程,完成了世界铁路约四分之一的换算周转量。

预计2010年铁路旅客发送量、货物发送量将分别达到15亿人次、35亿t左右,旅客、货物周转量将分别达到8 000亿人公里、27 000亿吨公里。“十一五”期间铁路运输需求增长空间很大,特别是大运量、中长途跨区域旅客运输需求大幅增长,城际客运市场需求潜力巨大,能源、原材料等大宗货物运输需求保持快速增长。

2002年到2007年期间,全国铁路实行了六次大提速,开通了Z字头直达列车,采用分散动力技术的动车组列车,增加了多对“朝发夕返”和“夕发朝至”的列车,使得“一小时交通圈”半径扩大,并为实现铁路公交化打下了坚实的基础。在提速的同时,铁路部门进一步改善站容车貌,使得客车更干净、更舒适,货车更便捷、更专业,服务更周到、更人性化。

随着铁路网质量提升以及设备的更新,客运专线的建设实现客货分流,未来铁路网仍将有提速的空间。“十一五”期间,我国将完成9 800km客运专线建设任务,其中时速在300km以上的达5 457km。而即将开工建设的京沪高速铁路设计运行时速300km,最高时速则达到了350km。

2. 高速公路建设迅猛发展,农村公路建设明显加强

2003年至2006年,新建公路217 811km,改建公路406 590km。公路里程由2002年的

177 万 km增至 2006 年的 346 万 km，增长 13.0%（2006 年含农村公路，增长速度按可比口径计算），其中高速公路由 2.51 万 km 增至 4.53 万 km，增长 80.5%，公路等级明显提高，路况明显改善。

2006 年末，我国公路总里程达到 345.70 万 km（包括村道）。高速公路里程达4.53 万 km，比 2002 年末增加 2 万 km，增长 80.4%，年均增长 15.9%。截止到 2006 年底，全国除西藏自治区外，各省（区、市）都建有高速公路，其中高速公路里程突破 2 000km 的省（区、市）达到 6 个。国家高速公路网已建成 41.2%；“五纵七横”国道主干线完成建设任务的 94%，计划于 2007 年全线贯通。2006 年末我国公路密度达到 36km/百 km^2，比 2002 年末增长 95.8%，年均增长 18.3%。农村公路的发展大大改善了农村基础设施条件和出行环境，有力地促进了农村经济的发展和农民生活的改善，为农村加快推进城镇化和社会主义新农村建设做出了重大贡献。

2006 年末，我国汽车拥有量达到 802.58 万辆，比 2000 年增长了约 100 万辆。其中载客汽车达到 161.92 万辆，比 2000 年下降了约 55 万辆；载货汽车 640.66 万辆，吨位达到 2 822.69 万 t，分别比 2000 年增长了 154.64 万辆和 1 155 万 t。

2006 年我国公路客运量为 186.048 7 亿人次，旅客周转量为 10 131 亿人公里，货运量为 146.634 7亿 t，货物周转量为 9 754 亿吨公里，分别比 2002 年增长 26.1%、29.8%、31.4% 和 43.8%，年均分别增长 6.0%、6.7%、7.1% 和 9.5%。2006 年全社会公路运输集装箱 3 518 万标箱（TEU）、货运量 36 748 万 t，分别比 2002 年增长 150.7% 和 145.6%，年均分别增长25.8% 和 25.2%。

3．港口建设步伐加快，货物吞吐量成倍增长

2003 年至 2006 年，新（扩）建港口码头吞吐能力 66 209 万 t/年。内河航道通航里程由 2002 年的 12.16 万 km 增加到 2006 年的 12.34 万 km。

2006 年末全国主要港口码头泊位数为 10 848 个，比 2002 年末增加 2 381 个，增长28.1%。其中万吨级及以上泊位 1 108 个，比 2002 年末增加 499 个，增长 82.0%，年均增长 16.1%；生产用码头泊位 10 171 个，比 2002 年末增加 2 105 个，增长 26.1%。拥有生产性泊位 36 040 个，其中万吨级泊位 1 190 个；内河通航 12.34 万 km，其中等级航道 6.1 万 km；全国已有 13 个亿吨大港，港口货物吞吐量和集装箱吞吐量连续 4 年保持世界第一。

2006 年，全国主要港口完成货物吞吐量 46 亿 t，比 2002 年增加 23.6 亿 t，增长 105.8%，年均增长 19.8%。其中，沿海港口完成 34.2 亿 t，比 2002 年增加 17.6 亿 t，增长 105.4%，年均增长 19.7%；内河港口完成 11.8 亿 t，比 2002 年增加 6.1 亿 t，增长 107.2%，年均增长 20.0%。

2006 年，全国港口完成外贸货物吞吐量 15.8 亿 t，比 2002 年增加 8.1 亿 t，增长 104.9%，年均增长 19.6%。其中沿海港口完成 14.6 亿 t，比 2002 年增加 7.5 亿 t，增长 105.1%，年均增长 19.7%；内河港口完成 1.2 亿 t，比 2002 年增加 0.6 亿 t，增长102.6%，年均增长 19.3%。

随着我国港口基础设施的改善和发展，近几年来集装箱运输持续快速增长。2006 年全国水路运输集装箱达 2 330 万标箱（TEU），货运量 25 775 万 t，分别比 2002 年增长 89.1% 和 108.1%，年均分别增长 17.3% 和 20.1%。其中远洋运输集装箱 1 502 万标箱（TEU），货运量 15 300 万 t，分别比 2002 年增长 60.7% 和 67.6%，年均分别增长 12.6% 和 13.8%。

4. 航空运输业快速发展

民用航空是我国发展较快的运输方式。到 2006 年底，民用航空运输线路长度为 211.35 万 km，其中国际航线 96.6 万 km，国内航线 114.7 万 km；全国民用飞机架数达 1 614 架，比 2002 年底增长 45.1%，年均增长 9.8%。其中运输用飞机 998 架，大中型飞机 921 架，分别比 2002 年底增长 65.8%和 75.4%，年均分别增长 13.5%和 15.1%。

航线里程和民航网络进一步扩大。2006 年底，民航航线总条数达到 1 336 条，比 2002 年底增长 13.6%。其中国际航线 268 条，国内航线 1 068 条，分别比 2002 年底增长 66.5%和 5.2%。

我国航空运输能力大大增强。2006 年民用航空客运量为 15 968 万人，比 2002 年增长 85.8%，年均增长 16.8%。其中国际航线 1 415 万人，国内航线 14 553 万人，分别比 2002 年增长 68.8%和 87.6%。2006 年旅客周转量为 2 371 亿人公里，比 2002 年增长 86.9%，年均增长 16.9%。其中国际航线 524 亿人公里，国内航线 1 847 亿人公里，分别比 2002 年增长 76.6%和 90.0%。2006 年货运量为 3 494 320t，比 2002 年增长 72.9%，年均增长 14.7%。其中国际航线 921 738t，国内航线 2 572 582t，分别比 2002 年增长 116.7%和 61.3%。2006 年货物周转量为 94.3 亿吨公里，比 2002 年增长 82.9%，年均增长 16.3%。其中国际航线 56.4 亿吨公里，国内航线 37.9 亿吨公里，分别比 2002 年增长 99.3%和 62.9%。

5. 管道运输里程增加，运输能力提升

全国输油(气)管道里程为 48 226km，比 2002 年增长 62.0%，年均增长 12.8%。其中输油管 24 136km，输气管 24 090km，分别比 2002 年末增长 61.3%和 62.7%。2006 年底，管道输油(气)能力为 66 948 万 t/年，比 2002 年增长 68.4%，年均增长 13.9%。其中输油能力57 530 万 t/年，输气能力 9 418 千万 m^3/年，分别比 2002 年增长 59.3%和 158.9%。

我国西气东输工程于 2002 年 7 月 4 日开工建设，西起新疆轮南，经过戈壁沙漠、黄土高原、太行山脉，穿越黄河、淮河、长江，途经九个省、自治区、直辖市，最后到达上海，全长约 4 000km，2004 年 12 月 30 日全线供气。该工程是目前中国管径最大、管壁最厚、压力等级最高、技术难度最大的管道工程，创造了世界管道建设史上的高速度。它的建成和运营，开通了中国横贯东西的一条能源大动脉，标志着中国天然气管道建设整体水平上了一个新台阶，对于推进西部大开发、加快中西部地区发展具有重大作用。

6. 综合的交通运输体系正在协调发展

根据“十一五”规划，我国将继续大力发展综合交通体系。通过深化改革，使综合交通网络规模大幅扩展，结构进一步调整，运输服务水平明显提高，交通安全得到有效保障，初步形成布局更合理、结构更完善、能力更充分、质量更可靠的综合交通体系，有效缓解运输紧张状况，基本适应经济社会发展要求。为此，“十一五”期间，我国将加快铁路的建设速度和扩大规模，加强能源运输大通道和集装箱运输系统的建设，扩大城市群间快速旅客运输专线的建设，加强城际快速轨道交通系统的建设，重视城市轨道交通和农村交通的建设，加强交通枢纽和综合交通信息网络建设，构建现代化的智能交通系统。

我国 2000 ~ 2005 年各种运输方式所完成的客货运量、周转量的比重变化见表 1-1。

7. 交通运输系统的发展趋势是建立综合运输体系

综合运输体系，即综合的交通运输体系，就是各种运输方式在社会化的运输范围内和统一

2000～2005年我国各种运输方式客运量百分比(单位:%)　　表1-1

统计指标	年份	铁路运输	道路运输	水路运输	航空运输
旅客运量	2000	7.11	91.13	1.31	0.45
	2005	6.26	91.90	1.10	0.75
货物运量	2000	13.14	76.46	9.01	0.01
	2005	14.46	72.06	11.80	0.02
旅客周转量	2000	36.97	54.30	0.82	7.92
	2005	34.71	53.20	0.39	11.71
货物周转量	2000	31.07	13.83	53.55	0.11
	2005	25.82	10.83	61.89	0.10

数据来源:《中国统计年鉴》(1996～2006年),中国统计出版社。

的运输过程中,按其技术经济特点组成分工协作、有机结合、连接贯通、布局合理的交通运输综合体。这里涉及规划布局、运营组织和集成管理等问题,参见图1-1。

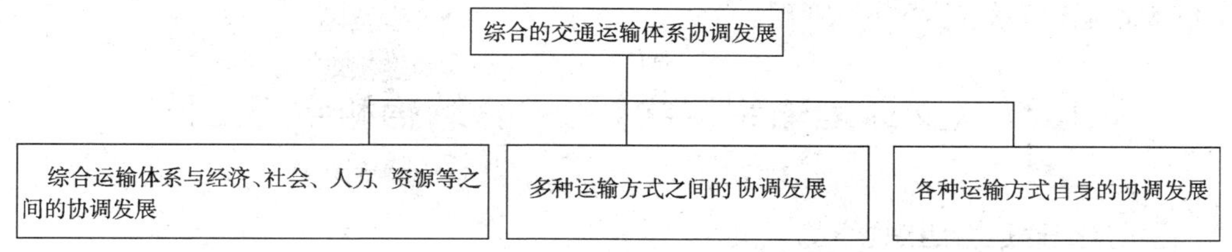

图1-1　综合的交通运输体系协调发展

国家科委制定的《中国技术政策》(交通运输)及其他部门研究成果表明,我国综合运输体系的发展方向的要点是:

(1)要搞好各种运输方式的综合发展和协作,在全国范围内建设综合运输网,因地制宜地发展相应的运输方式,发挥城市交通在综合交通运输网中的枢纽作用,大力发展各种运输方式的联合运输。

(2)铁路仍将是中、长距离客、货运输的主力。要加快铁路的技术改造和新线建设,特别是以运煤为主的干线建设。近期内要加快既有线路的改造和扩建。要发挥铁路在中、长距离大宗货物运输中的优势,对短途客货运输以及成品油运输应逐步由其他运输方式分担。但当前,铁路仍要为此作出不懈的努力。

(3)充分发挥公路①运输机动灵活、送达快、"门到门"运输的优势,发挥公路运输在短途客、货运输中的主力作用。随着公路状况的改善,汽车技术进步和大型车的增加,公路运输将逐步成为高档工农业产品运输以及中距离客运的重要力量。要加速公路,尤其是干线公路的技术改造,在公路建设有一个较大的发展的基础上,使公路运输得到充分的发展。

(4)沿海和内河运输是大宗和散装货物运输的主要方式之一。要加强内河航道建设,以及沿海和内河港口的改造和建设,发展沿海和长江等主要内河运输,实现干支道直达运输和江海联运。

(5)航空运输建设周期短,效益高,速度快,大中城市间长距离客运,应优先发展航空运

① 本书所指公路是指公共道路,包括城间道路和城市道路。所谓的公路运输一般包括城市道路运输。

输。对发展边远地区、高档外贸和急需物资的运输,航空运输也有其特别的优势。

(6)除发展原油和天然气管道运输外,在成品油集中的流向上,要建设成品油管道,积极慎重地发展输煤管道。

交通运输系统的发展,包含量的和质的发展两个方面。量的发展是指增加整个社会的运输能力供给,其中有内涵发展和外延发展之别。前者是指通过提高现有运输能力的运用效率,使得整个运输系统能够满足比现在更大的运输需求。后者是指增加对运输系统的投入,扩大运输供给能力的规模。质的发展最根本的标志是整个运输系统对国民经济的价值贡献水平提高,包括相对水平(投入与产出比例)与绝对水平(总量)的提高。要实现质的提高,必须解决好以下几个主要问题:

(1)优化静态结构,也就是在扩展运输系统规模时,以最能发挥技术经济优势的原则来安排运输方式的布局。

(2)优化动态结构,即合理使用现有的各种运输方式。

(3)提高运输系统的技术水平。

(4)改善运输系统的经营与管理。

1.3 《交通运输组织学》的内容结构和学习方法

1.3.1 学习《交通运输组织学》的意义

《交通运输组织学》是从微观角度研究和探讨综合运输体系的运营组织和管理活动,其主要意义体现在以下几方面。

研究《交通运输组织学》有利于促进交通运输系统协调发展,解决综合运输体系发展不够协调、结构失衡比较突出的问题,目前的综合运输体系在一定程度上存在与国民经济发展需求不相适应,五种运输方式强调各自重要性,为自身争取投资,运作过程强调部门利益等问题,严重影响综合运输体系能力的发挥。

设置《交通运输组织学》课程,有利于打破了“隔行如隔山”的思维定势。虽然不同运输方式组织各有特点,但是,在不同的载运工具之间,其运输组织过程是可以相互借鉴的、相互衔接的、相互合作的。甚至可以在不同运输方式组织之间引发很多新的思考、新的发展思路。例如,公路客运发展过程中就引进了航空客运高标准设施、高标准服务的特点,在公路客运服务中提倡服务航空化的做法,逐步形成了今天的高速公路客运的服务体系,使公路客运服务上升了一个档次。

学习《交通运输组织学》课程,有利于促进不同运输方式竞合关系的形成,改变过去那种不同运输方式经营主体“鸡犬之声相闻,老死不相往来”的状态,增进相互间的理解、沟通和融合,促进新的竞合关系形成。

1.3.2 《交通运输组织学》的内容结构

交通运输组织涉及交通运输过程要素(空间)组织、交通运输过程资源(时间)组织,具体落实到交通运输过程的规划(计划)、组织和控制。前者主要内容是基础要素的组织设计,后

者主要是交通运输过程有关资源的计划、组织和控制。在不同运输方式组织过程中都有相同、相近和相异的内容，将相同、相近的内容，如有关术语尽可能提炼出来统一表述，将有明显差异的内容，如不同运输方式具体组织过程在不同章节分开叙述。本着这一编撰思路，《交通运输组织学》的内容结构设计为三篇：基础理论篇、组织运作篇和综合运输篇。

在基础理论篇中，主要探讨交通运输组织学涉及的基础理论、基本过程和基本职能，对不同运输方式中一些共同的基础知识、组织过程和组织方法放在这部分介绍，主要内容包括：交通运输组织学概论、交通运输系统及组织设计交通运输组织方式及规划职能、交通运输枢纽及站场组织、交通运输组织绩效评价指标等。

在组织运作篇中，主要探讨交通运输各种具体运输方式的组织方法，介绍包括铁路运输、公路运输、城市轨道运输、水路运输等组织方法，主要内容包括：陆路旅客运输组织、陆路货物运输组织、城市轨道交通运营组织、航空客运组织、航空货物运输组织、水路运输组织、远洋运输船舶的营运组织等。

在综合运输篇中，主要介绍涉及集中多种运输方式的组织和协调工作，主要内容包括：运输代理、多式联运组织、特种货物运输组织等。

1.3.3 《交通运输组织学》学习方法

交通运输是由铁路、水路、公路、航空、管道等多种现代运输方式并联构成的系统，并由各子系统串联以实现一定目的而发展起来。这种并联体现了替代、冗余和可靠性等的需要，这种串联体现了衔接、合作、协同和共赢的需要，这种并串联系统综合体现了系统价值最高、成本最低、合作最好和效率最高的竞合关系。因此，在学习交通运输组织学时应遵循的基本观点是：系统的观点、权衡的观点、发展的观点、融合的观点和实践的观点。

研究《交通运输组织学》必须以中国的交通运输实践为基础，广泛吸纳各国经验，以系统学的思想方法作指导，采用恰当的组织方式寻求整体效果最为满意或达到最佳，在此过程中应当遵循的基本原则有：理论联系实际的原则、国内经验和国外经验相结合的原则、定量分析与定性分析相结合的原则等，并注意应用以下方法进行学习研究。

(1)以系统的观点和方法研究交通运输系统组织问题。

(2)以综合集成的方法研究系统价值、组织过程和相应技术的应用问题。

(3)将交通运输组织方法与交通运输企业经营过程、经营机制和管理方法结合起来。

(4)利用市场机制作用、企业主体的经营地位破除体制束缚的制约。

总而言之，交通运输组织学的学习是一个掌握各种运输方式基本知识和基本组织过程与方法的过程，也是一个不断探索、不断综合集成和努力实践的过程。

复习思考题

1. 《交通运输组织学》研究哪些内容及方法？
2. 交通运输系统的发展趋势是什么？
3. 怎样学习《交通运输组织学》这门课程？

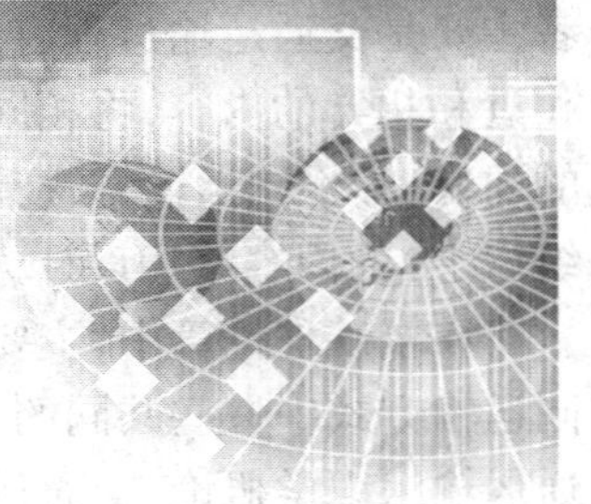

第2章　交通运输系统及组织设计

交通运输是由多种现代交通运输方式并联构成的系统，向着实现一定目的并串联系统发展，满足旅客、货主要求。实现整个系统绩效最优，就需要对交通运输系统进行组织设计。本章介绍交通运输系统组织设计所涉及的基本概念、交通运输与物流系统的关系、交通运输系统合理化的途径以及进行组织设计的理论和方法。

2.1　客流、货流与运输

交通运输是人类的基本活动之一，是一项涉及范围广泛、与社会生产和人民生活密切相关的经济活动。随着现代经济社会的发展，物流呈现高级化发展趋势，交通运输被赋予了新的含义，进一步向服务业范畴进行延伸。

2.1.1　客流及其性质

客流是指一定数量的旅客群根据自身需要，选用一定的交通方式，在一定时间、空间范围内产生位移。构成客流的五要素为流量、流向、流程、流时、流速。旅客运输提供的是无形产品，其核心是旅客的空间位移，其主要服务对象是旅客，其次还应包括旅客出行时携带的行李、包裹及邮件。由于旅客运输多样化的要求和交通运输方式的竞争与合作关系，旅客运输可被看成是附带一定产品（设施、设备等）的服务。

1. 影响旅客运输方式选择的因素

影响旅客运输方式选择的因素可以归纳为三类：一是出行目的；二是出行者的外部环境，即各种运输方式的供给属性，包括可达性、运输速度、方便性、舒适性与安全性等；三是旅客本身的需求属性，包括收入水平、方式偏好和出行时间价值等。

（1）出行目的对旅客运输方式选择的影响。人们每次出行总是怀着各种各样的目的，目的不同，必然会选择不同的出行方式。总的来说，出行目的可以归纳为：出差、旅游、探亲、访友、购物及其他。因公出差的旅客倾向于选择更加快速、成本较高的运输方式，而以旅游、探亲访友等为出行目的的旅客倾向于选择成本较低的出行方式。当然，出行目的本身不能孤立地对方式选择发生作用，而是与其他因素综合作用于方式选择。

（2）供给属性对运输方式选择的影响。目前旅客出行可选择的运输方式主要有普通公路班车、高速公路长途客车、铁路客车、民航客运及水路客运。运输供给是旅客进行方式选择时所无法直接控制的因素。运输供给条件不同，所作出的方式选择决策也将不同。供给属性实

质上是各种运输方式的技术经济特性，包括安全性、舒适性、快速性、便利性、准时性、可达性和运输价格等。一般说来旅客综合考虑的最主要的因素是票价、速度和安全性，而各类旅客附带关心最多的因素是舒适性和能否直达。

(3)需求属性对运输方式选择的影响。影响客运方式配置的需求属性主要由旅客本身的属性决定，包含出行距离、收入水平、时间价值、偏好和生理状况等诸多因素。旅客在出行之前会根据自己的实际情况选择自认为舒适的出行方式，而不是人云亦云。

2. 衡量旅客运输的主要指标

旅客运输量统计的主要指标有客运量和客运周转量。衡量旅客运输的主要指标有旅客发送人数、旅客运送人数、旅客周转量、旅客平均行程、客车平均日车公里、客车载客人数等。其中，旅客发送人数是指在一定时间内，从客运站始发的旅客人数；旅客运送人数是指在一定时间内，各种运输方式运送旅客人数，包括发送人数、接运通过旅客人数和接运到达旅客人数。在铁路运输中，固定车底往返一次所经过的时间，叫做车底周转时间。车底周转时间是铁路运输组织统计的主要指标之一。

2.1.2 货流及其性质

货流是货物在运输通道上有目的的运动。货流同样由流量、流向、流程、流时、流速等要素构成。运输是用设备和工具，将物品从一地点向另一地点运送的物流活动，其中包括集货、分配、搬运、中转、装入、卸下、分散等一系列操作。而通常我们所说的交通运输是指人员或者物品借助于运力系统在一定空间范围内产生的位置移动。其中，运力系统是指运输设施、路线、设备、工具和人力组成的，具有从事运输活动能力的系统。交通运输包括客运和货运。但并不是所有的人员与物品的空间位移都属于运输，如输水、输电、供暖等借助于人们公认的运输工具外的其他介质载运及输送，就不属于运输；再者，有一些运输工具改作他用的特种车辆，如消防车、吊车、洒水车等完成的人员或物品的空间位移，也不属于运输。综上所述，运输是指借助公共运输线路及其设施和运输工具来实现人员与物品空间位移的一种经济活动和社会活动。

物流是“物品从供应地向接收地的实体流动过程，根据实际需要，将运输、储存、装卸、搬运、包装、流通加工、配送、回收、信息处理等基本功能实施有机结合”。即物流是通过运输、储存、装卸、搬运、包装、流通加工、配送、信息处理等基本信息活动，实现物品从供应地向接收地的实体流动过程。运输是物流的一个基本环节。物流中所指的运输与上述交通运输有不同之处，主要表现在以下两个方面：

(1)两者的劳动对象不同。从运输和物流的定义可知，一般意义的运输是：人员与物品利用交通工具在一定范围内产生的空间位移，既包括物品的空间位移(货运)，又包括人员的空间位移(客运)；而物流中的运输仅仅是物品在供应地与需求地之间的实体运送，不包括人员的空间位移。

(2)两者的工作范围不一样。一般意义的运输主要指流通领域的运输，不包括生产领域的厂内运输；而物流中的运输作为物流系统的一个重要组成部分，不仅仅包括流通领域的运输，还包括生产领域的厂内运输和厂外运输。流通领域的运输作为流通领域的一个重要环节，在较大范围内是将物质产品从生产领域向消费领域，在空间位置上进行物理性转移的活动，既包括物品从生产所在地向消费所在地的移动，也包括物品从生产所在地向物流网点和从物流

网点向消费所在地的移动。交通运输与物流运作范围的区别见图 2-1。

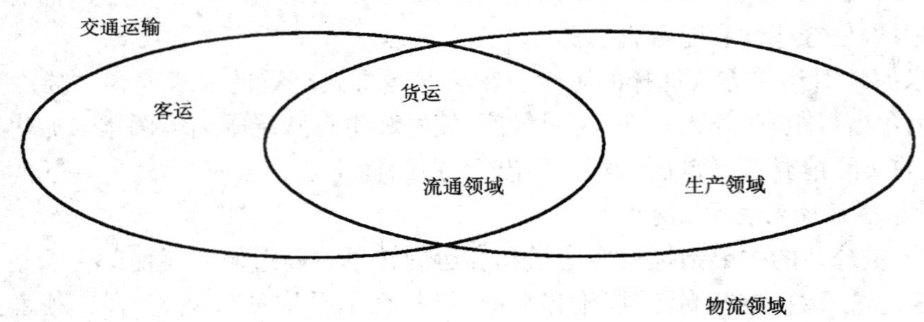

图 2-1　一般运输与物流领域的区别示意图

2.1.3　客流与货流的特点

客流与货流有类似的地方,都涉及流量、流向、流程、流时等要素,这些要素都存在随时间变化的波动性。同时,二者也有不同的方面。

客流在一定时间(或时期)、一定范围内具有平衡性。例如,早晨进城晚上出城,在一天之内保持平衡。春节前回家离开一定的城市区域,春节后又返回工作单位,回到原来的城市区域。

货流具有不平衡性,这种不平衡性体现在运输对象和运输方向的不平衡,如我国的南粮北调、西气东输等。出一定区域的是能源、资源,而进入该区域的是产成品;出该地区的能源、资源流向是东南方向,出该区域的产成品流向却是西北方向等。

2.2　交通运输与物流系统

交通运输系统是由运输诸要素组成的,且各要素相互联系并使运输功能合理化的整体。即运输系统是在一定的时间、空间内,由运输过程所需的基础设施、运输工具和运输参与者等若干动态要素相互作用、相互制约所构成的具有特定运输功能的有机整体。分析其概念可以得出,交通运输系统,特别是其中的货运系统是物流系统的核心功能子系统。

2.2.1　交通运输与物流的关系

从系统的观点看,交通运输与物流有着非常密切的关系,主要体现在以下几个方面。

1. 运输是物流系统中的功能要素

运输与物流是系统要素和系统整体之间的关系。物流是一个由运输、储存、装卸、搬运、包装、配送、流通加工、信息处理等功能要素组成的系统。运输是物流系统中重要的功能要素之一。物流系统中的运输功能主要体现在对物资进行长距离的空间位移。物流企业通过物流系统的运输功能解决物资在生产地点和需求地点之间的空间距离问题,从而创造商品的空间效用,实现其使用价值,以满足社会需要。与此同时,运输与物流系统的其他功能要素——储存、装卸、搬运、包装、流通加工、配送以及信息处理之间还存在着十分密切的联系,它们共同构成

了物流系统整体。

2. 运输是实现物流目的的主要手段

物流对于服务的要求可以用 7R 来表示，即将适当的产品（Right Product），以适当的数量（Right Quantity）、适当的质量（Right Quality）、适当的价格（Right Price），在适当的时间（Right Time）送达到适当的地点（Right Place），并交给正确的客户（Right Customer）。7R 突出强调物流服务的本质是将商品送达客户手中，使商品处于一种可以被利用的状态。因此，要实现上述物流目的，是离不开高效率运输活动的，但是运输本身不是物流的目的，而是实现物流目的的手段。

3. 运输与其他环节结合构成集成物流系统

（1）运输与仓储。仓储是物流各环节的接合部，在物流系统成本构成中仅次于运输。仓储设置在采购与生产之间、生产的初加工与精加工之间、生产与销售之间、批发与零售之间、不同运输方式转换之间等，是货物暂时停止的状态，其最终目的是将货物分拨到合适的地点。高效的运输分拨系统，可以降低库存量，提高库存周转率。如果运输活动组织不善或运输工具不得力，不仅会增加库存量，降低库存周转率，而且还会造成货物损耗的增大。

（2）运输与集装单元。集装单元如集装箱、集装袋、托盘等，可以使运输对象很容易地在不同运输方式、载运工具之间进行换装、中转作业，实现有效的包装单元、高效的装卸搬运作业和一体化物流过程。例如，集装箱多式联运、托盘一贯化运输等。

（3）运输与包装。货物的包装材料、包装程度、包装的规格都会不同程度地影响运输方式的选择和运输质量；即使确定了货物的包装规格，货物在车厢内如何码放，也会直接影响运输效率。只有当货物的外包装尺寸与承装车厢的内部尺寸成可约倍数时，车辆的容积才能得到充分的利用。因此，货物的包装材料、包装程度、包装规格以及码放方法与所选择的运输工具相吻合，对于提高车辆的装载率、物流效率和效益具有重要的意义。

（4）运输与装卸及搬运。装卸与搬运伴随着整个物流过程，运输活动也脱离不了装卸与搬运。一般情况下，完成一次运输活动，至少伴随两次装卸与搬运作业。货物在运输前的装卸与搬运是完成运输活动的先决条件。装卸与搬运活动的质量，包括车辆装载是否合理、装卸工作组织是否得力等，都将影响运输活动的顺利进行。当货物通过运输到达目的地后，装卸是完成运输任务的必要补充。除此之外，装卸搬运又是实现各种运输方式有效衔接的重要环节，特别是在多式联运的情况下，装卸与搬运的效率直接影响着运输过程的整体效率。

（5）运输与流通加工。流通中的加工活动可以改变运输的性质，通过配送实现更好的运输过程和服务水平。

2.2.2　交通运输在物流中的构成与作用

在物流的整个过程中，商品只有通过运输才能实现从生产领域进入消费领域，实现其使用价值，因此运输在物流系统中发挥着重要的作用。

（1）运输是物流系统功能要素的核心。一般说来，运输功能创造了物品的空间效用，储存功能创造了物品的时间效用，流通加工功能则创造了物品的形态效用，而物流系统的其他功能活动都是围绕这三大功能进行的。但是，三者在物流中的地位是不同的。

随着生产技术的发展和管理水平、信息化程度的提高，流通速度提高了，并实现了生产、流通和消费之间的“无缝连接”。这些变化强化了运输和其他物流功能的作用,降低或消除储存功能的作用,使得通过储存保管实现物品的时间效用呈现出弱化趋势。虽然流通加工能更好地满足客户的要求,但是加工后的物品需要借助于运输或配送的紧密配合才能使用户的消费得以实现,即实现物品的形态效用。

综上分析,在物流系统的三大功能要素中,运输功能的主导地位和核心作用日益显著,从而成为物流系统最为核心的功能要素。

(2)运输是实现物流合理化的关键。运输是物流系统中创造空间效用的主要功能要素,且与物流活动的其他环节有着密切的关系,同时由于运输费用在全部物流费用中占有较大的比重。因此,运输活动的合理与否直接或间接影响到其他物流活动合理化的程度,进而影响整体的合理化。

(3)运输体系的完善是实现物流社会化的基础。物流运输业的不断发展和完善,运输设施设备的更新和改进,各种运输方式之间联合运输的发展,货物运输的高速化、集装箱化的发展以及交通运输业内部的专业化分工,为物流社会化的实现提供了基础条件。

2.2.3 交通运输系统运输能力

根据市场需求和交通运输发展规划要求,铁路、水路、公路、航空和管道等运输方式必须具有相适应(包括必要的储备)的运输能力。各种运输方式的运输能力基本上概括为以下四种能力。

(1)固定设备的通过能力。它是指在采用一定类型的运输工具(如机车车辆、船舶、汽车、飞机等)和运输组织方法的条件下,一个交通区段或一条交通线(包括航道、航线等)在一定时间内(如一昼夜或一年)所能通过的列车对数(或单方向的列数)、船舶、汽车和飞机的数量。

(2)移动设备的输送能力。它是指在一定的固定设备和运输(车、船、飞机)组织方法的条件下,由一定类型的机车、车辆、船舶、汽车、飞机等所决定的,在单位时间内能实现的满载的列车、船舶、汽车、飞机数和货物吨数。

(3)线路(通道)输送能力。它是指在一定的固定设备和活动设备的条件下,通过一定运输方法,一个区段(航道、线路、航线等)在单位时间内所能输送的最大货物吨数,它通常是以一年内所能通过的百万吨数计算。

(4)系统综合运输能力。它是指一条铁路线(公路线)、航道、航线的相关设备(包括固定设备与活动设备)的技术标准和能力规模相互协调,实现最优组合,并通过科学的运输组织方法,按照该系统所应具有的整体性,形成的一个最大的输送能力。只有形成各种运输方式的系统综合运输能力,才能发挥其最大的经济效益。因此,在做好交通运输布局的基础上,加速形成各种运输方式的系统综合运输能力是一项重要任务。

各种运输方式运输能力的主导环节或限制环节往往是不同的。例如,港口码头岸线吞吐能力和港口后方集疏运输能力,常常成为水上运输的限制环节,而航道通过能力较少受限;对于铁路来说,线路区段的通过能力却常常影响整个铁路线路的运输能力;机车车辆、船舶、汽车、飞机的输送能力一般可以灵活调整,比较容易解决。

1. 铁路运输能力

1)铁路固定设备的通过能力

铁路固定设备的通过能力包括区间通过能力、车站通过能力和机务段设备的通过能力等。

(1)区间通过能力。就是在保证行车安全的条件下,每昼夜可能通过区间的列车对数(或一个方向的列车数)。铁路区间通过能力,一般以平行运行图(在同一区间内,同一方向列车的运行速度相同,因而运行线相互平行称为平行运行图)通过能力用 N 表示。计算各种类型平行运行图的区间通过能力时,首先必须确定一昼夜(1 440min)内在该区间可铺划多少个运行图周期,然后再乘以该类型运行图周期内所包含的列车对数或列数,用公式表示为:

$$N_{平行最大} = \frac{1\ 440K_{周}}{T_{周}}(对或列) \tag{2-1}$$

式中:$N_{平行最大}$——平行运行图最大的区间通过能力;

$K_{周}$——一个运行图周期中所包含的列车对数或列数;

$T_{周}$——运行图周期,在非自动闭塞区间是由列车区间纯运行时分、起停车附加时分以及车站间隔时间所组成,在自动闭塞区段为追踪列车间隔时间。

(2)车站通过能力。在一般情况下,车站通过能力是由到发线和咽喉道岔这两个因素决定的,两者不一致时,应按其中最受限制的能力来确定。

对办理客货运输业务的车站,应包括车站的客货运设备能力。对于旅客运输来说,主要有客车到发线、站台、客车库整备以及旅客候车室等设备能力;对于办理货物运输业务的车站,其货运设备能力主要包括货物线、仓库、货场、装卸机械等相关设备的能力,其能力表示为每昼夜装卸车数。

(3)机务段设备的通过能力。主要是机车检修台位和整备台位的通过能力,例如一定期间能够轮修(或洗修)多少台机车、架修多少台机车、整备多少台机车等。

以上各项固定设备的通过能力,要求以区间通过能力为目标进行相互协调,才能充分发挥作用。因此,必须经常注意加强薄弱环节,使之适应国民经济的运输需要。

2)铁路移动设备的输送能力

铁路移动设备的输送能力包括机车输送能力、车辆输送能力等。

(1)机车输送能力是指每台机车在一昼夜内能够实现的列车对数。

(2)车辆输送能力是指一定数量的运用货车在一昼夜内能够实现的装车数。

3)铁路输送能力

铁路输送能力包括铁路输送能力和铁路系统综合运输能力。

(1)铁路输送能力是指在一条铁路(单线或复线)的一定的固定设备、活动设备条件下,通过一定的行车组织方法,一个铁路区段(或方向),在单位时间内所能通过的最大货物吨数。它通常以一年内所能通过的百万吨货物进行计算。

(2)铁路系统综合运输能力,是指组成一条铁路的固定设备(包括线路与桥隧、车站与枢纽、机车车辆整备与检修设备、客货运输设备、通信联锁与闭塞设备、供电与给水设备等)、活动设备(主要为机车车辆、装卸机械等)相互协调,能力适应,实现最优组合,并通过科学的运输组织形成的最大输送能力。

2. 水运的运输能力

水运的运输能力包括水运通过能力和港口的系统综合运输能力。

水运的通过能力一般是指港口的通过能力,就是港口在一定时期内(年、月、日)所能装卸船舶的最大货物吨数,其中包括码头、锚泊地、浮筒和库场的通过能力。根据港口的通过能力,船舶运输工具,通过特定的航班运输组织,在一定时期内(年、月、日)所能完成的最大货物输送量,称为港口的输送能力。

港口系统综合运输能力主要是指构成港口能力的各项设备,包括码头前沿、库场设备、装卸机械设备以及港口集疏运系统能力等相互协调、适应,并实现最优组合,通过科学的运输组织所形成的港口最大的吞吐能力。

3. 公路运输能力

公路运输能力包括公路通行能力和公路汽车系统综合运输能力。

公路通行能力是指可以疏通道路上某一地点交通的能力,以单位时间通过交通量的汽车辆数表示。计算通行能力时,首先在毫不妨碍交通的理想的道路上,假定只有由相同性能、相同技术数据的客车组成理想交通流的行驶,从这时的最小车头间隔,算出基础的通行能力,这种理想状态的通行能力称为基本通行能力;而实际的各种道路的通行能力,要考虑该道路的条件与交通状态进行计算,称可能通行能力。基本通行能力是表示道路条件、交通条件均为理想状态时的最大交通量,而可能通行能力则表示在现实的交通条件、交通状态下,每小时能通过道路某一地点的最大交通量,所以在求可能通行能力时就必须先明确各个道路的条件与交通状态。

公路汽车系统综合运输能力是指组成一条公路的相关设备(包括线路与桥隧、车站及客货运设备、车辆及其检修设备)的规模适应,有机联系,能力协调,通过科学的运输组织,按照系统所应具有的整体性,实现最优组合,形成的具有特定规模的输送能力。

4. 航空运输能力

航空运输能力包括航空运输能力和航空系统综合运输能力。

航空运输能力主要是指飞机场和航空港的规模及每昼夜可能承担的起飞和着陆的飞机数。飞机场是指用于起落飞机和为飞机服务而专门修筑的地面区域,它包括飞行场、接近地带和服务区域。而航空港是指位于航空线上并且为了保证航空运输和运输飞机的经常飞行而修筑的飞机场。

航空运输系统综合运输能力是指组成航空运输系统的运输工具(各种类型的飞机)、航空港(包括飞机场)以及地面上的航空设备等其能力规模相互协调适应,通过科学的运输组织,按照系统所应具有的整体性而形成的具有特定规模的输送能力。

5. 管道运输能力

管道运输输送能力是指一年中管道输送液体(或气体)的数量,其能力是由输油(气)管的直径大小、泵站能力以及管路的摩阻损失等特性来确定。其系统综合运输能力是指组成管道运输系统的输油管线、输油站(泵站)等相关设备其能力规模相互协调适应,按照系统所应具有的整体性,形成的具有特定规模的输送能力。

6. 交通运输系统综合运输能力

交通运输系统要适应国民经济发展,不仅要在发展的规模、结构、速度以及在空间地域分布上相适应,同时,更要在系统综合运输能力上协调,形成适应国民经济发展和地区经济开发需要的系统综合运输能力。我国交通运输系统综合运输能力形成包括以下两个方面的要求。

(1)干支线综合运输能力的形成。在交通运输系统中,各种运输方式都有其具体的技术

经济特征，担负着不同的运输任务，其中包括干线运输、支线运输、长途运输（跨区域）、短途运输。要使交通运输网畅通，担负起国家和地区的旅客、货物运输任务，则必须形成全系统的综合运输能力，既要有符合国家需要的担负干线和长途运输任务的铁路、沿海和内河水运干线的运输能力，同时还必须有相应的担负支线、短途运输任务的公路、内河航运的能力。否则，如果只有交通运输网的骨架——干线，而无联系中小城市、厂矿企业和广大农村的短途运输网，则必然造成枢纽、车站和港口的堵塞，客流、货流的中断，必然要影响国民经济的发展和人们的出行。要形成一国或一个区域交通运输系统的综合运输能力应包括以下内容。

①要建成一个全国交通运输网的主干，这个运输网是以铁路、水运干线为主体的。它连接国家大中城市和主要海港、河港和工业基地，构成全国运输网的基础，形成相互协调的干线系统综合运输能力。

②要建成与全国交通运输网主干相衔接的、伸入到全国中小城市、地区工矿企业和广大农村的支线和短途运输网（包括地方铁路、公路、内河航道等），并要形成与干线集散货物相适应的系统综合运输能力，保证短途运输的畅通。

③一个经济区或一个省区，为适应区域经济的发展，应在全国交通运输网构架的基础上，结合各经济区或省区的经济、自然条件，逐步地建立起本区地方交通运输网，形成符合地区经济发展需要的、各种运输方式相结合的各具特点的地方交通网。它既要完成本区的运输任务，同时，它又是全国交通运输网的组成部分。

综上所述，一个国家或地区只有建立起完整的、干支相连、水陆相接、联系各地的四通八达的交通运输网，并形成全系统的综合运输能力，才能适应国民经济发展和人们出行的需要，提高交通运输的经济效益。

（2）各种运输方式综合运输能力的形成。组成全国交通运输系统的各种运输方式，都应该形成各自的综合运输能力，并在此基础上，进一步形成全国交通运输系统的综合运输能力。

以铁路运输为例，提高每一条铁路线系统综合运输能力，应包括以下内容。

①进行科学的客货运量预测，明确既有铁路线近期、中期、远期所需要的输送能力，确定系统综合运输能力分阶段发展的规模。

②既有铁路线系统综合运输能力方案的确定，要通过系统分析，妥善处理好该线与地区运输大系统间的关系，安排好该线与路网上相关铁路线的合理分工与协调。

③根据计算期间既有铁路线系统综合运输能力的分阶段发展规模，通过调查研究，摸清系统综合运输能力的现状，对组成系统综合运输能力的各项设备能力和运输组织工作进行系统分析，找出各相关设备在该系统整体上存在的问题。

④根据既有铁路线相关设备整体上存在的问题，以及国家交通路网规划要求该线路应具有的运输能力，编制技术设备改造方案。通过投资效益，措施期限，运输条件与服务水平等方面的技术经济论证，选定最优方案与分阶段过渡措施。根据系统综合运输能力的最终目标，对相关设备分期进行加强，保证各相关设备能力互相协调，同步发展，加速系统综合运输能力的形成。

2.2.4　综合运输是大物流系统组成部分

所谓大物流系统是从整个经济社会进行考察的物流系统，是相对小物流系统，即以

企业作为主导的物流系统而言的。从整个经济社会物流合理化需要出发,综合运输应该而且可以构成大物流系统的组成部分。这种组成部分可以通过货运代理功能组织设计、可以通过多式联运组织实现。这一物流链的构成包括了综合运输串并联的联结关系,促使整个系统寻求最优。

2.3 交通运输系统合理化

交通运输系统组织设计的目标是运输合理化。运输是物流系统中最重要的功能之一,物流合理化在很大程度上也依赖于运输合理化。因此,在进行交通运输系统组织设计和物流组织活动时,实现合理化运输是一项最基本的任务。

2.3.1 交通运输合理化概念

所谓交通运输合理化就是在保证旅客、货物多元目标位移的前提下,使用和消耗资源最为合理,可分为客运和货运分别讨论。由于旅客运输的对象本身带有主动性,货运的对象往往只具有被动性,所以,常常讨论货运组织合理化更具有代表性。组织货物合理运输,必须根据交通运输条件,合理选择运输线路和运输工具,保证运输任务的完成。由此,必须加强运输环节的联系,做到环节紧扣,密切协作,使货物合理运输的组织工作得以顺利进行。可见,交通运输合理化,是由各种经济的、技术的和社会的因素相互作用的结果。影响运输合理化的因素主要有以下几个方面。

(1)运输工具。各种运输方式都有其使用的优势领域,应根据运输对象的具体特点优选载运工具,按载运工具特点进行装卸运输作业组织工作。最大限度发挥所选运输方式的作用,是运输合理化的重要一环。

(2)运输环节。每增加一次运输,会增加运输及其附属活动,如装卸、包装等,因而增加起运运费和总运费,各项技术经济指标将会因此下降。所以,减少运输环节,尤其是同类运输工具的环节,对合理运输有促进作用。

(3)运输距离。在同一运输任务组织实施过程中,运输时间、货损、运费、车辆或船舶周转等运输的若干技术经济指标,都与运距有一定比例关系。因此,运距长短是比较运输方式、评价运输是否合理的一个最基本因素。

(4)运送时间。客货运送时间的缩短对整个客流、物流时间的缩短有决定性的作用,而且能够带来旅客时间价值、货物时间价值的增值。因此,时间价值是选择运输方式的一个重要因素。提高运输线路通过能力对运输合理化有很大贡献。

(5)运输费用。运费是客流、物流所耗费物力、人力资源等的货币价值表现,很大程度上决定整个物流系统的竞争能力。无论对货主企业来讲还是对物流经营企业来讲,运输费用都是运输合理化的一个重要目标。总的运输费用也是各种运输方式合理化组合行之有效的最终判断依据之一。

上述因素,既相互联系,又相互影响,有的还相互矛盾。运输时间短了,费用却不一定省,这就要求进行综合分析,寻找最佳方案。在一般情况下,运输时间快,运输费用省,是合理运输考虑的关键,因为这两项因素集中体现了物流过程中的经济效益。

2.3.2　不合理运输

不合理运输是在现有条件下可以达到的运输水平而未达到,从而造成了运力浪费、运输时间增加、运费超支等问题的运输形式。不合理运输是违反客观经济效果,违反商品合理流向和各种动力的合理分工,不充分利用运输工具的装载能力,环节过多的运输,是导致运力紧张、流通不畅和运费增加的重要原因。不合理的运输,一般有以下几个方面。

1. 与运输方向有关的不合理运输

(1)返程或启程空驶、空车无货载行驶是不合理运输的最主要形式。在实际运输组织中,有时候必须调运空车,从管理上不能将其看成不合理运输。但是,因调运不当、货源计划不周、不采用运输社会化而形成的空驶,是不合理运输的表现。造成空驶的不合理运输主要有以下几种原因:

①能利用社会化的运输体系而不利用,却依靠自备车送货提货,出现单程重车、单程空驶的不合理运输。

②由于工作失误或计划不周,造成货源不实,车辆空去空回,形成双程空驶。

③由于车辆过分专用,无法搭运回程货,只能单程实车、单程回空周转。

(2)对流运输。对流运输是指同一种物资或两种能够相互代用的物资,在同一运输线或平行线上,作相对方向的运输,与相对方向路线的全部或一部分发生对流。对流运输又分两种情况:一是明显的对流运输,即在同一运输线上对流。如图 2-2a)所示,一批货物从甲地经过乙地运至丙地,同时另一批同类货物从丁地经过丙地运至乙地,这样在乙地与丙地之间就产生了对流运输。产生这种情况大部分是由于货主所属的地区不同、企业不同造成的。二是隐蔽性的对流运输,即把同种物资采用不同的运输方式在平行的两条路线上,朝着相反的方向运输。如图 2-2b)所示,从丙地发货 2t 给丁地,从甲地发货 2t 给乙地,线路的货物周转量为 $2 \times 40 + 2 \times 20 = 120$(t·km);而优化后的运输线路应该是从丙地发给乙地,从甲地发给丁地。其货物运输周转量为:$2 \times 10 + 2 \times 30 = 80$(t·km)。

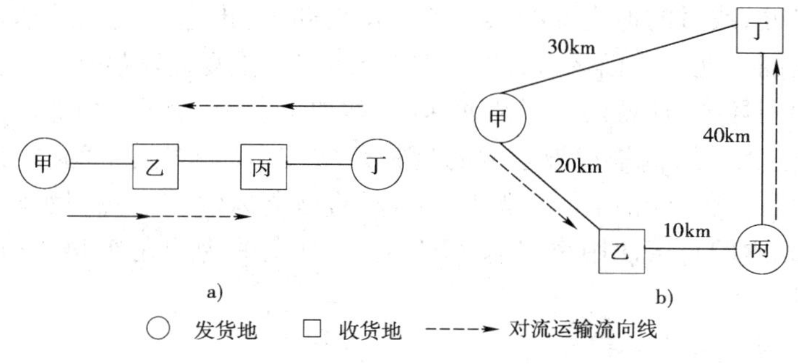

图 2-2　货物对流运输示意图

在判断对流运输时需注意的是:有的对流运输是不很明显的隐蔽对流,例如不同时间的相向运输,从发生运输的那个时间看,并无出现对流,可能做出错误的判断,所以要注意隐蔽的对流运输。这种隐蔽的对流运输,可以通过图上作业法进行优化处理来消除。

(3)倒流运输。倒流运输是指物资从产地运往销地,然后又从销地运回产地的一种回流运输现象。倒流运输有两种形式：一是同一物资由销地运回产地或转运地；二是由乙地将甲地能够生产且已消费的同种物资运往甲地，而甲地的同种物资又运往丙地。其不合理程度要甚于对流运输，原因在于往返两程的运输都是不必要的，形成了双程的浪费。倒流运输也可以看成是隐蔽对流的一种特殊形式。

2. 与运输距离有关的不合理运输

(1) 迂回运输。迂回运输是指物资绕道而行的现象。迂回运输有一定复杂性，不能简单处之，只有当计划不周、地理不熟、组织不当而发生的迂回，才属于不合理运输，如果长距离之间有货源或最短距离有交通阻塞、公路路况不好或对噪声、排气等有特殊限制而不能使用时发生的迂回，不能称不合理运输，如图 2-3a) 所示。

(2) 过远运输。过远运输是指舍近求远的运输现象，即销地本可以由距离较近的产地供应物资，却从远地采购进来；产品不是就近供应消费地，却调给较远的其他消费地，违反了近产近销的原则。过远运输占用运力时间长、运输工具周转慢、物资占压资金时间长，远距离自然条件相差大，又易出现货损，增加了费用支出，如图 2-3b) 所示。

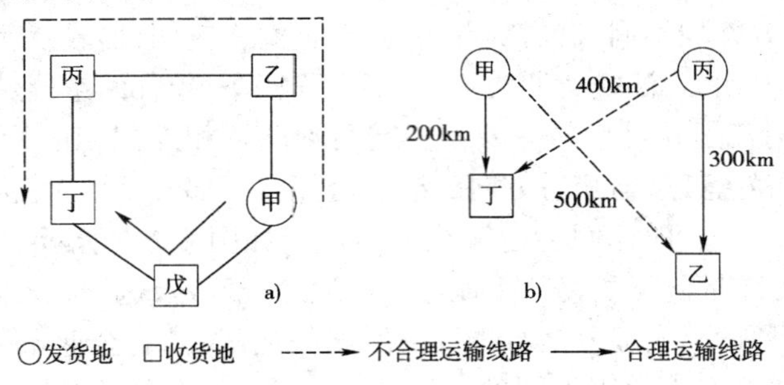

图 2-3 货物迂回运输与过远运输示意图

3. 与运量有关的不合理运输

(1) 重复运输。重复运输有两种形式，一种形式是指本来可以直接将货物运到目的地，但是在未达目的地之处，或目的地之外的其他场所将货卸下，再重复装运送达目的地；另一种形式是同品种货物在同一地点一面运进，同时又向外运出。重复运输虽然没有延长运输里程，但增加了非必要的中间环节，这就延缓了流通速度，增加了费用，增大了货损。

(2) 无效运输。无效运输是指被运输的货物杂质较多（如煤炭中的矸石、原油中的水分、矿石中的泥土和沙石），使运输能力浪费于不必要的物资运输。如我国每年有大批原木进行远距离的调运，但原木的直接使用率只有 70% 左右，其余的为边角废料。边角废料的运输基本上属于无效运输。

4. 与运力有关的不合理运输

选择各种运输工具时未能利用其优势，而不正确的利用造成了不合理现象，常见有以下若干形式：

(1) 弃水走陆。在同时可以利用水运及陆运时，不利用成本较低的水运或水陆联运，而选择成本较高的铁路运输或汽车运输，使水运优势不能发挥。

(2) 铁路、大型船舶的过近运输。它是指运距不在铁路及大型船舶的经济运行里程之内，却利用这些运力进行运输的不合理做法。主要不合理之处在于火车及大型船舶起运及到达目

的地的准备、装卸时间长，且机动灵活性不足，在过近距离中利用，发挥不了运速快的优势。相反，由于装卸时间长，反而会延长运输时间。另外，与小型运输设备相比，火车及大型船舶装卸难度大、费用也较高。

(3)运输工具承载能力选择不当。它是指不根据承运货物数量及重量选择，而盲目决定运输工具，造成过分超载、损坏车辆及货物不满载、浪费运力的现象。尤其是"大马拉小车"现象发生较多。由于装货量小，单位货物运输成本必然增加。

上述的各种不合理运输形式都是在特定条件下表现出来，在进行判断时必须注意其不合理的前提条件，否则就容易出现判断的失误。例如，如果同一种产品，商标不同，价格不同，所发生的对流，不能绝对看成不合理，因为其中存在着市场机制引导的竞争，优胜劣汰，如果强调因为表面的对流而不允许运输，就会起到保护落后、阻碍竞争甚至助长地区封锁的作用。类似的例子，在各种不合理运输形式中都可以举出一些。

另外，以上对不合理运输的描述，主要就其形式本身而言，是从微观角度分析得出的结论。在实践中，必须将其放在物流系统中做综合判断，在不做系统分析和综合判断时，很可能出现"效益背反"现象。单从一种情况来看，避免了不合理，做到了合理，但它的合理却使其他部分出现不合理。只有从系统角度，综合进行判断才能有效地避免"效益背反"现象，从而优化物流系统。

2.3.3　运输合理化方法

导致不合理运输的原因很多，因此在进行运输合理化设计时要综合考虑各个因素。

长期以来，人们从生产实践中探索和创立了许多运输合理化的途径，主要有以下方面。

(1)提高车辆运行效率。提高车辆的运行率、实载率，减少车辆空驶，避免迂回运输、对流运输、重复运输、倒流运输等现象，缩短等待时间和装运时间，提高有效工作时间，可以有效促进运输的合理化。

提高运输工具实载率是运输合理化的一种有效方式。实载率有两个含义：一是单车实际载重与运距之乘积和标定载重与行驶里程之乘积的比率，这是安排单车、单船运输时，判断装载合理与否的重要指标；二是车船的统计指标，即一定时期内车船实际完成的货物周转量(以吨公里计)占车船载重吨位与行驶公里之乘积的百分比。在计算时，车船行驶的公里数不但包括载货行驶，也包括空驶。

提高实载率的意义在于：充分利用运输工具的额定能力，减少车船空驶和不满载行驶的时间，减少浪费，从而求得运输的合理化。在实际运输工作中提高实载率的具体做法有：

①铁路运输的"满载超轴"法。"满载"是充分利用货车的容积和载重量，多载货，不空驶；"超轴"是在机车能力允许的情况下，多加挂车皮，增加运输量。在铁路运输中，采用整车运输、合装整车、整车分卸及整车零卸等具体措施，以及在客运紧张时，采取加长列车、多挂车皮的办法，都是提高实载率的有效措施。

②"减少动力投入，增加运输能力"法。运输的投入主要是能耗和基础设施的建设，在运输设施固定的情况下，尽量减少能源动力投入，从而大大节约运费，降低单位货物的运输成本，达到合理化的目的。如在铁路运输中，在机车能力允许的情况下，多加挂车皮；在内河运输中，将驳船编成队行，由机运船顶推前进；在公路运输中，实行汽车挂车运输，以增加运输能力等。

这种合理化的要点是,投入少、产出多,是实现高效益之路。

(2)选择最佳运输方式。由于公路、铁路、水路、航空等运输方式各有特点,因此在货物运输中要根据实际情况科学地选用合理的运输方式。例如:长距离、大批量的货物运输应选用铁路或水路;小批量、多品种、近距离的货物运输应选用公路;价值高的货物或紧急物资的长距离运输适宜选用航空运输。

在中短途运输中可开展中短距离铁路公路分流和"以公代铁"的运输。这种运输的合理化表现主要有两点:一是对于比较紧张的铁路运输,与公路分流后,可以得到一定程度的缓解,从而加大这一区段的运输通过能力;二是充分利用公路可实现"门到门"、运输速度快且灵活机动的优势,实现铁路运输难以达到的服务水平。我国目前"以公代铁"运输在杂货、日用百货及煤炭等货物运输中较为普遍。与铁路相比,公路运输经济里程一般在200km以内,有时可达700～1 000km。合理组织返程运输可以使其经济运距大大增长。

(3)发展社会化的运输体系。运输社会化指发展运输的大生产优势,实行专业化分工,打破物流企业自成运输体系的状况。单个物流公司车辆自有、自我服务,很难形成规模,且运量需求有限,难以自我调剂,因而经常容易出现空缺、运力选择不当、不能满载等浪费现象,且配套的接货和发货设施、装卸搬运设施也很难有效地运行,所以浪费颇大。实行运输社会化,可以统一安排运输工具,避免迂回、倒流、空驶,运力选择不当等多种不合理形式,不但可以追求组织效益而且可以追求规模效益。所以,发展社会化的运输体系是运输合理化的非常重要的措施。

当前铁路运输的社会化运输体系已经较完善,而在公路运输中,小生产的生产方式非常普遍,因此是建立社会化运输体系的重点。

(4)发展直达运输和配载运输。直达运输是在组织货物运输过程中,越过商业、物资仓库环节或交通中转环节,把货物从产地或起运地直接运到销地或用户,以减少中间环节。直达运输的优势,尤其是在一次运输批量和用户一次需求量达到了一整车时表现最为突出。此外,在生产资料、生活资料运输中,通过直达运输,建立稳定的产销关系和运输系统,有利于提高运输的计划水平。直达运输为减少物流中间环节创造了条件。但应注意的是直达运输的合理性是在一定条件下才会有所表现,如果从用户需求来看,批量大到一定程度,直达是合理的,批量较小时中转是合理的。

配载运输是充分利用运输工具载重量和容积,合理安排装载的货物及方法以求合理化的一种运输方式。通常是轻重商品的合理配载,在以重质货物运输为主的情况下,同时搭载一些轻泡货物,如海运矿石、黄沙等重质货物,在上面捎运木材、毛竹等,在基本不增加运力的情况下,在基本减少重质货物运输的情况下,解决了轻泡货的搭运,因而效果显著。

所谓"四就"直拨运输,即就厂、就站(码头)、就库、就车(船)直拨运输。"四就"直拨是减少中转运输环节,力求以最少的中转次数完成运输任务的一种形式。"四就"直拨,首先是由管理机构预先筹划,然后就厂或就站(码头)、就库、就车(船)将货物分送给用户,而勿需再入库了。

(5)发展特殊运输技术和运输工具。依靠科技进步是运输合理化的重要途径。它一方面是最大限度地利用运输工具的载重吨位,另一方面是充分使用车船装载容量。例如,利用专用散装及罐车可以解决粉状、液体物运输损耗大、安全性差等问题;利用袋鼠式车皮、大型拖挂车

可以解决大型设备整体运输问题;利用集装箱船比一般船能容纳更多的箱体,集装箱高速直达还加快了运输速度等。

(6)发展综合运输体系。所谓综合运输体系是指各种运输方式在社会化的运输范围内和统一的运输过程中,按其技术经济特点组成分工协作、有机结合、连续贯通、布局合理的交通运输体系。

综合运输体系是在五种运输方式的基础上建立起来的,是各种运输方式通过运输过程本身的要求联系起来的,它由三个子系统组成:一是有一定技术装备的综合运输网及结合部系统,这是综合运输体系的物质基础;二是各种运输方式的联合运输系统;三是综合运输管理和协调系统。上述三个方面构成了综合运输体系的主要因素。这个系统要实现运输高效率、经济高效率、服务高质量,充分体现出各种运输方式综合利用的优越性。

2.3.4 交通运输规划模型

在物流总费用构成中,运输费用占很大一部分,关系到整个物流费用的高低。运输线路的选择影响到运输设备和人员的利用,合理选择运输线路可以降低运输成本,提高运输效率。运输线路选择问题种类很多,基于物流的运输规划模型可以归纳为两种。

1. 最短路径法

货物运输在途时间的长短可以通过运输工具在一定时间内运送货物的次数和所有货物的总运输成本来反应。其中,最常见的决策问题是:找到运输工具在公路网、铁路线、水运航道和航空线运行的最佳线路,以尽可能地缩短运输时间或运输距离,从而使运输成本降低,同时客户的服务也得到改善。最简单、最直接的方法就是最短路径法。

最短路径法是在已知一个由链和节点组成的网络中,其中节点代表由链连接的点,链代表节点之间的成本(距离、时间或距离和时间的加权平均)。开始时只有起点是已解的节点。

(1)第 n 次迭代的目的。找出第 n 个距起点最近的节点,对 $n=1,2,\cdots\cdots$,重复此过程,直到找到的最近节点——终点。

(2)第 n 次迭代的输入值。在前面的迭代过程中找出(n-1)各距起点最近的节点,以及其距起点最短的路径和距离。这些节点和起点统称为已解的节点,其余的称为未解的节点。

(3)第 n 个最近节点的候选点。每个已解的节点直接和一个或多个未解的节点相连接,就可以得出一个候选点——连接距离最短的未解点。如果多个距离相等的最短连接,则有多个候选点。

(4)计算出第 n 个最近的节点。将每个已解节点与其候选节点之间的距离累加到该已解节点与其点之间最短路径的距离上,所得出的总距离最短的候选节点就是第 n 个最近的节点,其最短路径就是得出该距离的路径(若多个候选点都得出相等的最短距离,则都是已解的节点)。

【例2-1】 某家运输公司签订了一项运输合同,要把A城的一批货物运送到J城,该公司根据这两个城市之间可选择的行车路线绘制了公路网络,如图2-4所示。图中圆圈称为节点,节点之间的每条链上都标有相应的行车时间,节点代表公路的连接处。所有链上的时间都以分钟(min)计。试找出A城与J城之间行车时间最短的路线。

从案例中可以看出,从A城出发去J城,有很多条线路可以选择。如何选择运输线路,才能使总线路的长度最短,这就是运输规划中的最短路径问题。该公司的目的就是找出从A城到J城的最短线路,其计算步骤见表2-1。

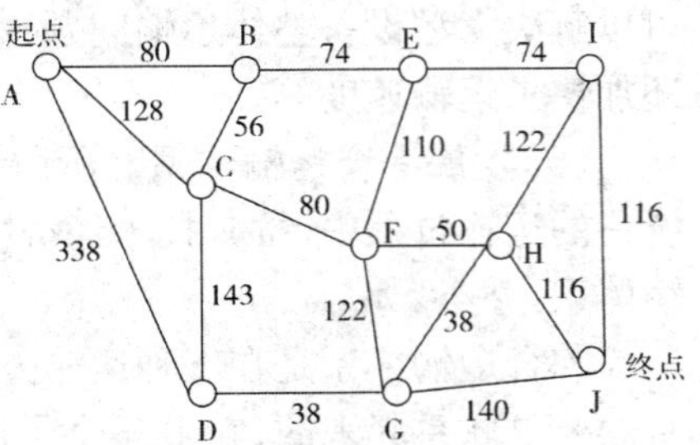

图2-4 A城与J城之间的高速公路网示意图

由此可以得到最短路径为A→B→E→I→J,这些路径在表中用①表示。其中最短路径的时间是344min,约折合6h运输时间。运输组织过程中还需要考虑通行线路有无通行费、是否需要换装作业等实际问题。

最短路径的计算步骤表

表2-1

步骤	直接连接到未解节点的已解节点	与其直接连接的未解节点	相关总成本	第 *n* 个最近节点	最小成本	最新连接
1	A	B	80	B	80	AB①
2	A B	C C	128 80+56=136	C	128	AC
3	A B C	D E F	338 80+74=154 128+80=208	E	154	BE①
4	A C E	D F I	338 128+80=208 154+74=228	F	208	CF
5	A C E F	D D I H	338 128+143=271 154+74=228 228+60=288	I	228	EI①
6	A C F I	D D H J	338 128+143=271 208+50=258 228+116=344	H	258	FH
7	A C F H I	D D G G J	338 128+143=271 208+122=330 258+38=296 228+116=344	D	271	CD
8	H I	J J	258+116=374 228+116=344	J	344	IJ①

注:①表示成本最小路径。

2. 理想化的车辆调度设计——里程节约法

进行理想化的车辆调度设计的基本方法是里程节约法，其基本思想是：假设 P 是出发地点，A 和 B 分别是所要到达地点，他们相互之间的公路距离分别为 a、b 和 c，如果从 P 分别到 A 地和 B 地，那么总里程为 $2a+2b$；如果从 P 到 A 再到 B，然后回到 P，则总里程为 $a+b+c$，这两种方法的里程差是 $a+b-c$，如果 $a+b-c>0$，那么第二种方法将使总里程达到节约。由此根据节约里程的大小规划线路。

当配送中心使用相同类型的车辆（主要是装载量和容器相同）时，进行车位理想化的车辆调度模型如下。

设配送中心 P，记为标号 0；可用车辆集合是 $\{Q, K=1,2,3,\cdots,M\}$，Q 为载重量；零售商 $\{G_i, i=1,2,3,\cdots,n\}$，$g_i$ 为零售商 i 的货运量，有 $\max g_i \leqslant Q$；零售商 i 到零售商 j 的最短距离为 D_{ij}，两者之间的运输成本为 C_{ij}。

定义 0-1 的变量为：$Y_{ki}=1$，表示零售商 i 由车辆 k 配送，否则记为 $Y_{ki}=0$；$X_{ijk}=1$，表示车辆 k 从零售商 i 行使到零售商 j，否则记为 $X_{ijk}=0$。则此问题的数学模型为：

$$\min Z = \sum\sum\sum C_{ij}X_{ijk} \tag{2-2}$$

$$\sum_i G_i Y_{ki} \leqslant Q(\forall k)$$

$$\sum_k Y_{ki} = 1 \quad (i=1,2,3,\cdots,n)$$

$$Y_{ki} = 1 \text{ 或 } 0 \quad (i=1,2,3,\cdots,n,\forall k)$$

$$\sum_i X_{ijk} = Y_{kj} \quad (j=1,2,3,\cdots,n,\forall k)$$

$$\sum_j X_{ijk} = Y_{ki} \quad (i=1,2,3,\cdots,n,\forall k)$$

$$X_{ijk} = 1 \text{ 或 } 0 \quad (i=1,2,3,\cdots,n,\forall k)$$

其中，C_{ij}的含义可能是距离、费用、时间等。一般地，增发一辆车的边际费用是较高的，故当 i 为配送中心时（标号是 0），$C_{0j}=C_0+C_1T_{0j}(j=1,2,\cdots,n)$；当 i 为零售商时（标号为 1,2,$\cdots$,n），$C_{ij}=C_1TC_{ij}(i\neq0, j=0,1,2\cdots,n)$。$C_0$ 是增加一辆车的固定费用，C_1 表示相对于运行时间的费用系数。

这类问题的解体思路是：首先，把各个点单独与配送中心相连，构建仅含一个点的初始路线，可得到费用表达式：

$$Z = \sum_{i=1}^{n} C_{0i} + \sum_{i=1}^{n} C_{i0}$$

然后，计算如果连接零售商 i 和 j 到同一条线路上得到的节约值：

$$S_{(i,j)} = C_{0i} + C_{i0} + C_{0j} + C_{j0} - (C_{0i} + C_{ij} + C_{j0}) = C_{i0} + C_{0j} - C_{ij}$$

或
$$S_{(j,i)} = C_{j0} + C_{0i} - C_{ji}$$

$S_{(i,j)}$越大，说明把零售商 i 和 j 一起配送时，费用减少的越多；如果是负值则表示一起配送

后费用会增加，此时就不应该把零售商 i 和 j 一起配送。经过调整，最后可得出最优的配送方案。

【案例 2-2】 现有一烟草配送中心为 8 个零售商供货，各个零售商的需求量是 $G_i(t)$ 这些零售商由配送中心（标号是 0）发出的 8t 的载货汽车供应，具体数据如表 2-2 和表 2-3 所示，把各点之间的距离作为成本考虑的主要因素，即 $C_{ij}=D_{ij}(i=0,1,\cdots,8)$，求最优配送线路。

零售商和需求量 表 2-2

用户 I	1	2	3	4	5	6	7	8
需求量 G_i	2	1.5	4.5	3	1.5	4	2.5	3

配送中心与零售商之间的距离 表 2-3

中心 0	中心 0								
零售 1	40	零售 1							
零售 2	60	65	零售 2						
零售 3	75	40	75	零售 3					
零售 4	90	100	50	100	零售 4				
零售 5	200	50	100	50	100	零售 5			
零售 6	100	75	75	90	75	70	零售 6		
零售 7	160	110	75	90	75	90	70	零售 7	
零售 8	80	100	75	150	100	75	100	100	零售 8

注：零售商简称“零售”。

该题的计算步骤为：

(1) 首先计算节约值：利用公式 $S_{(i,j)}=C_{i0}+C_{0j}-C_{ij}$

例如：$S_{(2,8)}=C_{20}+C_{08}-C_{28}=60+80-75=65$

$S_{(5,7)}=C_{50}+C_{07}-C_{57}=200+160-90=270$

……以此类推。

(2) 按照从大到小的顺序对节约值进行排列，得表 2-4。

(3) 计算 $S_{(i,j)}$ 中 $\sum G_i\leqslant 8$，判断是否连接 i 和 j，如表 2-5 所示。

(4) 最后根据表 2-3，得最优配送线路：0→6→5→7→0；0→3→1→0；0→4→8→2→0。

零售商连接的费用节约值 表 2-4

(i,j)	5,7	5,6	3,5	5,8	4,5	1,5	6,7	4,7	2,5
S_{ij}	270	230	225	205	190	190	190	175	160
(i,j)	2,7	3,7	7,8	4,6	1,7	2,6	3,6	6,8	1,3
S_{ij}	145	145	140	115	90	85	85	80	75
(i,j)	4,8	1,6	2,8	3,4	2,3	2,4	1,2	1,4	1,8
S_{ij}	70	65	65	65	60	50	35	30	20

零售商连接过程　　表 2-5

(i,j)	5,7	5,6	3,5	5,8	4,5	1,5	6,7	4,7	2,5
$\sum G_i$	4	8	>8	>8	>8	>8	>8	>8	>8
连接情况	5→7	6→5→7	不连	不连	不连	不连	不连	不连	不连
(i,j)	2,7	3,7	7,8	4,6	1,7	2,6	3,6	6,8	1,3
$\sum G_i$	>8	>8	>8	>8	>8	>8	>8	>8	6.5
连接情况	不连	不连	不连	不连	不连	不连	不连	不连	3→1
(i,j)	4,8	1,6	2,8	3,4	2,3	2,4	1,2	1,4	1,8
$\sum G_i$	6	>8	7.5	>8	>8	>8	>8	>8	>8
连接情况	4→8	不连	4→8→2	不连	不连	不连	不连	不连	不连

2.4　交通运输系统的组织设计

交通运输系统组织设计的目的在于能够最有效地发挥各种运输方式的优势，通过布设及选用有效的基础设施、线路网络等，以最有效的成本为社会提供最佳服务。因此，应切实结合实际需要和可能，并根据交通运输系统发展的状况来进行交通运输系统组织设计。

2.4.1　交通运输系统组织设计概述

交通运输系统组织设计是指为适应政治、经济、社会、军事及环境的发展和变化的需要，进行综合交通网与枢纽的布局，包括交通与经济发展的协调、建设时序的协调、技术装备水平和空间分布上的协调等。在目标确定的基础上，进行运力与运量的合理分配，通过分析和预测及交通建设项目效益和目标具体方案的评价，并结合国土规划、经济结构调整、资金来源以及枢纽地区城市的发展等方面，进而制订区域综合运输网与枢纽的长远计划。简而言之，交通运输系统组织设计即是确定综合运输发展目标、方案的设计以及达到目标所应采取的对策等。

1. 交通运输系统的特点

交通运输系统作为一个复杂的大系统，有着与其他生产系统不同的特点，表现在以下几个方面。

(1) 交通运输系统生产是一个连续性过程，其连续性表现为运输生产过程的连续性和运输生产时间的连续性，通过运输生产过程实现旅客和货物位移。

(2) 交通运输系统又具有多环节和多功能、超区域的特点，其运输生产过程表现为多环节之间的联合作业，多个区域以及多种运输方式结合的综合与联合运输等。

(3) 交通运输系统生产具有网络性特点，良好的交通运输系统，首先要具备布局与结构合理的交通运输网和交通运输枢纽；要实现内外协调、布局合理、相互衔接、形成整体。如铁路网、公路网以及各种运输方式相结合的综合运输网等。

(4) 交通运输系统是一个动态网络系统，一方面，交通运输系统的运输任务因国民经济系统随时间的变化而相应变化；另一方面是系统中的人流、物流、车流、船流以及飞机流等经常处于运动中进行生产与变化，表现了交通运输系统中的动态性。

2. 交通运输系统组织设计的基本要求

交通运输系统因地区的经济状态、性质、规模和发展方向的不同，其组织设计的目标和要求也会产生差异，但从物流系统的本质特征分析，其设计应有以下几个基本要求：

(1)各种运输方式在发展规模和空间位置上能够满足区域物流、客流要求，能够进行合理分布。

(2)各种运输方式的线路要实现合理衔接与合理的组合，合理地建设组合枢纽与节点，方便旅客出行，方便物流功能衔接、协调，能为社会经济活动提供最有效的运输能力。

(3)实现客、货在交通运网上流动的有序性与合理性。

所以，交通运输系统组织设计，首先要对其进行总体设计，安排好组成交通运输大系统中的各子系统以及各子系统内部各要素之间关系。

2.4.2 组织设计内容

交通运输系统组织设计所要解决的是交通运输系统的发展问题，确定交通运输业发展的方向、原则、规模、速度、布局和部门结构等问题，对交通运输业的各部门及布局作全面合理的安排，使之组成一个有机的整体。交通运输系统组织设计优先于技术设计，应根据组织设计的要求，充分利用自然条件和经济资源以及现有设备，通过技术设计实现其组织设计要求。

1. 交通运输系统设计的原则

交通运输系统设计旨在改进交通运输系统和建立规划交通运输资源的合理分配，为交通运输系统发展提供一个总体设计。在进行运输系统设计时，应遵循以下几个原则。

(1)满足社会、经济、人口、国防、环境等方面的运输需求与条件，并与国家的社会经济规划结合起来。如果地区与国家的交通运输设计与社会和经济系统规划不协调，就不可能正确地进行交通系统的建设。为此，进行交通运输系统设计应以地区和国家发展规划为基础。

(2)充分考虑交通运输大系统及各子系统的各种技术特点与环境要求，进行综合协调规划与发展，以发挥最大的综合运输效能。

(3)在运输系统设计中要努力提高交通运输系统综合运输能力，从而实现交通运输系统的整体投资效益。

(4)要根据国家政策，通过对环境的调查研究，采取定性与定量相结合的方法进行规划、设计，最后提出综合运输发展方案。

(5)特别要注意综合交通运输系统设计的整体协调，网络和枢纽系统的衔接与优化。

(6)要促进各种运输方式的综合发展，无论城市、地区、国家，在其一定的社会经济发展阶段均应有相应的多种运输方式。

2. 交通运输系统组织设计的基本内容

进行交通运输系统组织设计以前，应做好可行性研究和其他准备工作，主要包括以下几方面的内容。

(1)对相关资料进行归纳和建档。

(2)现状调查和运输需求分析。

(3)明确目标、政策和准则，对运输体制和财政现状进行分析与预测。

(4)对交通运输供给能力、运输组织、管理现状进行分析及提出相应的改善措施。

(5)进行区际运输预测，提出未来新的可供选择的运输方式。

(6)对交通运输分配比例短缺的关键项目进行分析与评价，编制运输系统方案，并进行全

面的分析与评价。

2.4.3　组织设计思路

在我国很早就提出综合运输概念,但在计划经济时期未能够实现。改革开放以来,市场机制提供了综合运输发展的机遇,虽然对交通运输系统规划设计的研究已有较长的历史,并形成了一套比较系统的理论与方法,但面对可持续发展,已有的理论存在着多方面的不足:现有的系统设计理论往往以解决交通问题为唯一目标,没有考虑可持续发展目标,缺少对资源的优化及环境保护问题的考虑。由于我国特殊的基本国情,许多资源相对短缺,在经济建设过程中正面临着日益沉重的资源环境压力,社会经济发展与资源环境之间的矛盾与西方国家相比更为突出,所以在交通运输系统规划中必须将可持续发展的理念贯彻到底,主要应体现以下几个方面。

(1)明确组织设计思路,确立与可持续发展要求相适应的交通运输系统设计的指导思想和方法体系。

(2)确立组织设计原则,在交通运输系统规划环节中保证子系统的设计与总体运输系统设计相一致、相协调。

(3)调动产、学、研集成优势,科教发展从总体上保证其对交通运输发展的推动和促进作用。

(4)强调系统整体价值,有效地发挥资源和环境在交通运输总体规划中的最大效用。

2.4.4　交通运输系统规划设计理论、方法、技术研究与应用

我国在交通运输系统规划设计理论、方法、技术研究方面取得了很多成果。

在静态交通规划设计理论与实施技术研究方面,对交通调查数据处理、交通量生成、出行分布、运输方式选择、路网交通量分配、路网建设项目备选方案设计、路网规划设计方案 评价、土地利用与交通关系测算、推算 O－D、路网规划设计接口等理论、方法和实施技术进行了创新、发展和完善。在此基础上,研制出了具有中国特色的可适用于公路工程、城市道路工程和铁路工程的路网规划设计软件。

在动态交通规划设计理论与技术研究方面,紧跟国际先进水平,从我国国情与道路交通实际状况出发,突破静态规划设计的传统方法,应用先进的人工智能技术、卡尔曼滤波技术、系统聚类分析、判别分析、主成分分析法创造了一系列的新模型、算法及相应的实施技术,填补了我国相关领域研究的空白,取得了优异的理论与应用成果。

国外一些比较成熟的规划设计软件也在我国区域交通运输系统规划设计中得到应用。

复习思考题

1. 简述综合运输系统及其发展方向。
2. 阐述各种运输方式的运输能力及其特点。
3. 运输合理化有哪些常用方法?
4. 合理运输线路确定的主要思路和方法是什么?

第3章 交通运输组织方式及规划职能

交通运输过程的规划职能是组织管理工作的首要职能，涉及硬件和软件的规划对象。各种交通运输方式满足其自身特点的站场、港口、机场等基础设施，通常是不同运输方式换乘、中转的衔接点，也是规划涉及的重点领域。本章主要介绍不同运输方式的特点、运输组织方式和管理、载运工具规划、运输产品规划和运输生产服务规划工作等内容。

3.1 交通运输组织的基础

组织一般有两种含义，一种是动词，就是有目的、有系统集合起来，如组织运输过程、组织多式联运等，这种组织是管理的一种职能；另一种是名词，指按照一定的宗旨和目标建立起来的集体，如各种交通运输方式的经济实体、各种交通运输枢纽站场、交通运输系统等，这些都是组织。交通运输组织需要经营主体通过有关措施、手段和机制将交通运输基础设施、运输线路、载运工具、人力资源等有效、系统地集合运作起来，以实现客货位移预期目的。

3.1.1 交通运输方式简述

1. 交通运输方式的分类

1)按运输工具分类

按照载运工具不同，可以将运输方式划分为铁路运输、公路运输、水路运输、航空运输和管道运输，近年来，城市轨道运输得到长足的发展。

(1)铁路运输是指在铁路上以车辆编组成列车载运客货的一种路上运输方式，是现代最重要的运输方式之一。铁路运输是运输量大、速度快、运距长、连续性强、受自然条件影响较小、公害小、成本比较低的现代化运输方式，大宗货物的长途运输主要依靠铁路。铁路运输一直是我国运输事业的骨干运输方式。几条铁路干线相衔接的地点，由若干个车站(包括客运站、货运站、工业站、编组站)站间联络线、进站线和信号所组成的整体，称为铁路枢纽。某些客、货运输业务繁忙的尽头站，或水、陆联运站，也可形成铁路枢纽。我国有铁路枢纽40多个，其中重点枢纽有:北京铁路枢纽、天津铁路枢纽、沈阳铁路枢纽、哈尔滨铁路枢纽、大连铁路枢纽、郑州铁路枢纽、徐州铁路枢纽、武汉铁路枢纽、广州铁路枢纽、上海铁路枢纽、西安铁路枢纽、兰州铁路枢纽、昆明铁路枢纽、重庆铁路枢纽。

(2)公路运输是指使用汽车或其他运输工具在公路上运行的一种运输方式，是构成陆上运输的两种基本运输方式之一，与其他运输方式相比，主要承担中短距离、中小批量的运输任

务，是我国最重要和普遍的短途运输方式。汽车运输虽有成本高、载运量小、耗能大、劳动生产率低等不利方面，但对不同的自然条件适应性强、投资少、机动灵活、送达速度快，在货物运输方面，货物无须换装就可直达指定地点，便于开展“门到门”运输，可广泛服务于地方与城乡的商品交流，并为干线交通集散货物。公路运输还可深入尚无铁路的中、小城镇和工矿企业、农村及边远地区，这是其他运输方式所不能代替的。

公路运输可以在与我国接壤的口岸展开国际汽车运输。公路集装箱运输是一个重要的发展方向，它可以与铁路、水路运输一起形成集装箱多式联运、国际集装箱多式联运。公路运输在特种货物运输中扮演着重要角色。

(3)水路运输是使用船舶及其他水上工具通过河道、海上航道运送货物的一种运输方式。水路运输又可分海运和内河运输，海运又分为沿海、近海和远洋运输。水路运输有运载量大、运费低、耗能少、投资省、可不占或少占农田等优越性。但受自然条件限制，水路运输又有连续性差、速度慢，联运货物要中转换装等不利因素，延缓了货物的送达速度，也增加了货损、货差。水路运输适用于承担运量大、运距长的大宗货物。

水路运输是由港口、航道、船舶和修船厂 4 个环节构成。我国水运的自然条件十分优越，东部有广阔的海洋，大陆海岸线长达 1.84 万 km，沿海岛屿众多，有许多终年不冻的优良港湾；河流、湖泊众多，天然河道总长度达 43 万 km，湖泊与江河息息相通，东西横贯的巨川大河把我国内地与海洋直接联通起来，形成了良好的江海联合运输网。

①沿海运输是指使用船舶通过大陆附近沿海运送客货的一种方式。我国的沿海运输，主要是由上海和广州海运局分别承担南北方的长途运输任务。地方性的短途运输由沿海 8 省、区以及津、沪两市自行解决，形成了以上海、大连为中心的北方航区和以广州为中心的南方航区。

②近海运输是指使用船舶通过大陆邻近国家海上航道运送客货的一种运输方式。近海运输可根据航程的长短选择中型或者小型的船舶组织运输。

③远洋运输是指使用船舶跨大洋的长途运输方式，主要依靠运量大的大型船舶进行运输。我国开辟的国际航线有 30 条，与五大洲约 160 多个国家和地区的 400 多个港口通航。

④内河运输是指使用船舶在内陆的江、河、湖泊等水道进行运输的一种方式，主要使用中小型船舶组织运输。

(4)航空运输。航空运输是指使用飞机或其他航空器进行客货运输的一种运输方式。

航空运输的运行速度最快，航线最直，但运费高、运量小、耗能大。我国目前的航空运输线只能负担各大城市和国际交流，承担旅客运输、报刊邮件和急件、鲜活贵重物资的运输。

(5)管道运输。管道运输是指利用管道输送气体、液体和粉状固体的一种特殊的运输方式。它是随着石油和天然气产量的增长而发展起来的，是一种新型运输方式，具有大量不间断运送、安全可靠、运输能力大、维护比较容易、自动化水平高、投资省、占地少、经济合理、一般受自然条件影响小等技术经济特点，在液体、气体运输中占有很大的优势。目前，我国的管道运输主要用于输送石油、天然气、煤气等。全国共有管道 378 条，其中输油管道 167 条，输气管道 211 条。

2)按运输线路分类

(1)干线运输。干线运输是指利用铁路公路的干线、大型船舶的固定航线进行的长距离、大数量的运输。干线运输是运输的主体,是进行远距离空间位置转移的重要运输方式,其运输速度较同种工具的其他运输要快,成本也相对低一些。

(2)支线运输。支线运输是指与干线相接的分支线路上的运输。支线运输是干线运输与收、发货地点之间的补充性运输方式,一般路程较短,运量相对较小。因为支线建设水平往往低于干线,运输工具也往往落后于干线,所以运输速度也慢于干线。

(3)二次运输。二次运输是指干线、支线运输到站后,站与用户仓库或指定地点之间的运输。由于这是一种补充性的、以满足个体单位需要的运输方式,所以运输量相对较小。

3)按运输协作程度分类

(1)一般运输。一般运输是指孤立地采用不同运输工具或同类运输工具而没有形成有机协作关系的运输方式,如单纯的汽车运输等。

(2)联合运输。联合运输是指使用同一运输凭证,由不同运输方式或不同运输企业进行有机衔接接运货物,利用每种运输手段的优势,发挥不同运输工具效率的一种运输方式。联合运输的方式有铁海联运、公铁联运、公海联运等。进行联合运输,不仅可以简化托运手续,加快运输速度,而且可以节约运费。

(3)多式联运。多式联运是指根据实际要求,将不同的运输方式组合成综合性的一体化运输,通过一次托运、一次计费、一张单证、一次保险,由各运输区段的承运人共同完成货物的全过程运输,即将全过程运输作为一个完整的单一运输过程来安排的一种运输方式。多式联运是联合运输的一种现代形式。

4)按运输中途是否换载分类

(1)直达运输。直达运输是指利用一种运输工具从起运站、港一直到到达站、港,中途不经换载、不入库存储的运输方式。直达运输不仅可以避免中途换载所出现的运输速度减缓、货损增多、费用增高等一系列弊端,而且能缩短运输时间、加快车船周转、降低运输费用。

(2)中转运输。中转运输是指在运送过程中,在途中的车站、港口、仓库进行转运换装的一种运输方式。中转运输可以将干线、支线运输有效地衔接,可以化整为零或集零为整,方便用户,提高运输效率。

2. 各种运输方式的技术特点

交通运输工具主要是车、船、飞机、管道等,相应的运输的方式也有铁路、公路、航空、水路和管道运输等运输方式。

1)铁路运输的优缺点比较

从技术性能上看,铁路运输有以下优点。

(1)运行速度快,时速一般在 80 ~ 120km。经过提速以后,动车组线路时速可以达到 200km,新开发的动车组将可达到 300km。

(2)运输能力大,一般每列客车可载旅客 1 800 人左右,一列货车可装 2 000 ~ 3 500t 货物,重载列车可装 20 000 多吨货物;单线单向年最大货物运输能力达 1 800 万 t,复线达 5 500 万 t;运行组织较好的国家,单线单向年最大货物运输能力达 4 000 万 t,复线单向年最大货物运输能力超过 1 亿 t。

(3)铁路运输过程受自然条件限制较小,连续性强,能保证全年运行。

(4)通用性能好,既可运客又可运各类不同的货物。

(5)铁路客货运输到发时间准确性较高。

(6)铁路车辆运行比较平稳,安全可靠。

(7)平均运距分别为公路运输的 25 倍,为管道运输的 1.15 倍,但不足水路运输的一半,不到民航运输的 1/3。

从经济指标上看,铁路运输有以下优点。

(1)铁路运输成本较低,1981 年我国铁路运输成本分别是汽车运输成本的 1/11 ~ 1/17,民航运输成本的 1/97 ~ 1/267。

(2)能耗较低,每千吨公里耗标准燃料为汽车运输的 1/11 ~ 1/15,为民航运输的 1/174,但是这两种指标都高于沿海和内河运输。

铁路运输有以下缺点。

(1)投资高,单线铁路每公里造价为 100 万 ~ 300 万元之间,复线造价在 400 万 ~ 500 万元之间。

(2)建设周期长,一条干线要建设 5 ~ 10 年,而且占地太多,随着人口的增长,将给社会增加更多的负担。因此,综合考虑,铁路适于在内陆地区运送中、长距离、大运量、时间性强、可靠性要求高的一般货物和特种货物;从投资效果看,在运输量比较大的地区之间建设铁路比较合理。

2)公路运输的优、缺点比较

公路运输主要优点是灵活性强,公路建设期短,投资较低,易于因地制宜,对收到站设施要求不高。可以采取"门到门"运输形式,即从发货者门口直到收货者门口,而不需转运或反复装卸搬运。公路运输也可作为其他运输方式的衔接手段。具体地说,公路运输一般具有以下优点:

(1)可以直接把货物从发货处送到收货处,实行"门到门"一条龙服务。

(2)适于近距离运输,而且近距离运输费用较低。

(3)容易装车。

(4)适应性强,可作为其他运输方式的衔接手段。易于衔接铁路、水路运输以及航空运输,有利于疏通商品,是综合运输体系的重要组成部分,是物资集散的有效工具。

公路运输的不足之处有以下几点:

(1)不适宜大批量运输。公路运输的经济半径,一般在 200km 以内。

(2)长距离运输运费相对昂贵。

(3)易污染环境,发生事故。

(4)消耗能量多。

3)水路运输的优、缺点比较

从技术性能看,水路运输的优点有以下几点:

(1)运输能力大。在五种运输方式中,水路运输能力最大,在长江干线,一支拖驳或顶推驳船队的载运能力已超过万吨,国外最大的顶推驳船队的载运能力达 3 万 ~ 4 万 t,世界上最大的油船已超过 50 万 t。

(2)在运输条件良好的航道,通过能力几乎不受限制。

(3)水路运输通用性能也不错,既可运客,也可运货,可以运送各种货物,尤其是大件货物。

从经济技术指标上看,水路运输的优点有以下几点:

(1)水运建设投资省,水路运输只需利用江河湖海等自然水利资源,除必须投资购造船舶,建设港口之外,沿海航道几乎不需投资,整治航道也仅仅只有铁路建设费用的1/3~1/5。

(2)运输成本低,我国沿海运输成本只有铁路的40%,美国沿海运输成本只有铁路运输的1/8,长江干线运输成本只有铁路运输的84%,而美国密西西比河干流的运输成本只有铁路运输的1/3~1/4。

(3)劳动生产率高,沿海运输劳动生产率是铁路运输的6.4倍,长江干线运输劳动生产率是铁路运输的1.26倍。

(4)平均运距长,例如,2006年统计数据测算的水路货运平均运距分别是铁路的2.9倍,公路的33.3倍,管道的4.6倍,民航的82.7%。

(5)远洋运输在我国对外经济贸易方面占独特重要地位,我国有超过90%的外贸货物采用远洋运输,是发展国际贸易的强大支柱,战时又可以增强国防能力,这是其他任何运输方式都无法代替的。

水路运输的主要缺点是:

(1)受自然条件影响较大,内河航道和某些港口受季节影响较大,冬季结冰,枯水期水位变低,难以保证全年通航。

(2)运送速度慢,在途中的货物多,会增加货主的流动资金占有量。

总之,水路运输综合优势较为突出,适宜于运距长、运量大、时间性不太强的各种大宗物资运输。

4)民航运输的优缺点比较

民航运输的优点是:

(1)运行速度快,一般在800~900km/h左右,大大缩短了两地之间的距离。

(2)机动性能好,几乎可以飞越各种天然障碍,可以到达其他运输方式难以到达的地方。

民航运输的缺点是:飞机造价高、能耗大、运输能力小、成本很高、技术复杂。因此,只适宜长途旅客运输和体积小、价值高的物资,鲜活产品及邮件等货物运输。

5)管道运输的优缺点比较

管道运输是随着石油和天然气产量的增长而发展起来的,目前已成为陆上油、气运输的主要运输方式,近年来输送固体物料的管道,如输煤、输精矿管道,也有很大发展。

管道运输的优点是:

(1)运输量大,国外一条直径720mm的输煤管道,一年即可输送煤炭2 000万t,几乎相当于一条单线铁路的单方向的输送能力。

(2)运输工作量小,占地少,管道运输只需要铺设管线,修建泵站,土石方工程量比修建铁路小得多。而且在平原地区大多埋在地下,不占农田。

(3)能耗小,在各种运输方式中是最低的。

(4)安全可靠,无污染,成本低。

(5)不受气候影响,可以全天候运输,送达货物的可靠性高。

(6)管道可以走捷径,运输距离短。

(7)可以实现封闭运输,损耗少。

管道运输的缺点是:

(1)专用性强,只能运输石油、天然气及固体料浆(如煤炭等),但是,在它占据的领域内,具有固定可靠的市场。

(2)管道起输量与最高运输量间的幅度小,因此,在油田开发初期,采用管道运输困难时,还要以公路、铁路、水路运输作为过渡。

3. 各种运输方式的主要技术经济指标

(1)货物运输量。货物运输量是反映交通运输业工作量的数量指标。铁路运输主要用货物发送吨数表示,公路运输和水路运输按经营量进行计算,水运可按航次、装卸情况或排水吨位来推算。

(2)货物周转量。货物周转量是反映交通运输业工作量的数量指标。货物运输量只表示货物的运送吨数,而不能反映所运送的距离。货物周转量指标是一个全面反映运输数量和运输距离的复合产量指标。如铁路货物周转量是指一定时间内(年、月)铁路局或全路在货运工作方面所完成的货物吨公里数。

(3)货物平均运程。货物的平均运程,即货物的平均运输距离,表示平均每吨货物运送的距离。货物的平均运程,与货物周转量和运输费用的大小、车辆周转的速度、货物的送达时间有关。各类货物平均运程,是分析各地区之间和国民经济各部门、各企业之间经济联系的重要指标之一。

(4)货车周转时间。货车周转时间是指货车在完成一个工作量的周转过程中平均花费的时间。这一指标是考核运输部门与有关部门的协作关系和工作效率,以提高专用线作业与管理水平,是加速货车周转时间的关键之一。

(5)货物装卸量。货物装卸量是指进出车站、港口范围内装卸货物的数量,以“吨”表示。它是衡量车站、港口货物装卸工作量大小的数量指标。

(6)运送速度。运送速度是各种运输方式技术经济效果的重要指标之一,在保证质量良好地完成运输任务的前提下,用最快的速度把商品送达目的地,尽可能缩短在途时间,是对运输的基本要求。

3.1.2　运输市场的分类

运输市场按照不同的标准,可以有不同类别。

按运输过程涉及到的运输方式,可分为包括两种或两种以上运输方式的不同方式间的运输市场和某一种方式内的运输市场(如公路运输市场、航空运输市场、水运运输市场等)。

按运输距离的远近,可分为短途、中途和长途运输市场等;也可按运输市场的空间范围,分为地方运输市场、跨区运输市场和国际运输市场等。国际水运市场又包括定期航班市场和包租船市场等。

按运输市场与城乡的关系,可分为市内运输市场、城市间运输市场、农村运输市场和城乡运输市场等。

按运输市场的客体结构,可分为客运市场、货运市场、交通工具租赁市场、车船修理市场等。其中,货运市场又可按货物的种类细分为煤炭运输市场、粮食运输市场、钢铁运输市场等,也可以按照运输条件分为一般货物运输市场和特种货物运输市场,如大件运输、零担运输、集装箱运输、危险货物运输、冷藏运输、散装运输、搬家运输等;客运市场也可以细分,如一般客运市场和特种客运市场,后者如旅游客运市场、包机市场等。

按运输市场的竞争性,可以分为垄断运输市场、竞争运输市场和垄断竞争运输市场等。这种分类是针对特定时间、地点等条件而言的,如有的运输企业在一些地区是垄断的,在另外一些地区则可能是竞争的。

按时间要求可分为定期运输市场、不定期运输市场、快捷运输市场等。

对运输市场进行分类有助于人们更深刻地了解运输市场,以便对其进行分析研究、制定和实施相应的管理政策及措施。对于运输企业来说,对运输市场的分类,有助于企业确定目标市场和制定市场营销策略,减少盲目性;有助于了解竞争对手和尚未满足的市场区域,为发掘市场机会提供有利条件,集中有限的人力、物力等资源,提供目标市场需要的运输服务,修订各项市场策略,避免分散使用力量,避免运输能力的过剩与浪费。

3.1.3 运输市场的特征

运输市场的特征主要体现在以下几个方面。

(1)运输业是国民经济的基础产业,以运输生产经营活动为主要内容的运输市场是国民经济市场体系中的基础部分。运输是人类社会生产活动的基本形式之一,在很多情况下,运输是商品能够实现交换的基本物质条件之一,作为交换位移这种特殊产品的运输市场就成为很多产品完成交换的前提和基础,运输市场及其机制的健全和完善与否成为影响商品交换的一项重要因素。

(2)运输产品的生产和消费在时间上和空间上处于同一过程,生产和消费同处于市场监督之下。生产和消费在时空上的不可分离性决定了运输产品不能像其他工业产品一样,先生产后销售,即生产过程在生产领域,而销售过程在销售领域,运输生产本身就是在流通领域中进行的,它是物质生产过程在流通领域中的继续。

(3)运输市场上交换的产品是不具有实物形态、不能储存、不能在区域间调拨的运输劳务。运输业不改变劳动对象的性质,只改变它的存在形式及空间位置,因此运输业出售的只是一种劳务,运输产品的供应方式不存在批发、零售等环节,供需直接见面是运输市场十分明显的特征。由于运输产品是无形的,因此它不能储存。又由于每一项位移在空间上有具体的规定性,因此产品不可能在区域间进行调拨。

(4)垄断与竞争是运输市场最重要的特征之一。运输市场在一段时间内可能表现为极端垄断,而在另一段时间内又可能表现为垄断与竞争并存,或极富于竞争性。运输业容易产生垄断现象,因为现代化大生产要求有现代化的运输,运输业为适应社会生产发展的需要,也由于自身行业的特点,一般都具有较大的规模。由于企业规模巨大,容易造成竞争困难,特别是当投资主体与经营主体一体化时,垄断现象的出现就会成为一种必然。运输市场竞争具有多种形式,包括同一运输方式内部不同运输企业之间的竞争与不同运输方式之间的竞争。运输市场上不同运输方式之间的竞争不仅表现在市场空间上的竞争,而且也表现在营销策略上的竞争。

(5)运输市场与资源配置的关系密切。运输市场是实现社会资源达到最优配置这一目标

的重要手段。运输业是国民经济发展的基础产业，是决定生产力布局和资源配置的重要因素，运输业是否发达，运输市场是否规范和完善，在很大程度上决定着社会资源配置效率。运输作为一种手段，能够改变和影响社会资源的配置，而运力本身作为一种稀缺资源，其本身的配置同样是市场化作用的结果。

3.1.4　运输市场的竞争

市场竞争力是衡量运输业发展潜力和活力的重要标尺，运输市场竞争的充分展开是运输市场经济实现良性运行的重要基础。

1. 运输市场竞争的目的

运输市场竞争的目的是实现运输资源的高效率配置。通过公平的市场竞争，微观上，促使运输企业不断改进技术和管理，不断提高劳动生产率，及时适应市场变化，服务于社会。宏观上，促使运输业优胜劣汰，向集约化、多元化发展，保证整个运输行业的长远发展能力。

2. 运输市场竞争的性质

运输市场竞争的性质，是社会主义市场下的为实现运输资源优化配置而采用的一种市场手段。运输市场竞争必须保证运输业长远发展利益，保证国家长远利益。不利于运输资源优化配置这一前提的竞争将受到限制。

3. 运输市场竞争的手段

同其他市场一样，运输市场的基本竞争手段同样也是价格竞争。通过价格机制实行价值规律对运输经济运行的调节，优胜劣汰，保持运输业发展的活力。价格竞争虽然是普遍的、基本的手段，但由于运输业发展的两元性和行业生产的服务性，使得价格竞争在不同条件下表现不同。应该承认的是在保证价值规律在运输运行中充分发挥作用的前提下，服务质量竞争是较之价格竞争更为重要的竞争手段。

3.2　交通运输组织方式及职能

交通运输组织的具体形式可以从不同角度进行划分，如客运组织、货运组织等。货运组织也可以分为集装箱多式联运组织、特种货物运输组织等。

3.2.1　旅客运输组织

旅客运输组织的主要任务是安全、迅速、经济、便利地运送旅客，为国家现代化建设和提高人民物质、文化生活水平服务。在完成旅客运输组织这项任务中，港口、车站及枢纽是主要的作业地点，因此客运港站的旅客运输工作组织是旅客运输的核心，它主要包括客票出售、旅客进站、安全检查、承运行李、调度车（船、机）、安排旅客候车（船、机）、检票、组织旅客上车（船、机）、指挥车（船、机）出发、指挥车（船、机）到达、组织旅客下车（船、机）、检票、车（船、机）停放、旅客出站、交付行李等。

1. 售票

售票是将有效座位尽可能出售的工作的总称，主要包括座位控制（售票）、退票、客票变更等。售票工作的基本要求是：方便、准确、迅速、及时。

(1)售票是将运输劳务预售给旅客,它实际上也是对本网点可使用座位的控制,是整个座位控制的最后环节。售票的形式,按售票员的身份可以分为自动(售票机)售票和人工售票;按售票的场所可以分为窗口售票、预约售票、流动售票和车(船、机)上售票;按旅客的特征可以分为团体售票和个人售票。

售票时必须注意以下几点:

①售票时必须检查乘客身份的有效证件,以确定乘客所需购买的客票类型。

②座位的使用应保证团体、照顾个体。

③售票时必须按照有关要求售票。如民航规定患重病乘客购票时,需提供医疗单位出具的适于乘坐飞机的诊断证明。

④铁路运输中,联程旅客应购买联票,在到达联程站后,旅客应在有效期内到联程站办理定座手续(即签票)。铁路、公路、水路运输中,回程票一次性出售,不必再证实。而在民航运输中,旅客在到达联程或回程站后,需在航班起飞前两天中午12点前办理座位再证实手续,否则,原座位不予保留。

(2)退票是指解除运输合同,旅客退回所购买的座位。退票可分为自愿退票、非自愿退票和因病退票。自愿退票是指旅客由于自身的原因要求退票。自愿退票在班次出发前的规定时间内退票,收取一定的退票费。如铁路规定在列车出发前6h退票,收20%的手续费。非自愿退票指由于班次取消、提前、延误、行程改变、衔接错误等,旅客要求退票时,退还全部票款。因病退票旅客应提供医疗单位的证明或经承运人、代理认可,在班次出发前退还全部票款。

(3)客票变更,即旅客购买后,要求变更乘坐日期、班次、旅程、座位等级或更换乘坐旅客(民航中)。客票变更分为自愿变更和非自愿变更两种。

①自愿变更。在民航运输中,自愿变更均按自愿退票处理,另购新票;铁路运输中旅客要求变更乘坐日期、车次可办理改签,如要改变旅程,则按自愿退票处理,另购新票。旅客要求变更座位等级的,由低票价改高票价,补收票价差额;由高票价改为低票价的,民航运输中退还票价差额,铁路运输中按自愿退票处理,另购新票。要求变更乘机人的,经民航同意,可在客票上签注变更,但以一次为限,再次变更按退票处理。

②非自愿变更。客票变更后,按与原票价差额多退少补。如要求变更旅程,按非自愿退票处理,另购新票。因病变更应提供医疗单位的证明或经承运人、代理认可,并在班次出发前提出,按非自愿退票处理。

2. 旅客进站及安全检查

旅客在进入港、站准备乘坐车(船、机)前,必须进行不同程度的安全检查(内容)。安全检查以航空最为严格,铁路、水路次之,公路较为松散。安全检查是防止旅客将影响运输安全的物品带上车(船、机)的重要手段。

3. 行李发送作业和到达作业

行李的发送作业包括行李承运、保管、装车(船、机)等;行李的到达作业包括行李的卸车(船、机)、保管、交付等过程。

(1)行李及其类型。行李是指旅客随身携带或交承运人或其代理安排随车(船、机)同行的物品。根据行李与旅客经济利益关系的差别,通常分为以下三类:

①随身携带物品。持有客票(包括有证面票)的旅客可随身携带体积和重量不超过规定

标准（各种物品限制）并在限额件数之内的物品。这类行李在各种运输方式中都存在。

②免费行李。在有些运输方式中，如民航客运中持有客票（除婴儿票外）的旅客，可将限额内的行李交付承运人免费运输。

③付费行李。旅客交付承运人运输的超过免费部分的行李，需要按一定标准支付费用（公路、铁路和水路不设置免费行李）。

(2)行李承运，是旅客与承运人或其代理人间签订行李运输合同的过程。承运行李时，旅客必须对行李的性质、赔偿价值做出声明（包括默许），并且行李的包装和规格必须符合运输要求。作为承运人则必须向旅客开具接受行李的单证，同时向旅客收取规定的运费。

(3)行李保管。承运行李后，需要分类并作短时堆放，以便合理装载；行李运达后，旅客也不一定及时领取，需要作短时保管。

(4)行李装卸。要求按照装卸规范作业，保证运输工作的安全有效，符合便利取送的原则。

(5)行李交付，是指将证物一致、完好无损的行李交给持有完整有效行李交付单证的人，并办理行李交付手续。

4. 候车（船、机）服务

良好的候车（船、机）服务是旅客运输中的重要环节，它将有助于客运工作有序地进行。候车（船、机）服务主要包括以下内容。

(1)保持候车（船、机）室清洁卫生，为旅客提供必需的饮水供应，候车（船、机）座椅及有关旅行所需资料，如客运班次表、客运线路分布图、票价表、中转换乘其他交通工具时刻表及交通常识等。

(2)维护候车（船、机）室的正常秩序，及时向旅客通告客运信息，正确解答旅客的咨询，协助旅客解决面临的各种疑难问题。

(3)设立小件物品寄存处和问讯处。

5. 检票和组织旅客上下车（船、机）

检票是对客票核查并进行加剪，它主要有两个作用：一是对承运人与旅客之间旅行运输合同开始或结束的确认；二是对旅客所持客票与其所要开始的旅程是否相等的确认。

在发车（船、机）前，站务人员要组织旅客排队，顺序检票上车，并对号入座，检查是否有误乘的旅客；在车（船、机）到达后，组织旅客下车（船、机），并检票以核查票据是否符合要求。

6. 载运工具的安排

运载工具包括车（船、机）组织及日常维护；后勤保障车（船、机）组织包括车（船、机）的来源安排。将车（船、机）从停放场（停车场、码头、停机场）停泊到指定的上客位置；当车（船、机）到达后，指挥车（船、机）从所在位置停泊在指定的停放场。日常维护主要是清洁车（船、机）并对其性能进行例行检查。后勤保障包括车（船、机）上能源、水和生活用品的供给与更换。

旅客运输组织作业流程如图 3-1 所示。

3.2.2　货物运输组织

1. 货物运输生产

货物运输生产总是围绕着发到作业、中转作业和运行作业展开的，其中发到作业和中转作

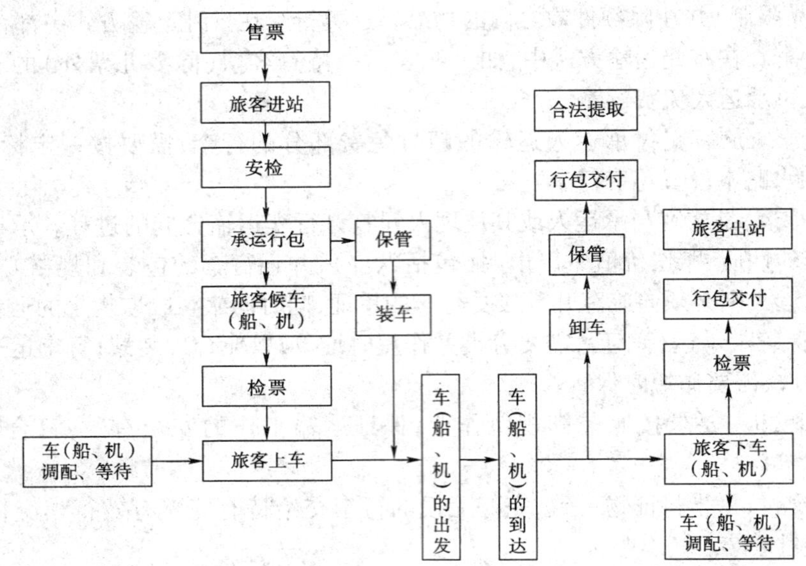

图 3-1　旅客运输组织作业一般流程

业由港站计划、安排与实施；运行作业则由承运人的生产管理部门计划和安排，由司乘人员具体实施。运输货物的过程主要包括组织货源货流、办理货物承运、货物保管、装卸、运送、途中作业、到达货票检查、卸车（船、机）、保管、交付等过程。其作业流程如图 3-2 所示。

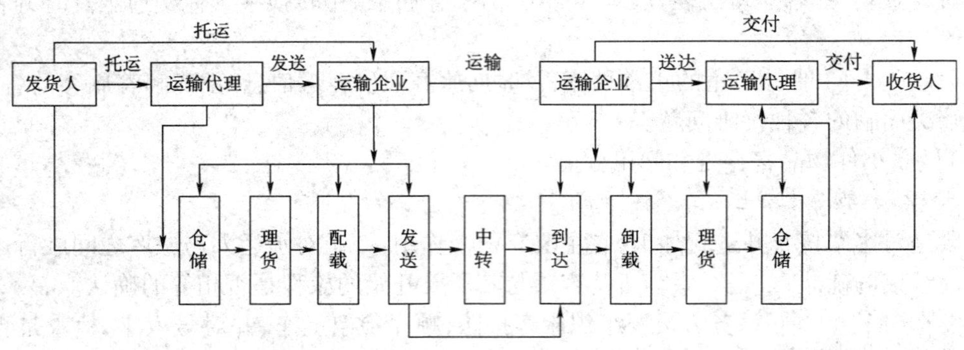

图 3-2　货物运输组织作业一般流程图

2. 货物运输作业形式

依据运输工具单元所装载的货物批数，货物运输可分为独批运输和组批运输两类。独批运输是指同一运输工具只载运来自一批货物的运输形式；组批运输是指同一运输工具载运多批货物的运输形式。

依据一批货物的数量大小，货物运输有单元运输（指整车、整船、整机、整箱）和零担运输或拼箱运输之分。如果一批货物的重量、体积或形状需要一个基本运输工具单元的装载能力的，应按单元运输托运，不够单元运输条件的，按零担托运。

依据货物性质不同，货物运输可分为普通货物运输、危险货物运输、鲜活货物运输。

港站货运业务的基本内容因运输方式的运营体制不同而有所区别。港站货运业务可分为发送作业、途中作业、到达作业。

(1)发送作业。货物在始发港站的各项货运工作称为发送作业。

(2)途中作业。货物在运送途中发生的各项作业统称为途中作业。货物在运送过程中,不同运输方式之间或同一运输方式内部往往存在各种形式的内部交接,才能到达目的地港站交付收货人。如不同运输方式之间需换装,以及需要中转的货物在中转站的作业都是途中作业。

(3)到达作业。货物在到达站发生的各项货运作业统称为到达作业,主要包括货运票据的交接、货物卸车、保管和交付等内容。

3.2.3 交通流组织及运输流程再造

1. 交通流组织

旅客运输组织和货物运输组织主要是面向系统外部用户的运输商务和交易工作组织,是运输生产过程的开始和终止阶段的工作组织,主要解决人流和物流的运输需求向现实交通流的转化问题。这只是运输组织工作的一部分,另一部分的运输组织工作是面向运输系统内部的交通流的计划、组织、监督、调控、指挥和统计、分析、评价工作。

(1)计划。计划是运输组织的基础性工作,是根据对过去的、现有的和预测的交通流信息,对完成运输任务的数量、质量、时间及其完成条件所做出的"事先"的安排。计划有宏观、中观和微观之分,如年度计划、月度计划和日常计划。日常计划,还需根据交通流信息的不断变化,即信息确定性的强化和固化而编制日班计划、阶段计划和具体的作业计划。计划工作在系统内运输组织中的重要性,在运输资源相对稀缺、运输供给相对不足,而因运输安全和效率的要求必须对全部交通运输流实行严格的组织管理的铁路运输和航空运输中尤为突出。

(2)组织。组织是为实现运输计划对可用运输资源的合理配置和利用,是计划编制和执行的连接纽带,主要是对运输固定设备、活动设备能力的合理配置和利用,包括这些设备的操作和管理人员的劳动组织和协作安排,是实现运输计划的资源保证和后勤保证。由于交通运输需求变化带有一定的随机性,交通运输流量的变化也呈现一定的随机性,运输日常计划往往因此而必须及时做出适当的调整,运输组织也要随之做出相应的调整。由于组织工作涉及对运输资源的全面动员和利用,它在运输生产活动中需要面对与运输有关的所有部门和环节的现实矛盾和冲突,需要围绕运输工作的总目标经常协调各个部门和环节的工作,因而在整个运输工作中具有举足轻重的作用。

(3)监督。监督是在运输计划执行阶段,对交通运输流状态变化的监督,其实质是对交通运输流实时信息的采集、记录和整理,是对交通运输流的动态观测和跟踪,以便及时发现实际交通流对于计划的偏离和改变,为计划的进一步执行和必要的调整提供真实、准确、及时和可靠的信息。

(4)调控和指挥也是在运输计划执行阶段,根据对交通流的计划信息和实际信息的比较分析,采取适当的计划调整相应的组织措施,运用反馈控制原理精心调控交通流,保证系统全局的畅通有序和各项运营数量和质量指标的完成。

(5)统计、分析和评价是对运输计划执行绩效的统计分析和评价,是对运输组织工作水平的阶段性的考核和衡量,涉及对大量的交通运输流信息的综合和处理,也为编制新的运输工作计划和合理利用运输资源提供新的依据。

总之,运输组织要在较大的地域范围内,在运输全过程的时间范围内,在众多的部门与环节的协调配合中,处理错综复杂的动态交通运输流的监控,实现运输资源的合理配置利用和运输时空效用的最优化,其中,高效通达的信息系统是运输组织的基础条件,实现运输时空效用的最优化是运输组织的目标,而合理配置运输资源是运输组织的关键。需要指出,在运输需求多样化、运输规模不断扩大、交通供给不足、交通环境日趋复杂的条件下,信息系统对于运输组织的支撑和保证作用特别重要。

2. 运输流程再造

流程再造是伴随信息时代到来必然产生的改变工业时代传统工作方式的革命。运输企业有效运行的一个显著特征,是实现人流、物流、资金流和信息流的合理流动,按照一定的逻辑顺序,由一个阶段向另一个阶段转变,这种转变过程实际上是一种流程,所以,也将运输生产过程及其管理称为运输流程。运输流程具有一切流程的共同性质,即:

(1)目的性:流程是为实现某一目标而设计和产生的。

(2)内在性:流程包含状态的时间变化和活动的空间转移,是系统的内在特征。

(3)整体性:流程是一系列活动通过一定方式的联系和组合,具有整体特性。

(4)动态性:流程通过活动(状态)的变化而实现某一目标,具有动态特性。

(5)层次性:流程包含不同层次的多种活动的投入,具有系统的层次性。

(6)结构性:组成流程的各种活动之间的相互联系和相互作用方式在结构上具有一定的规律性,都表现为串联结构、并联结构和反馈结构的不同组合。

企业外部环境的变化,即顾客需求的多样化、企业竞争的白热化和锐意发展的科技革命;企业内部环境的变化,即工作方式的变化、员工实现自我期望的呼唤和工具技术进步的驱动,使实施企业流程再造不仅是必要的,而且是可能的。

交通运输是一个传统的产业。运输企业流程再造是其内外环境变化共同作用的结果。一方面,从用户的角度,满足顾客不断变化的需求,有效提供顾客满意的运输产品和服务,以顾客满意度作为企业绩效考核的标准,是运输流程再造的本质特征。另一方面,从运输企业本身运作的角度,实现设备配置、信息传递关系和生产决策程序的合理化,改革不合理的工艺过程和业务流程,也是流程再造的内容。

计算机信息技术的发展以及社会的信息化,利用现代信息技术改造传统的运输产业,使之适应经济和社会可持续发展的要求,是交通运输发展的大趋势。现代物流技术和电子商务技术的发展,"零库存"和柔性生产的要求,优先发展城市公共交通的一体化运输服务体系建设,都在改变传统的运输生产和服务流程。适应这一发展趋势,是运输组织改革的必然要求。

3.3 运载工具运用规划

3.3.1 运载工具的构成及其运用

1. 运载工具的构成

运载工具亦称活动设备,是运输对象(旅客和货物)的承载体和形成动态交通流的基本单元。铁路机车主要用途是牵引车辆运送货物或旅客,因此,铁路机车也属于运载工具。

运载工具按用途可分为客运运载工具、货运运载工具及客货混用运载工具；按是否带有动力装置可分为带动力运载工具和不带动力运载工具；按用途可以分为专用运载工具和通用运载工具；按配属方式可以分为有固定配属的运载工具、无固定配属运载工具。

2. 运载工具的运用

运载工具的性质不同，其运输方法也不相同。有动力的运载工具，可以单独完成运输生产任务；无动力的运载工具必须在动力装置的牵引下才能完成运输过程。

专用运载工具主要运送与其运送类型匹配的货物，而通用运载工具则可运送类型广泛的货物；有固定配属的运载工具在完成一次运输后，通常要考虑返回其配属地，无固定配属的运载工具在运用中可以不考虑返回的问题。

为完成运输任务，对运载工具的利用时间和利用内容等所作的计划称为运载工具运用计划。

运载工具在载有货物或旅客的情况下的运行称为有载运行，在没有载运货物或乘客的情况下运行称为无载运行。

3. 运载工具的维修、整备

(1)运载工具的维修。检查、维修的方式主要有状态修和预防修两种方式。

状态修是在设备工作寿命期内，按照规定的状态值来监察其运行参数，只要设备运行参数在规定的状态界限值以内，就一律不检修；当运行参数超出规定的状态界限值，则进行维修或更换。状态修必须有先进的设备准确掌握运行参数的动态，使其在控制之内。

预防修指在规定的时间或运行里程内，在设备可能出现故障或危害之前对设备进行检查，设备运行参数超出规定值时进行维修。预防修一般分为日常检修和定期检修两类。

(2)运载工具的整备。货运运载工具一般运行相对较长的时间后，在检查、维修场所进行运载工具的整备，如铁路的机务段、车辆段，公路交通的汽车修理场等。客运运载工具除一般的检查维修以外，还必须对运载工具进行清洗、消毒和其他的整备工作。

由于铁路客运运载工具比较庞大，运送的旅客较多，整备的内容和要求比较多，需要在专门的整备场所进行。

3.3.2　运载工具的合理配置原则

运载工具的配置原则就是在满足运输需求的基础上，使运输效率最优，主要从需求特殊性、效率、数量和质量等几个方面考虑。

运载工具的合理配置就是规划、确定某种运输方式应具有的运载工具的种类和数量。

(1)需求特殊性。当某种运输需求只能由专用运载工具运送时，必须开发、利用专用运载工具满足需求的特殊性。

(2)效率。专用运载工具适合于特定运输需求的货物运输；通用运载工具对一般运输对象的适应性较好，但对一些有特殊要求的运输对象运输效率较低，甚至是无法运输。

(3)数量。采用通用运载工具可以运送，但当需求量达到一定规模的时候，可考虑规划使用专用运载工具。

(4)质量。采用通用运载工具和专用运载工具均可以完成的某类运输对象，当采用专用运载工具时运输质量较高，可考虑规划、采用专用运载工具。

(5)协调。主要是指运载工具和线路等其他技术基础、条件等相互协调。其他技术条件很高,而运载工具技术等级较低,则不能充分发挥其他条件的优势;相反也不能发挥运载工具的技术优势。

3.4 运输产品规划

3.4.1 运输产品的整体概念

1. 交通运输产品的概念

运输产品是指运输供给方提供给运输需求方所需要的人或物的位移,是运输产业各个品种、品牌产品的总称。因此,运输产品可以有不同的分类。例如,按产品类别分,可以有旅客运输,货物运输,行李包裹运输等;按产品系列分,可以有市内运输,市郊运输,城际客运,整车运输,零担运输等;按产品品种分,可分为短途运输,区间运输,直达运输,普通运输,慢车运输,快车运输,特快运输等。

现在的市场营销学关于产品的整体概念,要比早期产品的概念广阔的多,它是指企业向市场提供的能够满足人们某种欲望或需要的一切物品和劳务,包括核心产品(也有的称实质产品)、形式产品和延伸产品。

运输产品其实就是运输服务。把运输产品定义为运输服务,区别于它的传统概念的根本之处在于,新的概念是面向消费者的,而传统概念是面向生产者的。此外,这种概念是开放的、可扩展的,而不是封闭的、呆板的。

运输产品整体概念可由三个基本层次组成:核心产品、形式产品、扩大产品,

核心产品,指“运输服务”向购买者提供的基本效用或利益。实质上它就是传统的运输产品,即人和物的位移。铁路、公路、航空、水路任何形式的运输产品,都必须具备旅客或货物位移这个内容,离开了这个核心内容,运输产品就失去了存在的意义。

形式产品,即产品的形式,指核心产品借以实现的形式。核心产品所描述的仅仅是一种概念,而效用、利益要通过一定的形式才能得以实现。运输服务的形式产品主要表现在五个方面:品质(安全性、快捷度、时限保证、服务水平等)、特色(运输产品不同于其他产品的特色,如铁路的夕发朝至、行包专列所具有的特色等)、式样(如双层铁路客车、超音速客机等)、品牌(如铁路的双优列车、“五定”班列等)及包装(如站、车外观等)。

延伸产品,是产品的附加利益的总和,实质是指产品在销售和使用过程中的各种服务、保证等。消费者对产品附加利益的要求,虽然与产品的形体无关,但对产品效用的最终实现有很大的关系,因此产品的附加利益成为产品不可缺少的组成部分。

2. 运输产品的效用

运输产品具有三维特性,即空间性、时间性和数量性。运输产品的空间特性反映了运输产品的完成要跨越空间障碍,克服距离等因素;时间特性反映了完成位移所需支付的时间代价;而数量特性则是反映产品数量、规模的大小,它是一种复合计量单位,用周转量(旅客周转量和货物周转量)表示。

由运输产品的三维特性可以知道,运输产品的效用在于它的空间性和时间性,这是运输产

品克服空间障碍的能力以及为克服空间障碍所需的时间代价。运输产品的使用价值也就在于克服空间障碍的能力和所需的时间代价。在一定意义上，运输产品性能、质量越好，它克服空间障碍的能力越强，同时所付出时间代价越小。

随着运输业的不断发展，运输产品的效用特性也在发生潜移默化的变化。当运输业不很发达，运输手段和运输能力都比较匮乏时，运输产品的效用特性主要偏重于克服空间障碍的能力即空间效用上，时间效用不突出。社会经济发展了，多数人的时间价值在提高，时间效用将是今后决定运输业竞争力的关键所在。

3. 运输产品的组合

产品组合是指企业生产经营的全部产品的结构以及它们的有机结合方式。对于运输产品而言，不同类型的运输产品及其构成即为运输产品组合，如图 3-3 所示。

一种运输方式或一个运输企业所拥有的产品组合，反映了它能够向市场提供的产品的丰富程度。运输产品组合会受到一定条件的影响和限制，主要表现在以下方面。

(1) 企业资源条件的限制。企业拥有的资源，包括人力、物力、财力是有限的，每个企业都有自己的特长和不足。所以，并不是经营任何产品都是有利的，应该扬长避短。

(2) 市场需求的影响。市场需求不断变化，企业应根据市场调查和预测结果，分析运输产品需求变化趋势，加强和拓展市场需求大的产品。

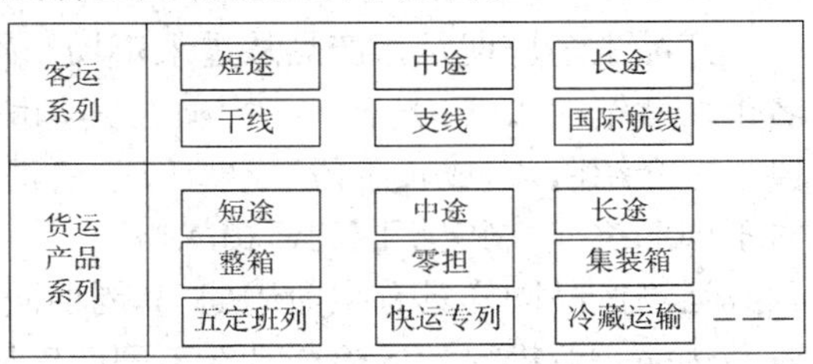

图 3-3　运输产品组合形式

(3) 市场竞争的影响。产品组合有时会受到竞争对手的冲击和影响，这时企业就要审时度势，调整产品组合。

不同运输方式或运输企业在考虑产品组合时，可采用变更产品种类策略和调整产品结构策略。

变更运输产品种类策略有以下具体内容。

(1) 扩大产品组合策略。在运输需求增大而呈现多样化趋势时，可考虑采用这一策略。这一策略的内容是扩大现有产品的数目，以满足市场上新的需求。例如，铁路运输企业根据需求开行民工专列、球迷专列、旅游专列、城际列车等，正是对原有产品组合的扩大。

(2) 缩减产品组合策略。当运输需求呈现萎缩或某种类型的运输需求下降时，可考虑减少产品组合。例如，当铁路的沿零列车不适应市场需求时，铁路企业就应取消这种列车的开行，推出新的、适应零担运输的产品。

(3) 产品线延伸策略。产品线延伸策略，具体可分为向上延伸、向下延伸和双向延伸。向上延伸是指在原有产品线中增加一些高档次产品。例如，公路运输企业在某些高速公路上开行的进口高档巴士，在高速和舒适度上满足了部分顾客需求；向下延伸是指在原有产品线中增加低档价廉的产品。我国目前多数人的消费水平还比较低，调查显示，相当多的人偏好于低价低档列车，因此，在一些线路上，增开一些普通列车是有利的。双向延伸是指企业即增加高档高价产品，同时也增加抵挡低价产品，以满足市场的不同需求。这种策略可使企业产品的覆盖面更大。

调整运输产品的结构策略有以下内容。

(1)改变运输产品的数量结构。根据运输需求的变化,及时调整产品的数量结构,是运输企业产品组合经常采用的策略之一。例如,企业应根据客货需求增长的不平衡,相应调整客货运输产品数量比;根据白货与黑货需求增长的不平衡,及时调整快运产品和普通货运产品的数量结构。

(2)改变运输产品的空间结构。根据运输需求在不同区域的变化,及时调整产品的空间结构,也是运输企业产品组合经常采用的方法之一。如海运航线的变更,节假日增加的到旅游地区的航班,铁路客车延长到发站,铁路在某些方向加开"五定班列",在另一些方向减少班列的开行数量等。

上述运输产品组合、运输产品种类的变更和运输产品结构调整,都必须通过运输组织才能实现。因此,运输组织是实现运输产品组合、运输产品种类的变更和运输产品结构调整的必要条件和重要保证。

4. 运输产品的周期

产品生命周期是指产品从进入市场开始,到被市场淘汰为止所经历的全部时间。世界著名市场营销权威菲力普·科特勒在其《市场营销管理》中,把产品生命周期划分为四个阶段——介绍阶段、成长阶段、成熟阶段、衰退阶段。在不同的阶段,利润有升有降,销售者要面对不同的挑战,制定不同的营销战略。

运输产品同样具有生命周期,其周期同样也是以销售额和企业所获得的利润额来衡量的。各种运输企业推出的运输产品在不同的区域和时间,处于不同的生命周期。如我国铁路企业在许多站开行的"五定班列"、行包专列等服务项目,而大多数旅客列车"夕发朝至"服务项目正处于产品的成长阶段。由于水运企业的客运项目受到其他运输方式产品的竞争,大都处于衰退阶段。

一个运输企业所拥有的产品,通常有多种产品处于不同的生命周期。确定产品的生命周期,对运输企业制定正确的营销战略,具有重要意义。

5. 运输产品质量

运输产品质量的基本内容应该是安全、准确、迅速、经济、便利、清洁、文明服务 。

安全是运输生产的基本要求之一。交通运输安全包括运送对象安全和交通运输工具安全。运送对象安全指在全部运输过程中,在发生位置变化这一物理现象的同时,除了由于不可抗拒的天灾及旅客本身的机能和货物本身的性质而无法防止外,不能使旅客造成心理和生理技能的损伤,也不能改变货物的其他物理性质(如重量和件数不能减少,不能破损、变形或掺入其他杂质等)和化学性质(如不能受污染,不能腐坏变质等)。对货物来说,安全还包括完整的含义。交通运输工具安全是指在运行过程中,应保证交通运输工具自身及有关行人、其他交通工具及沿线交通设施的安全。安全是运输产品质量的首要方面。

对旅客运输而言,舒适也是一种质量要求。在整个旅行中,旅客承受着由于载运工具运行的振动、加减速、噪声及活动场所狭小等在心理上和生理上的不利影响。由于运输能力不足、客流波动等原因,有时还出现旅客旅行途中没有坐席保证的情况,这不仅恶化了旅行条件,而且还有可能威胁旅客的人身安全。因此,从最低限度来说,也必须具有能够保证安全的必要条件。从这个意义上说,舒适又是安全的一种延伸。

准确,应当包括时间、空间和信息活动准确三个方面。时间上的准确是指按时刻表规定正

点运送旅客,以及按照货物运输规程中对运到期限的规定,及时送达货物。空间上的准确是指运输部门必须按照旅客和货主指定的目的地准确地进行运输,不发生旅客的误乘降、货物的误交付等。旅客和货物的移动,伴随着相关信息的传递活动,准确的信息对运输企业、旅客和货主起着越来越大的作用。

迅速,就是旅客和货物的送达速度。在旅客运输中,运送速度越快,旅客在旅途中消耗的时间就越少,还能改变人们生活和工作方式。货物运输的运送速度越快,物资在运输过程中的时间就越短,资金周转就越快,而且还可以减轻货物的自然损耗,增强克服物资流通所受的空间障碍的能力。

经济,是各行各业都重视的问题。由于运输行业既有公益性又有商业性;运输市场,既有垄断性,又有竞争性;运输成本既有内部性又有外部性,运价就成为各国政府和消费者关心的焦点。过度的垄断和竞争对消费者终究都是不利的,适度的垄断和竞争既能促进运输企业发展,又能促进企业降低成本,从而降低运价,减轻旅客和货主的负担。针对运输行业的公益性和运输成本的外部性,国家应该给予运输行业一定的补贴,对运输价格实行监管,制定的行业政策应促使外部成本内部化,从而以经济的运输产品造福于国民。

便利,也是衡量运输产品质量的一个不可缺少的方面。便利有狭义和广义两种含义。狭义的便利是指旅客和货主在办理旅行和运输方面的方便、简易;广义的便利还包括运输网的四通八达,畅通无阻,旅客和货主的各种需求能够得到充分满足。

清洁。交通运输系统在运输生产过程中会对环境产生巨大影响。在固定源排放被有效控制的今天,交通这种流动源的排放污染问题日益突出。推广使用清洁能源,减少运输活动产生的二氧化碳和大气污染物、降低交通噪声污染;控制或减少散堆装货物在装卸和运输过程的飞扬、飘逸、扩散;发展无公害、可降解包装材料,妥善处理旅客在旅行过程中产生的各种废弃物,实行清洁运输,是提高运输产品质量的重要途径。

由于运输产品就是运输服务,所以文明服务是使用户满意不可缺少的内容。运输企业为旅客和货主提供文明服务,既是市场营销的需要,也是精神文明在运输工作中的体现。

3.4.2　影响产品规划的因素及产品规划的基本过程

1. 影响运输产品规划的因素

运输需求是指在一定时期内,社会经济生活对人与货物的空间位移所提出的有支付能力的需要,分为旅客运输需求和货物运输需求。

(1)旅客运输需求。旅客运输需求源于生产和消费两个不同领域。与生产、交换和分配等活动有关的旅行需求称生产性旅行需求;以消费性需求为目的旅行需求如探亲、访友、度假和旅游,则是消费性需求。影响客运需求的主要因素有:经济发展水平、居民消费水平、人口数量、结构及城市化程度、运输服务的质量和价格、经济体制。

(2)货物运输需求。影响货运需求的主要因素有:经济发展水平、国民经济产业结构和产品结构、运输网的数量和质量、运价水平变动、经济政策和经济体制。运输需求分析就是分析上述影响运输需求的因素中哪些因素发生了变化,发生了怎样的变化,对运输需求产生了怎么样的影响,和过去相比产生了什么样的变化,市场上对运输的质和量上有什么样的新需求。准确把握运输需求是做好运输产品规划的基础和关键。

运输供给是指运输生产者在某一时刻能够提供的各种运输产品和运输服务的数量和质量。影响运输供给的因素有技术、运输成本、政策与管理等。运输供给分析主要是根据各运输方式本身的特点和现有的设备条件、人员情况和组织方法，正确估计能够提供哪些类型的产品，满足哪些类型的运输需求，甚至还要分析进行哪些类型的改进(设备和组织方法)，才能更好地满足运输需求。

竞争因素分析主要分析、研究不同运输方式或同种方式不同企业中其他竞争者能够提供的产品类型、技术经济条件、在竞争中的优势和不足等，从而确定自身的产品策略，综合规划本行业的产品类型等，以期在竞争中取得满意的效果。

竞争分析主要采取两个步骤，一是准确地分析竞争者，了解竞争者；二是制订适当的竞争策略。

2. 运输产品规划的基本过程

运输产品规划的基本过程是：市场分析与预测→产品设计目标→产品规划→市场反馈→产品规划的改进与完善。

(1)对市场的现状进行调查、分析，把握市场对运输产品有什么样的需求，目前市场上有什么样的产品，有哪些运输需求没有得到较好地满足，运输需求量有多大等。

(2)根据运输供给分析方法，分析资源、技术、设备条件等影响运输供给能力的各种因素，确立产品设计的目标。

(3)根据企业优势和资源状态确定产品设计目标，进而规划相应产品。

(4)根据市场反馈，对产品规划进行改进，使产品持续完善。

运输产品质量主要体现在安全、经济、快捷、方便、舒适五个方面，提高运输产品的质量需要从安全、服务、价格、品牌、环境、运行、作业、设备、人员和管理等方面组织运输产品生产。

安全质量：安全质量主要指运输中旅客人身、财产安全和货物安全。提高安全质量，就是把安全生产放在第一位，保证运输中人身和财产安全，防止人员伤亡事故；保证货运安全，大力减少货盗、货损，积极采用存贮、包装、载运新技术。

服务质量：是直接为旅客、货主服务的状况和水平。客运服务质量主要反映在客票发售、乘降组织、餐饮供应、服务态度等方面；货运服务质量主要反映在货运计划、发到手续、信息查询、保价服务等。

价格水平：价格水平主要指收费水平和运价机制。在市场竞争中发挥价格杠杆作用，必须规范企业的收费行为，增强收费的合法性、合理性，加大收费的透明度，取信于旅客、货主。同时根据运输市场供求关系，建立灵活的运价机制。

品牌效应：不同运输方式和运输企业在树立品牌的过程中，很重要的一点是注重展示品牌的可见性要素，包括企业及相关设施的名称、标志、颜色、服务、设备等。运输企业能够留给顾客的印象越深，这个企业及产品的品牌地位越强。

运行质量：运行质量指运输秩序和运输效益，包括线路畅通、运力资源使用、载运工具组织、载运工具运行正点水平、货物运到期限等。提高运行质量，必须优化资源配置，加强日常运输组织，提高调度指挥水平，加速载运工具周转，提高运输效益。

作业质量：作业质量指运输过程中的作业标准化水平，主要是为旅客、货主提供直接服务的有关作业状态，还包括间接保证的作业质量，如铁路的接发列车作业、调车作业，水运的装

货、卸货、编解船队、供应燃料作业等。提高作业质量，关键是落实各项作业标准化。

设备质量：设备质量指旅客和货物运输的服务设施和保证运输安全的设备的技术状态。提高设备质量，重点是服务设施的日常维修和行车设备的修造质量，保证设备处于良好状态。

管理质量：管理质量指管理方法的科学性、有效性和管理制度的科学化、规范化。提高管理质量，需要制订完善的规章制度，建立起严密高效的管理机制。运输企业要在生产过程中推广全面质量管理并建立质量保证体系，取得产品质量认证。为了适应国际经济合作和贸易往来需要，以贯彻执行 ISO9001 标准方式不断巩固和提高企业产品质量。

3.5　运输生产与服务规划

3.5.1　交通时刻表

交通时刻表是表示运载工具（铁路列车、航班班机、公路客车及公交汽车等）在站点出发、到达或通过时刻和停车时间的表格。时刻表对运输产品的消费者和运输产品的生产者都具有十分重要的意义。

对于运输产品的消费者来说，时刻表表示了运输企业向社会提供的运输服务能力和运输产品详细目录。

对于运输生产者来说，时刻表就是运输生产的一个具体的综合性计划，运输企业内部就是围绕着时刻表的顺利实现而安排各部门的生产。

3.5.2　交通时刻表的编制原理和方法

1. 交通时刻表的基本要素

编制交通时刻表时首先考虑的是社会运输需求，方便旅客；其次考虑经济合理地利用运输设备；再次，考虑与车站（空港）工作的协调。

2. 铁路列车时刻表的编制方法

铁路列车时刻表又称为列车运行图。铁路列车时刻表的编制分为三个主要过程，首先确定旅客列车开行方案，然后编制旅客列车运行图，最后编制货物列车运行图。旅客列车开行方案是指确定旅客列车运行区段、列车种类及开行对数的计划。旅客列车运行图的编制通常分为两步进行：第一步，编制运行图方案，着重解决运行图的布局问题；第二步，根据方案图铺画详细的运行图。

编制旅客列车运行方案时主要解决如下几个问题。

(1)方便旅客旅行。

(2)经济合理地使用机车车辆。

(3)保证旅客列车运行与客运站技术作业过程的协调。

(4)为货物列车运行创造条件。

3. 货物列车运行图的编制方法

在旅客运行图编制以后，货物列车运行图也可分为两步进行，即先编方案图，然后再根据方案图编制详图。

在编制货物列车运行方案图时，应注意解决如下几个方面的问题。

(1)列车运行图与列车编组计划的配合。

(2)列车运行图与车站技术作业过程的配合。

(3)列车运行图与机车周转的配合。

4. 客运班车时刻表的编制方法

制订良好的客运班次时刻表，安排适当的班次和选择合理的发到时刻，这不仅是为旅客服务的需要，也是企业组织客运生产所必需的。

通过客流调查所获得的资料，是制定客车班次时刻表的主要依据。通过对调查资料的分析和研究，基本上可以掌握营运区内旅客的流量、流向及一般规律，再结合企业的客运能力，可以确定客车班次、性质及需要停靠的站点。

制订客车班次时刻表主要有以下原则。

(1)规定适宜的到发时刻。客运班次时刻能否尽量满足旅客对旅行的要求，这是衡量其质量的标志之一。一般情况下，班次的始发时刻不宜过早，到达时刻不宜过晚；班次经过沿途大站的时刻，应便于旅客的中转和换乘；同一方向上有两对以上班车到达某站时，到发时间应错开；组织双班客运时，夜间班次尽可能组织直达运输，其到发时间应方便旅客，一般以傍晚发，早晨到为好。

运距不太长的区内客流，为了便利旅客当天往返的需要，可合理安排对开班车的时刻，通常上行班车安排在上午，下行班车安排在下午，并保证有适当的间隔时间。

(2)规定班车间相互衔接和配合的到发时间。客车班次时刻的衔接和配合，主要是为了解决旅客的中转和换乘。这种衔接和配合，通常有三种情况：

①长途班车与长途班车的衔接配合；

②长途班车与短途班车的衔接配合；

③汽车客运班车与其他客运方式的衔接配合。

长途客运班车以组织直达运输为主，其相互衔接配合情况不是太多，在运距适宜(半天之内的行程)的情况下，长途班车间到发时间的衔接配合应能保证乘客从一个方向换乘另一个方向，当天到达目的地。在客运班次时刻表中除应考虑相互衔接配合的班次外，还应尽可能地压缩旅客等待乘坐衔接班车的时间。

长途班车与短途班车的衔接配合，主要是为了便于旅客往返于城镇和乡村之间，避免过长的等待时间(甚至需要过夜住宿)。当长途班车与短途班车不是运行于同一条线路时，短途班车应提前到达旅客换乘站，并在长途班车到达换乘站之后返回，如图3-4所示。

当长途班车与短途班车运行于同一线路上时，则应根据长、短途客车班次数的多少来决定衔接配合的时刻。如短途班次较多，则最好在长途班次经过大站的前后，各开一次短途班车(图3-4)；如短途班次较少，且某一线路上的上下行客流很不均衡，则可优先保证顺向客流的衔接配合，为多数旅客提供方便。当长途班车换乘短途班车的旅客居多时，其班车衔接配合的情况如图3-5、图3-6所示。

5. 保证班车时刻表与客运站务工作相协调

班车到达客运站后或离开客运站前，将要完成旅客上下和行李包装等作业。为完成这些作业环节，客运站应有必要的作业时间。班车时刻表中安排客车在站的停留时间，必须充分考

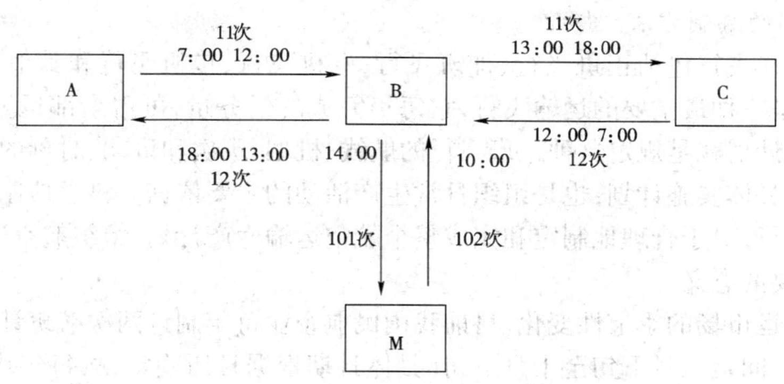

图 3-4　长途班车与短途班车的衔接配合

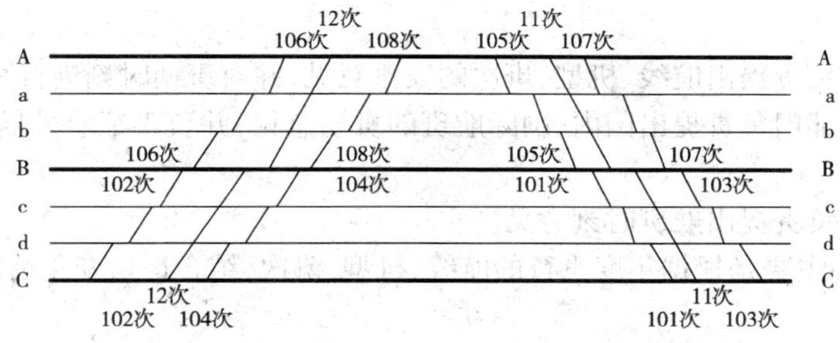

图 3-5　班车衔接配合情况(一)

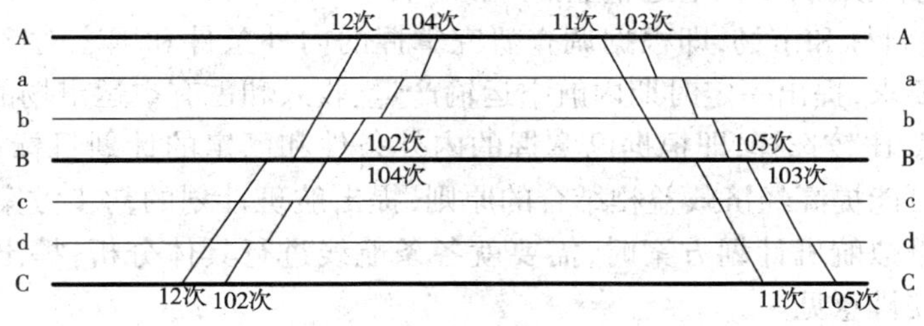

图 3-6　班车衔接配合情况(二)

虑车站客运作业的项目以及完成这些作业所需的时间,保证车辆运行和站务作业顺利进行。这种情况在作业量较大的中途站,应该特别注意。

为了保证站务作业的均衡性,并使客运站维护正常的工作秩序,车站到达发送班次不宜过于集中。

客流波动性较大,但只要掌握了一般规律并加以正确的运用,就可使客运计划工作具有相对的稳定性,不需每编制一次作业计划就改变一次客运班次时刻表。一经编妥的时刻表,在相当长一段时间内可以符合客流的需要而不必予以改动。相对稳定的班次时刻表,不仅有利于企业客运工作的正常进行,而且也能够为乘客旅行提供最大的方便。

客车班次时刻表为了适应季节和气候变化的需要,可作季节性的变动。此外,由于客流变动、班次增减、线路改道等原因,班次时刻表也可作相应的变更。不论何种原因需要改动班次时刻表时,应按原审批程序报上级主管机关,并事先公布于众,告知广大乘客。

6. 航班计划的编制方法

航空运输生产飞行包括正班飞行、加班飞行、专机飞行、包机飞行和其他飞行五种类型。其中，正班飞行是一种最主要的运输飞行，它每年完成的任务量，可占全部运输飞行任务量的90%左右。航班计划就是规定这种正班飞行的航线、机型、班次和班期、时刻的计划，它是航空运输生产计划的具体实施计划，也是组织日常生产活动的主要依据。科学地制定航班计划，合理地组织正班飞行，对于合理地制定和完成整个航空运输生产计划，组织航空运输生产经营活动，有着非常重要的意义。

为了适应空运市场的季节性变化，目前我国民航企业每年制订两次航班计划，一次是夏秋航班计划，执行时间是三月下旬至十月下旬(具体日期根据日历确定，故每年均不尽相同)；另一次是冬春航班计划，执行时间自十月下旬到来年三月下旬。

每年两次航班计划的编制工作，由计划、航行、运输服务等部门协同办理，计划部门综合上报，具体有如下分工。

(1)计划部门负责提出航线、机型、班次的安排意见，并对班期时刻进行平衡，综合上报。

(2)运输服务部门负责提出国内、国际航班的班期意见，并负责征求外航对我局国际航班班期时刻的意见。

(3)航行部门负责提出航班时刻意见。

编制航班计划主要是根据年度飞行的航线、机型、班次，结合运量变化情况确定增减航线、班次，调整机型。

编制航班计划，一般需经过以下步骤。

(1)调查研究和预测，掌握空运企业的外部条件。

(2)提出任务目标和市场，即根据调查研究掌握的内外条件和国家对企业的计划要求以及企业自身发展要求，提出一定时期内航空运输产量、收入和占有空运市场的份额等目标。

(3)草拟方案，比较选择，即根据已掌握的内外条件和已定的计划目标，本着最大限度适应社会需要与尽可能提高经济效益相结合的原则，提出航班计划的初步方案并对多种方案加以比较和选择。草拟航班计划方案时，需要就各条航线进行具体分析，提出对航线、机型、班次、班期、时刻的安排意见。

航班计划的初步方案选定以后，还要进行一系列的平衡工作，才能编制出正式的航班计划。

复习思考题

1. 比较各种运输方式的经济特性。
2. 不同运输方式客运和货运作业有哪些类同或差异?
3. 试述各种运输方式的优点和缺点。
4. 旅客运输组织的主要内容有哪些?
5. 在比较不同运输组织方式和作业之间差异时，有无新的启发和思考?

第4章　交通运输枢纽及站场组织

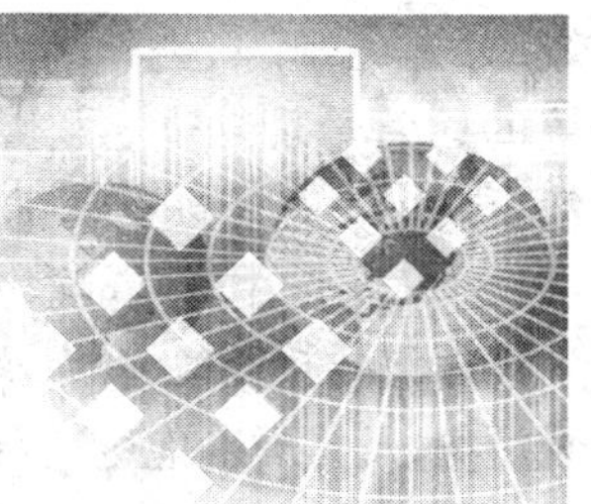

交通运输枢纽及站场是交通运输的基础设施。交通运输枢纽及站场组织是交通运输过程及其网络结点的组织，做好这项工作对提高交通运输效率、提高交通运输服务质量有重要的意义。本章主要介绍了交通运输枢纽与站场的概念、分类和交通运输枢纽及站场的规划布局、作业过程和组织方法等内容。

4.1　交通运输站场及枢纽概述

4.1.1　运输站场及枢纽概述

1. 运输站场及枢纽概念

交通运输站场，简称运输站场，是功能或用途比较专一的从事客货集散、转运、货物换装以及过境的场所。运输站场根据其主要功能可以划分为客运站、货运站或客货综合站等。货运站有散货站、零担站、集装箱中转站、配送中心等；客运站有长途汽车客运站、铁路客运站、客运河港或海港、航空港等。

交通运输枢纽，简称交通枢纽或运输枢纽，是在一种或多种运输方式交通干线的交叉与衔接之处，共同为办理旅客与货物中转、发送、到达所建设的多种运输设施的综合体。交通枢纽一般产生在大量客流或货流集散地区，由服务于一种或多种运输方式的车站、港口、机场和各类运输线路、库场以及运输工具的装卸、到发、中转、联运、编解、维修、保养、安全、导航和物资供应等设施设备组成。交通枢纽可以由一个站场组成，也可以由多个站场组成。处于同一地点，能够衔接和服务于不同运输方式的枢纽，也称为一站式枢纽，为旅客货物中转、换乘提供了便利。

交通枢纽是交通运输网络结点上形成的货物流、旅客流及客货信息流的转换中心，交通运输组织与管理的过程与效果，可以在交通运输枢纽处得到实施和充分的体现。

2. 交通枢纽的功能

交通枢纽集中了综合运输系统的多种运输方式，是综合运输网的重要节点，是具有生产组织与经营管理、集散和中转、保证不同运输方式间客货运输的连续性、装卸储存功能、通信信息功能以及多式联运和货运代理等功能的综合性设施，是协调交通运输的基础设施和组织保证之一。交通枢纽或运输枢纽的功能主要体现在以下几个方面。

(1)生产组织与经营管理功能。交通枢纽作为运输网络的一个节点，通常具有协调货源组织、运力组织、生产组织、信息处理、站场作业、车辆调度和参与客货运市场管理等几个子系统的运营管理功能，是生产组织和经营管理为一体的综合设施，对于协调交通运输系统运营活动、提高交通运输效率、质量和效益有着决定性的作用。

(2)集散中转功能。交通枢纽为区域内外的人员及物资交流提供集散和中转服务，通过利用站场内部装卸设备、仓库、堆场以及相应的配套设施，保证货物在此安全可靠地完成集散、中转和换装业务，及时准确地送达目的地。这一功能主要是通过加快货物周转速度和运输效率等来实现，并带动和支撑区域经济的发展，同时使交通枢纽成为城市对外联系的桥梁和纽带。

(3)保持运输方式间的连续性。交通枢纽可以实现不同方向和不同运输方式间客货运输的连续性。以信息化、网络化为基础，改进运输组织方式，实现各种运输方式一体化管理，完成运输服务全过程，是提高运输效率、降低运输成本、节约资源、实现交通可持续发展的有效途径，而交通枢纽正是实现这一目标的关键。

(4)装卸储存功能。交通枢纽的货运站场一般拥有比较完善的仓库、堆场、停车场和搬运装卸机械设备，因此可以在货运站进行各种装卸搬运、仓储、保管、包装等作业，以利于货物的集、疏、运。

(5)通信信息功能。交通枢纽是整个运输系统信息传递、收集、处理、发送的集中地，具备通信设施以及信息收集和处理的计算机网络。通过这些设施和设备，可以进行货物跟踪、仓库管理、运费结算、货运业务处理和运输信息交换等作业，进而使全国乃至全球交通运输枢纽形成一个有机系统。它同时也向社会提供货源、运力、货流信息和车、货配载信息等服务。

(6)多式联运和货运代理功能。交通运输枢纽可以通过自身的信息系统和货运信息中心，与公路运输、铁路运输、水运和空运等行业与部门建立密切的货物联系关系，协调地开展联合运输业务。它也可以承担运输代理，为旅客、货主和车主提供双向服务，选择最佳的运输路线，合理组织多式联运，实现“一次托运，全程服务”。

4.1.2 铁路、水路、公路及综合运输枢纽

1. 铁路枢纽

铁路枢纽是指铁路网中，在铁路与铁路交会处或衔接处或铁路与港口、工矿企业专用铁路衔接地点，由若干个专用车站(编组站、客运站、货运站)、站间联络线以及各方向进站线路和信号等技术装备组成的铁路运输综合体。铁路枢纽是客货流从一条铁路转运到其他接轨铁路的中转之处，也是枢纽所在地区客货到发及联运之处。

铁路枢纽的主要任务是组织客流、货流的集散和中转，使各向铁路线相互沟通，与其他运输方式顺畅衔接，包括办理各种列车的到发和通过、车辆的改编和交换、旅客的上下和换乘，以及货物的承运、交付和换装等作业。具体地讲，除枢纽内各种车站办理的有关作业外，在货物运转方面，有各铁路方向之间的无改编列车和改编列车的转线以及担当枢纽地区车流交换的小运转列车的作业。在旅客运转方面，有直通、管内和市郊旅客列车的作业。在货运业务方面，办理各种货物的承运、装卸、发送、保管等作业。此外，还要供应运输动力、进行机车车辆的检修等作业。铁路枢纽通常设有编组站、客运和货运站，有时也可由一个站办理各种作业。在各站之间以联络线联结，在枢纽范围内引入车站的进出站线路。因此，铁路枢纽使纵横交错的铁路线相互沟通，形成四通八达的铁路网。

2. 水路枢纽

水路枢纽以港口为核心，是多种运输方式的集合点，也是发展和组织多式联运的重要基地。港口是水陆运输工具相互联系的衔接点，是水运货物的集散地、远洋运输的起点和终点，在这里可以进行旅客、货物的集散并交换运输方式，即由水运转为铁路、公路运输，由河运转为海运，或相反的变换。

港口是内地的货物、旅客运往海外，或船舶靠岸后起卸客货运送至本地或内陆各地的交汇地。因此港口的功能可以归纳为下面几方面。

(1)货物装卸和转运功能。这是港口的最基本的功能，即货物通过各种运输工具转运到船舶或从船舶转运到其他各种运输工具，实现货物在空间位置的有效转移，开始或完成水路运输的全过程。

(2)商业功能，即在商品流通过程中，货物的集散、转运和一部分储存都发生在港口。港口介于远洋航运业与本港腹地客货的运输机构之间，便利客货的运送和交接。港口的存在既是商品交流和内外贸易存在的前提，又促进了它们的发展。

(3)工业功能。随着港口的发展，临江工业、临海工业越来越发达，通过港口，由船舶运入供应工业的原料，再由船舶输出加工制造的产品。前者使工业生产得以进行，后者使工业产品的价值得以实现。港口的存在是工业存在和发展的前提，在许多地方，港口和工业已融为一体。有的人认为港口还具有其他的一些功能，譬如城市功能、旅游功能、贸易功能、信息功能、服务功能等。

3. 公路主枢纽

公路主枢纽是具有运输组织管理、中转换乘(装)、装卸储运、多式联运、通信信息和生产生活辅助服务六项基本功能的公路运输新型站场服务系统，是交通部提出的公路主骨架、水运主通道、港站主枢纽和支持保障系统，即"三主一支持"长远规划设想中的重要组成部分。

公路主枢纽主要由提供与周边国家之间、区域之间、省际之间以及大中城市之间公路客货运输组织及相关服务的客货运输站场组成，是保障公路运输便捷、安全、经济、可靠的重要基础设施，是国家综合交通运输体系的重要组成部分。公路主枢纽由客运枢纽站场和货运枢纽站场组成，提供公共交通运输服务，其核心功能有以下几方面。

(1)支持经济社会发展：提高运输能力和效率，促进工业化，加快信息化，服务现代化；服务于现代综合交通运输，强化运输过程的无缝衔接；服务公路快速客货运输，强化快速客货运输组织功能；服务集装箱运输，拓展内陆口岸功能；服务现代物流业发展，强化货运枢纽的物流功能；服务交通信息化建设，提供及时有效的客货运输信息。

(2)服务公众：方便公众出行，加强源头安全管理，提升运输服务水平，为公众提供便捷、安全、可靠的出行条件。

(3)保障国家安全：加强运输组织，协调运力，保障国家重点物资和紧急物资运输，保障春运、黄金周旅客运输，确保社会稳定，维护经济安全。

(4)服务可持续发展：有效提高运输装备的利用效率，合理组织多式联运，发挥综合运输优势，提高综合运输能力，集约利用土地，降低能源消耗，促进交通与环境的和谐发展。

4. 综合运输枢纽

关于综合运输枢纽，交通运输领域专家们给出了多种不同的定义，但都有着基本一致的认

识，即综合运输枢纽具有以下三个方面的特征。

（1）在地理位置上，交通枢纽地处两种及以上的运输方式衔接地区或客货流重要集散地。

（2）在运输网络上，交通枢纽是运输网络上多条运输干线通过或连接的交汇点，是运输网络的重要组成部分，连接不同方向上的客货流，对运输网络的畅通起着重要作用。

（3）在运输组织上，交通枢纽承担着各种运输方式的客货到发，同种运输方式的客货中转及不同运输方式的客货联运等运输作业。

一般来说，由两种或两种以上运输方式的干线组成的枢纽称为综合运输枢纽。综合运输枢纽是综合运输体系的关键环节，各种运输方式的衔接是通过综合运输枢纽来实现的。综合运输枢纽相关基础理论是综合运输理论的重要组成部分。

综合运输枢纽在一体化运输系统中发挥着重要作用。一方面，它是体现运输服务质量、反映运输服务水平的重要环节；另一方面，它是提高运输效率、减少客货周转时间的关键因素。旅客在旅行中，中转换乘的时间往往最难控制，在不同运输方式之间高效换乘，可以减少旅行时间；货运也是如此。综合运输枢纽建设是提高一体化运输效率的关键因素。

综合运输枢纽发展需具备以下三个方面的条件。

（1）外部环境条件。首先，枢纽的形成和发展必须要有充足的运量生成源，而运量的生成来源于资源分布的不均衡。生产力布局的不均衡和经济发展水平的不均衡。经济的发展和人民生活水平的提高是带动运量增长的主要动力，因此一定的经济水平、产业规模和人口数量是枢纽发展的基本条件。其次，交通枢纽的发展依赖于与其相连的运输网络的支撑，运输网络的发达程度决定着交通枢纽的吸引和辐射范围，发达的运输网络以及综合运输大通道的连接可以促进枢纽的发展和枢纽地位的提升，是枢纽发展的必要条件。

（2）内部自身条件。综合运输枢纽是综合运输网络的节点，各种运输方式的衔接是通过综合运输枢纽来实现的。目前，各种运输方式分散管理、效率低下，枢纽难以形成系统综合能力，不适应运输需求，是制约枢纽发展的根本原因。因此，统一管理、分权经营是提高枢纽自身组织能力，满足运输需求，加快发展的组织保证。此外，枢纽的发展还必须依靠科技进步，采用现代化的装备和先进的管理技术，改进和创新运输组织方法，实现综合运输枢纽的技术水平和效率水平的提升，这是枢纽发展的技术条件和手段。

（3）政策支撑条件。同综合运输体系的建设一样，枢纽的形成与发展也必须通过政府的力量进行推动。

综合运输枢纽是国家或区域交通运输系统的重要组成部分，是不同运输方式的交通运输网络相邻路径的交汇点，是拥有融铁路、公路、水路、航空、管道及城市交通等多种运输方式所连接的固定设备和活动设备为一体的运输空间结构，对所在区域的综合交通运输网络的高效运转具有重要作用。同时，综合运输枢纽对其所依托的城市的形成和发展有着很大的带动作用，是城市对外交通的桥梁和纽带，并与城市交通系统有着密切的联系。

4.2　交通运输站场与枢纽布局规划

交通枢纽规划布局是指在一定地域范围内对交通枢纽进行总体部署，需要根据国民经济发展的要求，从当地具体自然条件和经济条件出发，依据交通运输发展方向，通过综合平衡影

响因素和多种布局方案的比较，确定交通枢纽地域空间分布、功能和规模。

4.2.1　交通枢纽与站场规划布局原则与内容

1. 交通运输枢纽与站场规划布局的原则

交通枢纽规划建设应从规划区域（城市）社会经济发展和交通运输需求出发，充分体现所规划区域的经济特点，因地制宜，充分发挥各地区自然和经济优势，还应从全局把握该区域是否满足全国经济发展、产业布局的需要，确定交通枢纽的地位、功能、规模等定位，以促进所规划区域经济向规模化、集约化和高附加值化发展。

（1）明确功能定位，立足当前、考虑未来，适度超前发展。交通枢纽规划布局既不能滞后于运输需求，也不能过度超前。

（2）满足多式联运，协调发展的要求。通过枢纽站场使各个运输方式实现无缝衔接，从而实现各种运输方式的相互协调发展。

（3）交通枢纽、站场间的分工协作，避免重复建设。各类运输方式的交通枢纽要协调运作，形成在区域范围内与运输组织管理相适应的不同层次、不同规模和功能的交通枢纽体系。

（4）交通运输输枢纽与交通运输线路协调发展，形成科学合理的交通运输网络。交通枢纽是运网的节点，规划布局在能力上要与运输线路相协调，根据运输需要，进行统一规划和综合发展，以最大限度地节省运输网建设资源。

（5）坚持可持续发展要求。交通运输枢纽发展必须与经济社会发展需求和资源环境容量相适应，满足环境保护要求，为我国经济社会的持续、健康、快速发展奠定基础。

（6）与城市发展相协调一致的要求。交通枢纽规划要与工矿企业布局与城市布局相适应，要符合城市的总体发展规划，在土地利用方面与城市用地功能保持一致。在规划交通枢纽时要充分考虑到其对环境的影响，如危险物品的装卸尽量在专用码头和危险品车站进行，飞机场的布置尽量在城市郊区的顺风向的下侧，并远离居民区和旅游区。

2. 交通枢纽规划的主要内容

交通枢纽规划是指在一定范围内确定交通枢纽的空间位置、主要功能、生产规模等，它是在区域社会经济发展规划、城镇体系规划、城市总体规划以及土地利用规划等上级规划基础上进行的专门规划，是对运输资源（主要是固定设施）进行配置和有效整合的过程。交通枢纽规划主要解决三方面的问题：确定现在与未来的运输需求特征与运输供求情况；明确交通运输枢纽在运输系统中的地位和功能；以解决前两个问题为前提和基础，进行交通运输枢纽布局及其优化。

交通枢纽规划的主要内容包括枢纽的总体布局规划和交通枢纽内部规划与设计这两个层次。

（1）总体布局，主要通过社会、经济与交通运输的调查与预测分析，进行综合运输枢纽的站场布局、优化和社会经济评价，交通枢纽系统建设项目实施序列计划和资金筹措等工作。总体布局规划为综合运输系统层次上的运输资源配置方案，属于长期发展规划，对交通枢纽的建设、运营和管理起宏观指导作用。交通枢纽的总体布局必须服从社会经济发展的战略目标，符合规划地域的总体规划和生产力布局，满足社会经济发展产生的运输需求。交通枢纽的总体布局还要充分适应交通运输的发展需要，考虑各种运输方式之间的有效衔接，实现信息互通、能力匹配,使多式联运保持连续、高效、无缝化。交通枢纽与交通运输网络布局的协调性、与城市布局的协调性,枢纽规划布局中各种运输方式之间衔接是否合理紧凑、各站点布局分工协作是否恰当,旅客转运换乘、货物中转是否便利等是交通枢纽规划与布局中需要重点解决的关键问题。

(2)交通枢纽内部规划与设计,主要是进行交通枢纽的功能规划与系统设计,包括对布局确定了的交通枢纽站场的具体功能、运作流程、相关的硬件设施和配套设施、通信信息、组织管理系统和生产及辅助服务等进行详细设计的过程,内部的设施布局设计功能的定位、各个功能设施或建筑的空间布置、内部的交通组织和联系以及设备选型等。其运作流程如图 4-1 所示。

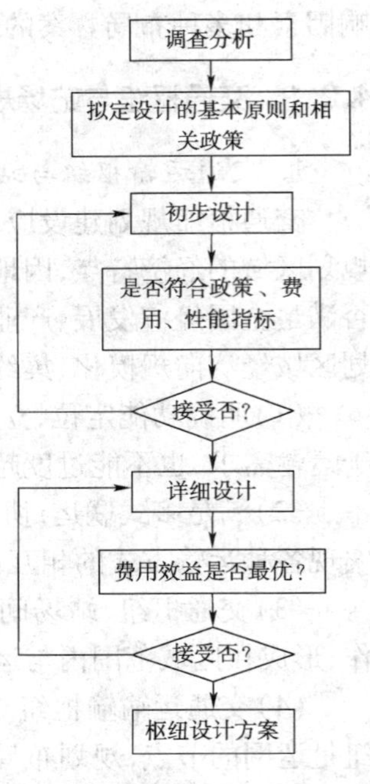

图 4-1 交通枢纽内部规划与设计流程图

4.2.2 交通运输枢纽与站场规划布局方法概述

1. 交通枢纽布局问题

交通枢纽布局包括确定规划区域内的枢纽数量、位置和规模,因此,可以将交通枢纽布局的基本问题表述为:在运输需求、运输系统运行机制与费用函数以及系统目标一定的条件下,确定枢纽的最优数量、最优位置和最佳规模。由于交通枢纽布局问题(在技术上称选址问题)涉及因素多,关系复杂,在此主要讨论最优位置问题——布局问题。

2. 交通枢纽布局问题的类型

将交通枢纽布局问题划分成几种类型,有助于建立问题的数学模型和选择合适的求解方法。以下是常用几种枢纽选址的划分方法。

(1)按优化目标变量分:若枢纽数量、位置和规模这三个变量中有两个已知,分别为最优数量、最优位置和最优规模问题;当已知其中一个变量时,通常是将枢纽数量和位置联系在一起处理优化问题,单独处理最优规模问题。

(2)按枢纽的数量分:单一枢纽选址问题和多个枢纽选址问题。单一交通枢纽问题是在多个备选地点上选择一个满足最具条件的地点作为枢纽建设地点;多个枢纽选址问题是同时对多个枢纽选址,必须考虑竞争力、站场设施之间需求的分配、几种货物运输的效果、设施的成本等因素,其中运输成本是要考虑的首要因素。

(3)按枢纽所在位置的特性分:已定型、半定型和不定型。已定型指枢纽在交通网络的位置已经确定;半定型是指交通网络的位置已经确定,需要选定枢纽在网络中的位置;不定型指需要选定交通网络以及枢纽在网络中的位置。

(4)按变量取值特点分:离散空间选址问题、连续空间选址问题。选址问题涉及对众多网络设计布局的评估。为了控制问题的规模以便求解,在解决实际问题时一般有必要使用集成度额数据关系。

(5)按照时间维度划分:静态选址问题、动态选址问题。静态方法以某单一时期(如 2 年)的数据为基础的选址方法,当选址问题一次跨越多年,并且需要考虑时间价值、需求量、设施能

力以及运营费用等因素时,需要采用多阶段决策优化方法,即动态方法。

4.2.3　交通枢纽与站场规划布局选址方法

1. 单一交通枢纽选址模型与方法

单一交通枢纽站场布局选址问题是指在规划的枢纽服务范围内只设置一个站点的布局问题。该布局问题定义如下:给出交通网络中的需求位置、运输距离、运量和运输费率,确定使总运输费用最小的最优选址方案。在实际的交通枢纽中,这种问题并不多,因为一个枢纽通常需要一系列的站场协调工作才能运行。但由于多元枢纽站场布局变量多、约束多,有时为了简化模型,减少计算量,可以把它变换成一元枢纽站场布局问题求解。处理单一枢纽选址问题的模型需要对现实条件进行简化,来建立数学模型,一些简化的假设条件包括:①假设一定分区的运输需求量集中于某一点;②运输网络节点之间的距离用直线距离表示;③主要根据变动运输成本确定总运输费用。解决单一枢纽选址问题的常用方法有:因素分析法、重心法、成本法以及线性规划等。

1)重心法

重心法是一种模拟方法,它将运输系统中的交通发生点和吸引点看成是分布在某一平面范围内的物体系统,各点的交通发生、吸引量分别看成该点的重量,物体系统的重心就是枢纽站场设置的最佳点,用求几何重心的方法来确定交通枢纽站场的最佳位置。

设规划区域内有 n 个交通发生点和吸引点,各点的发生量和吸引量为 W_j,坐标为(X_j, y_j) $(j=1,2,\cdots,n)$。需设置枢纽站场的坐标为(x, y),枢纽系统的运输费用为 C_j。根据平面物体求重心的方法,枢纽站场最佳位置的计算公式如式(4-1)、式(4-2)。

$$x = \sum_{j=1}^{n} C_j W_j x_j \Big/ \sum_{j=1}^{n} C_j W_j \tag{4-1}$$

$$y = \sum_{j=1}^{n} C_j W_j y_j \Big/ \sum_{j=1}^{n} C_j W_j \tag{4-2}$$

重心法的特点是简单,但它将纵向和横向坐标视为独立的变量,与实际交通系统的情况相去甚远,求出的解往往是不精确的,只能作为交通枢纽站场布局的初步参考。

2)因素分析法

交通枢纽布局的选址问题需要考虑的因素很多,其中主要考虑三个基本因素:产品价格(利润)、生产过程类型与运输费率(成本)。

(1)地租叫价。任何经济开发活动能够支付给土地的最高地租或利润是产品在市场内的价格与产品运输到市场的成本之差,即设施与市场的距离与设施经济活动提供产品的地租成反比。距市场越近地租越高,单位产品利润越高设施距市场越近。

(2)生产过程的特点——增重、失重和重量不变。按照从原料到产出品在重量上是增加、减少或不变,把生产过程分为三种类型:增重、失重和重量不变,这三种类型生产企业的内向运输和外向运输成本是不同的。按运输成本最小原则,增重生产过程的设施选址应该尽量靠近市场,失重生产过程的设施选址趋向于接近原料地,而重量不变的生产设施在原料产地与市场之间的任何地点选择均可。

(3)运输费率递减规律。距离是影响运输成本的主要因素,运输费率随着距离的增加,增幅下降。如果运输成本是选址的主要因素，必然可以找到位于原料产地与市场之间使设施运输成本最小的点。另一个影响费率的因素是规模经济，随着装运规模的增加，每单位重量运输成本下降。

(4)增加交通流量规律。交通枢纽总是依托于一个城市，它是城市交通系统的组成部分，具有连接城市内外交通的功能，是客货运交通的汇集点，会增加所在地点的交通流量。因此，交通枢纽在城市交通网络中的位置对交通流量分布有重大影响。现代城市交通规划中运输设施布局的首要目标，是减少城市内部交通需求、缓解交通拥塞，保证交通畅通。交通枢纽在城市区域选址的基本原则是：合理规划城市各类交通流，发挥其对客货流的组织功能，避开交通流量大的特点，减少交通枢纽对内部交通的压力。

当上述四个基本因素中只有一个是关键因素时，可以按照地理经济学、区域经济学和交通规划提出的一些关于设施布局的基础理论进行布局决策。如果交通枢纽布局必须考虑多种因素时，可采用综合评价法。

综合评价法基本步骤如下：

①确定地点选择的关键因素及评价标准和权重。

②初步选定多个交通枢纽的备选位置 $A_j(j=1,2,\cdots,n)$。

③S_i 设为关键因素$(i=1,2,\cdots,m)$，给每个备选位置 A_j 的关键因素打分，记为 S_{ij}，分值范围 1 ~5。

④K_i 为关键因素 S_i 的评价指标权重，W_j 为备选位置 A_j 的综合因素评价分值。按式(4-3)计算每个备选位置的综合因素评价分值。

$$W_j = \sum K_i S_{ij} \tag{4-3}$$

⑤比较各备选位置的综合因素评价分值，分值最高的为最优位置。

3）微分法

微分法是为了克服重心法的缺点而提出的，它的前提条件与重心法相同，但系统的总费用 F 为：

$$F = \sum_{j=1}^{n} C_j W_j [(x - x_j)^2 + (y - y_j)^2]^{\frac{1}{2}} \tag{4-4}$$

通过对总运费 F 取极小值，即分别令 F 对 x 和 y 的偏微分为 0，得到新的极值点。求解公式为式(4-5)、式(4-6)。

$$x = \frac{\sum_{j=1}^{n} C_j W_j x_i [(x - x_j)^2 + (y - y_j)^2]^{\frac{1}{2}}}{\sum_{j=1}^{n} C_j W_j [(x - x_j)^2 + (y - y_j)^2]^{\frac{1}{2}}} \tag{4-5}$$

$$y = \frac{\sum_{j=1}^{n} C_j W_j y_i [(x - x_j)^2 + (y - y_j)^2]^{\frac{1}{2}}}{\sum_{j=1}^{n} C_j W_j [(x - x_j)^2 + (y - y_j)^2]^{\frac{1}{2}}} \tag{4-6}$$

微分法需要以重心法的结果为初始解，不断迭代，直到前后两次迭代解的误差不超过设定范围。虽然它从数学上可以给出交通运输枢纽站场的具体位置，但这个结果仅仅是数学解，还

需要放到实际的交通系统中去进行进一步的调整。

4)成本分析法

成本分析法是在已经具有一个枢纽站场位置的选择集的前提下,以枢纽系统的总成本最小为目标,通过简单的财务计算,比较选择最佳的位置。该方法假设有 n 个交通发生点,分别具有发生量($W_1, W_2, W_3, \cdots, W_n$),而且用一定准则已经得到 m 个待选站场位置($P_1, P_2, P_3, \cdots, P_m$),每个站场的建设、运营成本为($R_1, R_2, R_3, \cdots, R_m$)。假设单位吨公里运费相同且为 F,其余运输条件相同,各交通发生点到站场的距离用矩阵 $D=(d_{ij})$($i=1,2,3,\cdots,m; j=1,2,\cdots,n$)表示,则每个待选站点的总费用为 C_i,见式(4-7)。

$$C_i = \sum_{j=1}^{n} d_{ij}F \qquad (i=1,2,3,\cdots,m) \tag{4-7}$$

计算出每个站场的总费用,从中选择总运输成本最小的点作为最佳的站场选址。

2. 多个枢纽站场布局问题及数学模型

在交通枢纽的货运系统中,由于存在着货种的差别,不同货种在枢纽内部流动的费用和对站场布置的要求不同,因此枢纽货运站场的布局比客运站场的布局要复杂,不确定因素也更多。但从区域整体的角度看,交通枢纽的布局可以从货流整体的角度来进行规划,因而多元枢纽站场布局的模型便应运而生。多个枢纽站场布局选址问题是指在运输规划区域范围内,同时确定多于两个设施的选址。

已经有很多方法解决多个枢纽站场布局问题,如分组重心法、运输规划模型、CFLP 法等。

1)分组重心法

分组重心法是将复杂问题简单化的一种方法。如果用一个交通枢纽站场数量不能满足规划区域内全部服务对象的服务要求,那么需要设立多个枢纽站场。在已知运输站场数量条件下,分组重心法的步骤如下。

(1)确定分组原则,将服务对象按照一定的原则划分成若干个群组,使服务对象群组数在数量上等于交通枢纽站场数。

(2)将一个服务对象群组分配给一个特定的交通枢纽站场,形成多个单一设施选址问题。

(3)针对每一个群组的单一设施选址问题,运用单一重心法确定交通枢纽站场数量。有多种分组原则,如距离原则是按照相互之间的距离最近的服务对象组合起来进行分组;合理运输原则是按照货物种类或运输组织方式对服务对象进行分组。该方法可以针对不同数量的站场方案重复计算,从中选出最满意的布局方案。

【例 4-1】 某公司需要建立两个配送中心来满足市场需求,顾客位置分为 4 个地区。表 4-1 给出了客户地区位置以及需求量,求两个配送中心的最佳位置。

地区位置及需求量表　　表 4-1

客户地区	位置坐标	需求量	运输费率	客户地区	位置坐标	需求量	运输费率
1	(3,8)	6 000	0.04	3	(2,5)	4 500	0.09
2	(8,2)	8 000	0.04	4	(6,4)	4 000	0.09

解:按照距离原则,即相互之间的距离最近的服务对象组合起来进行分组。建立顾客区域的距离矩阵如表 4-2。依据距离矩阵,按照距离原则可以将客户分为两组:

第一组:客户地区 1 和 3;

第二组:客户地区2和4。

各个备选货运服务站开车到其周边地区的行驶时间　　表4-2

周边服务区	货运服务站备选地点					
	1	2	3	4	5	6
A	0	25	35	45	45	35
B	25	0	40	50	35	25
C	35	40	0	30	35	40
D	45	50	30	0	30	40
E	45	35	45	30	0	29
F	35	25	35	40	29	0

每组客户群设立一个配送中心,各组的选址问题为单一运输设施安置问题,分别求解即可。服务于第一组的配送中心最佳位置在地区3;服务于第二组的配送中心最佳位置在地区4。

2)运输规划模型

多元枢纽站场布局模型因为考虑了枢纽场地的基建投资,从而出现了0-1变量,导致必须采用比较复杂的混合整数规划法求解。但如果从一个较长的时间段来考虑,这部分建设投资对整个选址过程的经济效益的影响并不大,可以不在目标函数中考虑。这样混合整数规划模型就简化成线性规划模型。

$$\min F = \sum_{i=1}^{m}\sum_{k=1}^{q}(C_{ik} + C_k)X_{ik} + \sum_{k=1}^{q}\sum_{j=1}^{n}C_{kj}Y_{kj} + \sum_{i=1}^{m}\sum_{j=1}^{n}C_{ij}Z_{ij} \tag{4-8}$$

约束方程为:

$$\sum_{k=1}^{q}X_{ik} + \sum_{j=1}^{n}Z_{ij} = a_{\text{i}},(i = 1,2,\cdots,m) \tag{4-9}$$

$$\sum_{k=1}^{q}Y_{kj} + \sum_{i=1}^{m}Z_{ij} = b_{\text{j}},(i = 1,2,\cdots,m) \tag{4-10}$$

$$\sum_{k=1}^{q}X_{ik} + X_k = d_k,(k = 1,2,\cdots,q) \tag{4-11}$$

$$\sum_{k=1}^{q}Y_{kj} + X_k = d_k,(k = 1,2,\cdots,q) \tag{4-12}$$

$$X_{ik},Y_{kj},Z_{ij} \geqslant 0 \tag{4-13}$$

式中:d_k——备选网点k最大可能设置的规模;

X_k——备选网点k的闲置能力,其余符号同前。

这是线性规划中典型的运输问题,模型求解方法比较成熟。该模型的目标函数表示客货运站场在集疏运及中转时的运营总费用最小,采用表上作业法,可得决策变量X_{ik}、Y_{kj}的值。X_{ik}表示了枢纽站场k与发生点的关系,$\sum_{i=1}^{m}X_{i\text{R}}$决定了该枢纽站场的规模,若$\sum_{i=1}^{m}X_{ik}=0$,说明

备选节点 k 处不应设置枢纽站场,即 k 点被淘汰。Y_{kj}表示了枢纽站场与吸引点的关系。

该方法叙述明确,但事先需要确定备选站点集合的数量及位置,以及节点之间的运输价格。由于不同区域、不同运输方式、不同货物的运输价格差异较大,使得运输价格的确定具有相当的难度,模型中通常取一个宏观的统计值来统一表示运输价格。这样做的缺点是无法对运输价格的变化产生相应的反映,同时也无法衡量交通枢纽所处交通网络的变化对枢纽规划的影响。但在定量计算模型中,这已经是比较可行的方法了。

3)CFLP 法

CFLP(Capacity Facility Location Problem)方法是针对交通枢纽的站场规模有限的情况提出的,这种方法只需要运用运输规划模型,使计算工作大大简化。CFLP 法的基本思想是:首先假设交通枢纽的站场布局方案已经确定,即给出一组初始站场集合,根据该初始方案,按照运输规划模型求出各初始站场系统的发生、吸引范围,然后在各站场的服务范围内分别移动站场到其他备选地址,以寻找各服务范围内总成本最小的新站场位置,再将新站场位置代替初始方案,重复上述过程直至整个交通枢纽的站场服务范围内的总成本不能再下降为止。

总结上述交通枢纽站场布局规划模型,发现它们存在以下共同点:

(1)模型建立在对现实路网高度抽象和简化的基础之上。

(2)模型的计算都需要网络中的"运输费用"这一关键参数。

(3)模型的计算结果缺乏与实际交通网络的动态反馈机制。

(4)模型没有区分不同交通方式,仅仅是从数学理论的角度进行分析。

因此,上述模型在实际的交通枢纽规划应用中还存在很多问题,例如运输费用的非线性变化、交通网络的改变对枢纽布局的影响、不同交通枢纽之间的相互关系等,都不能得到很好的解答。因此,我国目前的交通枢纽规划实践中,采用数学模型进行定量计算的并不多,或者定量计算的结果仅仅作为定性分析的参考。

除上述方法之外,混合整数规划、动态规划、双层规划模型和计算机模拟方法等也是规划枢纽站场布局行之有效的几种方法。

4.3　运输站场的作业组织

4.3.1　客运站场作业流程及组织

1. 铁路客运站运输作业流程及组织

铁路客运站、货运站是铁路与旅客、货主之间联系的纽带,是铁路对外的"窗口",双方当事人之间的权利义务关系在此产生或消失。客运站或客货运站的客运车间是铁路旅客运输的基层生产单位,具体办理各种客运业务及旅客列车的到发作业等。客运站又是城市的大门,是城市建设的有机组成部分。因此,客运站的工作水平影响到旅客、铁路、城市三方面。

铁路客运站运输组织是整个铁路运输工作的重要组成部分,它的基本任务是:①满足广大人民的旅行需要;②安全、迅速、准确、便利地运送旅客和行李、包裹、邮件;③保证旅客在旅行途中舒适愉快并获得文化生活上的良好服务。

1)旅客及行包运输工作

旅客及行包运输工作主要包括售票处工作组织、旅客乘降工作组织、客运服务工作和行包运输工作组织等。

2)铁路客运站的流线管理

在客运站内,由于旅客、行包、车辆的集散活动,产生一定的流动过程和流动路线,称为流线。旅客、行包、车辆流线是客运站站房总体布局、旅客和行包运输工作组织的主要依据。客运站的流线从流动方向上可分为进站和出站两大流线,而从流线性质上又可分为旅客流线、行包流线和车辆流线。根据客运站流线规律,加强流线管理,对客运站旅客和行包工作组织有重要的意义。

3)客运站的技术管理

客运站技术作业过程有以下主要特点。

(1)旅客列车绝大部分都是每天固定运行,其行车量及行车时刻表较固定。客运站能更精确地计划其工作。

(2)旅客列车编组内容比较固定,一般无须对整个车底进行编解调车作业。如有调动,不准溜放调车。

(3)客运站行车作业必须与客运列车车辆整备作业相配合,与客运工作相配合。客运站应保证旅客列车始发正点。

(4)旅客列车车底的洗刷、检修等整备作业一般在客车整备所进行,故在客运站及客车整备所之间需进行取送车底的作业。客车整备所的作业过程与客运站的技术作业过程必须与旅客列车运行图相协调。

客运站的技术作业内容包括以下几个方面。

(1)车站的技术生产特征。车站位置、工作性质、用途,所有技术设备和建筑物数量、使用情况,各种直通、管内、市郊旅客列车到发、通过数量,办理邮政和行包运输数量等。

(2)车场、线路和站台的专门化。

(3)车底及车辆的技术作业,调车工作组织。

(4)客运站行车工作计划。

(5)客运站行车工作指标。

在编制客运站技术作业过程时,应将直通、管内与市郊列车分开,充分考虑各自的路径。应注意所采用的技术作业时间标准,既先进又切实可行,最大限度地进行平行作业及消除各项作业的中断时间,广泛采用各种先进工作方法及机械化、自动化设备。技术作业过程应充分保证行车、调车和旅客的安全。

为保证客运站的作业安全和有效地使用车站技术设备,必须对车场及线路进行专门化。由于旅客列车运行的经常性及到发时刻比较固定,所以可将一定种类和一定方向的列车到发作业固定于某一车场或某一线路,便于车站员工熟悉各次列车的到发线路,以提高工作效率。

车场及线路的专门化,应先确定车场的用途,而后根据工作性质(接、发车)、列车种类及运行方向分配车场内的线路和固定线路的使用。在确定车场及线路的专门化时,应尽量减少矛盾路径,保证流水作业。在按车次固定线路时,应考虑旅客进出站路径的便

捷及安全。

客运站的行车工作日常变动较少，因此，可以在运行图实行期间，根据各次旅客列车的到发时刻、车底和车辆技术作业过程、车站的技术设备等资料，编制行车工作日计划，作为组织完成日、班作业的依据。

4）客车整备所技术作业

凡办理始发、终至旅客列车为主的客运站，一般设有客车整备所。客车整备所是客车进行技术检查、修理整备和停留的场所。

客车整备所对客车车底的主要整备作业为：①清除泥垢及技术检查；②车底改编；③车底外部及内部清扫、洗刷、修理、上燃料、上水等；④有关乘务组接收车列，车底等待送往旅客站。

车底在客车整备所的各项作业采用定位作业和流水作业两种方式。

定位作业方式的技术作业是旅客列车车底由旅客站送至客车整备所后，除改编作业外，一直停在同一条整备线上进行检修整备，并且在该线等待送往旅客站（装卸卧具及餐车上食品在旅客站到发线上进行）。

流水作业方式的技术作业是客车车底由旅客站送到客车整备所后，按作业顺序分别在到发场进行客车整备，在整备场进行车底整备。

2. 公路客运站运输作业流程及组织

1）公路客运站的功能

公路客运站集客货运输组织与管理、多式联运、装卸仓储、信息网络、综合服务与公路运输市场管理于一体，把无形的旅客运输市场变为有形的市场，把车主、旅客运输管理部门的利益有效地结合起来，促使公路旅客运输健康有序地发展。

汽车客运站的主要功能是运输组织管理，包括以下内容。

（1）客运生产组织管理。这包括发售客票、办理行包托取、候车服务、问讯、小件寄存、广播通讯、检验车票等为组织旅客上下车而提供的各种服务与管理工作；为参加营运的车辆安排运营班次、制定发车时刻、提供维修服务与管理；为司乘人员提供食宿服务等。

（2）客流组织与管理。客运站通过生产组织与管理，收集客流信息和客流变化规律资料，根据旅客流量、流向、类别等，合理安排运营线路，开辟新的班线与班次，以良好的服务和公关活动吸引新客源。

（3）运行组织与管理。这包括办理参加营运的客车的到发手续，组织客车按班次时刻表准点正班发车，利用通信手段掌握营运线路的通阻情况，向司乘人员提供线路通阻信息，发现问题及时与有关方面联系，并采取必要的措施，会同有关部门处理行车事故，组织救援，疏散旅客等。

（4）参与管理客运市场。有形客运市场的建立，是客运站在认真贯彻执行公路汽车旅客运输规则，建立健全岗位责任制，实行营运工作标准化，提高旅客运输质量的基础上，自觉维护客运秩序，并协助运行管理部门加强客运市场的统一管理。

2）汽车客运站的生产流程

客运站的生产流程可划分为若干相互联系的作业单元，如售票、行包托运和交付、候车室服务、组织旅客乘车和发车、客车到达等，如图 4-2 所示。各作业单元有各自的工作内容、范围和职责，分工较为明确，因此，组织其生产流程时，要在时间上和空间上达到最佳的组合，使站

内生产秩序井然，有条不紊，忙而不乱。

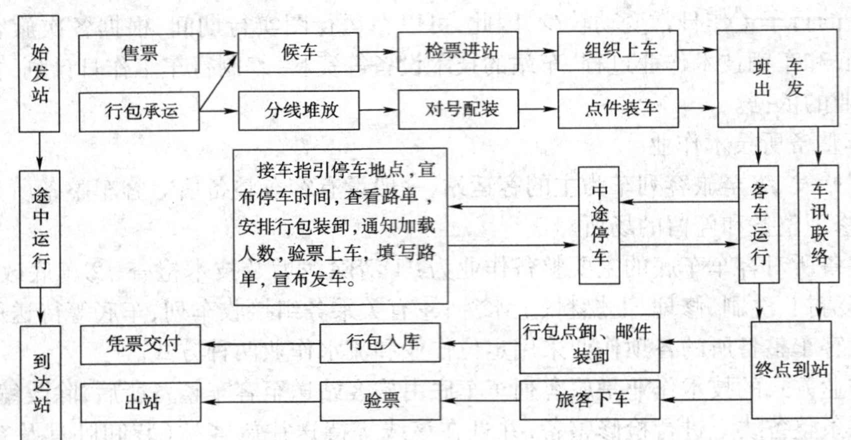

图 4-2　汽车旅客运输生产流程示意图

3）生产流线组织

汽车客运站的生产流线是指旅客、行包和营运客车在客运站内的集散、流动过程所产生的流动线路。它包括旅客流线、行包流线、车辆流线。合理组织与设计生产流线，是客运站适应多元多变的客运要求和生产设计以及建筑设计的关键，也是评价客运站总平面设计和站房生产设计优劣的重要因素。

4.3.2　货运站场作业流程及组织

专门办理货物装卸作业的车站，以及专门办理货物联运或换装的车站，均称为货运站。货运站场有几种不同的分类标准。货运站按工作性质分为装车站、卸车站和装卸站；按办理货物的种类分为综合性货运站和专业性货运站；按服务对象分为公共货运站、换装站、工业站和港湾站。

1. 铁路货运站运输作业流程及组织

铁路货运站办理的货运作业包括整车、零担和集装箱三种。以整车运输为例，其在车站办理货运作业的全过程包括：发送作业（托运、受理、收费、进货检查、货物保管、装车、制票、递送票据）、途中车站作业（货运检查交接及货物的整理与换装等）以及货物在货运站的到达作业（包括接收重车和票据、卸车、货物保管和发出到货通知、交付、搬出货物等）。货运站生产流程如图 4-3 所示。

1）货场管理

铁路货场是车站办理货运作业的基本场所，是车站的一个生产车间。货场管理是铁路货物运输生产管理的一部分，是车站货运工作的重要内容。货场管理的目的是经济合理地利用铁路货场设备，科学地组织货运作业，提高货场作业能力和运输效率，按时保质保量地完成国家规定的货物运输任务。货场管理的内容包括以下几个方面。

（1）货场计划管理，包括车站货源、货流的调查与组织方法，月、旬货物运输计划的执行，到货调查和卸车工作组织。

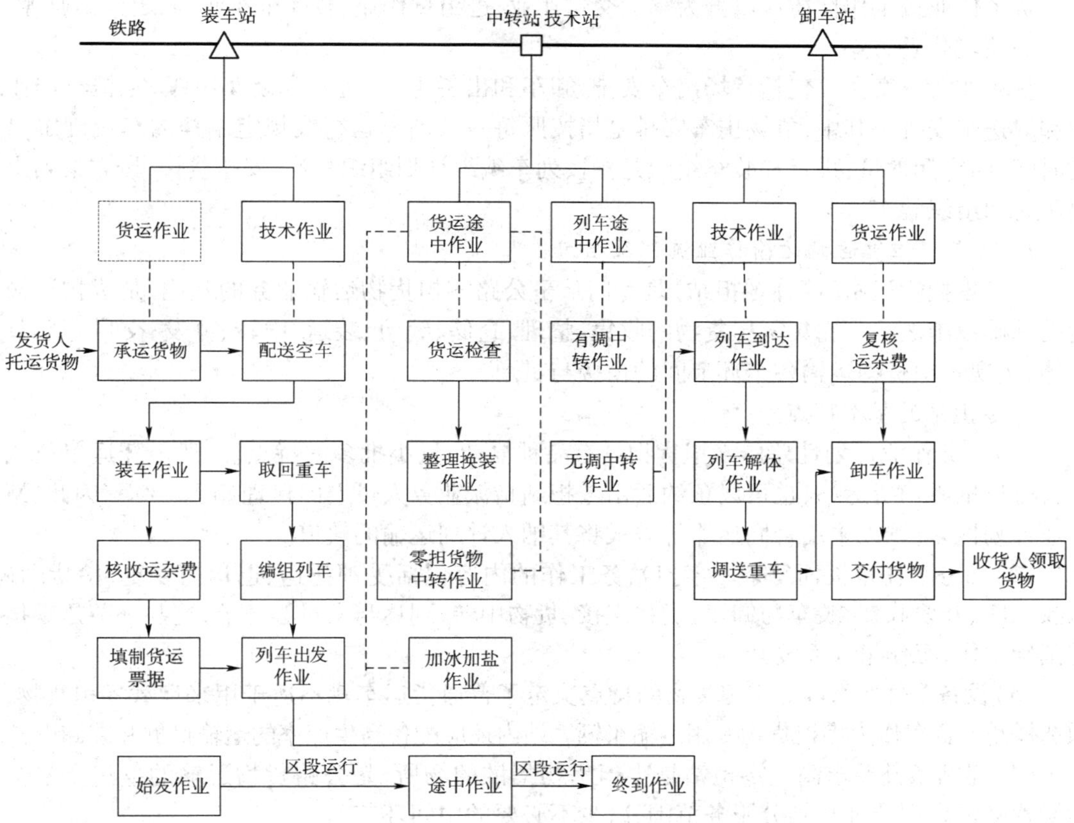

图4-3　铁路货运站生产流程

(2)货场作业方案,包括进、出货作业程序和组织方法,装卸车作业程序和组织方法,零担车作业组织、货场取送车制度。

(3)货场设备管理,包括货区、货位划分和使用办法,装卸设备和其他货运设备的运用管理办法。

(4)货场安全管理,包括对职工的安全教育和技术业务教育,建立必要的安全管理制度以及货运事故的防止和处理等。

《货场管理细则》是根据有关货物运输规章制度,结合本站设备的特点,为保证运输安全和提高作业效率而规定的具体作业办法和管理制度。《货场管理细则》主要包括货场所处的位置,担负的运输任务和作业特点;货场设备的种类、数量、分布和使用分工;货场组织的领导系统,人员配备和日常作业指挥权限;各项货运技术作业过程及完成的时间标准;计划管理制度;安全管理制度和劳动竞赛评比及奖惩办法七个层面。

2)货场作业

货场作业按工作流程可以分为发送作业流程、到达作业流程和中转作业流程。发送作业流程是指办理承运手续—进货—装车—取车挂运的流程;到达作业流程是指办理到达送车—卸车—办理交付手续—搬出的流程。

货场作业按工作性质可以分为承运交付作业、进出货作业、装卸车作业、取送车作业等。

3)货场作业方案

货场作业方案主要包括货场出车安排、卸车和出货组织、进货和装车组织、零担车作业组织和取送车安排。其中,货场出车安排是指按照每一条列车运行线规定编挂的车流确定出车的时间、内容和数量;进货和装车组织是指按列车编组计划组织货流,安排货位,按方案列出的出车时间组织装车。

2. 汽车零担货运站运输作业流程及组织

汽车零担货运站(简称零担站)是专门从事公路零担货物运输业务的基地,是货物运输重要的基础设施之一。它集零担货物的收集、整理、仓储、编组、装运、中转、分发、交付等环节于一体,实现零担货物运输各个环节间的衔接与贯通。

1)零担站的基本特点

(1)站务作业计划性差。零担货物具有品种复杂、量小批多的特点,一般由托运单位或个人自行运抵零担货运站,也可以预约后由零担站指派业务人员上门代理托运手续。因此,站务作业计划性差,难以采用合同运输等方式将其纳入计划运输的轨道。

(2)站务工作量大而复杂。零担站务工作的内容包括受理托运、退运与变更、检货司磅、验收入库、开票收费、装车与卸车、货物交接、货物中转、到达与交付等环节,这些环节是零担站的基础工作,工作量大而复杂。

(3)设备条件要求高。零担货物的特点决定了普通货运车辆不适于用来运载零担货物,必须选择厢形货车作为零担货物专用运输车辆。站内还应配备高生产率的运输机械和装卸设备。

(4)建站条件要求高。零担站是零担货物集散的场所,是公路货物运输的枢纽。零担站的设置必须合理选址与划分服务范围,减少不必要的中间环节。

零担站的组建必须满足零担货物运输生产工艺的要求,合理地设置零担货运站房、仓库、货棚、装卸作业场、停车场以及有关的生产辅助设施,各部分的相互位置和面积,应符合方便货主、便于作业、适应需要、优质服务的客观要求。

2)零担站的运输组织

零担货物运输是一种集零为整的运输形式,它通过零担站将货物集零为整,按流向分拣后配送或将货物卸车进库,分拣整理,送达货主或等候提取。

零担站的生产流线是指货物、车辆和货主在场内的集散、流动过程所产生的流动线路。它包括货物流线、车辆流线(含装卸机械流线,简称车流)、货主流线(含站内工作人员)。汽车零担货运站生产流程如图4-4所示。

4.3.3 各种运输方式流线组织

1. 铁路客运站的流线组织

在客运站内,由于旅客、行包、车辆的集散活动,产生一定的流动过程和流动路线,称之为流线。旅客、行包、车辆流线是客运站站房总体布局、旅客和行包运输工作组织的主要依据。客运站的流线从流动方向上可分为进站和出站两大流线,而从流线性质上又可分为旅客流线、行包流线和车辆流线。根据客运站流线规律,加强流线管理,对客运站旅客和行包工作组织有重要的意义。

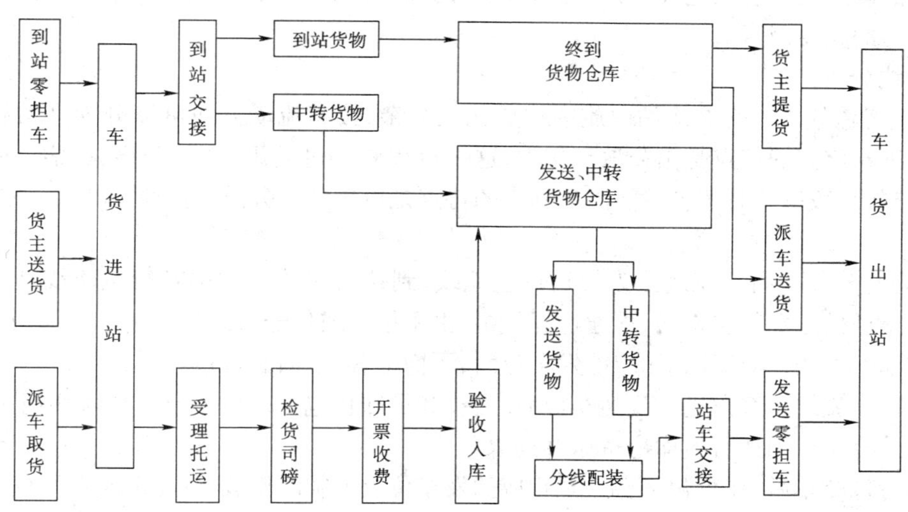

图 4-4　汽车零担货运站生产流程框图

1）人流线

（1）进站旅客流线。旅客进站流线的特点是：旅客在不同时间进站，办理不同手续，然后去指定地点候车，所以旅客进站流线在检票前比较分散和缓慢。

①普通旅客流线。这是进站旅客流中主要的流线，人数最多，候车时间也长。多数旅客的进站流程是到站→问讯→购票→托运行李→候车→检票→上车。

②中转旅客流线。根据换乘时间长短，有的旅客办理签票后进入候车室，随普通旅客一起检票进站；也有的不出站在站台上换乘列车。

③市郊旅客流线。人流密集到达，候车时间短，不必购票和托运行李，多数随普通客流一起检票进站。大多可单独设市郊候车室的进站口。

④特殊旅客流线。

⑤贵宾流线。除了要求能从贵宾室单独进站外，还需设置汽车直驶基本站台的基本通道，其路线要求与普通旅客分开。

（2）出站旅客流线。出站旅客的特点是人流集中，密度大，走行速度快，使用站房时间短。

2）行包流线

（1）发送行包流线即：托运→过磅→保管→搬运→装车。

（2）到达行包流线即：卸车→搬运→保管→提取。

3）车辆流线

铁路车辆进站和出站在同一轨道线流线上。

2. 汽车客运站的流线组织

汽车客运站的工艺流线是指旅客、行包和营运客车在客运站内的集散、流动过程所产生的流动线路。它包括旅客流线、行包流线和车辆流线。合理组织与设计工艺流线，是客运站适应多元多变的客运要求和工艺设计以及建筑设计的关键，也是评价客运站总平面设计和站房工艺设计优劣的重要因素。

1)流线分析

(1)旅客流线。汽车客运站内旅客构成比较复杂，按其流动方向可以分为进站旅客和出站旅客。进站旅客的特点是由分散到集中，这一过程要经过问讯、小件寄存、购票、行包托运、候车等环节，一般持续时间较长。出站旅客的特点是由集中到分散，持续时间短，但密度大、速度快。

(2)行包流线。行包流线分为发送行包流线、到达行包流线和中转行包流线。发送行包一般经过受理处送到行包库房，再通过提升机，由手推车或传送带经过行包平台送到相应的发车位上方临时堆放，客车开到相应的发车位后，下面上客，上面装行包。

到达行包流线是客车进入到达车位后，由装卸员卸行包于行包平台上，然后用手推车或传送带经提升机送至到达行包库房待旅客提取。

中转行包卸车后，在行包平台送至相应的发车位上方临时堆放，开车前装车站场。

(3)车辆流线。车辆流线分为站内流线和站外流线。站内流线又分为到达车辆流线，发送车辆流线和过站车辆流线。站外车辆流线是指旅客乘坐公共汽车、出租车或其他车辆进入或离开车站在站前广场形成的车辆流线。其车流混杂，设计时必须很好地组织与合理设置停放区，以保证正常的客运秩序。

2)流线组织

客运站工艺流线组织时，应该满足下列原则与技术要求。

(1)正确处理人流、车流、行包流三者的关系，避免相互交叉和相互干扰，保证分区明确。

(2)流线的组织，要力求简捷、明确、通畅、不迂回，尽量缩短流线的距离，并能使各种流线自成体系又有机地联系在一起。

(3)旅客流线的组织既要考虑正常情况下的人流组织，又要考虑节假日人流的组织，要具有适应性强、灵活便捷的特点。

(4)站前广场内各种流线较为复杂，应采用适当的分流方式，如可采用前后分流或左右分流。前后分流是把人流、车流分别组织在站前广场前后两个部分。前部行驶，停靠车辆，上下旅客；后部为旅客活动区域。左右分流是车流、人流沿站前广场横向分布，人流右边进站，左边出站，车流按流量、流向分别组织不同的区段，达到人车分流，互不干扰的目的。

(5)发送行包流线与到达行包流线应分开设置，并尽量避免行包流线与旅客流线的交叉。

(6)车辆进出站口应该沿站外主干线的顺行方向分开设置，入口位于出口之前，以减少车辆流线的交叉干扰。

(7)根据站前广场的特点与站内流线的组织情况，处理好各种流线与城市交通流线的衔接问题，避免相互交叉干扰。

一般情况下，公路客运站的工艺流线可用图4-5表述。

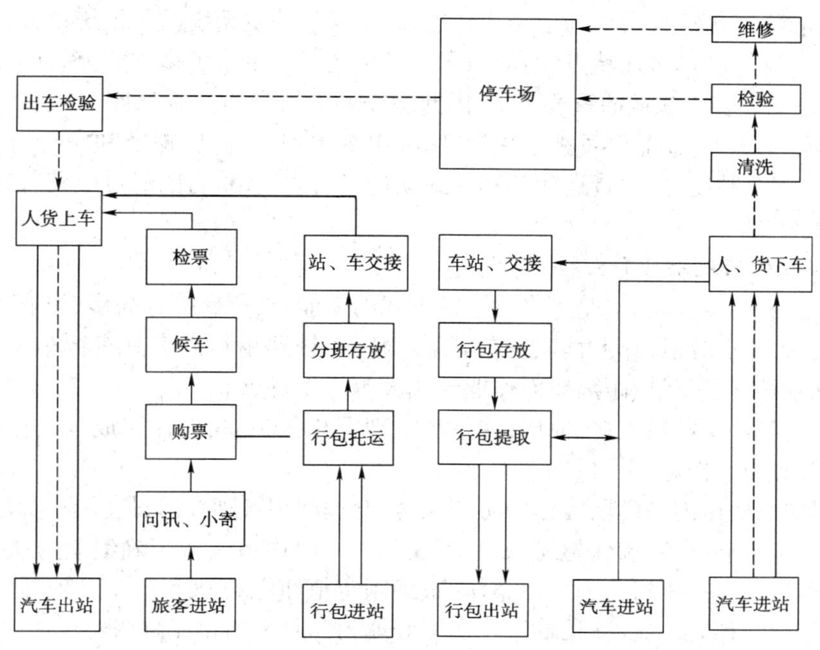

图4-5 公路客运站的工艺流线

4.4 交通枢纽运行组织

交通枢纽是客流、物流和车流的重要集散中心,它不仅是关系交通运输全局的重要运输生产基地和保证路网畅通、实施交通运输宏观调控的关注焦点,而且是交通运网中各种交通运输方式相互联系、相互配合的重要环节和支持所在地区经济和社会发展的重要基础设施、产运销联系纽带、客流乘降与中转换乘中心。因此交通枢纽运行组织具有很重要的作用。

4.4.1 交通枢纽运行过程组织特征

交通运输枢纽在综合运输体系中具有最重要的作用。由于某种运输方式在该枢纽中起主导作用,因而使交通运输枢纽因其主导运输方式而形成鲜明的运输方式特征。例如,以水运方式主导的港口枢纽和以铁路运输方式主导的铁路枢纽。

1. 港口枢纽运行及生产活动的特点

(1)港口的产品是两种运输工具的换装,即货物从一种运输工具到另一种运输工具的移动(其中至少有一种是水运工具)作业场所,这种移动是货物流通过程的一个组成部分,缩短货物在港口的中转过程是缩短货物流通过程的一个重要方面。

(2)港口装卸企业是一个随机服务系统。在这个系统中,输入是一种运输工具运输的货物,输出则是另一种工具运输的货物,其中至少有一种是水运工具。系统的服务对象就是装载货物的船舶及其他运输工具。这个系统所表现出的随机性是多方面的,它包括:运输工具到达的密度,它所装载货物的品种、数量、包装、流向以及货物在船上的分布等。

(3)港口是交通运输系统的子系统,它既是运输工具的终端,又是货物的中转换装点。作

为终端，是运输系统的子系统；作为中转换装点，它可能是外贸系统的子系统；它还可能是港口城市系统的子系统。港口多面特点，给港口运行及生产活动带来了多方面、深刻的影响。

(4)港口是实现多式联运的重要环节，因此除需要发展港口基础设施，形成日益完善的多式联运综合运输系统外，还需要重视管理，在国际组织中积极活动，拟定和完善与多式联运有关的国际公约、规章制度，建立货运代理和多式联运经营的网络，力图通过经营管理的改善，提高港口运输服务质量。

2. 铁路枢纽运行及综合作业过程

铁路枢纽能够衔接公路、水路等多种运输方式的功能，具有衔接方向多、作业车流集中、业务量波动大、装卸地点分散、作业性质复杂等基本特点，铁路枢纽内部具有行车量大而列车运行径路灵活、小运转列车运行距离短而作业干扰大等工作特点。

铁路枢纽内各基层站段点多、面广，在行政管理上相互独立，而在完成运输任务时又彼此密切关联，必须协同运作。

为了保证铁路枢纽内各站段工作的协调配合，合理利用各项技术设备，安全高效地完成运输工作，加速机车车辆周转，确保枢纽畅通，不仅要求枢纽内各站段正确编制与执行相应的行车工作细则，而且还应把枢纽作为一个整体，正确制定枢纽综合技术作业过程，以求铁路枢纽内各站段之间及其与邻接区段在运输工作上更好地相互联系和相互协调配合。

4.4.2 交通枢纽内各种运输方式相互协调的条件

为了更好地实现交通枢纽内运输方式间的相互协调，充分发挥各种运输方式的优势，必须搞清楚以下交通枢纽内各种运输方式相互协调的条件，使各种运输方式能合理分工，既不重复设置，又不因运输能力不足而影响运输畅通。

(1)运输过程的连续性。即根据技术作业过程图，无延误地完成全部必要作业。

(2)运输过程中各种设备通过能力和输送能力的适应性。它反映在各种运输方式的运输工作指标中，或反映在各种运输方式所接运的运输量与其所需要的运输设备和基础设施的相适应性上。

(3)各种运输方式在枢纽内的技术兼容和协调性。它包括运输线路、桥下净空、车辆和船舶技术参数的相互配合、统一化和标准化，铁路车站、换装港口、码头通过能力和吞吐能力的相互适应，货物的成组化和集装箱化等。

(4)各种运输方式通过枢纽与相应运输通道的对接性，构成运输网络的衔接性。对公铁水空交通运输网络的规模、布局和容量进行耦合，将各种运输方式的规划发展放在一起统一谋划。

(5)经济活动的统筹和协调。经济上的协调包括各种运输方式之间运输量和基建投资的分配、运输管理计划指标和工作评价指标的协调，以及各种运输方式远景发展比例的研究。

(6)努力实现运输方式内部不同领域的协调发展。要重视基础设施与装备的相协调，交通硬件条件与运输管理和经营活动等软件条件相协调，在基础设施方面要重视骨架与网络的协调发展问题等。特别是交通硬件条件与运输经营管理等软件条件的协调发展应成为各级交通行业管理部门今后的工作重点。

除上述条件之外，交通枢纽内各种运输方式相互协调的条件还有各种运输方式规章和制

度、运输管理信息系统的协调、运价和运输费用、运输组织工作、货物流向、流量和运输线路布局的协调等。

4.4.3　交通枢纽各站场的作业分工方案及其综合比选

1. 交通枢纽各站场作业分工的一般原则

交通枢纽车站(场)工作的合理分配以及各项设备的固定使用,应保证改善对全社会的客货运输服务,减少车辆的重复改编与作业延误,均衡主要技术设备的负荷,减少调车及小运转机车运用台数,合理配备定员、改进劳动组织,节省运营支出和提高枢纽工作的可靠性与机动性。

交通枢纽内各专业站间的作业分工在很大程度上取决于该枢纽的地方特点,机务、车辆及站场设备的配置,客流、货流、车流的方向和流量,都市规划方面的要求,各站各线的通过能力、作业能力及其利用程度等因素。

为此,一般应根据各种因素对放行无改编中转列车通过枢纽以及交通枢纽各站场间关于车流改编工作及客货运作业的合理分工,拟定几个可行方案,通过全面的技术经济比较,从中选择最合理的作业分工方案。

2. 车流改编作业的分工

交通枢纽各站场间的车流改编作业分工,一般可以分为集中作业方案、一主多辅方案和由主要编组站分别把口方案三种方式。

1)集中作业方案

车流的改编作业集中在枢纽内技术装备最好、能力最大的一个主要编组站上办理,可以充分发挥先进的机械化、自动化设备的优势,加速车流的改编作业进程,扩大同一到站的车流强度,缩短车辆集结停留时间,以及减少站间车流交换和单机走行,从而可以收到降低运营支出和提高劳动生产率的效果。因此,一般情况下应尽可能地采取编解作业集中的方案。但是,将车流改编作业集中于一站办理的方案,并不是任何情况下都能实现的。

2)一主多辅方案

当枢纽既承担大量路网性中转车流又担当大量地方性车流的改编任务时,为减轻主要编组站的作业负担,可采取将路网性中转车流的改编作业集中在新建的主要编组站上办理,而将摘挂列车和小运转列车的解编作业分散在其他有必要装备的各辅助编组站上办理。一主多辅的分工方案,一方面可以提高枢纽工作的机动性和为增开技术直达列车编组去向创造条件;另一方面又可充分发挥现有站场调车设备的作用,有利于地方车流和空车流的输送,例如北京枢纽。

3)由主要编组站分别把口方案

对于改编作业量很大的枢纽,当集中作业方案及一主多辅方案不能满足运输需要时,一般可以考虑采用由装备大致相同的主要编组站分别把口的方案。车流改编作业原则性的分工方案可有以下四种形式。

(1)编组站按运行方向把进口,分别承担所衔接铁路线进入枢纽方向所有改编车流的解体作业,并集中编组该运行方向的大小运转列车。

(2)编组站按运行方向把出口,分别承担各衔接方向发出车流的改编作业。

(3)编组站按衔接铁路线分工,分别担任所衔接铁路线上下行方向全部车流的改编作业。

(4)各编组站间综合分工,即根据枢纽结构特点、各衔接方向及枢纽内地方车流的性质和集散规律、机车交路配置等因素,综合采用上述各种分工方式。

多主多辅与综合分工方案的优点是贯彻了集中与分散相结合的作业分工原则,使车流折角迂回运行和重复改编工作量减少到最低限度,机车运用合理、改编作业负担均衡,保证了枢纽工作有较大的机动性,因而得到具有两个以上主要编组站铁路枢纽的广泛采用。

应该指出,枢纽内各站间关于车流改编作业分工的最佳方案并不是一成不变的,当枢纽布局、技术装备、车流构成有重大变化时,就应重新审定枢纽内各站的合理分工问题。

3. 中转列车技术作业的分工

在交通枢纽内选择无改编中转列车及部分改编中转列车技术作业地点应考虑如下要求。

(1)车辆在枢纽内的停留时间最小、并最好是只办理一次技术作业。

(2)列车在枢纽内的走行公里最少,并最好能消除折角运输和重复走行。

(3)各技术站的通过能力负荷适当,并力求减轻主要编组站的负担。

(4)合理利用枢纽内现有机务段和机车整备设备,机务设备与中转列车作业车场间要有便捷的机车出入段通路。

(5)中转列车技术作业的分工应与改编车流的解编作业分工相配合,力求减少枢纽内的单机走行和增减轴作业困难。

4. 枢纽内中转列车技术作业的分工

(1)规定某些直通中转列车经由联络线、迂回线或外包正线绕过枢纽主要编组站,在枢纽前方站或迂回线上设有直通场的车站办理技术作业。

(2)变更重量及成组甩挂等部分改编中转列车最好接入担任各该方向车流改编任务的编组站进行作业,这样可以保证连挂车组的及时准备和摘下车组能及时编入相应的继送列车,从而减少车辆在枢纽内的停留时间,加速直通车流运行。

(3)当主要编组站设有机务段时,对牵引中转列车的机车最好是采用循环或半循环运转制,并在枢纽担任同方向自编列车编发任务的车站进行机车乘务组换班和中转列车技术作业,以求少放单机并为列车运行调整提供有利条件。

(4)当枢纽对某些方向采用折返交路,由于改编列车和中转列车的机车一般是套跑的,为减少单机走行,应组织中转列车尽可能在机车折返段所在站进行作业。

综合采用上述组织方式可构成多种可行方案,通过比较各种方案下放行一列直通中转列车的平均换算运营支出,即可选定枢纽内直通中转列车技术作业分工的最合理方案。

5. 货运工作的分工

提高货运工作效率的重要条件是正确规定货运站的作业分工。枢纽内货运工作的分工可有如下几种主要方式。

(1)按吸引地区分工。

(2)按衔接铁路线分工。

(3)按办理货物种类(如散堆装货物、件装的零担货物、集装箱及笨重货物、危险品货物

等)分工 。

在大枢纽内,货运站和货场采用按货物种类与按衔接铁路线相结合的分工方式是较为有利的。当可行的分工方案有多个时,可根据计算各方案的换算运营支出,并从中选取最经济合理的方案作为制定枢纽综合技术作业过程的基础。

6. 枢纽内客运站间的分工

铁路枢纽内客运站的分工亦应视作业性质、作业量以及设备情况而定。当枢纽内设有两个及以上客运站时,其作业分工方法主要有如下几种。

(1)按衔接铁路方向分工,即指定一个客运站办理某一个或几个方向旅客列车的始发、终到业务,另一个客运站办理另外铁路方向的旅客列车始发、终到业务。

(2)按分别办理始发、终到旅客快慢车分工。

(3)按办理列车始发、终到和通过列车业务分工,即指定列车始发、终到作业在设有客车整备所的车站办理,在另一客运站主要办理通过旅客列车的作业。

(4)按办理长短途列车和市郊列车分工。当市郊客流很大时,应采取这一分工方案。

当然,根据城市范围、枢纽结构、客流性质及客流量等具体情况,也可将上述几种分工方法结合起来采用,做到尽量为旅客提供方便,使旅客列车能以最短径路通过或进出枢纽,减少铁路对城市的干扰,提高旅客列车运行速度,以增强铁路在整个运输市场中的竞争能力。

7. 枢纽内各站间分工方案的综合比选

铁路枢纽组成复杂、影响因素多、牵涉面广,各站间的专业分工相互关联,为更好地适应城市客货运需求,提高运输服务质量和铁路运营效率,应对各站间业务分工总体方案进行综合比选。

4.4.4　交通枢纽内的车流组织和列车运行组织

1. 交通枢纽内的车流组织

交通枢纽内车流组织的主要任务是通过规定枢纽内各技术站的中转车流范围、车流在枢纽内的运行径路、枢纽到发车流合理组织办法和小运转列车编组计划等措施,力求做到充分发挥枢纽内各项技术设备潜力,减少枢纽各站的车辆改编作业,并最大限度地缩减车辆的重复改编和折角运行,提高运输效率,加速货物送达,缩短机车车辆在枢纽内的停留时间和确保枢纽畅通并有良好的运输秩序。

(1)枢纽内车流径路的确定。路网上的车流应按最短径路或铁道部制订的《全国铁路特定径路》文件指定的径路运行,特定径路所依据的《全路环状车流径路图》中,一般都把枢纽简化成个别的支点。事实上铁路枢纽乃是由若干条铁路干线、支线、迂回线、联络线、环线以及众多车站组成的网络。

(2)枢纽内的车流组织办法。枢纽内的车流组织具体办法体现在全路和铁路局的列车编组计划及枢纽内各站间作业分工方案之中。

枢纽内的车流可大致分为:通过枢纽的无改编及有改编中转重空车流、到达枢纽管内各站卸车的重车流、枢纽管内自装交出及自装自卸车流和枢纽管内卸后交出和接入装车的空车流。根据车流的不同性质应采用不同的组织方法,这些组织方法包括枢纽通过重空车流的组织、枢纽接入自卸车流组织、枢纽自装车流组织和枢纽内空车流组织。

(3)小运转列车编组计划的编制。枢纽小运转列车编组计划规定着枢纽内哪些车站以哪些到达站的车辆编组哪些类型及到站的小运转列车,以及各该小运转列车的车流编挂办法和使用的车次等。

编制枢纽小运转列车编组计划是一项复杂的工作,这是因为枢纽小运转车流具有到站多、分布面广、波动性大、作业制约因素多等特点。

在实际工作中,一般多组织小运转分组列车和采取接力式车流输送方法来减少小运转列车编组去向数、压缩车辆集结停留时间和占用调车线数。

枢纽小运转列车编组计划的编制程序如下:

①按车站及连接支线分布的地理特征划分小运转列车运行和小运转机车作业区域;

②分区查定各站间的日均重空车流量;

③分区拟定若干可行的单组及分组小运转列车编组方案;

④对各可行方案的每一编组去向分别确定小运转列车最佳编成车数及行车量;

⑤按每一方案分别计算其每一编组去向及整个方案的技术指标及换算运营支出;

⑥进行方案比较,选出改编作业次数最少、车辆停留时间最短、换算运营费用最低的最佳方案。

⑦还应检查各运行径路上干线和联络线、环线的通过能力及各编车站配线运用和改编能力负荷,提出实现该最佳方案应采取的技术组织措施,以及当车流发生显著变化时小运转列车运行径路与编组计划的修正和调整办法。

2. 交通枢纽内的列车运行组织

铁路枢纽列车运行组织的主要任务是:确定各种列车在枢纽内的合理运行径路,以消除或减少车辆的重复、迂回走行,均衡地使用枢纽内各段线路的通过能力;确定小运转列车的牵引重量和列数,编制枢纽内的列车运行图,使大、小运转列车的运行紧密衔接。

1)交通枢纽列车工作的特点

(1)车流绝大部分由各邻接区段和邻局接入,波动性大。

(2)远途车流运行时间长,可以较早获得列车确报信息,但各线列车往往不能均衡到达;近途车流运行时间短,确报不及时,车流动态较难确切掌握。

(3)小运转列车与大运转列车间要求紧密衔接,远比区段站上的列车接续为复杂。

(4)大型枢纽内分布着业务量大小不等的众多货运站和工矿企业专用线,装卸量大的站一般配备驻站调车机车,而业务量小的车站和专用线的车辆取送工作,或由邻站的调机担任,或由运行于该区域的小运转机车及调度机车担任,构成十分复杂的枢纽内车流集疏运系统。

(5)小运转列车工作方案须有小运转机车运用方案来保证。

2)小运转列车重量及开行对策的确定

编制交通枢纽小运转列车运行图首先要确定各线小运转列车的牵引重量和开行对数。小运转列车重量标准或最大编成辆数,应根据机车类型和牵引力、联络线和支线的平纵断面、站线有效长度、货车平均总重等因素,通过牵引计算确定。

但是,小运转列车运程短,运行速度低,组织编开满轴列车未必总是有利的。因为集结满轴车列所多消耗的车小时支出可能会超过充分利用机车牵引力所节省的支出。

有必要通过下述方法进行技术经济比较来确定小运转列车的最有利编成辆数。

一个小运转列车编组去向一昼夜的相对运营支出为：

$$E_{小} = cm_{小}\, c_{车时} + \frac{N_{小}}{m_{小}}[c_{机} + (c_{机乘} + c_{车乘} + c_{机时})T] \tag{4-14}$$

式中：c——平均集结参数（小时）；

$N_{小}$——小运转列车流量（车辆的总流量）；

$m_{小}$——小运转列车平均编成辆数（平均每列的车辆数）；

$c_{车时}$——每辆车集结的平均费用（元/车小时）；

$c_{机}$——每列车的机车费用；

$c_{机乘}$——机车值乘费用；

$c_{车乘}$——车辆乘务费用；

$c_{机时}$——每列机车集结的平均费用（元/车小时）；

T——平均换乘次数。

当所求列车数不为整数或上下行方向列数不等时，还应结合所需使用的机车台数、运行区间和编组站的通过能力等其他因素，对小运转列车最佳编成辆数及开行列数进行必要的调整，并通过编制枢纽运行图和小运转机车周转图加以落实。

3）交通枢纽运行图及小运转机车周转图的编制

枢纽运行图应统一安排所辖区域内干线、联络线、环线上各种客货列车及小运转列车的接发和运行，保证大小运转列车运行线在时间上相互协调，在车流输送上有良好的接续，列车运行与机车周转有良好的配合，为各车站和各货物作业地点的均衡而有节奏地工作创造条件。

根据小运转车流波动幅度大的特点，也可考虑编制分号小运转列车运行图，即在运行图中选定一部分有稳定车流保证的运行线作为核心车次，再根据须要增开的列车对数，适当加入一部分备用运行线，如区间通过能力比较紧张，也可编制“一点多线”运行图。如同一条运行线，编组站可用以开行去往同一径路上任何一货运站的小运转列车，这就增强了运行图执行的灵活性。

除了车流与运行线的结合之外，还须有动力保证，所编运行图才能确保实现。

4）严格按图行车的作业组织

枢纽工作的成效，在很大程度上取决于小运转列车的正常运行秩序和小运转机车的有效运用。

为了适应严格按图行车的要求，各站、各货物作业地点就必须精确地组织其工作，配合小运转列车运行图编制调机车列解编、车辆取送作业计划，以保证及时准备好每趟小运转列车应编挂的车辆并选编成组，以期进一步促进小运转机车运用的改善和加速枢纽管内车流的输送。

严格按图行车的兑现，必须抓好小运转机车运用这一关键环节，并且要特别注意抓好归位、上线、正点、拉车这四项指标。其中归位是实现严格按图行车的基础（归位是指所有小运转机车都必须按规定的时间到规定的地点换班）；上线是实现严格按图行车的前提（上线是指机车在换班后所牵引第一趟列车必须保证正点开车）；正点是实现严格按图行车的关键；多拉车是目的。

复习思考题

1. 简述交通枢纽的定义与分类。
2. 简述交通枢纽规划的主要内容。
3. 试简述交通枢纽与站场规划布局的基本原则和选址方法。
4. 试简述交通枢纽内各种运输方式相互协调的条件。
5. 试简述在交通枢纽内如何组织车流组织和列车运行组织。
6. 试简述公路客货运站运输作业流程及组织。

第5章 交通运输组织绩效评价指标

交通运输过程服务质量、效率、成本控制需要测量相应指标,这就是交通运输组织绩效评价指标。把握绩效指标是进行交通运输组织过程控制的前提和基础,其标准应该是把用户要求与运输组织和技术条件统筹起来考虑,对运输组织效率、成本和服务质量的实现程度做出规定。本章主要介绍不同交通运输方式的运行组织绩效评价指标体系,并对部分关键指标作简要分析。

5.1 交通运输组织绩效评价指标概述

5.1.1 运输组织绩效评价指标选择的一般要求

交通运输组织绩效评价指标是运输组织管理的重要内容。交通运输组织绩效评价指标是指对交通运输活动过程中的组织绩效进行评价,它一般是按照统一的评价标准,采用一定的评价指标,按照一定的程序,运用定性和定量的方法,对一定时期内的运输量、运输服务质量、运输效率以及运输成本与效益等方面做出的综合判断。建立运输组织绩效评价指标体系可以为提高企业经营效益和实现运输组织良性发展提供决策信息,使运输指挥人员在日常运输组织中,更加注重投入产出和质量效益,以实现企业运输效益的最大化。交通运输组织绩效评价指标很多,通过筛选确定其关键绩效指标(即KPI)十分重要。能否正确选择交通运输组织绩效评价指标,将直接影响到运输组织绩效评价结果,也关系到运输组织管理以及企业管理的成效。所以选择和确定适当的评价指标是进行运输组织绩效评价的基础和前提,也是运输组织绩效管理的一种手段。

构建合理的交通运输组织绩效评价指标体系应遵循把握全面、准确和少而精的原则。

所谓全面是指标体系要能够反映交通运输组织的各个主要方面,例如交通枢纽组织、载运工具组织、运输过程组织等方面,涉及质量、效率和成本等内容。

所谓准确是指指标能够定量描述所考核的对象,数据来源准确,考核结果准确。

所谓少而精就是要选择最主要的关键性指标,提高管理效率且降低相应成本。

5.1.2 建立运输组织绩效指标体系考虑的条件

各种运输方式组织需要考虑的共性条件有社会经济条件、交通运输条件、自然地理条件,以及这些条件对该种运输方式的影响等。此外还需要考虑该种运输方式特定的技术组织条件

和运营环境。

1)公路运输组织需要考虑的特定条件

车辆运输生产活动所处的这个特定的环境,称为车辆运用条件或工作条件。

(1)交通运输条件,是指由运输对象、运输线路、载运工具、运输技术、运输环境等特性决定并影响运输组织的各种影响因素。公路运输对象的性质、种类、运输距离、送达时间、流向等对于汽车的选型、技术结构的优化、营运组织方式等都会有不同的要求。由于不同运输对象对运输服务的要求各不相同,特别是客货源形成的特点、运输服务的需求以及客货流变化及其规律,对于车辆运用水平的发挥也有直接的影响。

公路桥涵条件是指由公路桥涵及交通情况所决定的影响因素(地势、地貌等),桥涵往往是运输组织必须考虑的一个瓶颈因素,例如,超高货物运输。我国公路有行政等级和技术等级两种分类。其中,公路行政等级有:国道主干线、国道、省道、县道、乡道和通村公路;公路技术等级有:高速公路、一级、二级、三级、四级公路和等外级公路。不同等级的公路所适应的交通量、行驶速度以及相应的行车道宽度、最大纵向坡度等是不同的,从而对运输服务质量产生很大的影响。公路条件的优劣,对于确保行车速度、交通安全、运输质量等有直接的关系。公路条件的好坏对运输效率的影响不亚于车辆性能本身的影响。

(2)自然地理条件,是指由气候的变化及地貌特征等自然环境所导致的影响因素(主要包括温度、地形、湿度、气象等)。当汽车在高原地区行驶时,由于空气比较稀薄,发动机充气系数就会减少,功率下降,动力性能也会变坏,因此汽车的技术经济特点就会受到一定程度的限制,不能最大限度地发挥出它的优势。当汽车在热带地区行驶时,发动机受较高温度的影响,其冷却水就会沸腾,同样发动机充气系数减少,使得功率下降,机件磨损增加等,这也必将影响到汽车的性能发挥,使得寿命减少,不利于企业对汽车运输生产的要求。由此可见,自然地理条件不仅直接关系到对车辆选型和车辆使用的合理性,同时对于车辆的正常营运也会造成较大的影响。

(3)技术组织条件,是指由汽车运输企业本身的技术与组织工作水平所决定的影响因素。它主要包括车辆的行车制度即行车人员的组织工作制度、技术维修制度和技术装备制度等。技术组织条件从某些侧面表现了企业营运管理与技术管理的水平,但不同的运输经营者,在车辆运行组织方式、行车人员劳动组织、车辆保修制度与工艺等存在着很大的差异,这就必然会影响到车辆的运用情况,进而对汽车运输工作效益将产生较大的影响。

(4)公路运输组织绩效评价指标体系的建立还必须要满足以下的基本要求。

①要能够清楚地概括车辆运输过程以及有关各种现象,也就是说,在运输过程中的主要环节、主要作业过程都要有指标测量。

②要能够正确地表明车辆各个方面的利用程度和数值,要有明确的计算口径和含义。

③要能够客观地反映车辆利用程度和车辆生产率之间的关系。

④要能够有利于加强企业管理基础工作,有利于信息的存储和使用等。

2)铁路运输组织需要考虑的特定条件

(1)交通运输条件。以铁路货运货物运输条件为例,托运人有需要运输的货物;承运人能够提供托运人所要求的运输工具;该货物运输不受国家有关法律、法规的限制,或是能够提供所需的材料,证明允许运输;发站能够办理该种货物的运输;到站能够接受该种货物的到达,这

几个基本的条件对各地域之间在各种运输线路上的货流和客流分布有直接的影响。

(2)技术组织条件。铁路运输的计划性很强,为了提高线路的通过能力,组织安全运输和全路各部门的协调生产,生产过程实行集中统一指挥。国家相关部门通过车流组织和列车编组计划、货物列车编组计划等组织技术来组织铁路的运输生产,它们直接决定了铁路的运营技术指标的完成程度。这些指标包括对铁路运输的经常性(不间断性、均衡性和节奏性的程度);通过能力和输送能力;货物送达和旅客运送的速度和时间;运输货物的完好程度和旅客的舒适程度;运输安全和可靠性程度以及机动性等。

(3)铁路安全条件。铁路的运输量大、运输距离长等一些技术经济特点,决定了建立评价指标体系必须考虑路轨及交通安全情况等因素。铁路交通状况包括交通量、线路设备、机车、车站和车站车辆设备等设施,还有沿途通信设施和交通信号等。这些状况的确保对铁路运输安全保障工作有直接的说服力。

(4)自然环境条件。铁路运输很少受气候环境影响,一年四季可以不分昼夜地进行定期的、有规律的、准确的运转,对货物运输进度的快慢影响很小。但也要充分考虑环境与铁路运输的相互作用,比如在青藏铁路的建设和使用中,为抵御青藏高原风沙大、紫外线强等恶劣的自然环境,进藏列车实行全封闭;为了应对青藏高原的缺氧环境,进藏列车车厢内的氧气浓度、温度、压力都可以保持均衡等。这些在铁路绩效评价指标体系的建立当中都要考虑进去。

3)水路运输组织需要考虑的特定条件

水路运输的生产组织主要包括港口和船舶两部分的生产组织。港口的基本功能是完成货物(旅客)的装卸(上、下)工作,因此港口生产组织的重点是提高装卸机械的利用率和装卸作业水平,减少运输工具在港停留时间,提高港口的吞吐量;船舶运行组织工作的重点是规划航线,努力提高船舶的利用效率,协调好系统内部各环节的关系,例如与港口的协调。

(1)交通运输条件。船舶是水上运输的基本工具,没有船舶就无从谈及水路运输。船舶的技术指标主要有:抗恶劣情况的能力、排水量和载重量等。为了满足运输需求的多样化和充分发挥航道的运输功效等一些现代化程度很高的要求,各种船舶分担运输任务和航道不同,完成的经济效益上也会有直接的反映。

(2)技术组织条件。以海洋运输为例,水路运输的组织生产应以能源、外贸运输为重点,合理调整港口布局,新建码头泊位,发展港口多种集疏运能力,扩大港口综合吞吐能力;调整运输船队结构,更新船港技术装备,提高水路运输组织和管理水平。但不同的船舶经营者和代理管理方式不同,因此这就影响了各港口的运输能力。

(3)航道和港口条件。为使船舶能安全航行,航道应有足够的水深、宽度和适当的转弯半径、净空,并设有航标等导航设备。港口是供船舶停靠、集散客货、为船舶提供各种服务、具有综合功能的场所,它具有运输能力、服务能力、工业能力、商业能力等很多优点,如果能组织好航道和港口的运输保障工作,对于提高水路运输水平有举足轻重的作用,对建立水路运输组织绩效评价指标体系有极好的指导意义。

(4)气候条件。水路运输受环境影响较大,商船航行海上,遇暴风需及时躲避;遇大雾需按避碰章程办理,以防损失,这就是气候对水路运输的限制。另外,水路运输的可达性不高,往往需要地面运输系统的配合才能完成客、货运输过程。有关部门应该做好预防和抢险工作,使水运损失降到最小。这也是运输绩效评价的一个方面,应予以重视。

4)航空运输组织需要考虑的特定条件

民航运输是一个技术指标、质量要求和管理规范的协作性生产过程。整个生产过程的每一个环节,将通过民航运输生产指标体系来进行衡量和评价。航空运输的生产活动对条件的要求性很高,这一方面要求航空运输在技术上予以满足,另一方面建立绩效评价指标时要充分考虑到这些条件的影响。

(1)交通运输条件,主要涉及运输资源的空间配置、航空运输与其他运输方式的协调运输和航空运输的供需结构及变化规律等对于航空运输资源的优化配置的影响。做好这些,是为了对运输活动的开展做好准备工作。

(2)技术组织条件。为了组织好运输生产,各航空公司会定期了解地区的运量发展情况,掌握旅客运输、货物运输发展变化的规律,并根据飞行能力、设备情况、规定航线、调配飞机。调整机型、编排班次,确定计划期间运输旅客、货物的数量和距离。但各航空公司有自己的经营方式和组织体系,在飞机调度、组织设备等方面都会有较大的差异,进而表现出来的运输组织绩效也会有所差异。

(3)航线条件。航空运输的航线是天然航线,但这不意味着可以完全依赖天然航线。为了保障飞行安全,确保运输,必须在机场之间的空中为飞行提供相对固定的飞行路线,使之具有一定的方位、高度和宽度,并在沿线的地面设有无线电导航设施。这些条件也会对航空运输组织绩效指标体系的建立具有一定的指导意义。

(4)气候条件。飞机飞行会受到一定气象条件的影响,影响其正常、准点航行。目前人类克服气候因素影响的技术还不很发达。针对全球气候变化和极端气候灾害,为了保障旅客人身财产安全,这势必会影响到飞机正常飞行的效率和资源配置的合理性,不利于航空运输绩效评价指标体系的建立。

5.2 公路运输组织绩效评价指标体系

公路运输组织绩效与运输过程的各个因素有关,其中关键在于营运车辆的运输生产率(也称运输效率)。公路运输组织绩效评价指标体系主要包括有关运输产量、运输质量、运输耗能、运输效率及运输(经济)效益和车辆生产率等几个方面的指标。

5.2.1 公路运输产量指标体系

公路运输产量指标体系包括周转量和运量两个指标。

1. 周转量(P)

每次运输过程的完成,货物或旅客都被移动了一定距离,即完成一定的运输工作,其数量等于所运货物的质量(单位 t)与运输距离的乘积或旅客人数(单位 p)与运输距离的乘积。前者称为货物周转量,以吨公里计(t · km);后者称为旅客周转量,以人公里计(p · km),二者统称为周转量。它综合地反映了公路运输部门为社会提供的运输服务。

2. 运量(Q)

每完成一次运输过程所运货物的质量或旅客的人数,则分别称为货运量(t)与客运量(p),二者可统称为运量。它实质上体现了运输部门的绝对生产成果。

通常在统计工作中，将周转量与运量统称为运输量或产量。

需要特别指出的是，在我国交通系统中，为了便于综合评价客、货运输工作绩效，采用了换算周转量这一指标。换算周转量，是指将旅客周转量按一定比例换算为货物周转量，然后与货物周转量相加成为一个包括客货运输的换算周转量指标。它综合反映了各种运输工具在报告期实际完成的旅客和货物的总周转量，是考核运输业的综合性的产量指标，计算公式见式(5-1)。

$$换算周转量 = 货物周转量 + 旅客周转量 \times 客货换算系数 \tag{5-1}$$

公式(5-1)中的客货换算系数，取决于运输 1 吨公里和 1 人公里所耗用人力和物力的多少。目前我国统计制度规定的客货换算系数①，按铺位折算，铁路、远洋、沿海、内河运输的系数为 1；按座位折算，内河为 0.33，公路为 0.1，航空国内为 0.072、国际为 0.075。

5.2.2　车辆利用指标体系

1. 车辆时间利用指标

车辆时间利用指标主要包括车辆工作率、车辆完好率、平均每日出车时间、车辆昼夜时间利用系数等指标。

车辆工作率 λ 是指一定时期内，工作车日所占营运车辆总车日中的比例，用以表示总车日的实际利用程度。在其他条件不变的前提下，车辆工作率越高，则表示车辆的时间利用程度越高。其计算公式如式(5-2)。

$$\lambda = \frac{t_{工作}}{t_{总}} \times 100\% \tag{5-2}$$

式中：$t_{工作}$——工作车日；

$t_{总}$——总车日。

车辆完好率，是指在统计期内完好车日在总车日中所占的比重，用以表示总车日可以用于运输工作的最大可能性。显然，车辆完好率越高，运输工作输出劳动力就越高，就越能为运输企业创造更多的效益。

平均每日出车时间，是指在统计期内平均每个工作日的出车时间，即指当班车辆由车库或车场驶出，直到返回车库或车库的库外出车工作延续时间。在车辆工作率一定的情况下，平均每日出车时间越多，表示车辆的时间利用程度越高。

车辆昼夜时间利用系数，是指在统计期工作车日内平均每日出车时间在一昼夜时间中所占的比重。显然，昼夜时间利用系数越高，表示车辆的时间利用越充分。

2. 车辆速度利用指标

车辆速度利用指标即车辆的速度性能利用状况，反映了车辆速度利用程度，主要有技术速度、营运速度、平均车日行程三个指标。

技术速度是直接测量汽车速度利用程度的指标。技术速度是指营运车辆在纯运行时间内实际达到的平均行驶速度，单位是 km/h，可按式(5-3)计算。

---

① 如果没有特别指出，本书下文所指周转量均为换算周转量；换算标准计算公式可以此式为准；不同运输方式另有专门解释的除外。

$$v_{技} = \frac{S_{总}}{t_{纯}} \tag{5-3}$$

式中：$S_{总}$——计算期总行程；

$t_{纯}$——同期纯运行时间。

显然，技术速度越高，车辆的速度利用就越充分。在保证行车安全的前提下，一般来说，尽量提高技术速度，意味着在相同的运行时间内，可以行驶更多的里程，使旅客或货物移动更远的距离。

营运速度 $v_{营运}$ 是按出车时间计算的车辆平均时速，即营运车辆在出车时间内，实际达到的平均行驶速度，也就是从车辆开始运行至到达目的地，全程平均每小时行驶的公里数。计算公式如式(5-4)。

$$v_{营运} = \frac{S_{总}}{t_{出车}} \tag{5-4}$$

式中：$S_{总}$——计算期总行程；

$t_{出车}$——同期出车时间。

营运速度既受技术速度的限制，又受到出车时间利用系数的影响，即与出车时间管理有关，三者之间的关系如式(5-5)。

$$v_{营运} = v_{技术} \times \alpha \tag{5-5}$$

式中：$v_{技术}$——技术速度；

α——出车时间利用系数。

凡是影响技术速度和出车时间利用系数的因素，同时也是影响营运速度的因素。营运速度高，意味着在相同的出车时间内，可以行驶更多的里程，完成更多的运输工作量。

平均车日行程 $S_{平均}$ 是以车日作为时间单位计算的综合性速度指标。它是统计期内，全部营运车辆平均每个工作车日内行驶的公里数，计量单位为公里/车日。平均车日行程可按式(5-6)和式(5-7)计算。

$$S_{平均} = \frac{S_{总}}{t_{工作}} \tag{5-6}$$

式中：$S_{总}$——计算期内总行程；

$t_{工作}$——计算期内工作车日总数。

$$S_{平均} = t_{平均} \times v_{营运} \tag{5-7}$$

式中：$t_{平均}$——平均每日出车时间；

$v_{营运}$——营运速度。

平均车日行程可以综合地反映营运车辆在时间和速度量方面的利用程度。

3. 车辆行程利用指标

行程利用率 $\alpha_{利用}$ 是指载重行程所占的总行程的比重，它是衡量车辆调度、运行管理水平的一个重要的指标。其计算如式(5-8)。

$$\alpha_{利用} = \frac{S_{载重}}{S_{总}} \times 100\% \tag{5-8}$$

式中：$S_{载重}$——载重行程；

$S_{总}$——总行程。

行程利用率的高低直接影响车辆生产率的高低，而且对经济效益有重要影响。车辆行程利用率不高，除与客流量、货流量在时间上和空间上分布不均衡等因素有关外，还与企业市场开发、车辆运行调度和运行管理等因素有关。

4．车辆载重量利用指标

营运车辆的载重能力是指车辆的额定载货质量或额定载客量。表示车辆载重能力的指标是车辆额定吨位或额定座位数。反映车辆载重能力利用程度的指标是吨位利用率和实载率。

吨位利用率 $\alpha_{吨位利用}$ 分为静态吨位利用率和动态吨位利用率，计算公式为式(5-9)。

$$\alpha_{吨位利用} = \frac{Q_{实际载重}}{Q_{额定}} \times 100\% \tag{5-9}$$

式中：$Q_{实际载重}$——实际载重量；

$Q_{额定}$——额定载重量。

实载率 $\alpha_{实载}$ 是按全部营运车辆在一定时期内的总行程计算的载重能力利用程度指标。其计算公式见式(5-10)。

$$\alpha_{实载} = \frac{Q_{换算}}{Q_{总载重}} \times 100\% \tag{5-10}$$

式中：$Q_{换算}$——计算期内换算周转量；

$Q_{总载重}$——同期内总行程载重量。

实载率可以综合反映车辆的行程利用程度和载重能力的利用程度，较全面地评价车辆有效利用程度。

需要指出的是，车辆生产率也是车辆利用指标体系中的一个重要指标，它是指单位时间（年、季、月、日）内，单位车辆（一辆营运汽车）所完成的运输工作量。车辆生产率一般按周转量（吨公里或人公里或换算吨公里）计算，它是汽车运输企业反映营运车辆运用效率的重要的综合指标。了解影响车辆生产率的影响因素，掌握车辆运用效率指标，对提高车辆生产率有着重要的意义。影响车辆生产率的因素有车辆的时间利用程度、速度利用程度、行程利用程度、载重能力利用程度以及拖挂能力利用程度等五个因素。这五个因素之间的关系，以及五个因素与车辆生产率的各种指标之间的关系见图 5-1 和图 5-2。

表示车辆生产率的主要指标有单车期产量、车吨期产量、车公里产量等。

单车期产量 $Q_{单车期}$ 是指一辆营运车辆在一定时期内所完成的换算周转量。用它来比较不同时期的车辆生产率时，可以排除计算期内日历天数的影响。计算公式如式(5-11)。

$$Q_{车吨期} = \frac{Q_{换算}}{q_{平均营运}} \tag{5-11}$$

式中：$Q_{换算}$——计算期换算周转量；

$q_{平均营运}$——同期平均营运车数。

车吨期产量 $Q_{车吨期}$ 指一辆营运货车的一个额定吨位在一定时期内所完成的周转量。计算公式如式(5-12)。

$$Q_{车吨期} = \frac{Q_{换算}}{q_{总吨位}} \tag{5-12}$$

式中：$q_{总吨位}$——平均总吨位数（平均总吨位数指计算期平均每天在用营运车的总吨位数）。

用车吨期产量指标反映比较车辆生产率时，可以消除不同车辆额定吨位（或座位）不同的影响，它可以比较准确地反映汽车运输企业生产组织工作的质量和水平。

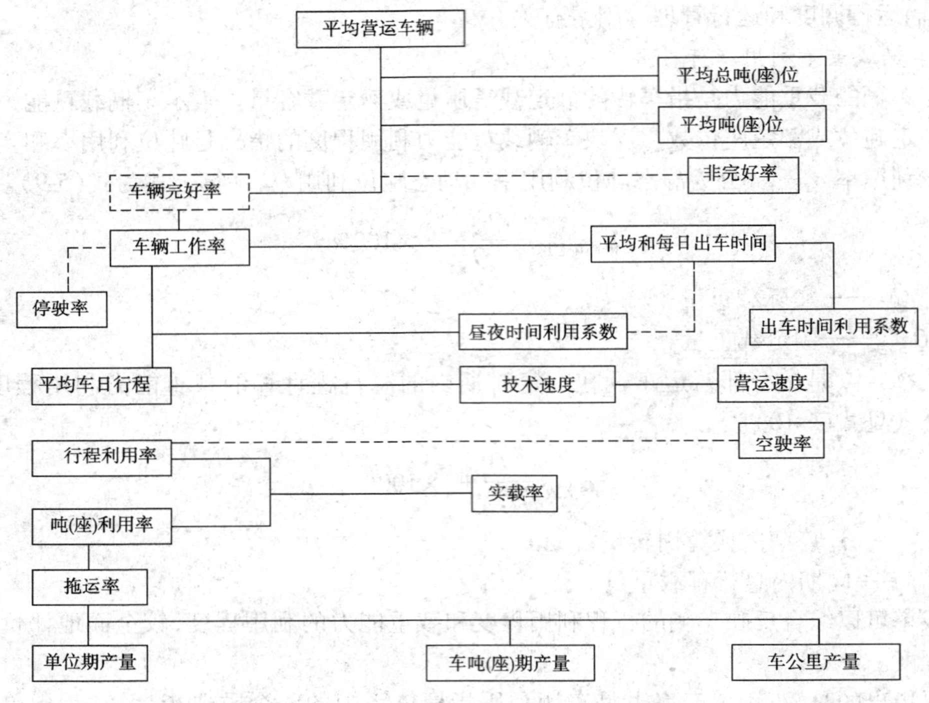

图 5-1　影响车辆生产率因素关系图

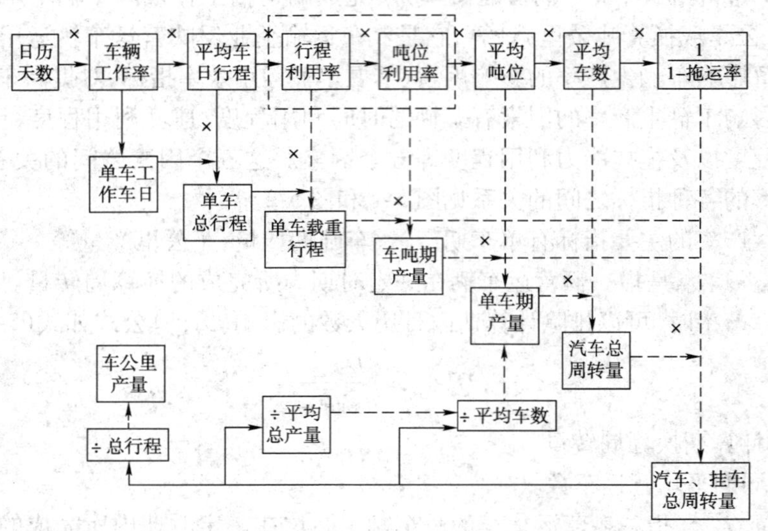

图 5-2　车辆运用效率指标关系图

车公里产量是指车辆平均每行驶 1 公里所完成的周转量，可按式（5-13）计算。

$$Q_{公里产量}=\frac{Q_{周转}}{S_{总行程}} \tag{5-13}$$

式中：$Q_{周转}$——计算期内完成的周转量。

由式(5-13)发现，周转量实际就是车公里产量在行程上的累计，所以可以采取增加行程降低车公里产量的办法，或采取提高车公里产量、减少总行程的办法来完成周转量。但这两种办法对运输生产产生的效益不一样。完成同样的周转量采用提高车公里产量的办法可以更加盈利。

5.2.3　运输效率指标体系

运输生产效率是运输产出量和运输生产投入要素的比较，一般用比率来量化表示。单位运输工具、运输劳动力完成的运输产出量越多，表明运输生产效率也越高。运输效率指标体系主要包括活劳动的效率指标和物化劳动的效率指标。

1. 活劳动的效率指标

全员劳动生产率(W_e)

$$W_e=\frac{\sum p}{N}\quad (\mathrm{t\cdot km}\text{ 或 }\mathrm{p\cdot km/p}) \tag{5-14}$$

式中：$\sum p$——周转量总和(t · km 或 p · km)；

N——职工总人数(p)。

2. 物化劳动的效率指标

车吨(客)期产量(p_t)表示平均每一个车辆吨位完成的周转量(吨 · 公里/吨位或t · km/t)，或平均每一个车辆座位完成的周转量(人 · 公里/客位或 p · km/p)

$$p_t=\frac{\sum p}{\sum q_o}(\mathrm{t\cdot km}\text{ 或 }\mathrm{p\cdot km/t}\text{ 或 }\mathrm{p}) \tag{5-15}$$

式中：$\sum p$——周转量总和(t · km 或 p · km)；

$\sum q_o$——车辆总吨(客)位(t 或 p)。

5.2.4　运输质量指标体系

安全性是衡量运输组织的最重要的指标。运输服务的质量是满足社会需要的必要的前提，它和运输产量构成了满足需要的两个方面，顾客购买运输服务首先关注的是能否达到他们满意的服务标准，服务质量越好，越能稳定长期顾客和挖掘潜在顾客。运输质量的评价应该以运输安全与准时为基础，主要包括以下评价指标。

1. 班车正点率(R_o)

$$R_o=\frac{Z_o}{\sum Z_o}\times 100\%\quad (\%) \tag{5-16}$$

式中：Z_o——正点班次(次)；

$\sum Z_o$——全部总班次(次)。

2. 货运赔偿率(R_c)

$$R_c=\frac{R_{ci}}{C_r}\times 100\%\quad (\%) \tag{5-17}$$

式中：R_{ci}——货损货差赔偿金额（元）；

C_r——货运营业总收入（元）。

3. 千车公里死亡（伤）人数（N_b）

$$N_b = \frac{\sum N_b}{1\ 000\text{km}} \quad (\text{p}/1\ 000\text{km}) \tag{5-18}$$

式中：$\sum N_b$——死亡（伤）总人数（p）。

4. 事故频率（R_a）

$$R_a = \frac{Z_a}{10\ 000\text{km}} \quad (\text{次}/10\ 000\text{km}) \tag{5-19}$$

式中：Z_a——事故次数（次）。

5.2.5 运输消耗指标体系

公路运输业是国家的能源消耗大户之一，目前我国的公路运输单位成本中，油耗费用约占1/3。因此，节约能源也是降低单位运输成本、增加运输盈利的重要手段。运输消耗指标主要包括燃料消耗指标、成本指标。

（1）燃料消耗指标：千车公里燃油量（D_f）。

$$D_f = \frac{Q_f}{1\ 000\text{km}} \quad (\text{L}/1\ 000\text{km}) \tag{5-20}$$

式中：Q_f——油料实际消耗量（L）。

（2）成本指标：千吨公里综合运输成本（S）。

$$S = \frac{\sum S}{\sum p} \quad (\text{元}/1\ 000\text{t}\cdot\text{km 或元}/1\ 000\text{p}\cdot\text{km}) \tag{5-21}$$

式中：$\sum S$——运输总成本（元）；

$\sum p$——换算总周转量（1 000t · km 或 1 000p · km）。

5.2.6 运输经济效益方面指标体系

运输经济效益是指经济活动中投入产出的比值，运输经济效益高低不仅关系到企业的自我生存与发展，而且涉及到整个公路运输行业乃至全社会的发展。因此，经济效益是公路运输组织绩效评价体系的重要内容。运输经济效益指标体系主要包括以下几个方面。

1. 车吨（客）位利润（J_t）

$$J_t = \frac{\sum J}{\sum q_o} \quad (\text{元}/\ \text{t(p)}) \tag{5-22}$$

式中：$\sum J$——利润总额（元）；

$\sum q_o$——营运车辆总吨（客）位[t(p)]。

2. 资产增值率（r_a）

$$r_a = \left(\frac{C}{C_0} - 1\right) \times 100\% \quad (\%) \tag{5-23}$$

式中：C——期末资金总额（元）；

C_0——期初资产总值(元)。

3. 资金利润率(r_f)

$$r_f = \frac{\sum J}{\sum F} \times 100\% \quad (\%) \tag{5-24}$$

式中:$\sum F$——全部资金总额(元)。

4. 人均利润(J_n)

$$J_n = \frac{\sum J}{N} \quad (\text{元/p}) \tag{5-25}$$

5.3　铁路运输组织绩效评价指标体系

铁路运输组织绩效评价指标体系主要从货车运用指标、客车运用指标、机车运用指标、列车运行质量体系等几个方面考虑。

5.3.1　铁路货车运用指标体系

货车运用指标可以从数量指标和质量指标两部分来考虑。数量指标可以从货车运用的装、卸、排等数量方面来反映,质量指标则可以由货车运用效率反映。

1. 货车载重量及载重力利用率

充分地利用车辆的装载能力,可以用较少的货车完成更多的运输任务。

(1)货车静载重。货车静载重是指货车从装车车站出发时的平均载荷 $P_{静}$:

$$P_{静} = \frac{\sum P_{装}}{U_{装}} \quad (\text{t}) \tag{5-26}$$

式中:$\sum P_{装}$——装运货物的总吨数(t);

$U_{装}$——装车数量。

(2)货车动载重。货车动载重是指重车在整个运行过程中的平均载荷 $P_{重动}$:

$$P_{重动} = \frac{\sum Pl}{\sum NS_{重}} \quad (\text{t/车}) \tag{5-27}$$

式中:$\sum Pl$——货车载重吨公里(t · km);

$\sum NS_{重}$——重车走行公里(车 · km)。

(3)运用车动载重。运用车动载重是指每一运用货车(包括重车和空车)车公里所完成的货物吨公里数 $P_{运动}$,其计算公式如下:

$$P_{运动} = \frac{\sum Pl}{\sum NS} = \frac{\sum Pl}{\sum NS_{重} + \sum NS_{空}} \quad (\text{t·km/车·km}) \tag{5-28}$$

式中:$\sum NS_{空}$——空车走行公里(车 · km)。

(4)货车载重力利用率。货车载重力利用率反映的是货车装载能力的利用程度 $\lambda_{载}$:

$$\lambda_{载} = \frac{P_{静}}{P_{标}} \times 100\% \tag{5-29}$$

式中:$P_{标}$——货车标记载重(t)。

2. 货车工作量

货车工作量是指在一定的时期内，公路、铁路局运用货车完成的货车周转次数，在数值上，可以用每昼夜新产生的重车数 u 来表示，就公路而言工作量是指公路的使用车数，即：

$$u = u_{使用} \tag{5-30}$$

而铁路局和分局的工作量则应等于使用车数与接入重车数 $u_{接重}$ 之和，即：

$$U = u_{使用} + u_{接重} = u_{自装自卸} + u_{自装交出} + u_{接入卸车} + u_{接运通过} = u_{卸空} + u_{移交重车} \tag{5-31}$$

式中：$u_{自装自卸}$、$u_{自装交出}$、$u_{接入卸车}$、$u_{接运通过}$、$u_{卸空}$、$u_{移交重车}$——各为自装自卸、自装交出、接入卸车、接运通过、卸空和移交重车数。

3. 使用车数

使用车数用装车数 $u_{装}$ 与增加使用车数 $\Delta u_{使}$ 之和表示，即：

$$u_{使} = u_{装} + \Delta u_{使} \tag{5-32}$$

使用车数按去向和车种分别确定。其中，装车数根据批准的要车计划产生的装车货源数据库产生，增加使用车系参照车站实际统计资料确定。

使用车按其去向可分为自装自卸和自装交出，即：

$$u_{使} = u_{自装交出} + u_{自装卸} \tag{5-33}$$

4. 卸空车数

卸空车数用卸车数 $u_{卸}$ 与增加卸空车数 $\Delta u_{卸空}$ 之和表示，即：

$$\Delta u_{卸空} = u_{卸} + \Delta u_{卸空} \tag{5-34}$$

增加卸空车数是指不按卸车数统计的卸空车数，与增加使用车数相类似，主要因零担货物中转及货物倒装等原因而产生。

保证卸车任务完成不仅可以加速货物达到，还可以避免重车积压，加速货车周转。重车卸后才可产生空车，因而卸车任务的完成又是完成排空任务和装车任务的重要条件。

卸空车按来源可分为自装自卸和接入自卸两个部分，即：

$$u_{卸空} = u_{自装卸} + u_{接入自卸} \tag{5-35}$$

5. 货车日车公里和货车日产量

货车日车公里是指每一运用货车每日平均走行公里数。周转时间和全周距计算，计算公式为式(5-36)。

$$S_{车} = \frac{l}{\theta} \quad (\text{km/d}) \tag{5-36}$$

也可根据货车总走行公里和运用车数计算，计算公式为式(5-37)。

$$S_{车} = \frac{\sum NS}{N} \quad (\text{km/d}) \tag{5-37}$$

货车日车公里是表示货车运用效率的重要指标。在空车走行率一定的情况下，公里数愈高，表示货车运用成绩愈好，为完成同样的运输任务需要的货车数也愈少。

6. 货车日产量

货车日产量是指平均每一运用货车在一昼夜内生产的货物吨公里数，它可按式(5-38)计算。

$$w_{车} = P_{运动} \cdot S_{车} \quad (\text{t} \cdot \text{km/d}) \tag{5-38}$$

货车日产量是从货车载重力和时间两个方面综合反映货车运用效率的综合性指标。

7. 运用车保有量

为了完成规定的运输任务，铁道部需规定各铁路局应保有一定的运用车数，称其为运用车保有量。同样，铁路局应控制其所属各分局的运用车保有量。运用车保有量的标准数根据工作量 u 和货车周转时间 θ 确定，即：

$$N = u\theta \qquad （车辆日或车） \tag{5-39}$$

5.3.2 客车运用指标

1. 旅客列车车底周转时间

旅客列车车底周转时间是指为了开行运行图中的某一对旅客列车的车底，从第一次由配属站发出之时起，到下一次由配属站发出之时止，所经过的全部时间。它可按式(5-40)计算。

$$\theta_{车底} = \frac{2L_{客}}{v_{直达}} + t_{客配} + t_{客折} \tag{5-40}$$

式中：$L_{客}$——列车全程运行距离；

$v_{直达}$——旅客列车直达速度；

$t_{客配}$——车底在配属站停留时间；

$t_{客折}$——车底在折返站停留时间。

2. 旅客列车速度指标

旅客列车速度指标包括技术速度、旅行速度和直达速度，其中列车直达速度或称直通速度是指旅客列车在编程站和折返站之间的平均速度，也就是旅客列车在其运行全程的平均速度。在计算直达速度时，不仅要考虑旅客列车在各区段的运转时间和中间站停站时间，而且也要考虑在沿途各区段站、旅客站及其他大站的停站时间，即：

$$v_{直} = \frac{24L_{客}}{\sum t_{运转} + \sum t_{中停} + \sum t_{技停}} \tag{5-41}$$

式中：$\sum t_{运转}$——列车运行时间(h)；

$\sum t_{中停}$——列车在中间站停站时间(h)；

$\sum t_{技停}$——列车在中间区段站、旅客站停站时间(h)。

旅客列车车底日车公里是指某一车底或平均每一车底在一昼夜内所走行的公里数。客车日车公里是指某一车底内的客车或全部客车运用车平均每辆在一昼夜内所走行的公里数。

车底日车公里 $S_{车底}$ 和客车日车公里 $S_{客}$ 可就某一旅客列车计算，也可就全部运用客车计算。就某一个列车计算，客车日车公里和车底日车公里是两者相等的，即：

$$S_{车底} = \frac{2L_{客}}{\theta_{车底}} \qquad (\text{km/车底日}) \tag{5-42}$$

就全封运用车底和运用客车计算时，则：

$$S_{车底} = \frac{\sum NL_{客}}{\sum N_{车底}} \qquad (\text{km/车底日}) \tag{5-43}$$

$$S_{车底} = \frac{\sum NS_{客}}{\sum N_{客}} \qquad (\text{km/车底日}) \tag{5-44}$$

式中：$\sum NL_{客}$——旅客列车公里总数；

$NS_{客}$——客车公里数；

$\sum N_{车底}$——车底日总数；

$\sum N_{客}$——客车运用车数。

3. 载客人数和客座利用率

载客人数是反映客车容量利用程度的指标，可以按旅客客列车平均载客人数及客车平均载客人数分别计算。

旅客列车载客人数 $A_{列}$ 是指在一定时期内，全路、一个铁路局或分局平均每一旅客列车公里所完成的人公里数，其计算公式为：

$$A_{列} = \frac{\sum AL'}{\sum nL_{客}} \quad (人 \cdot km/列车 \cdot km) \tag{5-45}$$

式中：$\sum AL'$——旅客周转量，人·km；

$\sum nL_{客}$——旅客列车公里总数，列车·km。

客车载客人数 $A_{客}$ 是指在一定的时期内，全路、一个铁路局或分局平均每一客车公里所完成的人公里数，即：

$$A_{客} = \frac{\sum AL'}{\sum NS_{客}} \quad (人 \cdot km/列车 \cdot km) \tag{5-46}$$

客座利用率 $\lambda_{客}$ 是以相对数反映客车载客能力利用程度的指标，在数值上等于旅客周转量和客座公里总数之比，也就是用百分率表示的平均每一客座公里所完成的人公里数。即：

$$\lambda_{客} = \frac{\sum AL'}{\sum nS_{客}} \times 100\% \tag{5-47}$$

式中：$\sum nS_{客}$——客座公里总数。

5.3.3 机车运用指标

1. 机车运用效率指标

反映机车运用效率的数量指标有机车走行公里、机车牵引总重吨公里和机车供应台次等。机车走行公里是指机车运行的公里数。机车牵引总重吨公里是指牵引货物列车所完成的工作量。机车供应台次是指一昼夜内全部机车在担当的牵引区段内的总周转次数。

2. 机车运用质量指标

反映机车运用效率的质量指标包括机车全周期时间、机车日车公里、列车平均总重和机车日产量等。

(1)机车全周期时间。机车全周期时间是从时间上反映机车运用效率的指标，是指机车作业完了返回基本段经过闸楼始起，到下一次作业完了返回基本段经过闸楼时止的全部时间，即：

$$\theta_{机} = \frac{L}{v_{机旅}} + t_{本} + t_{折} \quad (h) \tag{5-48}$$

式中：L——机车周转距离；

$t_{折}$——机车在折返及所在站停留之间；

$t_{本}$——机车在本段及所在站停留之间；

$v_{机旅}$——机车旅行速度。

（2）机车日车公里。机车日车公里 $S_{机}$ 是指公路、铁路局、分局或机务段平均每台货运机车一天走行的公里数，其值可按式（5-49）计算。

$$S_{机} = \frac{\sum MS_{沿} - \sum MS_{补}}{M_{货}} \quad (\text{km/d}) \tag{5-49}$$

（3）列车平均总重。列车平均总重是指全路、铁路局、分局或机务段平均每台本务机车牵引列车的总重量，即：

$$Q_{总} = \frac{\sum QS_{总}}{\sum nL_{本}} \quad (\text{t/列}) \tag{5-50}$$

式中：$\sum QS_{总}$——总重吨公里。

列车平均总重反映机车牵引力的利用程度，它直接影响到列车次数、机车需要台数、机车乘务组需要以及其他有关支出的大小，是衡量机车运用效率的一个重要指标。

（4）机车日产量。机车日产量 $W_{机}$ 是指平均每台货运机车每日生产的总重吨公里数，即：

$$W_{机} = \frac{\sum QS_{总}}{M_{货}} = Q_{总} S_{机}/(1 + \beta_{辅}) \quad (\text{t·km/d}) \tag{5-51}$$

$$\beta_{辅} = \frac{\sum MS_{双} + \sum MS_{补}}{\sum nL_{本}}$$

式中：$\beta_{辅}$——单机和重联机车走行率。

由式（5-51）可以看出，机车日产量综合反映了列车平均总量、机车日车公里和单机走行公里三个方面的关系，是考核机车运用质量的一个综合指标。

5.3.4　列车运行质量体系

（1）旅客列车或货物列车的平均技术速度 $v_{技}$，计算公式见式（5-52）。

$$v_{技} = \frac{\sum nL}{\sum nt_{运}} \quad (\text{km/h}) \tag{5-52}$$

式中：$\sum nL$——各区段旅客列车或货物列车走行公里的总和；

$\sum nt_{运}$——各区段旅客或货物列车运行时间总和，包括运行和起停附加时间。

（2）旅客列车平均直通速度 $v_{客直}$，计算公式见式（5-53）。

$$v_{客直} = \frac{\sum nL_{客}}{\sum nt_{全旅}} \tag{5-53}$$

式中：$\sum nL_{客}$——旅客列车走行公里的总和；

$\sum nt_{全旅}$——旅客列车全程旅行时间的总和，包括运行时间和停站时间。

（3）货物列车平均旅行速度和速度系数，计算公式见式（5-54）、式（5-55）。

$$v_{旅} = \frac{\sum nL_{货}}{\sum nt_{旅}} \tag{5-54}$$

$$\beta = \frac{v_{旅}}{v} \tag{5-55}$$

式中：$\sum nL_{货}$——各区段货物列车走行公里的总和；

$\sum nt_{旅}$——各区段货物列车旅行时间的总和，包括列车运行时间和中间站停站时间。

(4)直通货物列车在技术站的平均接续时间 $T_{接续}$。它是反映技术站相邻区段直通列车运行线相互衔接的质量指标。其计算公式见式(5-56)。

$$T_{接续}=\frac{\sum n_{直}t}{\sum n_{直}} \quad (\mathrm{min}) \tag{5-56}$$

式中:$\sum n_{直}t$——无改编作业通过技术站直通、直达货物列车在站停留时间的总和;

$\sum n_{直}$——无改编作业通过技术站的直通、直达货物列车数。

(5)货物列车平均直达速度 $v_{货直}$。它是综合反映货物列车旅行速度高低和技术站接续时间长短的指标,计算公式见式(5-57)。

$$v_{货直}=\frac{\sum nL'_{货}}{\sum nt'_{旅}+\sum nt_{技停}} \tag{5-57}$$

式中:$\sum nL'_{货}$——整个方向货物列车走行公里之和;

$\sum nt'_{旅}$——整个方向各区段货物走行时间之和,包括列车运行时间和在中间站的停站时间;

$\sum nt_{技停}$——所有直通、直达货物列车在该方向各技术站停留时间的总和。

5.4 水路运输组织绩效评价指标体系

水路运输的生产组织主要包括港口和船舶的生产组织。港口生产组织的重点是提高装卸机械的利用率和装卸作业水平,减少运输工具在港停留时间,提高港口的吞吐量;船舶运行组织工作的重点是规划航线,努力提高船舶的利用效率,协调好系统内部各环节的关系,例如与港口的协调。

5.4.1 水路航线参数指标

用以说明航线性能特征的参数称为航线参数,它的指标体系主要包括以下参数。

1. 航线的总距离和港间区段距离

航线的总距离和港间区段距离用计费距离表示。

2. 航线的有效期

航线的有效期 $t_{期}$ 根据航线的形式和地区来确定。例如秦岭淮河以北有冰冻的河流,有效期主要决定于航期的长短,季节性航线的有效期只是全年中或航期中的部分时间。

3. 航线上货物发送期

航线上货物发送期 $t_{发送}$ 一般采用航线的有效期。若有特殊要求,如要求在航线有效期内全部货物都要运达目的港,则可按式(5-58)确定。

$$t_{发送}=t_{期}-t_{达} \tag{5-58}$$

式中:$t_{达}$——最后一次发送货物的送达时间。

4. 航线上货物平均昼夜发送量

航线上货物(旅客)平均昼夜发送量 $\overline{Q}_{发}$ 或 $\overline{P}_{发}$ 是指航线始发港的平均发送量,其值可按式(5-59)分别正向和反向计算。

$$\overline{Q}_{发} = \frac{\sum Q}{t_{发送}} 或 \overline{P}_{发} = \frac{\sum P}{t_{发送}} \tag{5-59}$$

式中：$\sum Q$——航线始发港至各港的各种货物数量之和；

$\sum P$——航线始发港至各港的旅客人数之和。

5．航线的发船间隔时间和发船密度

航线的发船间隔时间是指船舶或船队在同一航线上、于同一港口、向同一方向连续两次发船的时间间隔。按正向计算时，货船和客船可分别按公式（5-60）计算。

$$t_{间} = \frac{\alpha_{货发} D_{定}}{\overline{Q}_{正发}} \quad 或 \quad t_{间} = \frac{\alpha_{客发} M_{定}}{\overline{P}_{正发}} \tag{5-60}$$

式中：$\alpha_{货发}$、$\alpha_{客发}$——各为货船、客船的正向发航装载率；

$\overline{Q}_{正发}$——航线正向始发港货物平均昼夜发送量；

$\overline{P}_{正发}$——航线正向始发港旅客平均昼夜发送量；

$M_{定}$——客船的定额载客量；

$D_{定}$——货船的定额载客量。

发船密度 r 是指单位时间（昼夜）内，在同航线、同一港口，向同一方向的发船次数，它与发船间隔互为倒数。

6．往返航次时间

航线上船舶的往返时间 $t_{往返}$ 指船舶在空间上完成一个循环的总延续时间，它包括不同航向的航行时间与始发港、终点港和中途港的停泊时间，即：

$$t_{往返} = t_{始停} + t_{航正} + t_{航反} + t_{终停} + t_{中停} \tag{5-61}$$

式中：$t_{航正}$、$t_{航反}$——船舶的正向与反向航行时间；

$t_{始停}$、$t_{终停}$、$t_{中停}$——船舶在始发港的停泊时间、船舶在终点的停泊时间、船舶在中途的停泊时间。

为了保证定期航线上船舶能够有规律的定期发送，要求船舶的往返航次时间为发航间隔时间的整倍数，同时还要求航线的发船间隔为昼夜整倍数过 24h 的约束。而从保证运输任务出发计算的航线发船间隔和根据各项作业时间求得的船舶往返航次时间，即往往不会正好合乎这种要求，因而，在计算后还要经过调整，以保证船舶能有节奏地运行。

定期定时航线船舶往返时间与航线发船间隔时间具有整倍数关系，这个倍数就是航线上需要的船舶数船队数 φ，即：

$$\varphi = \frac{t_{往返}}{t_{间}} \tag{5-62}$$

7．平均装卸工作定额

平均装卸工作定额，即纯定额和总定额 $\overline{M}_{纯(总)}$，是表示船舶在航线上各港口装卸效率和管理水平的指标，它可按式（5-63）计算。

$$\overline{M}_{纯(总)} = \frac{Q_{装} + Q_{卸}}{\dfrac{Q_{装}}{\overline{M}_{纯(总)装}} + \dfrac{Q_{卸}}{\overline{M}_{纯(总)卸}}} \tag{5-63}$$

因为在一个航次中船舶的装货数量 $Q_{装}$ 与卸货数量 $Q_{卸}$ 却是相等的，故上式也可以为：

$$\overline{M}_{纯(总)} = \frac{2\overline{M}_{纯(总)装}\overline{M}_{纯(总)卸}}{\overline{M}_{纯(总)装} + \overline{M}_{纯(总)卸}} \tag{5-64}$$

式中：$\overline{M}_{纯(总)装}$——平均装船工作定额；

$\overline{M}_{纯(总)卸}$——平均卸船工作定额。

8．航线运输强度

航线运输强度 $N_{线}$ 是指航线上每天完成的货物周转量，它可用装卸总定额与航线距离的乘积表示，即：

$$N_{线} = \overline{M}_{总} L_{线} \tag{5-65}$$

以上航线参数之间有着相互的联系，共同用以说明一条航线的结构情况和技术性能，并借以区别于不同的航线。

5.4.2 港口工作指标

1．吞吐量指标

货物吞吐量是指经由水路运进、运出港区范围，并经过装卸的货物数量；旅客吞吐量是指经由水路乘船进、出港区范围的旅客数量。

吞吐量是衡量港口生产任务大小的主要数量指标，是港口规划、港口及作业区改建、扩建的主要依据，同时也是航运部门安排运力的依据。

2．船舶在港停留时间指标

(1)船舶平均每次在港停泊天数。这一指标是指报告期或计划期内每一次在港的平均停泊时间，即：

$$T_{船次} = \frac{\sum N_{t船}}{\sum N_{船次}} \tag{5-66}$$

式中：$\sum N_{t船}$——船舶停泊总艘(吨位)天数；

$T_{船次}$——船舶平均每次在港停泊天数；

$\sum N_{船次}$——船舶停泊总艘(吨位)次数。

(2)船舶平均每次作业在港停泊天数。这一指标是指报告期或计划期内船舶每次作业在港的平均停泊时间，即：

$$T_{船作业} = \frac{\sum N_{t船}}{\sum N_{船作业}} \tag{5-67}$$

式中：$T_{船作业}$——船舶平均每次作业在港停泊天数；

$\sum N_{船作业}$——船舶作业总艘(吨位)次数。

(3)非生产性停泊时间比重。非生产性停泊时间比重 $a_{非生产}$ 是指船舶在港停泊总时间中，非生产性停泊时间所占比重。它用百分数表示，其计算公式见式(5-68)。

$$a_{非生产} = \frac{\sum N_{t船非生产}}{\sum N_{船}} \times 100\% \tag{5-68}$$

式中：$\sum N_{t船非生产}$——非生产性停泊总艘(吨位)天数。

这一指标可用来反映船舶装卸作业各环节间相互衔接的情况。

3. 船舶装卸效率指标

(1)总定额 $M_{总}$。它是指船舶平均每停泊艘天装卸货物吨数,表示报告期或计划期内离港船舶平均每停泊一天装卸货物数量,其计算公式见式(5-69)。

$$M_{总} = \frac{Q_{装卸}}{\sum N_{t'船}} \quad (t) \tag{5-69}$$

式中:$\sum N_{t'船}$——船舶停泊总艘天数。

(2)纯定额 $M_{纯}$。它是指船舶平均每装卸艘天装卸货物吨数,表示平均每艘船每装卸一天所装卸的货物数量。其计算公式见式(5-70)。

$$M_{纯} = \frac{Q_{装卸}}{\sum N_{t船装卸}} \quad (t) \tag{5-70}$$

式中:$\sum N_{t船装卸}$——船舶装卸总艘数。

5.4.3 装卸机械运用指标

1. 机械工作量

机械工作量是指装卸机械在装卸作业过程中所完成的货物吨数,计算单位为起运吨。

2. 平均台时产量

平均台时产量 $q_{台时}$ 是指每台机械平均每作业台时所完成的起运吨位,其计算公式为式(5-71)。

$$q_{台时} = \frac{Q_{机械}}{T_{作业台时}} \tag{5-71}$$

式中:$T_{作业台时}$——机械作业台时;

$Q_{机械}$——机械作业量。

3. 装卸机械利用率

装卸机械利用率是指装卸机械工作台时与日历台时的比值,其计算公式为式(5-72)。

$$\alpha_{利} = \frac{T_{作业台时}}{T_{日历台时}} \times 100\% \tag{5-72}$$

式中:$T_{作业台时}$——装卸机械工作台时;

$T_{日历台时}$——装卸机械日历台时。

4. 装卸作业机械化程度

在港口装卸作业中,利用各种机械作业所完成的操作工序吨在总操作工序吨中所占比重,称为装卸作业机械化程度 $\alpha_{机械化}$,其计算公式为式(5-73)。

$$\alpha_{机械化} = \frac{Q_{机械工序}}{Q_{总工序}} \times 100\% \tag{5-73}$$

式中:$Q_{机械工序}$——机械操作工序吨;

$Q_{总工序}$——总工序吨。

5.4.4 库场运用指标

1. 货物堆存吨天数

货物堆存吨天数 $\sum Q_{t吨天}$ 是指报告期内库场堆存货物的吨数与其天数乘积的总和,在数值

上也可以按报告期内每天库场结存货物吨数及出库货物吨数的累计数计算,其计算公式为式(5-74)。

$$\sum Q_{t吨天} = \sum Q_{结存} + \sum Q_{出库} \tag{5-74}$$

式中:$\sum Q_{结存}$——每天库场结存货物吨位数;

$\sum Q_{出库}$——每天出库货物吨位数,即报告期出库货物总吨数。

2. 库场运用率

库场运用率 $\alpha_{库场}$ 是指在报告期内库场设备的平均被利用程度,其计算公式为式(5-75)。

$$\alpha_{库场} = \frac{\sum Q_{t吨天}}{T_{报告} Q_{仓容}} \times 100\% \tag{5-75}$$

式中:$T_{报告}$——报告期日历天数;

$Q_{仓容}$——报告期库场仓容量(t)。

3. 单位面积堆存定额

单位面积堆存定额 $q_{定额}$ 是指在同一时间内平均每 $1\mathrm{m}^2$ 库场有效面积可堆存的货物吨数,即可以表示为作用在单位有效面积上的货物吨数,其计算公式为式(5-76)。

$$q_{定额} = \frac{Q_{容量}}{m_{有效}} \quad (\mathrm{t/m^2}) \tag{5-76}$$

式中:$Q_{容量}$——库场在同一时间内最大的安全堆存货物吨数;

$m_{有效}$——库场有效面积。

4. 容量周转次数

容量周转次数 $n_{容量}$ 是指在报告期内每 1t 库场容量堆存货物的平均吨数或者说在报告期内一定库场平均堆存货物的次数,其计算公式为式(5-77)。

$$n_{容量} = \frac{\sum Q_{出库}}{q_{仓容有效}} \quad (次) \tag{5-77}$$

经适当整理,容量周转次数的计算公式也可以写为式(5-78)。

$$n_{容量} = \frac{T_{报告}\alpha_{库场}}{t_{堆积}} \quad (次) \tag{5-78}$$

5.5 航空运输组织绩效评价指标体系

组织航空运输即是负责组织航空港、航空线网和机群三个部分,这三个部分各司其职,又相辅相成。航空运输组织绩效评价指标体系主要包括有关安全性、正点率、货物完好率、生产效率等几个方面的参数。

5.5.1 安全性指标

民航运输是利用飞机等航空设备对旅客或货物进行的脱离地面的运输,因此,安全性是民航运输,特别是旅客运输过程中最重要的生产指标。通过以下几个指标,可以定量地反映运输企业生产的安全情况。

1. 旅客安全运输率

旅客安全运输率 $\alpha_{客安}$ 是用于衡量一年中旅客安全运输的比率，其计算如公式(5-79)。

$$\alpha_{客安}=\frac{S_{客总}-S_{客伤}}{S_{客总}}\times 100\% \tag{5-79}$$

式中：$S_{客总}$——年客运总人数；

$S_{客伤}$——年客运伤亡总人数。

2. 安全飞行率 $\alpha_{安飞}$

安全飞行率是指安全飞行架次占实际总飞行架次的比率，它是衡量机队飞机的安全性指标，其计算公式如式(5-80)。

$$\alpha_{安飞}=\frac{q_{安全架次}}{q_{实际}}\times 100\% \tag{5-80}$$

式中：$q_{安全架次}$——安全飞行(起落)架次；

$q_{实际}$——实际飞行(起落)架次。

5.5.2 正点率指标

正点率指标分为单位时间航班正点率、单位时间按期运达率和单位时间运达超期率三个生产指标，它是衡量航班正常率的重要指标。根据航班时刻表，除不可抗拒的因素之外，航空运输企业必须严格遵守航班的始发时间和到达时间。这不仅涉及到航空承运人的公众形象，而且影响到设备周转和正常的生产组织秩序。

1. 单位时间航班正点率 $\alpha_{正点}$

$$\alpha_{正点}=\frac{T_{start}}{T_{flights}}\times 100\% \tag{5-81}$$

式中：T_{start}——单位时间正常始发航班数；

$T_{flights}$——单位时间始发航班总数。

2. 单位时间按期运达率 $\alpha_{单位运达}$

$$\alpha_{单位运达}=\frac{T_{over}}{T_{restrict}}\times 100\% \tag{5-82}$$

式中：T_{over}——单位时间实际超期率；

$T_{restrict}$——规定单位时间允许超期率。

3. 单位时间运达超期率 $\alpha_{单位超期}$

$$\alpha_{单位超期}=\frac{T_{freight}}{T_{tonne}}\times 100\% \tag{5-83}$$

式中：$T_{freight}$——单位时间超期货吨数；

T_{tonne}——单位时间运输货物总吨数。

5.5.3 货物完好性指标

在航空货物运输过程中，主要通过货物完好性来衡量货物运输生产完成的程度，如行李、货物运输的损坏程度、赔偿率等。显然，完好性越好，说明运输服务质量越好。

5.5.4 生产效率指标

在保障运输生产安全正点的前提下，民航企业必须注重提高生产效率，因为它是企业创造效益的重要保证。以下几个指标用于衡量航空运输生产效率。

1. 生产量

生产量指标主要包括生产总周转量、旅客换算周转量和货运行李周转量。

生产总周转量(t·km)=旅客换算周转量+货邮行李周转量

旅客换算周转量(t·km)=旅客人数×规定体重×运输距离

货运行李周转量(t·km)=货物(邮件、行李)重量×运输距离

需要说明的是，当旅客周转量的计算单位使用“t·km”时，我国民航系统对一个旅客的平均重量国内航线按72kg计算，国际航线按75kg计算，交运的免费或收费行李另计。

2. 运载率

运载率指标主要包括航线运载率、飞机最大生产率和吨公里收入。它们的公式分别为式(5-84)、式(5-85)、式(5-86)。

$$\alpha_{运载}=\frac{Q_{实际}}{Q_{最大}}\times 100\% \tag{5-84}$$

式中：$\alpha_{运载}$——航线运载率；

$Q_{实际}$——实际周转量；

$Q_{最大}$——最大周转量。

$$\beta_{最大生产}=q_{最大商载}\times v_{机型航速}\times \alpha_{机型运载} \tag{5-85}$$

式中：$\beta_{最大生产}$——飞机最大生产率；

$\alpha_{最大商载}$——机型最大商载；

$v_{机型航速}$——机型航速；

$\alpha_{机型运载}$——机型运载率(t·km/h)

$$I_{吨公里}=\frac{I_{运输}}{Q_{周转}} \tag{5-86}$$

式中：$I_{吨公里}$——吨公里收入；

$I_{运输}$——运输收入；

$Q_{周转}$——运输周转量。

3. 生产率

生产率指标主要包括全员劳动生产率指标和职工平均生产量指标，其计算公式分别为式(5-87)、式(5-88)。

$$\beta_{全员生产率}=\frac{Q_{换算周转}}{n} \tag{5-87}$$

式中：$\beta_{全员生产率}$——全员劳动生产率；

n——职工人数。

$$p_{平均生产}=\frac{Q_{总运力吨公里}}{n} \tag{5-88}$$

式中：$p_{平均生产}$——职工平均生产量；

$Q_{总运力吨公里}$——总运力吨公里。

5.5.5 发运量指标

发运量是指全国民航或一个管理局、一个省（区）局所管辖的航站在计划期内发送的旅客和行李、货邮量，它包括发运量和联程运量，是综合反映航空站发运工作量大小的指标。

1. 旅客发运量（$A_{站}$）

旅客发运量可按式（5-89）、式（5-90）、式（5-91）计算。

$$A_{站}=A_{始发}+A_{联程}\quad（人）\tag{5-89}$$

$$A_{站}=\sum\alpha_{机座}\times\beta_{机座}\times n_{班次}\quad（人）\tag{5-90}$$

$$A_{站}=\sum\alpha_{计划机客}\times n_{班次}\quad（人）\tag{5-91}$$

2. 行李、货邮发运量（$P_{站}$）

行李、货邮发运量可按式（5-92）、式（5-93）任一个公式计算。

$$P_{站}=P_{始发}+P_{联程}\quad(\mathrm{t})\tag{5-92}$$

$$P_{站}=\sum P_{计划机货}\times n_{班次}\quad(\mathrm{t})\tag{5-93}$$

式中：$A_{始发}$、$A_{联程}$——各为航站始发、联程旅客运量；

$P_{始发}$、$P_{联程}$——各为航站始发、联程行李及货邮运量；

$\sum\alpha_{机座}$——机型客座数；

$\alpha_{计划机客}$——机型计划每班旅客人数；

$\beta_{机座}$——客座利用率；

$P_{计划机货}$——机型计划每班行李、货邮载量；

$n_{班次}$——飞机出港班次（按机型计算）。

因而，旅客、行李、货邮的总发运量（$P_{总站}$）应该为：

$$P_{总站}=\alpha A_{站}+P_{站}\quad(\mathrm{t})\tag{5-94}$$

就全国民航来讲，发运量就是运输量，即计划期间全国民航所有航空站发运旅客和货邮数量的总和。

复习思考题

1. 简述运输组织绩效评价指标体系的含义。
2. 试简述运输组织绩效评价指标体系的基本构成。
3. 试简述运输组织绩效评价指标体系的作用。
4. 如何利用运输组织绩效评价指标体系？

组织运作篇

第6章 陆路旅客运输组织

旅客运输是利用运输工具实现人的位移。顾名思义,陆路旅客运输就是利用陆上运输方式实现人们出行需求的过程。在我国现实情况下,陆路旅客运输主要是铁路和公路旅客运输。本章系统地阐述了铁路和公路旅客运输的种类,城市公共交通及其运营组织,城间客运工作组织等内容,对铁路和公路旅客运输方式的特点、组织方式等做了较为详细的阐述。

6.1 旅客运输业务工作内容

6.1.1 旅客运输的基本分类

1. 按旅客出行的目的分类

按旅客出行的目的分,旅客运输一般分为:生产性(或工作性)客运或生活性(或消费性)客运,前者是一种运送因公外出、出差、通勤、上学等乘客的旅客运输;后者是一种运送探亲访友、旅游观光等乘客的旅客运输。

生产性(或工作性)客运的主要特点是:运输时间比较集中,运量较大且有一定的规律性,价格弹性系数小。

生活性(或消费性)客运的主要特点是:随机性和季节性较强,流量和流向难以掌握,运量较小且没有一定的规律性,价格弹性系数大。

2. 按旅客发送区域分类

按旅客发送区域分,一般分为城市客运和城间客运。

(1)城市客运。这是一种主要为城市地区(含郊区)居民的出行乘车需要提供的短途旅客运输。

城市客运的主要特点是:行车频率高,乘客交替频繁,运距较短,停车次数和站点多,客流在时间、空间上分布很不均匀;价格弹性系数较小,城市客运的主体是城市公共交通。

(2)城间客运。这是一种通常用大型运输工具作为主要载运工具、以班车客运形式为主体,行驶于城市间的长途旅客运输系统。快速旅客运输是未来陆路旅客运输的发展方向。

城间客运的主要特点是:客流相对稳定,在较短的时间内不会出现偶然的高峰,乘客平均运距较长,载运工具营运速度较高。

3. 按经营服务形式分类

(1)班车客运。这是一种以大型运输工具作为主要载运工具,按照既定的客车运行周期和时刻表,定线、定点、定时运行和停靠并按里程计费的旅客运输方式,它是陆路旅客运输的一种基本营运方式。

(2)包车客运。这是一种以大型运输工具作为主要载运工具,一般应事先预约并办妥包车手续,根据用户要求的时间、起讫地点、按行程或时间计费的旅客运输方式。

包车客运与其他营运方式相比,有如下特点:与班车客运相比,其接洽方式、运行线路、开停车地点和时间、乘车对象、运费结算、运输组织等都有所不同。包车客运的需求极不稳定,随机性较强。

(3)旅游客运。旅游客运是指以运送旅游观光的旅客为目的,在旅游景区内运营或者其线路至少有一端在旅游城市或旅游景区(点)的一种旅客运输方式。

汽车旅游客运按照营运方式还分为定线旅游客运和非定线旅游客运。

定线旅游客运按照班车客运组织方式管理,非定线旅游客运按照包车客运方式管理。

4. 按提供服务的性质分类

按提供服务的性质分,一般分为营业性旅客运输和非营业性旅客运输。

(1)营业性旅客运输。这是一种为持有效乘车凭证并支付了一定费用的乘客提供有偿服务(营业性质)的客运方式。其特点是:以发生运费结算为标志。如公用陆路旅客运输均属此类。

(2)非营业性旅客运输。这是一种为乘客提供无偿服务(非营业性质)的客运方式。其特点是:不发生运费结算的行为,如私人汽车、企事业单位的汽车运输等均属此类。

6.1.2 旅客运输的特点和任务

1. 旅客运输的特点

旅客运输是现代交通运输体系中的一个重要组成部分。旅客运输的目的是为人们进行经济、文化等的社交活动和生活活动提供必要的出行条件。一般来说,旅客运输有以下特点。

(1)旅客运输的主要服务对象是旅客,其次是行李、包裹和邮件。通过售票工作,把旅客组织起来并最大限度地满足他们在旅行中的各种要求,以提供劳务的形式为旅客提供服务。

(2)旅客运输生产向社会提供的是无形产品—旅客的空间位移。它被旅客本身所消耗,其使用价值具有不确定性,其创造的社会经济效益远大于自身的经济效益。

(3)客运站场的位置设在客流易于集散处,使旅客便于换乘不同的交通方式。

(4)旅客运输在时间上有较大的波动性。在不同时期内由于受到各种因素的影响,客流也会出现起伏变化。为此在配置客运设备、客运能力时要有一定的后备,以防客流在峰值时客运设备、客运能力不能够满足客流需求。

(5)旅客在旅行过程中有不同的物质文化生活需求,如饮食、休息等,旅客运输企业不但要满足这种需求,而且还可以利用这一特点发展一些运输相关服务产业,带动相关产业的发展。

2. 旅客运输的任务

旅客运输是服务性很强的行业。在我国现有条件下,必须按照社会主义市场经济的基本规律,以为人民服务的宗旨为出发点,通过采用先进的技术设备和科学的管理方法,周密地组织旅客运输,以最大限度地满足人民群众的旅行需求,把旅客安全、迅速、便捷、舒适、经济地运

送到目的地。旅客运输的主要任务有以下几个方面。

(1)认真贯彻执行党和国家的有关方针、政策、法令及交通运输的各项规章制度,同时要通过客运工作与人民群众广泛接触的机会,热情宣传党和国家的各项方针政策。

(2)制订旅客运输发展规划,不断开辟、拓展客运市场,建立和完善适应经济社会发展要求的旅客运输网络。

(3)充分发挥现有交通设施的作用,合理配置运力,千方百计提高客运交通总供给。

(4)组织不同客运方式间的衔接和联运,不断提高直达旅客运输的比重。

(5)为旅客服务,对旅客负责,以旅客需求为导向,积极开展营销活动,努力提高客运服务质量,能够真正做到从旅客的角度去经营,保证优质服务。

(6)根据党和国家在一定时期的中心工作以及国民经济发展的要求,完成各种临时性的紧急任务。

(7)加强科学管理,提高经营水平,在搞好旅行服务的前提下,提高客运企业的经济效益,积极为社会主义建设积累资金。

(8)加强对客运职工的业务技术培训及政治思想工作,不断提高职工素质和企业整体素质,为实现旅客运输系统的现代化而努力创造条件。

总之,客运企业要在党的方针、政策指引下,根据市场经济的发展规律,以旅客需求为中心,服从并服务于国民经济可持续发展战略的需要,从基本国情出发,以运输市场的需要为依据,优化运输体系结构,合理配置资源,依靠科技进步,不断提高劳动者素质,加快客运事业的发展,全面满足全体国民出行的运输需求。

6.1.3　旅客运输组织工作的基本原则与要求

我国是社会主义国家,社会生产的目的只能是服从于整个社会和人民的共同利益,满足人民不断增长的物质文化生活的需要。旅客运输为了保证质量,良好地、高效率地完成各项任务,必须遵循以下几项原则。

(1)认真执行党和国家的各项方针政策,安全、迅速、顺利地运送旅客到达目的地,并保证各种运输方式之间有良好的配合和综合利用,最大限度地满足日益增长的旅客运输需要。

(2)节省旅行时间。随着经济社会发展、人们生活水平的提高以及生活节奏的加快,人们的时间观念不断增强,快速、舒适以及确保客运服务的可靠性和及时性就成了人们选择客运交通方式的首要原则,引进高速技术,提供快捷服务,成为吸引旅客的重要手段,高速、便捷与否将是今后不同交通运输方式在竞争中成败的关键。

(3)确保安全。旅客运输的服务对象主要是旅客,保证旅客在旅行中生命、财产的安全是客运企业的基本职责。客运企业在进行运输活动时,要把安全摆在第一位。在运输工作中,要确保人身安全和车辆完好,坚持安全生产的方针,要采取行之有效的措施,实现安全运输。

(4)加强营销管理。随着旅客运输的长足发展,旅客运输市场形成了结构性的买方市场,为此,运输企业必须加强运输市场营销管理。

(5)提高服务质量。以方便旅客为中心,做到文明服务,礼貌待客,不断改善客运站务工作,配备必要的现代化服务设施,为旅客提供良好地旅行环境和服务质量,最大限度地满足旅客的旅行要求,树立客运企业的良好形象。

(6)加强系统管理。旅客运输系统的整体性强,要使有限的人力、物力、财力充分发挥作用并提高效益,必须加强系统管理,使系统各部门能协调配合。特别是在不同运输方式之间要密切联系,搞好衔接,通过一体化服务、联运等方式,争取最大限度地直达化,减少中转环节,提高运送速度,尽可能缩短旅客在途时间,为旅客的旅行生活提供更多的方便。

6.1.4 旅客运输组织与管理

1. 客运站务组织

1)组织客源

客运站是旅客运输集散点,它为旅客乘车提供服务,使旅客能方便、舒适、安全、顺利地踏上旅途,同时,为客运站创收提供客源基础。为此,客运站应经常调查、了解当地(营运区内)的客流动态,根据当地的人口分布及流动规律分析研究客流情况,以优质的服务质量,不断扩大客源,提高企业旅客运输市场占有率。特别是应充分发挥客运站优势,组织好大宗、团体客源,如新兵入伍、老兵退役、旅游团体和假期离、返校的学生等。

吸引客源的方法有很多,但其中最主要的是客运站的服务质量。客运站始终要把为旅客服务放在第一位,广泛宣传,耐心接受旅客咨询,提供旅行指导,对旅客以礼相待,热情照顾,做到旅客至上,服务第一。

2)办理客运商务作业

客运站商务作业是客运站业务中最基本的内容。具体包括以下几个方面。

(1)售票业务。

购票是旅客获得出行权利的必要手续,是旅客运输经营者收入的来源。方便旅客购票,不断提高售票业务的效率和质量,是组织旅客运输应解决的首要问题。客运站要根据客流量大小、车站购票人数集中程度、经营线路、发车时刻、售票的正常效率等,确定售票的形式、售票窗口的数目、售票窗口之间的配合,尽量方便旅客,旅客排队购票应实行一列多点式设置,以减少旅客排队等候时间。

要提高售票工作的效率,首先要采取合理的售票形式。售票形式一般有:窗口售票、预约售票、候车室售票、上门售票和设置售票点售票等。不同的售票形式各有其特点,可以相互弥补不足,发挥各自的优点。对车站来说,应认真分析、合理选择并搭配售票形式,做到既能方便旅客,争取客源,便于客运站工作的开展,又能提高车站效益。其次,还要正确执行售票作业程序和售票基本技能,这样不仅可以提高售票速度,而且还可以避免差错,防止售票员和旅客之间发生纠纷。售票员必须掌握的售票工作技能主要包括:会计算机操作、会说普通话,懂得当地及周边地方方言,与外宾接触比较多的车站售票员还应懂得基本英语会话,了解客运基本规章制度,熟悉车站客运班次、发车时间、票价、沿途各站名称等。最后,车站所售车票必须符合国家规定。由于车票是旅客乘车的凭证,也是旅客和客运企业之间责、权、利关系的契约或合同,具有法律效力,在双方发生纠纷时,应以车票为依据进行处理。

(2)候车室服务工作。

候车室是旅客候车的场所,也是车站组织旅客进站、检票乘车的场所。候车室要按照规定,依级别设置一定的服务设施。如客车班次时刻表、客车到发信号装置、旅客指示标志系统、运营线路图、票价表、问讯设施、广播系统、禁运标志、精确的计时装置、留言牌、广告牌、饮水处

等。除此之外,还应配备足够的服务人员,分设各个岗位。要严格按照各项作业的职责范围和操作规程作业,确保客运站整体工作顺利进行。候车室服务工作的主要内容有:根据车站的实际情况组织旅客候车;宣传和检查安全;热情提供候车期间的各项服务;搞好候车室内的清洁卫生等。

(3)行包运送工作。

行包是行李、包裹的简称,是车站对旅客携带行包中超过规定重量的那部分所承担的一种业务。行包业务是伴随着旅客的旅行需要而产生的,它虽然属于一种从属业务,但它与旅客运输有着同等的重要性。

行包运送组织工作的基本要求是:确保行包的安全和准确地送达目的地。

行包运送工作可分为发送和到达两部分,其运送过程与零担运输基本相似,它包括了承运、保管、装车、运送、卸车、保管和交付等作业。为了提高行包作业的效率,确保行包运输的安全与完整,必须按照有关操作规程进行,并建立必要的岗位责任制,严格交接手续,尽量减少行包事故的发生。

3)信息工作

车站是收集客运信息最方便、最真实、最完整的部门,它在信息管理系统中起着重要的作用,无论是外源信息和内源信息,车站都具有收集和传送功能。

(1)将各种原始资料整理汇总,分类编制成册。

原始资料包括客运量、旅客运距、旅客周转量等基本资料和其他辅助性资料。及时向运输企业管理部门提供,使企业能在生产计划、管理及决策等方面有可靠的依据;同时,向运管部门以报表形式上报,使各级管理部门了解运输市场动态,为制定旅客运输规划、运输管理政策等提供可靠的依据。

(2)及时收集、反映社会上对企业的要求、建议、批评及其他情况。

对运输服务质量的优劣,旅客最有发言权。因此,车站通过各种形式,如民意调查问卷、旅客意见簿、举报电话等,广泛收集旅客的各种建议和意见,并定期归类分析,寻找对策,使客运服务质量得到不断提高。

(3)向上级有关部门报告客车运行中发生的问题。

如车辆驾乘人员方面的问题,公路工作方面的问题及路政、运政管理方面的问题等。通过问题上报,取得与管理部门的及时沟通,以尽早找到解决问题的办法。

(4)宣传政府政策、法规。

将政府及管理部门的方针政策、法律规范等及时向车站工作人员、运输经营者、旅客传达。对新的政策法规要及时予以传达,说明有关内容,让各方面有关人员充分了解并遵守,如调控运价之后,就应以公告的形式具体说明调价的标准、原因、执行期等。

2. 客运站务管理

客运站的有关业务工作能否做好,客运站的各项功能能否正常发挥,从而能否确保客运站有较高的工作效率和服务质量,除了良好的服务设施以外,就取决于站务管理工作能否跟上。因此,客运站必须不断地加强内部工作的管理。

1)健全车站的组织机构

健全的组织机构是车站各项管理工作得以开展的前提,因此,不同级别的车站,要根据其业务范围、工作量大小及隶属关系等情况，合理地设置车站内部组织机构。其中：业务范围及职责是设置组织机构的重要依据，每一个组织要有明确的分工，以专门履行相应的工作，做到事事有人管、有人负责。整体机构设置要能形成一个密切配合、分工协作的组织机构系统，并能高效地运转。

2）建立健全规章制度，实行规范化管理

车站工作虽然纷繁复杂，但必须是高度有序的，只有良好的工作秩序，才能确保工作效率和服务质量的提高。因此，建立健全各项规章制度是良好的工作秩序的基本保证。就车站各项规章制度的核心来说，就是以规范的形式明确不同工作岗位的责、权、利，如果哪一个工作岗位出现失误，便以此为依据进行处罚，从而达到制约、激励的作用。

车站应建立的基本规章制度有以下几方面。

（1）目标管理制度。即车站将不同时期的工作总目标进行分解，并落实到不同的工作岗位，对不同工作岗位应达到的工作要求，包括数量和质量方面做出明确规定。不同岗位再将本岗位的工作落实到在岗工作人员，定期对目标落实情况加以考核和评估。

（2）工作程序制度。站务工作是由各个岗位和环节分工协作共同完成的，因此，只有按照一定的程序和要求实施，才能保证站务工作整体上正常运转。对此，通过工作程序制度，对站务工作的操作程序、要求加以规范，使每一个岗位的工作人员在操作业务的过程中都能按标准要求进行作业。

（3）奖罚制度。奖罚制度是实现责、权、利统一，落实所有规章制度的一项制度，是贯彻按劳分配、调动所有站务人员积极性、创造性和激励上进的重要手段，通过明确规定奖励和惩罚的内容及办法，对在德、勤、智、能、绩等方面突出的人员予以奖励，以起到示范和激励的作用；对工作中出现失误、违规的人员，按制度规定予以处罚，以起到鞭策的作用。

（4）财务制度、票证管理制度。

3）强化职工教育与培训，提高职工的政治素质和业务素质

思想政治素质的高低，具体表现在责任感、事业心和敬业精神等方面。车站要不断结合站务工作的性质及站务工作人员的工作特点，做好这一方面的工作，应经常进行职工岗位业务技术培训与教育，不断提高其业务技术素质。

6.1.5 旅客运输系统的构成

根据运输对象的不同，交通运输系统可以分为两个子系统：客运系统和货运系统。就交通运输业的总体而言，现代交通运输业由铁路、水路、公路、航空和管道五种基本运输方式构成。我国的客运系统主要由铁路、水路、公路和航空四种现代运输方式组成。客运交通系统的具体构成如图 6-1 所示。

高速铁路是指列车运行速度在 200km/h 以上的铁路运输，高速公路是指汽车时速在 120km 以上的专用公路。所谓轻轨铁路，实际是地面电车的改良和泛称，在性能上它具有乘坐舒适、功率大、噪声小且能耗低等特点。轻轨列车分单车、连挂和多节三种形式，按线路分又可划分为普通线路和专用线路。与地面交通完全分离的高架铁路，其规模小于普通铁路，而且是轻型、高性能的，故也属于轻轨范畴。磁悬浮铁路是利用电磁原理使火车悬浮于地面钢轨之上，由车上和地面的导线线圈的相互感应作用推动火车前进，时速一般为 500km 左右，它是介

于铁路火车 300km/h 和航空运输 1 000km/h 之间的一个高速、安全、舒适、无公害的最理想的地面交通方式。

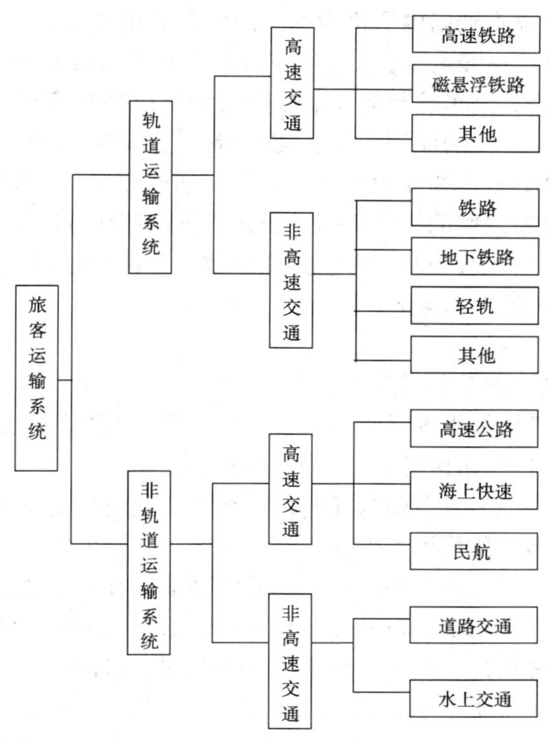

图 6-1　旅客运输系统结构图

各种陆路客运交通方式都有自己的优势和适用范围，但在不同的具体环境下，其长处和短处的相对关系会发生变化。因此，不同地区、不同条件下，不可能有统一的客运交通模式，只能根据具体情况，选择不同的运输方式进行组合，才能组成优化的客运交通网。

6.2　城市公共交通及其运营组织

城市客运交通是一种专为城市地区居民出行活动的需要而提供的营业性客运交通，它是城市客运的主体，它与城间客运交通相结合，便构成了全部的公共客运交通。城市客运交通一般可以分为常规公共交通即公共汽车交通、出租车交通、轻轨交通、地铁交通等几种方式，本节就公共汽车交通、出租车交通分别进行阐述，限于篇幅原因，城市轻轨交通、地铁交通等将在第 8 章中进行阐述。

6.2.1　公共汽车交通及其运营组织

城市客运交通是城市功能的重要组成部分，也是衡量城市经济发展程度、科学技术水平和城市现代化的重要标志。城市客运交通是整个交通运输业的一个分支，具备了交通运输业的全部特征，同时也显示出了更为突出的社会服务性。

一个世纪以来，汽车是人类最主要的交通工具，也被广泛地应用在城市公共交通当中。在公共汽车应用史上，曾先后出现过用蒸汽机和电力作为动力的汽车，但由于种种原因终未能获得大规模的应用。这种状况直到以内燃机为动力的汽车的出现才得到改变。1885 年，德国制造出了世界上第一辆汽车。1899 年，伦敦率先在城市公共交通服务中采用公共汽车。但是直到 20 世纪的 20 年代，在公共汽车的制造成本被降低和城市公共汽车线路设置的机动性被认识以后，公共汽车才得到了广泛的应用，并在二次世界大战以后发展成为市场份额占有量最大的城市公共交通工具。公共汽车的使用对城市公共交通产生了巨大的影响，直接导致了公共马车的消亡和一些有轨电车线路的拆除。但是公共汽车也存在着诸如环境污染、交通拥挤、事故频繁、交通噪声等问题。目前，公共汽车仍是我国城市公共交通的主力军。

1. 城市公共交通线网的基本类型

1）放射形线网

所谓放射形线网是指大部分的线路汇集于城市的中心区，另一端分别延长到城市四周与市郊。在旧式城市中，由于大多数的活动集中在市中心区，加之缺乏统一规划，因此往往形成了从商业中心，闹市区到郊区、市区外围的放射形公交线网。

放射形线网的主要优点是：有可能为任何地区组织方便的公交服务，各区居民能直达地往返于市中心地区；使边远地区的居民不需换车就一次乘车到达市中心。

放射形线网的缺点是：对改建后的城市出现新的商业文化中心的交通带来了多次迂回换车的困难，增加了公共交通车辆上下车的交替频率；要求市中心有足够的道路空间，增加了城市用地紧张，且容易造成客流过于集中于市中心，影响公路通行能力，引起交通阻滞；通行能力极低，因为所有线路大多集中于市中心，这个枢纽点的交通过于复杂，车辆通过枢纽点消耗的时间多，从而降低了通行能力；组织客运联系最不方便，乘客乘车迂回不便。

2）方格形线网

方格形（也称棋盘形）线网比较整齐，它是由若干条相互平行排列的线路，与另外若干条具有相同特点的线路大致相交成直角组成的。如北京、西安、开封的旧城区，洛阳、太原的主干线网，均属此种形式。

方格形线网的主要优点是：乘客不管去任何地方，只需转换一次车，且不需要通过人为的市中心，线路两端（始末站）基本上都在城市的边缘地区，用地容易，征地方便；具有较高的通行能力，因为它的交叉点和枢纽点分布均匀，同时网上两点之间可能有几种方式的联系线路，且负荷均匀，当客流集中时，还可组织平行线路上的复线运输。

要使方格形网发挥更好的作用，最好的办法是把所有线路的运行车辆频率提高，适当降低线网密度值，为几个关键地区的连接提供便利的交通。所以在人口密度低、居民出行少、不需要频繁发车的地区，不宜布置该线网。这种形式只适用地势平坦的中小城市或大城市的个别区域。

方格形线网的缺点是：曲线系数较大，一般在 1.4 左右，限制了主次干道的明确分工，对角线的交通不方便，大部分乘客均需换车；线网密度过大时，容易造成交通拥塞，降低通行能力。

3）放射环形网

当城市客运服务面扩大以后，对最边远地区提供足够的乘车条件越来越困难，为了使各个人流集散点都有公交线路连接，东西和南北方向转换车方便，在放射形的基础上，加一些闭合

的环形线，布设在城市中心区外围或市区边缘比较适宜。成都市就是这种形式的典型。

放射环形网的优点是：市中心区与各区以及市区与郊区之间联系方便，直接、曲线系数 P 的平均值最小，一般在 1.1 左右。

该种线网的缺点是：容易造成市中心运力过重，其交通的机动性较方格形差，如在小范围内采用这种形式，则容易造成许多不规则的街坊。为了克服放射环形线网的缺点，可以通过以下措施来消除：可布设两个甚至两个以上的市中心，也可以有计划地根据运输的需要，将某些放射干道（始末站）分别止于二环线或三环线，这种形式可以减少市中心的负担，一般认为对于大城市或特大城市在组织交通上比较适宜，国外这种形式很多。

4）其他类型线网

除了以上提到的几种城市道路布局方式，还有一些其他类型的线网。

（1）主辅结合型线网。这种形式的线网由两部分组成：一是主干线，即在主要干道上布设的公交线网。一般这种线路的特点是：配车多，容流量大，行车频率高。二是支线或辅助线，即用来运送边缘地段的工厂职工。一般这类线路的特点是：配车少，容流量小，班次间隔时间长，线性也允许适当弯曲，从而保证了辅助线的服务质量。其主要缺点是大部分的乘客需要转换车。

（2）混合型线网。混合型线网是结合城市的地理条件，采用几种类型线网组合而成，混合型线网如能因地制宜，可以很好地组织城市客运交通。北京、上海的干线网就是这种形式，这种形式如果规划的合理，既可以表现出前述各种形式的优点，又可以克服它们的缺点，一般公认是一种比较合适的线网形式。目前大城市和中等城市都乐于采用这种形式。

（3）自由型线网。自由式的优点是能充分地结合自然地形，建设经济，形式生动活泼，但自由式的缺点是曲线系数一般较大，不规则的街坊多，影响建筑布置，所以自由式只适用自然地型条件复杂的地区和小型城市。

以上所述几种类型的线网包含着一些共同的特征，因此实际上不可能将它们相互对立地看待，并按其履行的职能截然分开，而是要根据实际情况灵活掌握。

2. 城市公共交通线网的主要技术指标

1）非直线系数

非直线系数也叫曲线系数，是指乘客由公共交通网的一地到另一地实际的乘车距离与空间直线距离之比，即：

$$\rho = \frac{\text{实际乘车距离}}{\text{空间直接距离}} \tag{6-1}$$

按此定义，我们可以得出这样的结论：

（1）非直线系数值大于 1，个别情况等于 1。

（2）非直线系数首先是一个行车费用经济指标，因为城市运输的行车费用与行程大小成正比例，人公里越多，费用越多。

（3）非直线系数又是一个时间经济指标，因为乘客乘车耗费的时间也随着非直线系数的变化而增减。

（4）非直线系数过大，即实际距离远大于空间直线距离，这样会使局部乘客多，人们乘车耗费时间多，车辆载客不均匀。

(5)非直线系数过小,导致乘客换乘频繁,增加乘车次数,从而直达乘客比重小。

(6)非直线系数的大小还与不同型式线网有密切联系。

(7)非直线系数的大小因不同线路而不同,与路线的主、支线有直接关系,也与车种和车型有所差异。一般来讲,主干线的非直线系数要小些,线性要直接些,以便快速方便地运送乘客;支、辅线的非直线系数可适当大些,线路允许有一定的弯曲与迂回,这样可以照顾边远地区或交通不便地区的居民方便地乘用公共交通车辆。电车线路的非直线系数要小些,这样一方面可以减少线网的费用以及避免交叉点过多带来的交通阻滞,绞接车型线路要直接一些,单车的线路曲线系数可适当大些。

2)公共交通网密度及其优化值

由公共交通路线网的街道长度与城市用地面积之比称为公共交通网密度,即

$$\delta = \frac{L_{网}}{F} \qquad (\mathrm{km/km^2}) \tag{6-2}$$

式中:δ——交通网密度;

F——城市用地面积;

$L_{网}$——公共交通网长度。

公共交通网密度是用以评价乘客乘车方便程度的指标,但对于一个既定人口的城市或地区来说,乘客周转量基本上是一定的,而完成既定客运任务所需要的车辆数也基本上是一定的(据不完全统计资料,我国目前每一辆公共交通车辆服务的城市居民数,特大城市约为1 500 ~2 500 人,大城市为3 000 ~4 000 人,中小城市为4 500 ~1 000 人),若公共交通路线越多,则在车辆数既定的情况下,每条路线所服务的城市用地面积就越多。在这种情况下居民出门步行到站以及从车站步行到目的地的时间就越短,但路线越多,行车间隔就越长,居民候车时间也随之越长;反之如果路线少,每公里分摊的车辆数就越多,行车间隔也就越短,居民候车时间将减少,但居民步行的时间就要增加。

对于每位乘客来说,它们都是公共交通的使用者,他们也会产生这样的矛盾,当他们去站或点离开站点时,总希望步行时间短些,但是一旦到达站点,又总希望候车时间短些。因此他们始终关心的是非乘车的时间最短,此时就必然有一个线网密度值来满足它,这个线网密度值就是最佳的线网密度。

因此,非乘车时间最短是我们计算最佳线网密度的基本出发点。即:

$$2T_{步} + T_{候} \rightarrow \mathrm{MIN}$$

因为:

$$2T_{步} = 2[T_{向线} + T_{向站}] = 2\frac{\left(\frac{1}{3\sigma} + \frac{d}{4}\right)\times 60}{V_{步}}$$

又因为:

$$T_{候} = T_{间}/2 = \frac{1}{2} \times \frac{2 \times L_{线}}{W_{行} \times V_{营}} = \frac{L_{线}}{W_{行} \times V_{营}}$$

又因为线路重复系数

$$\mu = \frac{T_{线}}{L_{网}}; L_{网} = \sigma \times F$$

所以:

$$2T_{步} + T_{候} = 2\frac{\left(\frac{1}{3\sigma} + \frac{d}{4}\right)\times 60}{V_{步}} + \frac{F \times \sigma \times \mu}{w_{行} \times V_{营}} \rightarrow \mathrm{MIN} \tag{6-3}$$

对公式(6-3)中的σ求导数,并令导数等于零,不难求出,这个最佳的公共交通线网密度值为:

$$\delta = \sqrt{\frac{2W_{行} \cdot V_{营}}{3F \cdot \mu \cdot V_{步}}} \tag{6-4}$$

式中:$W_{行}$——行驶车辆数;

$V_{营}$,$V_{步}$——车辆营运速度、步行速度;

μ——路线重复系数。

注意:上述公式是在向站距离是1/4线间距的条件下得出的。

公共交通线网密度与出行时间的关系如图6-2所示。

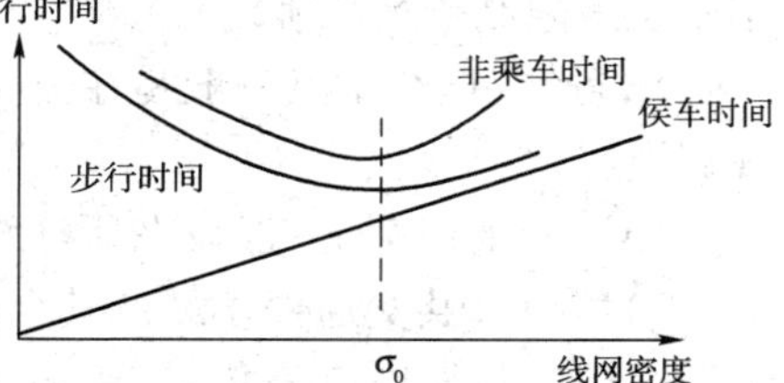

图6-2　出行时间与线网密度关系图

基于上述,我们可以得出以下结论:

(1)由于δ值在最佳值左右的时间增量不大,所以最佳公共交通线网密度值为一个区间值,约为3~3.5km/km²。

(2)通常把市区与郊区分开计算,否则有时会不能真正反映交通的方便程度。

(3)大城市或城市中心区,居民密度高,客流量大,不仅路线应多重复,而且δ值也应适当提高。反之,小城市或城市边缘地区,宜用低限密度值。经验证明,大城市密度在3.0~3.5左右已能很好地为城市居民服务。

(4)公共交通网密度还必须与城市道路网相适应。

3)居民出行流动的时间消耗

居民出行流动时间是指出行活动时,从出发地到目的地所花费的时间,出行时间分步行时间和乘用公共交通车辆时间,两者之和为交通时间。

乘客出行总希望消耗的时间少些,交通时间包括乘车前和乘车后的步行时间,还包括候车时间与乘车时间,交通时间由式(6-5)所列几部分组成:

$$T_{交} = 2T_{步} + T_{候} + T_{乘行} \tag{6-5}$$

即:

$$T_{交} = 2 \cdot \frac{\left(\frac{1}{3\delta} + \frac{d}{4}\right)}{V_{步}} \cdot 60 + \frac{t_{间}}{2} + \frac{60L_{乘行}}{V_{营运}}$$

$$= 60 \cdot \left(2 \cdot \frac{\frac{1}{3\delta} + \frac{d}{4}}{V_{步}} + \frac{L_{线}}{W_{行} \cdot V_{营运}} + \frac{L_{乘行}}{V_{营运}}\right) \quad (\text{min})$$

通过以上分析,我们可以清楚地看出影响城市居民出行时间消耗的因素不只是乘距,而且还与公共交通网密度、停车站的站距、路线车辆的行车间隔以及街道交通等影响营运速度的各种因素有关。分析居民出行时间消耗,更能说明居民出行的方便程度,因为城市居民关心的不是工作或文化娱乐地点离家的远近,即空间距离,更关心出行时间和大小,即时间距离。如果有了方便的公共交通,他们同样出行频繁,感到方便,也体现了居民"就近",即减少时间距离活动的规律。

3. 城市公共交通站点布设

1)公交停车站的种类

在各条公共交通营运线路上,专门为乘客上下车设置的停车地点,称为公共交通站点。城市公共交通停车站主要包括公共汽车起终点、中途站点、换乘枢纽站和保养修理厂四种。

(1)公共汽车的起终点站选址是公交线网规划的重要约束条件,可以在公交路线优化后,根据路线以及车辆配置情况确定位置及其规模。

(2)公交中途站点的规划可以在公交起、终点位置和路线走向确定以后,根据最优站距和车站长度限制等情况确定。

(3)换乘枢纽站点一般是在公交路线作为对外交通或大运量交通系统的集散系统时考虑规划设置。

(4)车辆保养场一般设在所辖线网的中心处。

2)城市公共交通停车站及其合理布设的意义

合理地布设城市公共交通停车站具有以下重要的意义。

(1)公共交通停车站布设的优劣会影响乘客的步行时间。

(2)公共交通停车站布置的合理与否直接影响公共交通车辆的营运速度。

(3)公共交通停车站布置的好坏还会影响道路通行能力。

(4)特别在交叉口处设站,对交通安全有很大的关系。

3)停车站布设的原则及技术要求

每条运营线路上设置站点的数目,站点间相互距离,站点在线路布设的位置及站点上的服务设施等,对于公共交通服务质量、乘客步行时间、线路行车速度和通行能力等,都会有直接的影响,甚至还会涉及城市交通安全。由此可见公共交通停车站的设置在线网规划中占有非常重要的地位。一般来说设置公共交通停车站的原则主要有以下方面。

(1)确定站址时,先要分清哪些地方设固定站,哪些地方设临时站及招呼站。固定站应设在一天中往返乘客较多,乘客经常交替的地方,如火车站、商业中心、文化娱乐场所,机关、企业等附近。临时站应设在一天中某些时刻或一年中某季节客流交替较多的地方,如集市、庙会、体育场馆等。招呼站应设在长距站点之间或沿线乘客较少的地方。

(2)要便于乘客乘车、换车,因而停车站应设在乘客较集中的地点和十字路口附近。如果在同一地点有不同路线或不同形式的车辆设站时,应尽量设在相邻处,以便乘客转车方便。

(3)设站应尽量设在十字路口附近。因为布置站点时,有两种情形:一种就是在十字路口附近设站,一种是在道路上设站,对附近的居民来说,两者差距不大,但对转换横向路线的乘客,站点设在十字路口附近就特别有利。同时一般应尽量设在十字路口前,以减少红绿灯的影响。从而提高营运速度,减少速度损失,为了不影响视距三角形,最好后退四个车位为宜。

(4)在路段上设站时,上下地对称的站点宜在道路平面上错开,免得把车行道宽度缩得太窄,造成交通瓶颈,影响道路畅通,如果路旁绿化较宽,则可采用港湾式停靠站。

(5)要便于启动和加速,因而设站时应尽量避免设在上坡处。

(6)在道路上有几条路线重复经过时,它们的站点必然会发生联系,为了乘客换乘方便,必须联合设站。但需特别注意站点的通行能力要与各条路线的发车频率总和相适应。否则将会产生交通堵塞,导致运送速度降低,车辆运输效率下降,站上秩序混乱,前后两车载客也会出

现极不均匀等现象。针对这一情况,我们在联合设站时,对于路线较长的,除将几个乘客换车较多的站合在一起外,对其余换车较少的车站,可以将站址拉开,前后交错、间隔布置。对于路线重复段的交叉路线,其站址宜靠近或合并(只要站点通行能力允许),以便乘客转车方便;对于无轨电车重复较多的站点,可在站上架设架空避站线,使后面不需要靠站的车辆可以超越。

(7)多种线路联合设站,如果两条公共汽车路线和一条无轨电车路线在一处设站,行车频率较大的应设在前面,较小地应设在后边;如果行车频率差不多,则无轨电车应放在前面设站,因为它的起动与加速对后边的车辆影响较小。

(8)如果在交叉口或广场有相交的路线,停靠站布置要使乘客转车的时间减到最小,要充分考虑具体的直行与左转弯客流的比重。这时就必须通盘考虑,灵活布置。

(9)始末站是公共交通车辆调头回车之地,要有可供回车的空间;如果城市用地紧张,可以组织绕街坊的单向行驶。也可以利用环岛回车,但容易造成通行能力骤降,交叉口的交通流复杂化。同时始末站还是行车调度人员组织车辆运行,驾驶员和售票员休息和车队人员学习的地方,应该有学习和工作、休息的场所。在相互搭接的两条路线的始末站上,客运高峰时乘客候车特别多,应为乘客排队留有余地。据一般的经验,一个完善的始末站规划用地约要0.25 ~0.3公顷。实际上在城市中找到这样一块地方很困难,可将上述各项功能所要求的用地分散在路线上的几个地方。

总之在设置停车站点的时候,要以一般原则为依据,又要兼顾具体条件,综合考虑、科学分析,使停车站点的布局尽量科学、合理。

4. 平均站距的确定

对于乘客来说,停车站的最好间距是使出行耗费的时间最少。但是乘客上车前、上车后对于尽量减少出行时间的愿望反映在站距大小上是相互矛盾的。乘客上车后,总希望车辆快点到达下车目的地,最好中途一站不停;而对于未上车的乘客,他们总希望出门就有站,下车就是目的地,站距越小越方便。因而各人对站距的要求不同,即使对于同一位乘客来说,在不同的时刻也有不同的要求。因此我们总是试图找出乘客到达车站的步行时间和乘客在停车站停留所费时间之和的最小值,以解决这一矛盾。

停车站距与站点多少有很大的技术经济意义。站点间距大,运送速度高,通行能力大,远距离乘客会节省时间,但短距离乘客的步行与候车时间就要延长了。而出行时间之和最小,是我们选择最佳平均站距的基本思想。

要求得最佳平均站距,必须使 $2T_{步}+t_{乘行}$ 趋于最小。

因为:
$$2T_{步}=2[T_{向线}+T_{向站}]=2\frac{\left(\frac{1}{3\sigma}+\frac{d}{4}\right)\times 60\times N}{V_{步}}$$

又因为:
$$T_{乘}=\frac{l_{乘距}}{V_{营}}+\left(\frac{l_{乘距}}{d}-1\right)t_{上下}$$

对 $2t_{步}+t_{乘行}$ 中的 d 求导数,并令导数等于零。

不难推出,最佳平均站距为:

$$d_{最佳}=\sqrt{\frac{V_{步}\cdot l_{乘距}\cdot t_{上下}}{30}\cdot\frac{M}{N}} \tag{6-6}$$

这是假定向站时间为停车间距的四分之一的最佳平均站距。

式中：M——车上乘客人数；

N——在站候车人数。

当 $M=N$ 时：

$$d_{最佳}=\sqrt{\frac{V_{步}\cdot l_{乘距}\cdot t_{上下}}{30}} \tag{6-7}$$

由上述可知，最好的停车站距是乘客平均乘距的函数，并且与交通工具的性质有关，车辆起动和制动性能越好，$t_{上下}$ 可以缩短，则站距可以短一些，电车就具备这个条件。

实际中不应单从时间这一点出发，还需要关心人的精力消耗，乘客总是宁愿在车上多坐一会儿不愿多走路，所以在规划时应加入一个系数，使站距适当缩短，则：

$$d=\sqrt{\frac{V_{步}\cdot l_{乘距}\cdot t_{上下}}{30\gamma}} \tag{6-8}$$

式中：γ——调整系数，$\gamma>1$。

实际中在城市道路上设置站点时，因受道路系统，交叉口间距的影响，应视具体情况灵活布置，因此在每一条线路上，站距是不等的。在市中心地区，客流密集，上下客频繁，站距宜小些；城市边缘地区，站距可大些，郊区可以更大些，对于特大城市或大城市，由于居民流动范围大，路线上乘客的平均乘距和最大出行距离长，为了节省他们的出行时间，宜适当增加站距。

总而言之，要充分考虑以下几个要素，灵活掌握。

(1)能使车辆的营运速度尽量提高；

(2)客流的主要集散点应考虑设置停车站点；

(3)城市道路的实际条件；

(4)要考虑有关的城市交通法规。

5. 城市公共交通行车作业计划编制

编制公共汽车行车作业计划，必须在路线客流调查的基础上，根据有关的基础数据，分别按不同的车辆调度形式进行，主要包括：确定车辆运行定额，计算车辆运行参数及编制行车作业计划图表等内容。

1)车辆运行定额的确定

车辆运行定额主要包括：单程时间、周转时间、计划车容量等。

(1)单程时间，是指车辆完成一个单程的运输工作所耗费的时间，包括单程行驶时间和中间站停站时间。

(2)周转时间，其值等于单程时间与平均始末站停站时间之和的2倍。

(3)计划车容量，是指行车作业计划限定的车辆载容量，又称计划载客量定额。

2)计算线路车辆运行参数

线路车辆运行参数主要包括：路线车辆数，行车间隔，周转系数以及车班数等。

(1)线路车辆数的计算。线路车辆数，即组织公共汽车线路营运所需车辆数。但由于沿线客流具有按营业时间分布的不均匀性，路线车辆数包括组织线路营运所需车辆总数与营业时间内各段时间所需车辆数。

实际工作中确定线路总车辆数，一般以高峰小时客流所需车辆数为准；确定营业时间内各

小时段所需车辆数，则应根据该段时间内最高路段客流量及计划车容量确定。其一般为：

营运线路上车辆总数 = 正班车数 + 加班车数

确定路线车辆数时，除考虑客流量大小，车辆调度形式外，还要充分考虑服务质量要求，最低线路车辆数的确定值为：

$$A_{min} = T/I_{max} = 120 \times L/v \times I_{max} \tag{6-9}$$

式中：A_{min}——最低路线车辆数；

L——线路长度；

I_{max}——最大允许行车间隔；

v——营运速度。

(2)行车间隔的确定。行车间隔(车距)，指正点行车时前后两辆车到达同一停车站的时间间隔。其计算公式如下：

行车间隔 = 周转时间/按一定周转时间运行的车辆数　　(6-10)

由于在全部营业时间内，不同时间段投入的车辆数以及周转时间可能会有不同，因此行车时间间隔应分别予以确定。对小数的时间间隔，应取整数或半数处理，使之确定为适当的行车间隔。

(3)行车频率的确定。行车频率是指在单位时间内，通过路线某一断面或停车站车辆数。其计算公式为：

行车频率 = 单位时间的通过量/载客量定额　　(6-11)

其中应注意：行车频率最大值不能超过线路的最大通行能力，最小值也应保证服务质量，满足乘客乘车的需要；高峰小时的行车频率应与配车的最大周转能力相适应；适当考虑时间分组上的行车频率在满载程度允许的范围内，与行车人员的休息时间取得平衡；在同一时间断面具有两种以上的行车频率时，其频率最好形成整数的倍数，以便于均衡行车时间间隔。

(4)车班数的确定。车班数包括车班总数及按不同车班工作制度运行的车班数。其计算公式为：

车班总数 =(路线工作总时间 + 全部车辆收发调空时间之和)/车班工时定额　(6-12)

其中：车辆的路线工作总时间为全部车辆在路线上的工作时间之和，其计算方法可分别按周转时间或营业时间段来计算。

确定车班总数以后，即可通过计算车班系数选定车班工作制度，从而确定按各车班工作制度运行的车班数。

3)行车作业计划的编排

编制公共汽车行车作业计划，是合理组织车辆运行，提高服务质量的重要手段，行车作业计划编制的合理与否，直接关系到公交线路运行的经济效益和社会效益。

编制行车作业计划应主要按以下步骤进行：在客流调查与预测的基础上，确定车辆运行定额与车辆调度形式，在此基础上计算和汇总车辆运行参数，最后按上述资料编制行车时刻表。编制行车作业计划的结果是绘制行车时刻表。行车时刻表一般包括车辆行车时刻表及车站行车时刻表两种。

车辆行车时刻表是按行车班次制定的车辆沿路线运行时刻表，包括该班次车辆出场时间，每周转时间内到达沿线各站的准确时间，在一个班次需完成的周转次数以及回场时间等。

车站行车时刻表是指路线始末站及重点中间站行车时刻表。表中规定了在该线路行驶的各班次公共汽车每周转周期中到达和开出该站的时间、换班及休息时间间隔等。

编制公共汽车运行作业计划的主要方法和内容有：

(1)起排和确定行车班次。起排的方法主要有两种：一种是从头班车的时间排起，自上而下，从左向右顺序地填写每一车次的发车时间以及到站的最终时刻表；第二种方法是从早高峰配足车辆的一栏起，然后向前套算到头班车，该方法能够较好的安排好车次，使在已有条件下的车辆能够最大限度满足客流需求，提高经济效益和社会效益。

(2)行车间隔的排列。行车间隔必须按车辆周转时间除以行驶车辆数的计算方法决定，不得随意改动，避免发生车辆周转不及和行车间隔不够均匀的状况。

(3)加车与减车的排列。线路上运行的车辆是按时间分组随着客流量的变化而变化的。但车辆无论加入或抽出，均要考虑到前后行车时间间隔的均衡，要作到既不损失时间，又不产生车辆周转时间不均的矛盾，并使车辆均匀的加入或抽出，最终达到行车间距、配车数量虽有变化，但行车仍保持其均匀性的目的。

(4)全程车与区间车的排列。由于在公共运行线路存在着客流不均的情况，为了更好地满足客流集中路段的运输需求，就有着全程车与区间车的同时存在。由于二者周转时间不同且混合行驶，因此在编制行车计划时，不仅要注意断面上行车间隔均衡，而且要注意二者的有机结合，充分发挥各自的作用。

(5)行车人员用餐时间的排列。行车人员的用餐时间也是必须考虑的因素。为了保证出车的连续性，一般采取三种方法：一是增加劳动力代班用餐，二是增车增人填补人员用餐的空挡，三是不增车不增人，而是通过拉大行车间隔时间来弥补空挡。其中第三种方法不会额外的增加公交运行成本，但在实行时要注意避开客流高峰时间。

6. 城市公共交通线站现场调度

城市公共交通线站现场调度，是根据车辆运行作业计划的要求，结合现场客流的实际情况，在行车现场直接对车辆和行车人员发布行车指令的一项工作。公共汽车现场调度是公共交通企业营运管理的重要内容，它是保证行车作业计划切实执行的主要环节，是提高公共交通服务质量的一种重要手段，其基本任务为：确保正常的行车间距；及时恢复行车次序；灵活调整车辆行驶线路；及时地增减车辆与运能。

公共交通线站现场调度的基本方法主要有调频法、调能法、调向法、调线法、调站法、调程法等。

1)调频法

调频法是调整行车频率。它是在不增减运力的情况下，按实际客流情况，及时调整行车间距，增加或减少分组时间内的行车频率，一般采取以下措施。

(1)提前发车，即压缩停站时间。在车辆误点到站时，如其误点时间不超过规定的停站调节时间，则可减少其停站时间，提前发车，以保证车辆按照预定的频率准点发车。

(2)拉长行车间隔。当误点车晚点时间超过停站时间不多时，除了将误点车提前发车以外，还可以在前车还未发出时，延后前几个车次的发车时刻，以便使行车间隔均匀分布。

(3)区间掉头。当车辆误点时间较长，并产生若干车辆同时到站而采取上述几种方法均难以恢复正常行车频率时，可采取区间掉头的调度措施，也就是误点车辆减少原计划行驶路

线,在行车途中某个点调头以赶上预定的行车时刻。

(4)填补车次。当线路上行驶的车辆因各种意外状况而不能正常运行时,为了不影响正常的班次运行,应利用某些备用车辆来填补所缺车次。

(5)调整车序。在线路上运行的车辆,除必须保持正常的行车间隔以外,还要按规定的次序行驶,否则就会影响行车人员交接班,打乱行车作业计划的实施,因此在线站调度时,必须及时给予调整与恢复。

2)调能法

调能法是调整线路的运输能力。它主要是用增加或减少运行车辆数的方法,使运能适应运量变化的需要。一般可以通过以下措施实现。

(1)调整车次。这是一种根据线路上不同时段客流量的大小来调整发车频率的方法,通过提前发车或拉长车距相结合来调整行车频率。

(2)调整车数。这是在调整车次不能解决客流集散的情况下的一种调度方法,即在原计划行驶车辆中,抽停或增加一部分车辆的调度方法。

3)调线法

调线法是改变原来的行驶路线。它是在班车运行过程中,因为各种意外而导致原有运行线路不能保证班车正常通行时,为满足乘客出行需要、保证车辆平稳运行而采取的一种调度方法,通常有以下做法。

(1)绕道行驶,即临时变更行车路线,绕过受损路段而保证车辆正常运行。

(2)分段行驶,即把一条线路的行车组织,以阻塞点为界分成两段行车路线的行车组织方法,这时还必须对新分成的两段路线分别制订行车作业计划以及行驶车辆数。

(3)缩短行程。当受阻地段为始末站时,应截去两端路段,缩短行车线路,并制订新的行车作业计划以及行驶车辆数。

4)调站法

调站法是调整车辆的停靠站数。利用增加或减少停站的方法,解决沿途客流不均以达到载客均匀。当有两种情况出现时可采用调站法调度,一是当线路两端的客流较多而中间客流较少的时候,可采用直达快车的方法,以缓解两端顾客乘车的需要;二是当客流在线路上某几个站点较大时,应采用大站停车的调度方法,以提高运行速度以及实现载客均衡。

5)调程法

调程法是调整车辆行驶里程。利用缩短或增加行驶里程的方法,弥补高段面的运能不足。在下列情况出现时,可采用调程法。

(1)当线路上出现斜型客流动态时,可采用一端区间车的调度方法。

(2)当线路上的客流动态比较均匀,但始末站大多数乘客需要继续运行时,可采用全程车增减行驶里程的方法调度。

(3)当线路上出现“凸”型客流动态时,为了解决高断面运能不足的矛盾,可采用区间车的调度方法。

(4)当线路上出现“凹”型客流动态时,可采用两端区间车的调度措施。

6)调向法

调向法是调整车辆的运行方向。它是当车场或营运车辆行驶途中,因临时发生特殊情况,

使车辆不能按计划到达指定地点,或因客流发生较大变化,呈现高单向特征时,使双向或单向的运能与运量保持相对平衡的一种调度方法,可采用改变车辆进出场方向、改变车辆发车方式或中途折返回原发车站等。发车方式有终点站发车、中途站发车、跨线发车。

上述几种方法是线站现场调度的基本方法,但传统的技术方法常常由于消息流通不够顺畅而影响调度效果。随着电子信息技术的发展,科学管理方法的日趋成熟,目前城市公交车辆调度最新技术——公共交通车辆自动监控系统,在国际上被称为AVM(Automatic Vehicle Monitoring System),它是能够在运行车辆和调度室之间建立起高效率的信息通道、有效地沟通两者的现代通信调度手段。AVM主要由中央处理数据、车辆检测和通信设备组成。其主要功能包括:采集车辆运行中的实时信息;在车辆与首末站或中心调度室之间传递信息;对采集来的信息加工之后及时发出调度指令,为改进公交运行计划、提高有效输送能力等提供信息支持。

6.2.2 出租车交通及其运营组织

出租车运行方式是以小轿车为主要载运工具,按用户需要用车、等待、起讫、运行,是按时间或里程计费的一种专为单个或小批量乘客服务的小型化、提供门到门服务的公共客运方式。由于其灵活、快速、舒适的特点,可以将乘客运送到线路网所能延及到的任何地方,因此出租车是常规公共交通运行方式的一种重要补充。

1. 出租车运行的主要特点

(1)流动性。出租汽车的运行线路、起讫地点以及运距均由乘客确定,其运行线路完全按照乘客的运输需求而设定,没有固定的线路,具有很大的流动性。

(2)持续性。由于出租车是完全按照顾客的运输需求来决定自己的运行时间的,因此比常规公共交通在营业时间上表现为很大的持续性。

(3)独立性。出租汽车的驾驶、核收票款和提供有关服务均由一人完成,加之流动性大的特点,形成“独立服务,独自运行”。

(4)分散性。由于出租汽车的服务对象是单个乘客,而单个乘客的运输需求就各不相同,最终也导致了出租汽车经营在时间和空间上的分散性。

2. 出租汽车运行组织

出租汽车客运是在无固定行驶线路和固定服务对象的条件下进行生产的,其运行成本比其他常规公共交通都要高,要吸引更多的乘客,就必须注重提供更为舒适的服务。因此保证向乘客及时供车就显得非常重要,这就要求在组织出租汽车运行时应注意以下问题。

(1)在全市范围内合理设置出租车站点,方便乘客上下车。

(2)各个营运车辆设联络工具以便于同总调度部保持联系,使路况信息、客流信息能够顺畅地传递。

(3)出租车除了满足乘客对服务质量的要求以外,还要注意为顾客节约乘车成本。这就要求驾驶员既熟知市内主要线路状况,同时还要求出租车运营管理部门制订市内主要线路图,以便驾驶员选择最短的线路到达目的地。

(4)由于出租车是为个人提供服务,其运能在各种公共交通运行方式是最小的,但却要占用更多的城市道路资源,因此在运营时总调度室应注意及时将路况信息通告各个车辆,最大限

度地缓解交通拥堵。

3．出租车交通存在问题

出租汽车作为城市公共交通系统的重要补充，在现代化城市建设中发挥着重要的作用。但是鉴于出租汽车流动运行的特性以及完成单位运量所占用的道路资源大、能耗高、废气污染严重等缺点，出租汽车应根据城市经济发展水平和社会实际需要有控制的发展。加强出租汽车行业管理和出租汽车企业的经营管理，提高出租汽车运输服务质量，除了必须保证向乘客提供服务外，还应满足乘客以最少的运费支出和时间消耗迅速地达到目的地的要求。这一方面要求驾驶员熟悉地形，另一方面出租公司预先编制出出租汽车服务区域内各主要站点间的最短路径网络图也就显得十分必要。

虽然出租汽车能够给旅客提供门到门的服务，较其他交通运输工具更加舒适，但出租车交通也存在着以下问题。

(1)占用道路面积大。以平均装载一个人所占的道路面积来看，出租汽车要比公共交通运输系统大得多。每个出行者占用的道路面积，小型出租汽车是公共汽车的 15 倍。而我国城市人口密度大，土地资源相对短缺，所以小型出租汽车在我国只能作为城市客运的辅助公共交通形式。

(2)旅客通行能力小。对于每个车道每小时的客运量来说，小客车要比公共汽车小得多，因为道路条件和交叉路口红绿灯的关系，每个车道每小时的小客车通行量一般在 1 000 辆左右，如按每辆小客车平均运载 2 人计算，则一个车道单方向的客运量，小客车每小时客运量为 2 000 人左右，公共汽车为每小时客运量为 25 000 人，最大为 40 000 ~ 50 000 人，为小客车的 20 ~ 25 倍。

(3)噪声污染大。出租汽车的噪声污染比电力驱动的公共交通运输系统的车辆大得多。

(4)大气污染严重。小客车的尾气造成的大气污染相当严重，而公共汽车由于运能大，所以完成同样数量的客流量所需的车辆数也就少，加之公共汽车大多采用柴油发动机甚至电力驱动，其对环境的污染要小得多。

(5)交通事故发生率高。出租车主为了争夺客源，往往存在超速行驶、违规驾驶的情况，其交通事故发生率也要高得多。

4．出租车行业管理

伴随着出租车行业的蓬勃发展，出租车行业管理出现了一系列新的问题。

(1)道路堵塞问题严重。由于相关主管部门为了本部门的利益，放松了对出租车市场的管制而任由其发展，最终导致了大量运能较低的出租车涌入城市，使得本就相对不足的路网资源更加紧张。目前道路堵塞已经严重影响了出租车的运行效率，如何在现有条件下研制出能避开交通堵塞路段的交通信息指示系统已成为出租汽车行业的迫切问题。

(2)站点规划问题。我国出租车行业以定点营业为主，由于对全市出租汽车站点缺乏全面规划，规章制度不健全，不仅使居民“叫车难”进一步加剧，而且也影响到了出租汽车的运营效率。

(3)行政管理问题。我国出租汽车行业的行政管理的相关法制、法规仍不是很健全，对出租车市场的监控不是很有效。

(4)出租汽车行业的市场地区结构问题。随着城市规模的不断扩大，一批特大城市陆续

诞生,由此引发的一种新潮流是城市向周边扩充。出租车行业没有很好的适应这一趋势,经常出现市中心运力饱和,而周边地区需求得不到满足的现象。在进行出租汽车站点布局时,应切实注意到这一点。

(5)与公共交通运输的配合问题。出租汽车从事的是个别订货型生产,价高而质优;而公共交通运输系统从事的是预测批量型生产,价低而质量一般。研究创立一种介于两者之间的交通形式,充分发挥两者各自的特点及作用,对发展现代化城市交通具有举足轻重的作用。

由于出租汽车运能较小且经常有空车行驶,因此一辆在城市道路上行使的出租车必然占据大量的路网资源。如何既能满足社会需求又不过分增加道路拥挤和浪费资源,是实施出租车市场管理的一个重要课题。目前可供考虑的方法是用户合用出租汽车,即出租汽车应召服务方式。

采用应召服务方式时,现代化的通信手段和灵活的调度方法是十分重要的。目前不少国家已将一般的出租汽车车用电话与市内电话网结合统一编码,大大改善了通信效果,方便了车辆调度。出租汽车应召服务在许多国家中已得到了广泛的应用,目前这种方法是解决出租车种种弊端的最有效的途径。

6.3 城间公路客运工作组织

6.3.1 城间公路旅客运输概述

城间公路运输有广义和狭义之分。从广义上来说,公路运输是指利用一定的载运工具(汽车、拖拉机、人力车等)沿公路实现旅客空间位移的过程;狭义地说,公路运输就是指汽车运输。

目前在发达国家汽车已基本取代了拖拉机、畜力车和人力车等低效率运输工具。在我国虽然拖拉机、畜力车和人力车仍在不同程度地使用着,但无论从完成的运输量,还是从对社会经济的影响方面,汽车已经成为主要的运载工具。所以现代公路运输主要指汽车运输。

汽车运输具有较高的机动性,运输的平顺性和较小的运载能力,这使它具有更高的交通可达性、运输时间短等特点。

改革开放以来,我国公路运输事业发展迅速。从完成的运量和周转量来看,公路客运已经成为主要的旅客运输方式。随着人们对出行质量要求的不断提高,人们越来越青睐方便、快捷、灵活的公路运输,公路旅客运输已在国民经济以及社会发展中发挥着越来越重要的作用。

1. 现实状况

我国公路运输服务方式和经营活动呈现出多元化发展的趋势,主要表现在以下各方面。

(1)运输经营主体多元化。20 世纪 80 年代初,交通部先后提出了“有路大家走,有客有货大家运,各部门、各地区、各行业一起干,国家、集体、个体和各种运输工具一起上”的政策措施,以缓解公路旅客运输供给能力严重不足的矛盾,针对计划经济体制的弊端,解放和发展了生产力。经过几十年的发展,公路运输业形成了多元化的经营主体。目前在公路旅客运输行业中,国有大中型运输企业在国省道干线运输中占据主导地位,但从总体上公路旅客运输经营主体呈现出多元化发展的态势。

(2)经营方式单车化。“单车”是指从事公路旅客运输业务的单台车辆,它是公路运输系统最基本的构成单位。20世纪80年代以来,为了适应市场多变的环境,各运输企业纷纷采取了单车承包的经营方式,即每一承包人对所承包的单车负全面的经济责任,并赋予承包人相应的经营管理权限,这种模式目前在我国依然占主导地位。实践证明在市场经济条件下,这种经营方式是与较低水平的运输生产力相适应的。

随着市场经济的发展,公路运输业的竞争日益激烈,为了最大限度地占有运输市场,运输经营者不断扩展其经营领域和服务方式。市场这只无形的手督促着经营者不断提高服务质量,而最终受惠的是消费者。目前旅客运输企业都从尽可能为旅客出行提供全程便利着想,在售票网点设置(电话订票、送票上门、优惠票等)、站点安排、车辆设施配置、途中服务等方面都采取了行之有效的服务措施。在公路客车配置方面,有大、中、小型客车;有普通车、空调车、豪华空调车;有直达班车、定点停靠班车;有快速客运班车、普通客运班车。服务方式多种多样,大大地促进了公路旅客运输业的发展。这也是市场经济发展对公路旅客运输业带来的最大而且是最根本的变化。

2. 存在问题

公路运输之所以能够在铁路、航空等运输方式的夹击下取得长足的进步,主要得益于公路运输具有其他运输方式无可比拟的经济技术特点,但公路运输同样存在着以下缺点。

(1)尽管近些年来我国公路基础设施建设发展迅猛,但公路交通的基础设施总体状况较差。特别是路网密度只相当于巴西的1/2,印度的1/5,美国的1/6,日本的1/30。路网设施不足自然会影响公路交通的发展;此外公路路网结构还不尽合理,干线公路与农村公路、发达地区与落后地区等存在着不同程度的差距,公路交通基础设施建设还不能完全满足经济及社会发展的需要。

(2)运输车辆的车型结构不尽合理,技术性能还比较差。由于我国运输管理市场还不够规范,许多客运经营企业为了降低成本,使用超期车状况还相对较为严重。一方面给旅客乘车的舒适性和安全性带来了影响,另一方面也使我国客运市场的总体竞争能力不高。我国加入WTO以后,外国运输企业很有可能加入到这一市场的争夺中,面对实力强大的外国竞争者,加快汽车车型的更新换代,全面提高企业竞争力,已成为摆在我国公路客运企业管理者面前的首要问题。

(3)运输经营组织与管理的手段还比较落后,经营主体结构不合理,建立高效、有序的运输市场缺乏基础。当前管理技术日新月异,而我国公路运输企业的发展依然是粗放式经营。这就要求在公路运输行业建立现代产权制度,实现运输企业产权清晰、管理科学、权责明确、政企分开。政府要注意规范市场,坚决取缔不合法的经营行为,以最终建立高效、有序的运输市场,实现我国公路运输的可持续发展。

3. 发展趋势

从公路旅客运输的实际出发,未来公路旅客运输发展的趋势将呈现出如下特点。

(1)公路客运需求将会持续稳定增长。按照国外公路客运发展的经验,当人均GDP在1 000~4 000美元时,是人均乘坐汽车出行增长最快的时期,也是整个公共客运系统稳定发展的关键时期。所以在未来的5~10年内,随着我国经济水平的不断发展,人们收入水平的不断提高、旅游业的发展以及“假日经济”的兴起等,公路客运需求总量仍将处于稳定增长的发展时期,在人均国内生产总值达到中等发达国家水平后,客运需求将会逐渐转入成熟稳定发展时期。

（2）安全、快捷将成为未来公路客运经营的主旋律。随着经济社会的快速发展，人们收入水平的不断提高，一方面对生活质量的要求越来越高，在出行方面必然更加注重安全性、舒适性；另一方面，人们收入水平的提高意味着人们利用时间的机会成本在增高，时间价值观念势必得到增强，快速、便捷的运输方式和服务形式将成为人们出行选择的主要因素。因此安全快捷的运输服务将成为满足未来公路旅客运输需求的关键。

（3）快速客运、旅游客运在公路客运中的比例将进一步上升。21 世纪的交通运输，速度更快，效率更高。随着人民生活水平的提高和消费观念的改变，客运需求结构将发生变化，在生产性需求增加的同时，消费性旅行需求将会不断增加。旅客对运输需求已不再仅仅是数量上的满足，对改善旅行条件、缩短旅途时间、提高服务水平等质量方面的需求也与日俱增。这一改变将首先在城间客运服务体系中得到体现，以高速化、快速化为重点，安全、舒适、便捷以及优质服务客运方式的比重将会进一步上升。同时随着人们实际收入水平的普遍提高，旅游客运需求不仅会大幅增长，而且会以快于一般性客运需求和生产性客运需求的速度增长。在客运需求进入成熟稳定时期后，客运需求增长的潜力将主要集中在旅游客运上。因此在旅游资源开发的同时，必须大力发展旅游客运，以满足日益增长的旅游客运需求。

（4）公用型客运仍将占据公路客运的主导地位。由于我国人口众多，土地、能源等资源人均占有水平低，发达国家基本形成的自用型运输为主体的公路客运体系在我国将会受到国情的限制。自用型客运的过度发展，必然引发更多的交通堵塞、环境污染、交通事故和土地占用等，不利于可持续发展。因此从未来公路客运体系的发展看，随着人们收入水平的提高，车辆价格的降低，私人小汽车会有一个高速发展的时期，但以班线客运为主的公用型客运仍将会在较长时期内占据主导地位，广大居民对公共客运服务的依赖程度依然比较大。

（5）客运市场的竞争将更为理性和激烈。随着公路旅客运输市场对外开放，特别是我国加入世界贸易组织后，使公路客运业内部企业之间的竞争、道路运输与其他运输方式间在客运市场的竞争以及国内运输企业和国外运输企业间的竞争将日益加剧。公路客运服务功能总体上比较单一，产品的替代性较强，异质性和差别性小，不容易在服务上形成技术性垄断。对旅客来说，在选择运输方式或运输企业时自然存在很大的自由度。因此面对同一市场，运输企业必然存在激烈的竞争，且随着运输企业的增多而使竞争更加激烈，但是运输经营业主在经历了多年的市场竞争之后，普遍都变得非常理性。因此必须充分把握市场需求的变化规律，加快技术进步，提高效率，重视运输服务质量，更好地适应市场竞争。

（6）集约化、网络化将成为公路客运经营的发展方向。目前公路客运市场所呈现的竞争性市场状态，以及所存在的经营主体过多，经营分散，缺乏规模经济效应，难以形成有效竞争等问题，决定了政府在未来较长时期，对公路客运结构调整政策依然会延续多年以来的鼓励、扶持大规模企业发展，鼓励组建客运企业集团，加强客运经营标准管理，调整经营分工，强化客运市场准入管理，不断适度提高客运市场集中度等政策。国内公路客运市场向集约化、网络化方向发展，以形成道路运输集约化经营态势的政策导向，在未来若干年是不会改变的。

（7）公路客运结构将出现重大调整。从总量上来讲，公路客运量在各种运输方式中的比重将继续维持在 90% 以上的高比例状态，旅客周转量所占比重将呈现出稳中有升状态，保守估计在 2015 年之前，每两年会有一个百分点的增幅。

从运距角度来分析，今后城间短距离客运，有不断让位于私家小轿车、城市公交的可能性，道路班线客运在两个方面将呈现出明显发展态势。一是中长距离的城间快速运输，运距在200～500公里，是公路客运最容易发挥优势的市场；二是城乡短途客运以及农村客运，是公路客运发展潜力最大的市场，也是其他运输方式难以进入的市场。

(8)现代信息技术应用将会不断加强。随着电子技术、信息技术、通信技术和系统工程等高科技在道路运输领域的广泛应用，客运信息管理、运输工具控制、运输安全等技术均将产生巨大的飞跃。一种信息化、智能化、社会化的新型运输系统即将形成，道路运输生产力将产生历史性跨越。对旅客来讲，通过借助于现代信息技术，可以获得可靠的出行信息来减少旅行时间与减轻旅行压力，提高安全性与方便性以及为旅客提供便捷的支付手段；对客运企业来讲，通过采用现代技术，可以在较大范围内组建起营销网络和运营网络体系，提高企业管理水平，进而提高运输生产效率与经济效益。

6.3.2 城间公路旅客运输组织

搞好公路旅客运输工作，关键是客车运行组织工作。客车运行组织工作，主要包括确定客运班次，编排行车路牌，编制车辆运行作业计划和调度工作，以及保证旅客运输安全正点运行等。

1. 客运班次

客运班车的运行是通过客车班次时刻表的形式加以具体组织的。因此制定良好的客车班次时刻表，安排适当的班次和选择合理的时刻，不仅是旅客运输服务的需要，也是企业组织客运生产所必需的。

通过客源经济调查所获得的资料，是制定客车班次时刻表的主要依据。通过对调查资料的分析研究，基本上可以掌握营运区内旅客的流量、流向及其一般的流动规律，再结合企业的客运能力，就可初步确定客车班次、性质及其需要停靠的站点等。

制定客车班次时刻表的主要原则有以下几点。

(1)应最大限度地方便旅客出发和到达。一般情况下班次的始发时刻不宜过早，到达时刻不应过晚。班次经过沿途大站的时刻，应便于旅客的中转和换乘。同一方向上有两趟以上班车到达某站时，到发时间应前后错开。组织双班客运时，夜间班次尽可能组织直达运输，其到发时间应方便旅客，一般为傍晚始发、清晨到达为好。

运距不太长的地区客流，为了便利旅客当天往返需要，可合理安排对开班车的时刻，保证有适当的间隔时间。

(2)班车到发时刻应相互衔接和配合。客运班次时刻的衔接和配合，主要是为了解决旅客的中转和换乘。这种衔接和配合，通常有长途班车与长途班车的衔接配合，长途班车与短途班车的衔接配合，汽车客运班车与其他运输方式的衔接配合三种情况。

长途班车应尽可能组织直达运输，发生相互衔接配合的情况一般不会太多。在运距适宜(半天之内的行程)的情况下，长途班车时间的衔接配合应能保证旅客从一个方向换乘另一个方向时，当天到达目的地。

长途班车与短途班车的衔接配合，主要是便于旅客往返于城镇和乡村之间，避免过长的等待时间(甚至需要过夜住宿)。长途班车与短途班车不运行于同一条线路上时，短途班车应提前到达旅客换乘站，并在长途班车到达换乘站之后返回。

当长途班车与短途班车运行于同一线路时,则应根据短途客车班车次数的多少来决定衔接配合的时刻。如短途班次较多,则最好在长途班车经过大站的前后,各开一次短途班车。如短途班次较少,且某一线路的上下旅客流很不均衡时,则可优先保证大流量方向的客流相互衔接和配合,为多数旅客提供方便。

汽车经常为铁路、水路等载客量较大运输工具承担旅客的集散任务,因此合理安排客运班车与其他运输工具的衔接配合,对于提高旅客服务的质量具有重要意义。

2. 编排行车路牌,确定车辆运行方式

车辆运行方式一般分为大循环和小循环两种客车运行组织方式。其中:小循环是将营运区内全部循环代号分为若干组,分别指定不同车辆组循环运行的客车运行组织方式。而大循环则是将营运区内全部循环代号编为一组,即将各循环代号衔接在一起,全部车辆在一个统一周期内循环运行的客车运行组织方式。

采用大循环方式,每个驾驶员都将参与营运区内任一班次的运行,不管是长途还是短途、干线还是支线,劳动条件相同,易于安排任务,调度也很容易。但是这种方式不利于驾驶员在很短时期内熟悉所有的线路情况,对行车安全、节约燃料均有一定的影响。再则不同的车型在不同运用条件下,其适应性也有很大的区别,难以充分发挥每一辆车的运输效率;而且采用大循环方式时,一旦某局部计划被打乱,就会影响整个计划的实行,并难以及时弥补。

3. 单车运行作业计划和调度工作

客运调度室根据循环代号,在考虑本企业的车辆状况及其运用情况,预留一定数量的车辆以备加班、包车及其他临时用车后,统筹安排、综合平衡,编制各单车运行作业计划并组织执行。在执行计划过程中,可能会遇到各种干扰因素,调度人员应采取相应措施排除扰乱计划的因素,保证运行作业计划的实施。

客运调度室是代表企业执行生产指挥的职能机构,各级调度有权在计划范围内指挥客车运行,在特殊情况下实施计划外调度。驾驶员、乘务员对调度命令必须严格执行,即使有不同意见,在调度未做出更改之前,仍应执行调度命令,以确保运行组织工作顺利进行。

4. 保证客车安全正点

客运工作的服务对象是人,保证旅客运输的绝对安全是汽车运输企业及全体客运工作人员义不容辞的职责。客运工作人员要以对旅客财产高度负责的态度,科学调度、精心驾驶、周到服务,做好本职工作。

客运班车的正点发车和正点到达,对保证旅客按计划运行,保证车站工作和运行组织工作顺利进行,并最终实行安全正点运输有重要意义。

在旅客运输过程中,必须以安全正点为中心,合理组织各个方面的工作,明确各自的职责,最终为全面提高旅客运输质量服务。

6.4 铁路旅客运输组织

6.4.1 铁路旅客运输概述

铁路运输是指利用机车、车辆等技术设备沿铺设轨道运行的运输方式。按两根钢轨间的

距离不同,铁路运输又可以分为三种类型:轨距为1 435mm的称为标准距铁路运输;轨距大于1 435mm的称为宽轨距铁路运输;轨距小于1 435mm的称为窄轨距铁路运输。国际上多数国家采用标准轨距。

按列车重量大致可以分为两类。一种是长、大、重型,幅员辽阔的国家多采用这种方式的机车,如俄罗斯、美国等,我国也采用这种类型的铁路;另一种是短、小、轻型,面积狭小的国家多采用这种形式的铁路,如日本和西欧的铁路。

按列车的支持和驱动方式可以分为普通铁路运输和悬浮式铁路运输,普通铁路运输设备主要是由车体、车轮和钢轨组成。

总体来看铁路运输在综合运输体系起到了主导作用。铁路运输在我国目前的旅客运输方式中占据主体地位,担负着主要的旅客运输任务。但随着其他运输方式的快速发展,特别是航空、公路运输的崛起,铁路运输的地位受到了一定的冲击。

1. 铁路运输优点

铁路运输之所以在我国占据主体地位,是由其自身的技术经济特点所决定的。

(1)运输能力大,适合长距离运输。由于我国幅员辽阔,国土面积大,很多客流的移动要跨越很长的时空距离,铁路运输的特点比较适合。

(2)铁路运输受气候条件和自然条件影响较小,运输的经常性和持续性占有优势。

(3)车速较高,平均车速在五种运输方式中仅次于航空运输,排在第二位。

(4)由于运输能力大,也就决定了其相对单位运输成本较低,故而乘坐费用较低,而我国国情是经济水平还普遍偏低,人民的收入水平还不够高,相对便宜的铁路运输对广大出行者更有吸引力。

2. 铁路运输缺点

近年来随着其他运输方式的快速发展,特别是航空、公路运输的崛起,铁路运输的主体地位受到一定的冲击,从舒适性、快捷性来讲其不如航空运输;而公路运输又能实现"门到门"运输,时效性更强。

综合起来,铁路运输也有以下缺点。

(1)不能实现"门到门"运输,需要通过其他运输方式配合才能实现运送旅客的目的。

(2)铁路运输舒适性较差,不能满足人们对出行更高层次的需求。

(3)虽然铁路运输技术速度较快,但铁路是按照列车运行组织运行的,在运输过程中的停歇时间等其他作业时间较长,最终其运营速度不高,不能满足人们对出行快速、便捷的要求。

从上述铁路运输的优缺点分析,铁路运输在陆路旅客运输中主要承担的是大批量旅客的中、长途运输以及大都市与卫星城市的通勤、通学运输等。

3. 发展趋势

当前铁路旅客运输的主要发展方向与趋势表现在以下几个方面。

(1)各国政府都普遍重视铁路旅客运输。铁路运输已有170多年的历史,长期的积累、更新和发展已使铁路运输具备较大的优势,促进了经济和社会的发展。随着经济、技术的发展,人们开始注重发展舒适性和便利性更好的民航和公路交通,但这又引发了一系列问题,如环境恶化、道路拥挤、能源紧张、事故频繁,而且由于这两种运输方式的运能较小,也不能满足运输的需求。近年来这些问题的日益突出使人们认识到解决交通运输问题、实现交通的可持续发展,还要依靠和发挥铁路运输的优越性,铁路运输又重新受到各国政府的高度重视。

(2)大力提高铁路旅客运输的运行速度已成为人们的共识。铁路运输之所以在很长一段时间内得不到重视,发展缓慢,就是因为其时效性、舒适性不够而不能满足人们对运输快捷性、舒适性的更高要求。为了提高铁路运输在未来综合运输体系中的比重和市场竞争力,更好地为旅客运输需求服务,就应该努力提高列车运行速度。因为速度是交通运输,尤其是旅客运输最重要的技术指标和质量指标,也是现代化交通运输的重要特征所在。自从铁路运输诞生以来,人们就致力于铁路列车速度的提高,在发展高速铁路技术的同时,各个国家都在大幅度地提高车速。早在 1987 年,就有 15 个国家的特、直快列车的运行速度达到或超过 120km/h,在欧洲大陆,非高速线上特、直快列车的运行速度达到了 160km/h,我国也已经实现了六次铁路大提速。由此可见,提高旅客列车速度是当前各国铁路旅客运输发展的主要趋势。

(3)发展高速铁路已成为世界潮流。人们发展铁路运输的过程,实际上也就是追求铁路运输提速的过程。但传统的列车运行系统由于其固有的技术指标限制,无论科学技术人员怎样挖掘提速的潜力,出于安全性的考虑,总是无法超过速度极限。为了适应旅客运输高速化的需要,在世界范围内掀起了修建高速铁路的热潮。高速铁路从技术参数各个方面根本不同于传统铁路,其速度更快、舒适性更高。由于其迎合了人们对出行舒适性、快捷性、安全性、准时性的要求,因此在短短 30 余年间,世界已有日、英、法、德等国家新建和改建的高速铁路最高时速由原来的 210km/h 提高到 300km/h,未来有望达到 350km/h。目前我国已经完成了高速铁路建设规划,高速铁路建设已开始进入实施阶段;高速铁路是铁路现代化的重要标志,也是改善铁路旅客运输服务质量的新的契机。

6.4.2 铁路旅客运输组织

1. 铁路客流分类及旅客列车分类

旅客根据需要选用一定的运输方式,在一定时间和空间范围内做有目的的移动便形成了客流。我国铁路客流分为直通、管内、市郊三种。

(1)直通客流,旅行距离跨两个及两个以上铁路局的客流称为直通客流。一般来说此种客流旅行距离较长,要求列车服务标准高,注重舒适度。

(2)管内客流,旅行距离在一个铁路局管辖范围内的客流称为管内客流。此客流旅行距离较短,旅客注重便捷。

(3)市郊客流,往返于大城市和附近郊区之间的客流称为市郊客流。旅客乘车距离短,要求列车密度高,时刻适宜,便于早出晚归。

对于不同的客流和不同的线路设备条件,开行不同等级的旅客列车。目前我国铁路旅客列车分为准高速、快速、特快、快车和慢车五个等级。

为了适应客运市场的变化,提高竞争能力,我国铁路旅客运输一方面大力提高旅客列车速度,另一方面不断丰富列车品种,根据客流变化和不同层次旅客的需要,开行不同档次的列车。如旅游列车,节假日列车、民工列车、球迷列车以及特殊需要的列车。

2. 铁路旅客运输信息

客流是旅客运输组织的基本信息,掌握客流变化的规律是正确编制旅客运输计划和进行旅客运输组织的重要依据。这些依据主要有以下几项。

(1)客流调查资料。客流调查是编制旅客运输计划的基础。根据客流调查资料可以掌握客运量的变化和发展情况。

客流调查的目的就是为了掌握一定时期内的客流数量和客流变化规律,正确编制旅客运输计划和客流计划。客流调查本身就是客运量预测的一种方法,客流调查以影响客流发展与变化的主要因素为对象。

车站的客流调查范围可分为直接吸引范围和间接吸引范围。前者是指车站所在地及其附近地区被车站直接吸引的城市和居民点的总区域;间接吸引范围是指车站直接吸引范围以外的由其他交通联系而被吸引的城市和居民点的总区域。

客流调查一般分为综合调查、节假日调查和日常调查三种形式,以日常调查为主。全面的较大规模的调查通常以车站为单位,在其吸引范围内进行。

(2)旅客运输统计报告资料。旅客运输统计报告资料是掌握旅客运输变化规律的重要资料。根据统计资料可以分析历年来实际客流的流量、流向及其变化规律和增长率,可以查明旅客运输的季节性波动。通过分析各方向、各车次列车乘车人数的统计资料,可以确定各区段列车的利用情况。

3. 铁路旅客运输计划编制过程

铁路旅客运输计划根据执行期的不同可分为长远计划、年度计划和日常计划。一般指的是年度计划。客流是旅客运输组织的基本信息,因此掌握客流变化的规律,是正确编制旅客运输计划的重要依据。这些依据主要包括以下方面。

(1)客流调查资料。客流调查是编制旅客运输计划的基础。根据客流调查资料,可以掌握客运量的变化和发展情况。对于大批团体客流和节假日客流,可通过专门的客流调查直接确定流量和流向,从而为制定计划客流提供可靠的资料。

(2)旅客运输统计报告资料。旅客运输统计报告资料,是掌握旅客运输变化规律的重要资料。根据统计资料可以分析历年来实际旅客的流量、流向及其变化规律和增长率,查明旅客运输的季节性波动。通过分析各方向、各次列车乘车人数的统计资料,可以确定各区段列车的利用情况。旅客运输统计报告资料主要包括下列内容:

①旅客运输部门掌握的日常统计分析资料。车站根据售出客票记录等精密统计资料,并根据各次列车上下车人数业务统计资料,按日、旬、月分车次、去向统计发送旅客及中转旅客的客流量统计。各个管理部门可以根据各次列车坐席利用率,有计划地组织日常运输。根据统计资料的汇总比较,可以分析客流变化的规律,作为确定计划客流的参考。

②由统计部门编制的客流统计资料。车站和车务段根据售出客票记录,分别将各种统计资料一起报局统计部门,由统计部门根据各站的售出客票报告、退票报告和局内交换资料编制相关报表。

通过客运市场调查,并结合客运统计报告资料的分析,既可了解吸引地区客流产生与变化的一般规律,也可为编制旅客运输计划、客流计划提供一定的原始资料。这些情况不仅是编制客运长远计划、年度计划的重要依据,而且也是编制旅客列车运行图,掌握日常客流变化和改善客运设备,进行客运基本建设的必要资料。

(3)客流计划的编制。客流计划是旅客运输计划的重要组成部分,它是实现旅客运输计划的技术计划,又是旅客运输能力的分配计划和旅客运输组织的工作计划。

客流调查只是为编制客流计划提供了一定的原始资料，还必须将调查来的资料进行科学分析，研究客流在各个时期是怎样依附于社会政治、经济、文化的发展。此外还必须根据历年来实际客流的变化规律和增长率及客流统计资料，综合社会调查采取适当方式加以推算。

客流计划的编制工作是在铁道部的集中统一领导下，根据客流资料采取上下结合集中编制的方法进行的。其主要步骤为：下达任务、准备资料；铁路局编制客流图和客流计划；铁道部汇总直通客流图和编制客流计划三个阶段。

①下达任务，准备资料。在编制新的列车运行图确定旅客列车开行方案前，一般首先要编制客流计划。由铁道部指定用某月份（称客流月）的客流统计资料，于客流月前下达编制客流计划和客流图的任务，同时公布全路直通客流区段。管内和市郊客流区段则由各局统计和运输部门共同商定。用划分客流区段的方法编制客流计划，是从合理确定直通、管内、市郊旅客列车的对数和运行区段出发的。铁路局根据铁道部下达的任务，督促各站、段认真填写客票和报表单据，并及时完整地向统计部门寄送。客票和报表单据主要有常备客票月报、代用票、市郊定期客票及车补小票等，这是编制客流计划最可靠的原始数据。

②铁路局编制客流图和客流计划。各铁路局统计部门按铁路客货运输统计规则的要求，提出客流月的直通、管内和市郊分区段的发送旅客流向统计资料。目前我国铁路客货统计方法以电子统计为主，个别使用人工统计。

各客运部门根据分区段的旅客流向资料，按日均数编制客流图。客流图是旅客由发送地至到达地所经过的客流区段的图解表示。编制客流图的目的，主要是为在编制列车运行计划时，提供确定旅客列车对数和运行区段所需的计划客流量。编制客流图可以掌握各个时期各路线客流流向和流量的变化情况，掌握客流变化规律，以便提供日常和节假日客流组织方法。

③铁道部汇总。铁道部组织各铁路局对所编制的输入直通客流图资料进行交换，并汇总在按局别的全国铁路直通客流汇总图上。各局根据交换的资料，计算出直通客流区段的客流密度，连同管内和市郊一起，汇总在全国铁路区段客流密度图上。然后各局分析客流调查和统计资料，与过去几年同期实际资料相比，并预计可能的发展，推算计划期间客流的增长率，即可编制全部客流计划。

（4）票额分配计划。票额分配是旅客运输计划的重要组成部分，只有合理地分配票额，才能全面安排售票、行包运输、服务和列车的乘务、餐茶供应等工作，才能正确地、科学地提高和加强旅客运输计划的质量，从而真正地起到运输组织的作用，不然就会出现列车拥挤现象，做不到均衡输送，适应不了客运量的需要。

票额分配是一项复杂而细致的工作，必须牢固地树立全局观念，正确地处理局部和全局的关系，从方便旅客出发，按照长短途列车合理分工、换乘优先、保证重点，全面安排的原则进行。

票额分配工作是在编制新列车运行图后根据旅客列车运送能力和编制新运行图所使用的客流图、客流计划资料，按车次、上下行、软硬卧铺、硬座进行的。跨三局以上的旅客列车由铁道部负责，跨局的旅客列车由两局协商进行，并分别以部、局命令公布实施，与新运行图同时实行。

①票额分配的依据。一般来说票据分配的主要依据包括：指定月份的市郊、管内、直通客流图及主要站间旅客交流表等资料；列车旅客密度表，分车次整理的软卧、硬卧和硬坐实际人数，各次列车超员的分析；主要站分车次、区段的上车人数和分车次的下车人数。

②列车定员的计算。

a. 硬座标记定员。各硬座车厢标记定员的总和，即

$$A_{标记} = \sum a_{标记} \tag{6-13}$$

式中：$A_{标记}$——列车标记定员；

$a_{标记}$——车厢标记定员。

b. 硬座实际定员。硬座总标记定员减 10 个座位（办公席等占用，新型车标记定员不包括含办公席在内者，其实际定员即为标记定员）。

$$A_{实际} = A_{标记} - 10 \tag{6-14}$$

c. 硬座超成定员。

$$A_{超成} = A_{实际}(1 + K_{超员}) \tag{6-15}$$

d. 软座和软、硬卧车定员均按标记定员计算。软、硬卧车代用软、硬座车时，软卧每一下铺按 3 人，硬卧每一下铺按 4 人计算，不再加超员率。

e. 棚车代用客车时，每吨位按 1.5 人计算定员。

f. 在保证安全、正点和服务质量的前提下，允许旅客列车硬座车厢超员运输，特别旅客快车始发不超员，途中准超员 20%，直通旅客快车始发不超员，途中准超员 30%。直通旅客列车始发准超员 10%，途中准超员 40%，管内旅客列车超员限度比照上述相同等级旅客列车规定。

③票额分配方法。票额分配主要有以下几种方法。

a. 硬座票额。认真贯彻先中转，后始发，保证重点的运输原则。做到长、短途列车合理分工，确保长途旅客乘坐长途车、短途旅客乘坐短途车。

硬座票额的分配数量以列车硬座实际定员为基础，按各等级列车规定的超员率分配，优质优价列车等精品列车不得超员。

直通快车票额按列车限售区段分配。首先保证始发站至终点站或限售区段内中长途客流的需要，途中各停车站的票额按限售区段以远客流量依次分配。途中各停车站分配的票额由始发站套用，途中站不再套用短途套票。限售区段各站如有下车规律数量，可按规律数分配。

b. 软、硬卧铺，软座票额。软、硬卧铺票额首先考虑列车始发站长途旅客的需要，同时根据列车沿途车站客流情况适当兼顾中途站。对途中省、市、自治区，铁路局所在地和较大城市所在站，适当分配一定数量的票额。

c. 在不浪费运能的情况下，要尽可能保证党和国家机要交通使用卧铺的需要。在分配新运行票额前，有关铁路局要事先与机要部门联系，共同协商机要使用票额事宜，并报部审批。

(5) 铁路旅客列车运营工作组织。旅客列车运营工作组织，是铁路旅客运输生产过程的主要组成部分。除要做好列车乘务工作外，还要有适当的旅客列车数量，合适的始发、终到和通过沿途各主要站的时间，有较快的直通速度，合理的运行区间和停车站，才能满足旅客运输的要求。只有正确地组织各种旅客列车的运行，才能经济、合理地使用客运机车车辆和各种客运技术设备。

旅客列车运行组织工作的内容，主要包括选择旅客列车的重量和速度；编制旅客列车运行方案图；确定车底需要组数；铁路客运调度指挥工作。

旅客列车的重量和速度，决定着旅客列车编组的大小和旅客在途时间的多少，直接影响到铁路的客运能力、服务质量和客运设备的使用效率。选择旅客列车最佳重量和速度的方法有别于货物列车,要考虑的因素是多方面的。主要应针对提高旅客列车直通速度这一要求,因为争取高速是在不同技术经济条件下旅客运输组织工作永恒不变的主题。在机车类型和线路条件已定的情况下,提高直通速度可采取加速列车运行、压缩停站次数,缩短停站时间等措施来实现。还应从列车始发时刻、终到时间、通过大站的时刻即方便旅客的角度出发来进行检验和修正,按这个修正后的直通速度计算出来的各种旅客列车重量标准和编组辆数,最后还需考虑沿途车站的线路有效长、站台雨棚长、团体及包车加挂预留吨位等实际因素加以确定。

在旅客列车的重量标准和编组数量确定之后,根据各种旅客列车的编组结构,可以计算出它们的定员。在已编制客流计划的基础上,就可着手拟定旅客列车的开行方案了。

旅客列车的开行方案,是指确定旅客列车运行区段、列车种类及开行对数的计划。旅客列车开行方案的编制,是在铁道部列车运行图编制委员会的统一领导下进行的。直通旅客列车的开行方案由铁道部研究有关铁路局的建议后确定,管内及市郊旅客列车的开行方案,由各铁路局自行确定并报部委,铁道部有关业务局进行综合平衡后拟定全路开行方案并提交铁道部列车运行图编制委员会审批。

旅客列车的始发站、终到站及经由线路构成旅客列车的运行区段,列车种类区别出列车不同的等级或性质,开行对数的多少表示行车量的大小,三者组成一个完整的旅客列车开行方案。

旅客列车的运行区段和开行对数,基本上取决于客流计划。也就是说,按流开车是确定旅客列车开行方案首要的和基本的原则。在根据客流计划绘制的区段客流密度图上,清楚、直观地表示出各方向上各客流区段旅客的流量、流向及客流大量发生、消失和变化较大的地点,这就为划分各种旅客列车运行区段,确定列车种类,计算开行对数的工作提供了有利的条件。

在此基础上先按整个方向各客流区段的最小客流密度安排开车,也就是说为了最大限度地以直达运输吸引直通客流,一般将一个铁路方向的两端站定为旅客列车的始发站和终到站;然后再将客流密度幅度变化较大的站间定为较短的旅客列车运行区段,并且要求整个方向上旅客列车开行方案提供的客运能力与各客流区段上的客流密度相适应。

开行不同种类的旅客列车是不同时期、不同地区社会经济形势的需求。在制定旅客列车开行方案时,特快、快车和普客吸引客流的比例,可根据客流统计资料提供的经验值再参照发展情况确定。一般来讲,首都与省会之间,各大城市之间应有特快和快车,作到以较高级列车输送大城市间的直通客流,以较低级列车输送沿途变动的客流。随着时代的发展,特快和快车的比重将越来越高,旅客列车慢改快,快改特快,开行大容量、高等级的旅客列车已成为一种趋势。在市场经济条件下,旅客列车开行方案的确定应讲究投入产出,以提高铁路运输的市场份额为目标,列车的开行一定要满足市场的需要,合理确定列车开行结构,提高速度,并充分发挥铁路在中距离运输占有的明显优势,讲市场、讲效益,坚持做到有流开车,无流停运。因此按照铁路运输的特点和市场对铁路客运的需求,铁路运送旅客的主要对象将向中远途发展,并逐步增加直通旅客列车的比重。同时加强铁路在中短途客运市场的竞争力,尽快增加管内特快和快车的比例是非常必要的。

为适应不同层次的旅客需求,应增加旅客列车的种类。随着我国国民经济的持续发展,人民生活水平不断提高,旅客的需求发生了很大变化,不同层次的旅客旅行目的不同,对旅行要求也不同,这就要求铁路在扩大旅客运输能力的同时,适应市场的变化要求,开行不同种类、不

同档次的旅客列车。

(6)旅客列车运行方案。制定了旅客列车的开行方案后,就需要为开行的每一趟列车排点铺图,以便于基层站段按图组织列车。列车运行图规定了各次列车占用区间的顺序,列车在每个车站的到达、出发、通过时刻及在站停留时间、列车在各区间的运行速度及运行时分等,它要求各部门、各项作业之间实现联动式的协调配合,严格按照运行图的要求组织工作。

在编制列车运行图时,首先铺画旅客列车运行线。此时分两步进行:第一步编制旅客列车运行方案,着重搭好整体框架、处理各方关系、解决全面布局问题;第二步以方案为基础,铺画出表示每一列车在各个车站上到发时刻的列车运行详图,在此基础上铺画出旅客列车运行图。

编制客车方案时一般从列车始发站发站开始,向终到站顺序铺画。如终到站的能力紧张,也可以从终到站开始铺画,类推出沿途各站的运行时刻和始发站的开车时刻。有时为了在某站的接续、会让等需要,也可以从列车运行区段的中间部分开始,向发到站两端铺画。

(7)铁路调运工作。铁路旅客运输调度工作实行集中领导,分级管理。其组织系统如图6-3所示。

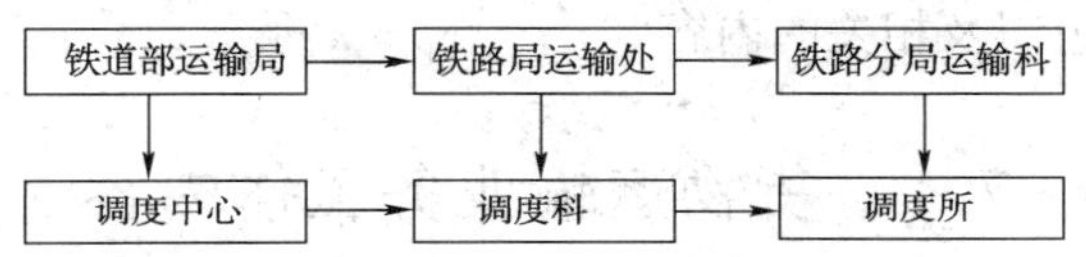

图6-3　铁路调运工作组织系统图

各级客运调度机构分别设置主任客运调度员和客运调度员。他们的基本任务是正确地编制和执行客运工作日常计划,有预见性地组织客流,经济合理地使用客车和客运设备,组织客运各部门紧密配合,协同动作,搞好协作,保质保量地完成旅客运输任务。在组织实现日班计划中,下级客运调度员必须服从上级客运调度员的指挥,部、局、分局各级客运调度员分别由各级调度长统一指挥。部、局、分局客运调度分别负责全国铁路、局管内、分局管内的日常客运组织指挥工作。

复习思考题

1. 试述旅客运输组织工作的基本原则与要求。
2. 试述城市公交调度方法有哪几种。
3. 试述城间客运与铁路运输组织工作有什么异同。

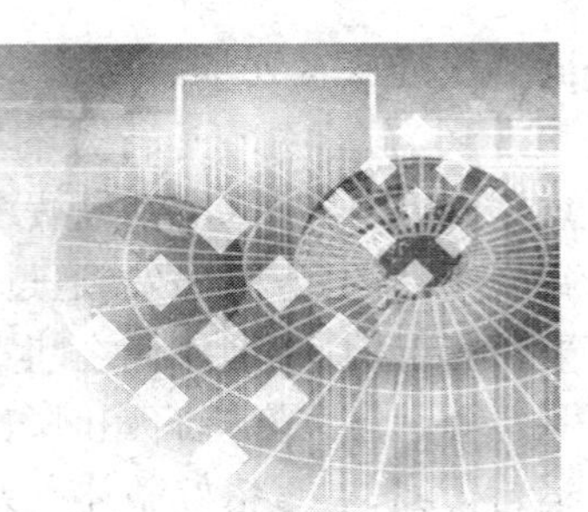

第 7 章　陆路货物运输组织

货物运输是人类社会不可缺少的生产部门，也是人类社会必不可少的需求，它使物的位置根据人们的需求发生了变化，解决了资源时空分布不均的问题，能够更好地为人类服务。陆路货物运输指通过铁路和公路运输方式实现货物位置转移的过程，在货物运输中居于核心主流地位。本章从货物运输内容、零担货物运输、整车货物运输、快件货物运输等方面系统地阐述了铁路和公路货物运输组织及相关的内容。

7.1　货物运输业务工作内容

7.1.1　货物运输的种类

1. 公路货物运输种类

(1)按货物运输方式分类，公路货物运输可分为整车运输、零担运输、集装箱运输、联合运输和包车运输。

①整车货物运输。对公路运输而言，托运人一次托运的货物在 3t(含 3t)以上，或虽不足 3t，但其性质、体积、形状需要一辆 3t 及以上车辆运输的，均为整车运输。

②零担货物运输。在公路零担运输方面，托运人一次托运的货物不足 3t(不含 3t)的为零担货物。

③集装箱运输是指将货物集中装入规格化、标准化的集装箱内进行运输，是一种先进的现代化运输方式。在我国，集装箱运输又分为国内集装箱运输和国际集装箱运输两类。

④联合运输是指一批托运的货物需要两种或两种以上运输工具共同完成的运输。目前涉及公路的联合运输有公路铁路联运、公路水路联运、公路公路联运、铁路水路联运等。联合运输实行一次托运、一次收费、一票到底、全程负责。

⑤包车运输是指应托运人的要求，经双方协议，把车辆包给托运人使用，并按时间或里程计算运费的货物运输。

(2)按货物种类分布，根据货物运输的种类可将公路货物运输分为普通货物运输和特种货物运输。

①普通货物运输是指对普通货物的运输，普通货物分为一等、二等、三等三个等级。普通货物在运输、保管及装卸工作中没有特殊要求，不必采用专用车进行运输。

②特种货物运输是指对特种货物的运输。特种货物是与普通货物相对而言，在运输、保管

及装卸工作必须采取特殊措施才能保证完好地实现运送,具体包括超限货物、危险货物、贵重货物和鲜活货物。

(3)按运送速度分类,公路货物运输可分为一般货物运输、快件货物运输和特快专运。一般货物即普通速度运输;快件货物运输的速度从货物受理当日 15 时起算,运距在 300km 以内的 24h 运达,运距在 300 ~ 1 000km 的 48h 运达,运距在 1 000 ~ 2 000km 的 72h 运达;特快专递是指按托运人要求即托即运,在约定时间内到达。

2. 铁路货物运输种类

铁路货物运输按照一批货物的重量、体积、性质、形状分为整车运输、零担运输和集装箱运输三种。

(1)整车运输。一批货物的重量、体积、性质或形状需要一辆或一辆以上铁路货车装运(用集装箱装运除外),即属于整车运输,简称为整车。

(2)零担运输。一批货物重量、体积、性质或形状不需要一辆铁路货车装运(用集装箱装运除外),即属于零担运输,简称为零担。

装运零担货物的车辆称为零担货物车,简称为零担车。零担车的到站必须是两个(普零)或三个(危零或笨零)以内的零担车,称为整装零担车(简称为整零车)。整零车按车内所装货物是否需要中转,分为直达整零车和中转整零车两种;按其到站个数,分为一站整零车、两站整零车和三站整零车和一站中转整零车等。零担货物只能直接运至到站,不得经中转站中转。

(3)集装箱运输。使用集装箱装运货物或运输空集装箱,称为集装箱运输。集装箱用于运输精密、贵重、易损的货物。凡适合集装箱运输的货物,都应按集装箱运输。

7.1.2　公路货物运输组织

1. 货物运输过程

货物运输的过程可以看作是改变货物所在地的全部生产活动,也就是从准备运输货物开始,直到将货物送到目的地的全部生产过程。它的基本内容是人们的劳动过程,即运输业的劳动者,运用机车车辆、装卸机具、站场库房等劳动工具,使得货物等服务对象按照预定的目的和要求,完成其位移的过程。

实现货物位移所需的各种服务和劳动,其性质以及实现位移时所起的作用都不相同,根据这些特点可将运输过程分为技术准备过程、基本运输过程、辅助运输过程和运输服务过程等。

(1)技术准备过程,是指运输前所进行的全部技术准备工作,如线路与站点的选择、装卸工艺的设计、作业计划的编制等。

(2)基本运输过程,是指直接为组织货物从起运地至到达地空间位移而进行的生产活动,如货物运输等。

(3)辅助运输过程,是指为保证基本运输过程正常运行,所必需的各种辅助性生产活动,如车辆保养和维修、日常站务工作。

(4)运输服务过程,是指贯穿于基本运输过程和辅助运输过程中的各种服务活动,如进行材料供应、随车服务等。

货物运输过程各个组成部分的划分是相对的,它们既有区别、又有联系。其中基本运输过程是核心部分,通常讲的货物运输生产过程,就是指的基本运输过程。研究货物运输组织工作，也是围绕基本运输过程而进行的。

2. 合理组织货物运输过程的基本要求

合理组织货物运输过程的要求是：充分利用企业的人力、物力和财力，使运输过程效率高、质量好、消耗少、成本低。从运输组织的角度来说，可以表述为运输过程的连续性、平行性、协调性、均衡性。

(1)运输过程的连续性。连续性是指货物运输过程的各个生产环节、各项作业工序之间，在时间上能够紧密地衔接和连续地进行，不发生各种不合理的中断现象。也即货物在运输过程中，经常保持相对的运动状态，没有或者很少有不必要的停留和等待现象。

货物运输过程中的连续性要求，是获得较高劳动生产率的重要因素。它可以缩短货物的在途时间，提高运送速度；可以有效地利用车辆、设备和站房，提高运输效率；可以提高经营管理水平，改善运输服务质量，可以加速物资部门流动资金的周转等。

为了提高货物运输过程的连续性，应尽量采用先进的技术努力提高运输过程机械化、自动化水平，但在一定生产技术水平的条件下，必须谋求组织工作的科学性和合理性，优越的技术条件与先进的组织方法相配合，才能获得理想的效果。

(2)运输过程的平行性。平行性是指货物运输过程的各个生产环节、各项作业工序之间，在时间上尽可能地平行进行。平行性是货物运输过程连续性的必然要求。对于可以平行进行的生产环节或作业工序如果不能同时进行，就会影响运输过程的连续性。运输过程的平行性能保证在同一时间内更有效地进行运输生产活动，从而大大提高货物的送达速度，加速车辆的周转，并为连续生产创造有利的条件。

平行性能节约货物运输过程中所需要的延续时间。在确定有关生产活动平行作业之前，应对各个生产环节或作业工序作专门性地调查研究。分析各项作业的具体内容和完成作业所需要的时间，选定可以平行进行作业的项目并加以合理组织。而不合理地过分追求平行性，会使运输组织工作复杂化，运输过程的平行性应从实际出发合理解决。

(3)运输过程的协调性。协调性是指货物运输过程的各个生产环节、各项作业工序之间，在生产能力上要保持适当的比例关系。即它们所配备的工人人数、车辆数及其吨位、机器设备的生产能力，必须相互协调，不发生不配套、不平衡、相互脱节的现象，这是现代化大生产的客观要求，也是劳动分工与协作的必然要求。运输过程的协调性可以提高车辆、机械、设备的利用率和劳动生产率，保证运输过程的连续性。

在日常运输生产活动中由于货流的变化、运输组织工作的改善、工人熟练程度的提高等因素，都会使生产环节、作业工序之间生产能力的比例发生相应的变化。因此在一定的技术条件下，运输过程的协调性在很大程度上取决于运输组织工作的水平。使各个生产环节和各项作业工序间平衡工作，及时调整各种比例失调的现象，保证运输过程的协调性，是货物运输组织工作的一项重要内容。

(4)运输过程的均衡性。均衡性是指货物运输过程的各个环节、各项作业工序之间，在相同的单位时间内，完成大致相等的工作量或各个部分的作业量能保持相对的稳定。运输过程的均衡性，有利于企业保持正常的生产秩序；有利于充分利用车辆、机械、设备的生产能力，并能使其及时得到保修、更新和改造；有利于运输安全和货物完好，确保运输服务质量，有利于运输部门和物资部门进行均衡生产，如期完成计划规定的生产任务。

3. 货物运输组织方式

常用的货物运输组织方式主要有双班运输、拖挂运输、甩挂运输、直达行驶法和分段行驶法等。

(1)双班运输。双班运输是汽车货物运输组织的基本组织方法之一。组织双班运输的基本方法是根据所拟双班运输的不同形式,每辆汽车配备两名左右的驾驶员,分日夜两班轮流行驶。双班运输组织方法简便易行,在货源、保修、驾驶员等条件满足的情况下,不再需要增添车辆就可以获得较好的效果,易于推广。在特殊情况下,也可以组织三班运输(也称为多班运输)。

双班运输应根据运输距离、货源数量、运输条件、道路状况、驾驶员配备、保修和装卸能力等具体情况,选择不同的运输组织形式。

(2)拖挂运输。货物运输使用的车辆,通常可分为汽车、牵引车和挂车三大类。由载货汽车和全挂车两部分组成或由牵引车和半挂车组成的汽车列车,从事货物运输就称为拖挂运输。拖挂运输一般可分为定挂运输和甩挂运输。定挂运输是指汽车在完成运行和装卸作业时,汽车(或牵引车)与全挂车(或半挂车)一般不分离。这种定车定挂的组织方式,在运行组织和管理工作方面基本上与单车运行相仿,易于推广,它是拖挂运输开展之初常采用的一种主要形式。

开展拖挂运输时,由于汽车增加了拖挂的挂车,在增加了货物的装载量的同时,也增加了货物装卸作业量,汽车列车的长度也比单车显著增加,因此在组织拖挂运输时,为了提高运输效率,应注意以下几个方面问题。

①改善货物装卸条件,提高货物装卸效率,最大限度地压缩汽车列车停歇时间。

②装卸现场应具备平坦而宽阔的调车场地和畅通的出入口。

③加强现场调度指挥,实现装卸作业合理化。

④尤其要注意汽车列车行驶的安全性。

(3)甩挂运输。甩挂运输是指汽车列车按照预定的计划,在各装卸作业点甩下并挂上指定的挂车后,继续运行的一种组织方式,甩挂运输也称为甩挂装卸。甩挂运输的运行组织方式,可以使载货汽车(或牵引车)的停歇时间缩短到最低限度,从而可以最大限度地利用牵引能力,提高运输效能。在同样的条件下,甩挂运输可望比定挂运输有更高的运输效率。

甩挂运输的基本原理体现为平行作业原则的利用,它是利用汽车列车的返回行驶时间来完成甩下挂车的装卸作业,从而可使原来整个汽车列车的装卸作业时间,缩短为汽车装卸作业时间和甩挂作业时间。该方法加速了车辆周转,提高了运输效率。一般只有当主车的装卸作业时间加甩挂作业时间小于整个汽车列车停歇时间时,采用甩挂运输才是合理的;同时为了发挥挂车的效率,挂车在完成装(卸)作业后的等待时间也不宜过长。

根据汽车挂车配备的数量、线路网的特点、装卸点的装卸能力等,甩挂运输也有不同的形式。随着运输组织工作的手段的不断完善,甩挂运输的概念和技术也在不断发展。一般情况下甩挂运输(或作业)主要有以下几种形式。

①一线两点甩挂运输。这是在短途往复式运输线路上通常采用的形式。汽车列车往复于两装卸作业点之间,在整个系统中配备一定数量的挂车,汽车列车在线路两端根据具体条件作甩挂作业,根据货流情况或装卸能力,可采用“一线两点、一端甩挂”和“一线两点,两端甩挂”。

这种运输组织方式适用于装卸点固定、运输量较大的地区，只要组织得当，其运输效果比较显著。

②循环甩挂运输。这是在循环行驶线路上进行甩挂作业的一种形式。在闭合循环回路的各装卸点上，配备一定数量的周转集装箱或挂车，汽车列车每到达一个装卸点后，甩下所带的集装箱或挂车，装卸工人集中力量完成主车的装（或卸）作业，然后装（挂）上预先准备好的集装箱（挂车）继续行驶。采用这种形式需要有以下条件：满足循环调度的基本要求；运量大而且稳定，有适宜于组织甩挂运输的货物条件。

采用循环甩挂运输提高了载运能力和行程利用率，压缩了装卸作业时间，是甩挂运输中较为经济、运输效率较高的组织形式。但其组织工作较为复杂，对作业条件要求高。

③驮背运输（或载驳运输）。这是甩挂运输的基本原理应用于集装箱或挂车的换载作业形式。其基本方法是：在多式联运各运输工具的联结点，由牵引车将载有集装箱的底盘车或挂车直接开上铁路平板车或船舶上，停妥摘挂后离去，集装箱底盘车或挂车由铁路车辆或船舶载运至前方换装点，再由到达地点牵引车开上车船，挂上集装箱底盘车或挂车，直接运往目的地。驮背运输组织方式加速了车辆周转，扩大了货物单元，节约了装卸和换载作业时间，提高了作业效率。

(4)直达行驶法与分段行驶法。

①直达行驶法。车辆装载货物后从起运地出发，经过全程连续运行后直抵终点；卸载后重新装载货物或放空返回起点。直达行驶法每次运输任务由同一辆车承担，途中不发生换载作业。直达行驶法的驾驶员劳动组织可采用单人驾驶制、双人驾驶制、换班驾驶制等几种形式。

②分段行驶法。这是将整条线路分成若干区段，每一路段上分别固定配备相应的汽车运行，车辆装载货物后从起运地出发，由各区段的驾驶员相继驾驶抵达终点；货物卸载后车辆重新装载货物或放空，按同样方法返回起点。

采用分段行驶法，被运货物在相邻区段的衔接地点发生交接，其形式一般有三种：将装载于车辆上的货物连同集装箱或挂车等一起转交；将装载于车辆上的货物直接换载于另一辆车上；将装载于车辆上的货物卸地入库，再装载于另一辆车上起运。

分段行驶法组织工作较直达行驶法复杂，但易于进行车辆维修，驾驶员工作、休息和生活比较安定。采用分段行驶法时，需要注意的问题是区段长度的确定应合理。

(5)定时运输与定点运输。

①定时运输。定时运输是指车辆按运行计划中所拟定的行车时刻表来进行工作。采用定时运输组织形式，一般要确定货车运行时刻。

由于车辆是按预先拟定的行车时刻表进行工作，也就加强了各方面工作的计划性，提高了工作效率。经营货物的企业或经营者要依据用户的要求，组织好定时运输，必须做好各项定额和检查工作。包括：车辆出车前的准备工作时间定额；车辆在不同路线上重、空载行驶时间定额以及装卸工作时间定额等。同时还应合理制定驾驶员的休息和用餐等生活时间，加强货源调查和组织工作，加强车辆调度和日常工作管理以及装卸工作组织等。

②定点运输。定点运输是按发货点固定车队，专门完成固定货运任务的运输组织形式。在组织定点运输时，除了根据任务固定车队外，还实行装卸工人和设备固定与调度员固定等形式。

实行定点运输，可以加速车辆周转，提高运输效率和装卸工作效率，改善服务质量，并有利于行车安全和节油。定点运输组织形式，既适用于装卸地点比较固定集中的货运任务，也适用于装货地点集中而卸货地点分散的固定性货运任务。

7.1.3　货物运输系统的构成

随着社会和经济的快速发展，交通运输业已经从各种运输方式的单独作业向相互联合、相互协调的方向发展。货物综合运输体系在这种自然的演变中就慢慢地形成了。其结构不仅是几种运输方式的合并，而且有着内在的联系。各种运输方式分工合作，形成统一的、协调的综合运输生产系统，实现运输高效率、经济高效益、服务高质量，充分体现了各种运输方式综合利用的优越性。在综合运输体系中，各种运输方式不仅有各自的运输网络、固定和移动的设施设备，而且还建立综合的交通枢纽。同时各种运输方式既有各自的运输组织管理系统，也有相互联合的多式联运以及综合协调系统。货物运输系统的构成可以从以下几点分析。

1. 货物综合运输体系的运输方式构成

货物综合运输体系中的运输方式结构，包括铁路、公路、水路、航空和管道五个运输子系统。这些子系统各有优势，分别适合在一定的客观环境下使用。

铁路运输子系统受自然条件影响较小，运输能力大，运输成本低和能耗小、速度较快，运输持续性好，是中、长途货物运输的主要运输方式之一。

公路运输子系统投资省、建设周期短、机动灵活，可以对城乡广大地区实现门到门直达运输，比较适合中短途货物运输。随着公路状况的改善，汽车技术的改进，公路运输在综合运输体系中所占的比重将越来越大。

沿海、内河运输子系统投资省、运输能力大、占地少、运输成本低。在适宜开展的地区是大宗货物和散装货物的主要运输方式之一。

管道运输子系统投资省、建设周期短、运输能力大、占地少、受自然条件影响小，一般适合天然气和流向较集中的液体货物的运输。

根据系统论和运输经济学的观点，建立合理的运输结构，不仅要合理地分析各种运输方式在综合运输体系中的地位，还要因地制宜地分析各个地区的情况，再综合以上几种运输子系统的特点，找到最适合本地区情况的运输方式，在全国范围内逐步建立一个经济协调、合理发展的综合运输系统。运输系统结构的形式，从不同国家或地区来看，主要有以下几种结构。

(1)并联结构。各运输子系统间为一个并联关系，如图 7-1 所示。

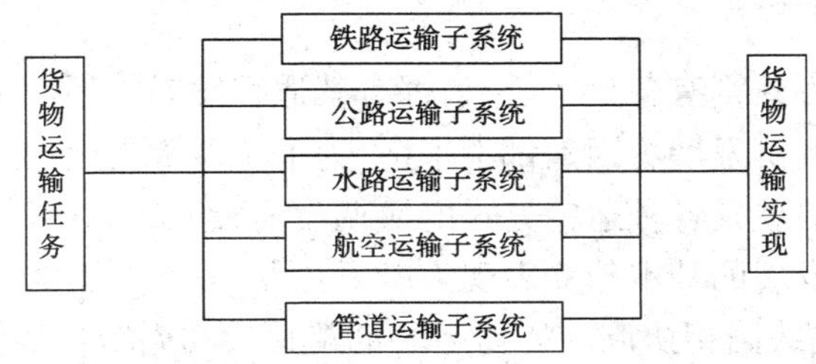

图 7-1　货物综合运输并联结构图

(2)串联结构。各运输子系统间为一个串联关系，如图 7-2 所示。

(3)串并联结构。各运输子系统间为一个串并联关系，如图 7-3 所示。

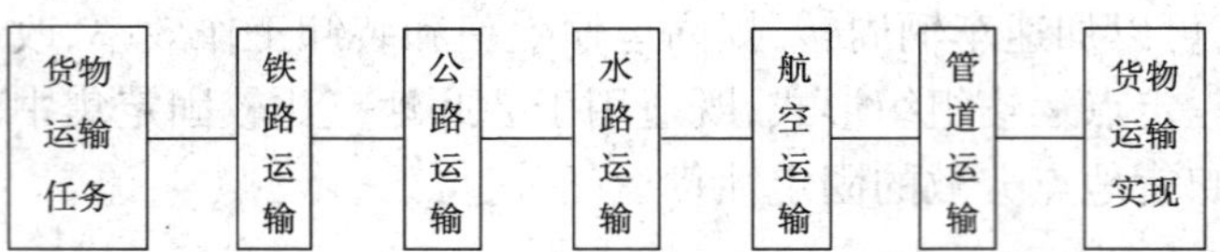

图 7-2　货物综合运输串联结构图

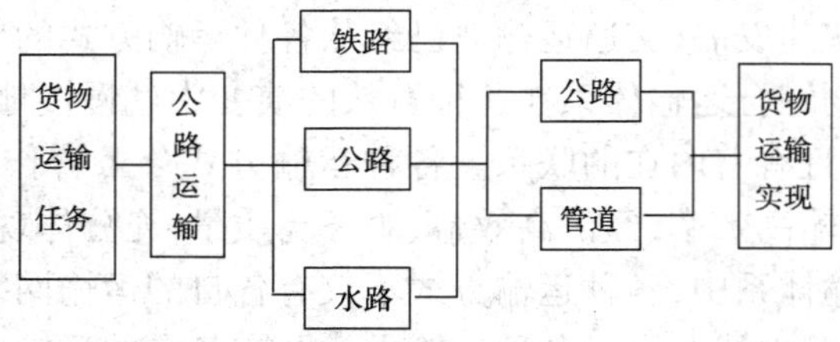

图 7-3　货物综合运输串并联结构图

2. 货物综合运输体系的设备构成

现代化的综合货物运输系统的共同特点是使用机械动力驱动运载工具在线路上运送物资(管道运输是接受动力推进)。因此,货物综合运输系统的设备结构基本上有两大子系统,即固定设备子系统和移动设备子系统。只有这两个系统能在综合运输能力的范围内协调配合,才能形成最优的综合运输能力。

(1)固定设备子系统。货物综合运输系统固定设备子系统,包括线路港站的土木建筑及其相关的技术设备,具体地说包括铁路、公路、航道、管道、桥梁隧道、车站等设备。对于交通运输系统来说,其特点就是不仅投资额大,而且建设周期长,一经建成就不能移动。由于运输系统固定设备投资巨大,因此在建设之前应进行详细、科学的可行性分析,以防止资源浪费。

(2)移动设备子系统。货物综合运输系统固定设备子系统,主要包括货物运输动力装置和运载工具即铁路的机车车辆、公路的汽车等。由于这些设备都是在交通线网上移动的,所以称之为移动设备子系统,它们主要是直接运输货物。由此可见,运输系统的正常运作除了要有站场等固定设备子系统外,还要有机车等移动设备子系统。

货物综合运输的设备子系统就是上述两类设施子系统的组成,共同承担货物运输任务。如需要使货物综合运输系统发挥出最大的效率,就要将二者有机地结合起来,通过科学的运输组织,实现既有设备的最优综合运输能力。

7.1.4　货物运输发展趋势

各种货物运输运输方式都有各自的特点,都有其适宜发展的环境。由于我国地大物博,幅员辽阔,各地资源分布、经济发展等因素都不平衡,为了实现货物运输效率的最大化,未来货物运输一个明显的发展趋势就是各种运输方式的协调发展,组成一个综合的货物运输系统。未来各种运输方式的协调发展的基本趋势表现为以下几点。

(1)货物流向和运输线路相协调。货物运输量及其货物周转量乃是经济和社会活动对交通运输需求的集中体现,彼此间存在着相对稳定的变化规律和比例关系。货运量的产生在很大程度上取决于国家的资源和生产力布局,我国原材料、燃料等大宗物资资源所在地是北部和西部地区,而加工工业绝大部分在东部和南部地区,这就决定了大宗物资的流向从北到南、由

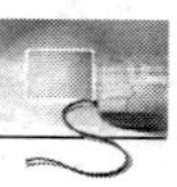

西到东。

在考虑运输方式分工时，首先必须研究国民经济对运输需求的总运量，同一通道上的总运输能力是否协调；第二要研究具体货物的流量、流向与运输方式、运输线路之间是否协调；第三，对运输通道上能承担货物运输的不同运输方式，应进行技术经济比较，既要对几种可能承担的运输方式的适应程度进行比较，又要从不同运输方式的物资消耗和建设投资费、运营费及货物在途时间和损耗等方面进行比较，根据国民经济整体利益来实现运输的合理分工、协调发展。

（2）地区间各种运输方式相协调。由于我国每个地区的自然地理条件不同，地区之间和地区内部运输联系及运输方式的发展和布局也各不相同。因此在制定货物运输总体发展规划时，既要考虑地区之间的大通道运输联系，又要充分考虑到地区内部和大通道相联系的干支线运输方式，做到统筹布局、兼顾细微。只有两者协调好，才能达到合理分工的要求。

（3）各种运输方式设备能力相协调。在完成一定货物运输任务的过程当中，可能会涉及到多种运输方式的合作，这就要求运输的各个环节相互配合和协作。随着科学技术的发展，运输设备也在不断地更新换代，不同的设施可能会影响到与系统内其他设施的兼容问题。这要求我们一定要随时注意运输各个环节设施的兼容，使其协调发展。

（4）各种运输方式运输组织工作相协调。不同运输方式的运输组织工作不尽相同，这对运输分工和选择运输方式很有影响。在两种或两种以上的运输方式进行联合运输时，要充分考虑各种运输方式的不同技术经济特点，联合完成货物的全程运输任务。这种联合运输要更加强调运输组织工作，除了商务和换装点的技术作业衔接联合外，在技术设备上通常还有两种类型：一类是通过集装箱或托盘等的形式，将铁路、水路、公路和航空等不同的货物运输系统一元化；另一种类型是复合运输系统，这种运输系统具有两种不同运输工具的功能。

我国综合交通网络已经初具规模，重点物资综合运输系统基本形成。在加快交通基础设施建设的新时期中，由于坚持综合发展，综合利用各种运输方式的原则，注重各种运输方式间的联合协作、衔接配套，已经形成了以联合运输为主体的运输系统。

（5）运价和运输费用相协调。运价和运输费用对货主在选择运输方式时具有十分重要的意义。各种运输方式的运输能力都能得到满足时，货主将从运输速度、安全、方便、及时以及运价和运输费用等方面，选择所需的运输方式。

7.2　零担货物运输组织

7.2.1　零担货运概述

1. 零担货物运输的基本特点

零担货物运输的主要特点是一票托运量小而托运批次多，托运和到站时间分散，一辆货车所装货物往往是由多个托运人的货物汇集而成并由几个收货人接收。随着我国市场经济的建立和完善，商品流通量与流通范围不断扩大，小批量货物托运将会不断增多，零担货物运输逐渐成为运输企业经营的重要业务。

零担货物一般是重量小、批数多、品类繁杂、到站分散、性质复杂、包装条件不一，必须组织几十批、甚至几百批货物配装在一辆货车内进行运输。而铁路运输零担货物要求相对集中,以便组织直达整装零担车直接运至到站,才能达到安全、迅速、经济、便利地运送零担货物的目的。这就形成了零担货物运量零星、流向分散与铁路要求货流相对集中的矛盾,从而给零担货物运输组织工作提出了较高的要求:既要有认真负责的工作态度,又要有科学合理的组织方法。

组织零担运输的原则是"多装直达,合理中转,组织快运,安全满载"。这个原则要求我们正确处理好直达与中转、整零车与沿零车、运输距离与集结时间等方面的关系,在认真执行党和国家的方针、政策、法令的基础上,加强运输组织工作,达到安全、迅速、经济、便利地集散零担货物的目的。

零担货物运输的主要优点表现在以下几个方面。

(1)安全。零担货物运输一般都使用厢式货车,运行时厢门封闭严紧,能够有效地防止货物失落、损失、减少货损事故的发生。同时由于零担货物运输商务作业有比较严格、细致的货运交接规程,货差事故也能减少。

(2)方便。零担货物托运,随交随收,手续简便。对需要经由几个运输单位中转的货物,可以一次托运、一次交货、一次交费、一票到底、全程负责,并做到上门取货、送货到家;有些运输企业还为货主办理提货、报关、加固包装等事项,货主只要将提货单交付承运人就可以在家等待收货,得到很多方便。

(3)迅速及时。在许多情况下,公路零担货物运输运送速度较之铁路、水路等运输方式快捷。公路零担货物运输具有较强的优势。

(4)经济。仅就花费在运输工具上的费用而言,零担货物运输是最高的,但如果计算其他各种运杂费,这种差异就显著缩小了:因为零担货运取货上门、送货到家,不需要支付货物仓储、堆存等费用,而普通货物运输除了支付运费外,货主还要支付货物到、离车站、港口的集散运输费用。同样的运输距离,零担货运节省了很多时间;在资金占用上,零担货运也有明显的节约效果,所有这些都说明了零担货物运输与其他运输方式相比,具有比较好的经济性。

(5)车辆运用效率高。零担货物运输车辆,一般都有较高的行程利用率(往返有载),吨位利用率也较高。这都有利于提高车辆生产率和运输经济效益。

2. 零担车的种类

为了加速零担货物的运送,合理使用车辆,根据待运或待中转零担货物的流向流量、运距长短、集结时间和车站作业能力等因素,组织零担货物运输的车辆可分直达整装零担车(简称直达整零车)、中转整装零担车(简称中转整零车)和沿途零担车(简称沿零车)。

(1)直达整零车,它所装的货物,不经过中转站的中转,可以直接运至货物目的地。全车所装的货物是到达一个到站的,为一站直达整零车;如全车所装的货物是到达两个或三个到站的,为两、三站直达整零车。

该种零担车的特点是:

①它是零担货运班车的基本形式,具有较好的经济效益性。

②它可以节省中转费用,减少不必要的换装作业,减少了货物在途时间损失,提高了运送速度,有利于加速车辆周转和物资调拨。

③有利于零担货物运输安全和货物完好。

④实现的条件是:必须有足够的货源,货物集结时间不能太长。

⑤应按照"多装直达、减少中转"的原则组织直达零担班车。

(2)中转整零车,全车所装的货物是根据零担车组织计划的要求,装运到规定的中转站,由中转站进行中转作业,运往货物到站或前方中转站再次进行中转。中转整零车也分为一、二、三站中转整零车。

该种零担车的特点是:

①它是直达零担货运班车的补充,要合理选择中转站。

②它属于低一级的组织形式,适用于货源不充沛,难以组织直达零担班车的条件下采用。

③不利于零担货物运输安全和货物完好,运送速度较慢。

(3)沿零车,用以装运零担车挂运区段内沿途各站不够组织整车的零担货物。

该种零担车的特点是:

①它是直达和中转零担货运班车的补充形式。

②它是中转零担班车的一种变形,它能满足沿途各物资单位和货主的需要,但交接交付环节较多。

③车辆途中运行时间较长,货物装卸次数增加,不利于零担货物运输安全和货物完好,服务质量难以尽如人意。

7.2.2　零担货物运输组织

1. 零担货物的发送作业

零担货物的发送作业主要包括托运受理,收货承运,仓库货位的使用和管理,零担配装,拨配车辆和装车作业组织等内容。也可概括为零担货物受理承运和装车作业组织两大部分。

零担货物的承运方法比较普遍实行的有以下几种制度。

(1)日历承运制。这种制度要求车站在基本掌握零担货物流量和流向规律的前提下,认真编制承运日期表,事先向货主公布,发货人则按规定日期前来车站办理托运手续。该种制度的基本特点是:

①便于将去向和到站分散的零担货物合理集中,为组织直达零担班车创造了条件。

②物资部门可以按照承运日期表,安排产品生产和物资调拨计划,实现均衡生产和计划运输。

③货物集结时间集中,仓库设备利用率高,运输效率高。

(2)随时受理制。这种受理制度对于零担托运的日期无具体规定,只要属于车站的经营范围内的业务,发货人随时将货物送到车站即可办理承运。该种制度的基本特点是:

①方便顾客,对于初办零担业务的车站、业务量不大但沿途配装货物较多的沿途停靠站大多乐于采用此制度。

②不能事先组织零担货源,计划性较差,不便于计划管理。

③货物集结时间较长,仓库设备利用率低。

④对于一些急运物资也可以考虑使用此制度。

(3)预先审批制。这种制度要求发货单位或货主可先向车站提出申请,车站再根据各个发到方向及站别的运量,结合站内设备和作业能力加以平衡,分别指定日期办理承运进货集

结,最后组成各种零担班车。该种制度的基本特点是:

①该制度对于加强零担货运的计划性和组织化水平有重要作用。

②给货主带来了诸多不便。

③货物集结时间集中,仓库设备利用率高,运输效率高。

零担货物受理方法有:货运室集中受理、市区分区驻站受理、分区包段流动受理、分库分方向受理和由运输营业所代办受理,实行"门对门"运输等。

车站验完货物、过磅和堆码后,应在货物单上填写重量和货位号码,然后计算运费,填制运输票据。发货人应在发站承运货物的当日缴付运杂费。对于临时发生的抢险、救灾、防疫等货物,在发站缴付运杂费确有困难时,经运输经营者承认可以后付或由收货人在到站缴付。

车站将发货人托运的零担货物,连同货物运单一同接收完毕,填制货票、核收运杂费后,在货物运单上加盖车站承运日期戳,并将领货凭证交给收货人,即表示货物已经承运。它标志着承运者对托运的零担货物开始负运送责任。

2. 零担货物的中转作业

零担货物除在始发站以直达整零车直接装运到站外,还有相当一部分因为数量小、流向分散,需要以中转整零车或沿零车运至中转站进行中转作业。这种作业是将各个方向到达的零担货物,按零担车组织计划的要求,分方向或到站集结,重新组织成直达整零车、中转整零车或沿零车继续运送,减少零担货物在始发站的集结时间。因此零担货物的中转作业是零担货物运输中不可缺少的重要环节。

(1)零担货物中转作业方法。零担货物在中转站的中转作业过程中,根据货物作业性质和设备情况,可采用以下三种基本方法。

①坐车法,是指将到达车辆上运往前方站且中转数量较多或卸车困难的那部分核心货物留在车上,把其余到达站的货物全部卸下,然后在到达车辆上加装与核心货物同一到站的货物组成一个新的零担车。坐车法的基本特点是:该方法由于核心货物不用卸车,减少了作业量,加快了中转作业速度,节约了装卸劳动力和货位;但留在车上的核心货物装载情况和数量不易检查和清点,在加载货物较多时也难免发生卸车等附加作业。

②过车法,是指当几辆零担车同时到站进行中转作业时,将车内部分中转零担货物由一辆车向另一辆车上直接换装,而不卸到车站的货位上;组织过车时,可以向空车上过,也可以向留有核心货物的重车上过。

过车法的基本特点是:该方法运用了平行作业的原理,在完成卸车作业的同时即完成了另一辆车的装车作业,减少了零担货物的装卸作业量,提高了装卸效率,加快了中转速度;对于到发车辆的时间衔接要求较高,容易受外界条件的干扰而影响计划的完成。

③落地法,是指将到达车辆上的零担货物全部卸下入库,按到达站方向在货位上进行集结,然后重新配装组织成新的零担车。落地法的基本特点是:方便易行,车辆载重量和容积利用率较高,但装卸作业量大,作业速度慢,仓库和场地的占用面积也较大;组织中转作业时,应尽量减少落地货物的数量;落地法可为各个中转站所采用。

(2)中转配装计划的编制。零担货物中转配装计划是零担货物中转作业的指导性计划,参加作业的各工种应按照计划,确定作业顺序和进行装卸作业。

中转配装计划与发送配装计划大致相同。差别在于发送配装计划编制的主要依据是发货

人提出的运单和存放在发送仓库内零担货物的数量和去向，使用的车辆是空车。中转配装计划的主要依据是到达的中转重车及中转站台残存货物的数量和去向。如果中转站既办理中转作业又办理发送作业，在编制中转配装计划时要考虑发送货物的加装。

(3)中转配装计划的执行。

①零担中转站作业组织形式。零担中转配装计划编制完成后，货区货运员、装卸车货运员、装卸工组等直接进行中转作业的人员，根据下达的集配通知单执行。由于各中转站组织形式不同，作业中各环节也略有不同。零担中转站根据中转作业量及作业方法，在作业组织方面采用不同的组织形式。目前零担中转站的组织形式，一般有以下两种，装卸车货运员包组制和装卸车货运员包区制。

在零担中转量较大的车站，多采用装卸车货运员包组制。这种作业组织有利于保证作业安全和中转货区的管理，但占用的货运员较多。

在零担中转量较小的车站，可以采用装卸车货运员包区制，装卸车货运员除负责组织车辆的装卸作业外，同时也负责分工中转货区的管理。这种组织形式的优点是定员少，劳动效率较高；缺点是不便于货区的管理，有时因分工中转货区作业车数不等会出现忙闲不均的现象。

②零担中转作业制度。零担中转工作，是零担运输过程中的重要环节。中转工作的首要任务是要保证中转站台的畅通。这就要求每批中转装卸作业之间、每次交接班之间、中转货区在保有一定数量中转货物的条件下，还要有一定数量的空货位，以保证落地、过车货物的需要和必要的工作场地，使中转货物能进行集结和搬运作业。为此目的中转站的作业重点应抓装车，扭转愿卸不愿装的倾向，以装保卸，以卸促装。各零担中转站应根据其设备条件、作业方法、中转量大小的不同，实行不同的中转作业组织，采用相应的作业制度。

零担运输要贯彻多装直达，合理中转的组织原则，因此在编制中转配装计划时，必须正确处理好直达与中转，整零车与沿零车的关系。

7.3 铁路货物运输组织

铁路货物运输组织工作是铁路运输组织工作的重要组成部分，是铁路运输组织工作的基础。货运工作是工农业生产和产品流通过程中的一个重要环节，是联系工农业生产、促进城乡物资交流的纽带。而且货运工作涉及面广、办理复杂、货运量大。因此加强货物运输组织工作，不仅是铁路内部运输组织工作的基础，而且是企、事业单位组织生产和供应的保证，它对于保证国家经济建设、国防建设和人民生活需要都具有重要的意义。

通过铁路运输数以万计的各种各样货物，这些货物的性质、重量和形状等不同，托运的数量不等，运输条件各异。为了完成复杂的货运任务，货运工作必须采取适合货物性质、运送目的、办理种类的运输方式，加强各项作业环节的组织，以保证货运工作质量。

7.3.1 铁路货物运输分类

1. 按照货物运输方式进行分类

(1)国内铁路货物运输。该种货物运输是指货物的发站和到站都在一国国内，而且是经过铁路直接运送到站的各种货物运输。

(2)水陆联运货物运输。该种货物运输是指铁路或水路起运途经铁路和水路分段运送到站或到港的各种货物运输。

(3)国际铁路货物联运。该种货物运输是指国际各国铁路相互间通过铁路运输的各种货物运输。

(4)军事物资运输。该种货物运输是指为加强国防建设,对军运物资采取的运输办法。

(5)联合运输。该种货物运输是指组织铁路、水运、公路;铁路、公路、航空等不同运输方式的货物联合运输。

根据各种不同的运输方式,国家分别制定了不同的规章和办法。全国营业铁路的货物运输,除国际货物联运、水陆货物联运、军事物资运输另有规定者外,都适用《铁路货物运输规程》及其引申的规则、办法。如《铁路货物运价规则》、《铁路危险货物运输规则》、《铁路集装箱运输办法》等。国际铁路货物联运适用《国际铁路货物联运协定》及其细则、办法等。目前我国铁路为了运用联运规章的方便,将有关条文汇编成《国际铁路货物联运办法》;水陆货物联运适用《铁路和水路货物联运规则》;军事物资联运适用《铁路军事运输管理办法》及其引申的规章、办法等。

2. 根据托运货物分

根据托运人托运的货物数量、性质、体积和状态等条件,货物运输的种类分为整车运输、零担运输和集装箱运输三种。

一批货物的重量、体积或形状需要以一辆以上车辆运输的,应按整车托运。下列情况的货物,也应按整车办理:需要冷藏、保温或加温的货物;必须按整车办理的危险货物;易于污染其他货物的污秽品;蜜蜂;不易计算件数的货物;未装满容器的活动物;一件货物重量超过两吨、体积超过3立方米或长度超过9米,影响中转站及到站卸车的货物,都应按整车托运。

不够整车运输条件的,按零担托运,但一件体积最小不得小于0.02立方米(一件重量在10千克以上的除外),每批不得超过300件。

托运人托运的货物,符合集装箱运输条件的,可使用铁路集装箱或自备集装箱装运,按集装箱托运,并在规定办理集装箱业务的车站办理托运手续。

7.3.2 铁路货物运输组织的基本要求

铁路货运组织工作,既是运输生产工作,又是管理工作,也是服务工作。应根据国家方针、政策和法令,坚持质量第一的方针,贯彻计划运输、合理运输和负责运输的原则,不断扩大运输能力,提高服务质量,最大限度地满足工农业生产和广大人民物质、文化生活的需要,更好地为经济建设与社会进步服务。

铁路货物运输组织工作的基本要求是:

(1)安全:就是要按照货物运输合同的规定,将承运的货物在到站完整无损地交给收货人。

(2)迅速:加速货物的送达,在规定的期限内将货物运抵到站。

(3)经济:用最少的劳动消耗和物资消耗,增加更多货物周转量,节省运输费用。

(4)便利:贯彻人民铁路为人民的宗旨,改善服务设施。提高服务质量、便利货物的运输。

7.3.3 铁路普通货物运输

铁路货运工作,是铁路运输工作的主要组成部分和铁路运输组织工作的基础。货运工作的任务是根据铁路法的规定,铁路与托运人、收货人紧密配合、搞好协作。爱护运输物资和铁路运输设备,严格履行货物运输合同,安全、迅速、经济、便利地运送货物,完成运输计划中规定的货物运输任务。

1. 车站货运工作组织

铁路货运站及货场是组织铁路货物运输,为广大货主服务的重要场所,也是铁路货运产品的营销窗口,必须由运输主业经营和管理。

车站货运工作包括货物的发送作业(受理、承运、装车)、到达作业(卸车、保管、交付)和货物运输途中作业(交接检查、换装整理等)以及货场管理、货运事故调查处理等各项工作。

(1)货物的受理。托运人向铁路站提出货物的运输要求叫做“托运”,车站审查托运人提出的货物运单符合运输条件并在运单上签证货物搬入日期或装车日期,即为货物受理。铁路货运单是货物运输合同的书面形式之一。

当托运人根据车站指定日期将货物搬入货场时,车站还应对货物进行检查,做到货物、标记与货物运单内容三相符。

(2)货物的承运。货物进齐验收后,车站应予以签证办理承运手续,填写货票,核收运杂费。

(3)装车。装运货物要合理使用货车,车主要适合各种需要。组织装车应做到:

①装车前检查货车状态是否良好、符合装车要求。

②装车时做到不错、不漏、巧装满载,防止偏载、超载、亏吨、倒塌、超限,不损坏货物。

③装车后认真检查车门、车窗、加固是否符合要求,按规定施封、加盖篷布。

货物装载加固和货车满载工作,是铁路运输组织工作的重要组成部分。其主要任务是:保证货物、车辆的完整和行车安全,充分利用货车载重力和容积,安全、迅速、合理、经济地运输货物,以适应国民经济发展的需要。货物装载加固和货车满载是技术性较强的工作,各部门应加强领导,配备专人负责。

(4)途中作业。货物装车后即组织挂运,编入列车运往到站。货物列车在中转站、车站、运转车间应认真交接检查,确保票货相随、货物完整。如发现装载状态、加固、篷布等不合要求,或因车辆技术不良需扣车检修时,应由有关车站及时进行整理或换装,并编制记录,进行登记,以明确责任并核收有关费用。

(5)货物到站后,应及时送入作业地点组织卸车,并注意下列事项:

①卸车前要检查车辆状态、货物状态等有无异状。

②卸车时应根据运单清点件数,核收货物标记,妥善放入制定货位,堆码保管好。

③卸车后清扫车辆,关好门窗;清好货物堆码通道,必须符合安全距离;登记卸车簿。

(6)货物交付。货物卸车后,车站应及时发出催领通知,并在货票内记明通知方式、时间。办理交货时,应对点交接,并在货票上加盖日期戳记及货物交迄戳记,货主凭运单或搬出证搬走货物。

收货人在到站领取货物时,须提交领货凭证并在货票上签认。如领货凭证未到或丢失时,须交证明文件。

为保证货场正常作业，防止货物堵塞，在货场内卸车的货物，收货人应及时收走。卸后货物在发出催领次日起，可免费暂存三天，超过天数应收保管费。长期无人认领、查不到收货人的货物，按无主货物处理。

(7)货物事故调查处理工作。铁路承运的货物在运输过程中(包括保管期内)发生货损、货差、有票无货、有货无票等情况时，都应在发现时编制货运记录。根据《铁路法》等有关规定，属于铁路责任者，应由责任单位负责赔偿损失。

2. 车流组织与列车编组计划

把铁路车辆按规定的重量、长度及编挂条件编成车列，挂有机车和规定的列车标志并制定有列车车次时，称为列车。车流组织是规定车流由发生地向目的地运送的制度，将车流变成列车流就是车流组织要解决的问题。

车流组织通过货物列车编组计划体现。货物列车编组计划统一安排全路各站解编作业任务，具体规定所有重空车流应在哪些车站编组停车、编组哪些种类和到站的列车以及编挂方法等。所以货物列车编组计划是全路的车流组织计划。

将货车编成列车的正确方法是：根据车流的大小和性质、结合设备条件，采用装车地直接编组列车和技术站编组列车相结合的方法。也就是说在装车站将较大的车流组织成直达列车、直接送到目的地；将其余的车流送到近邻技术站集中，按车流去向的远近分别编成技术直达列车、直通列车和区段列车，逐步转送到目的地。同时将中间站到发的车流编入摘挂列车和小运转列车。

货物列车编组计划的任务是：

(1)在装车地最大限度地组织直达运输和成组装车，以减少技术站的改编作业量，加速物资送达和货车周转。

(2)根据车流特点：设备条件和作业能力，规定装车站和技术站编组列车的方法，合理分配技术站的编解调车任务。

(3)在具有平行径路的方向上，按照运输里程及区段通过能力使用情况，规定合理的车流径路，以减轻主要铁路方向的负担。

(4)在具有几个编组站、货运站的大枢纽内，尽可能地利用迂回线、联络线放行通过车流，以加速车流输送和减少车流在枢纽内的重复改编作业。

(5)合理组织管内零散车流，加速区段管内车流的输送，更好地为工农业生产服务。

3. 货物列车编组计划

(1)装车地直达列车编组计划。由装车站(包括与其接轨的专用线)利用自装车编组的直达列车称为始发直达列车或阶梯直达列车。

始发直达列车有多种组织形式。从发站来看有一站组织的，也有几个装车站联合组织的，一站组织的又可分一个装车点或几个装车点的不同形式。从到站来看有到达一个卸车站的，也有几个到达卸车站的，还有到达技术站解体的直达列车。

上述不同组织方式的直达列车车辆停留车小时消耗是不同的，应根据直达车流和组织直达列车的各项作业时间等具体条件，通过计算分析比较，选出最有利的方案。

(2)技术站列车编组计划。

①编制技术站货物列车编组计划的基本原理。在技术站编某一去向列车时，车流是陆续到达的，而该站必须将这些车流加以集结，凑足成列后才能编组出发，因而在技术站产生了货与集结停留时间 $T_{集}$。由于编组技术直达列车，使列车经过的沿途技术站不进行改编作业，可获得无法通过的节省 $N_{直}\sum T_{节}$。两者比较，如果得大于失或得失相当，则开行直达列车是有利的。（$N_{直}$—某一去向一昼夜的车流量；$\sum T_{节}$—无改变通过沿途技术站的总节省时间；$T_{集}$—开行直达列车时一昼夜消耗的集结车小时。）

②编制技术站货物列车编组计划的方法。编制技术站单组列车编组计划就是在所有车流的组合方式中选择最有利的方案。编制技术站单组列车编组计划的计算方法很多，传统的方法有：绝对计算法、分析比较法和表格计算法等。

（3）相邻编组站间的列车编组计划。出去始发直达列车、空车直达列车和技术直达列车外，其余的货物列车都是在相邻两个编组站间运行的。这些列车包括直通列车、区段列车、摘挂列车和小运转列车。

编制相邻编组站间列车编组计划，应首先确定相邻编组站间车流。相邻编组站间车流又可分为技术站车流和区段管内车流两类。

运送技术站间客流的主要是直通列车和区段列车。直通列车编组计划可按单组列车编组计划的计算方法编制。当相邻编组站间的区段站改编能力较小时，可先将编组站至编组站的车流单独开行直通列车，再对其余车流按单组列车编组计划的计算方法编制直通列车计划。区段列车开行与否应根据区段车流量、区段通过能力利用程度等因素而定。当区段的通过能力富余，容许区段车流全部挂入摘挂列车时，应将区段列车单独开行和区段车流并入管内车流，将这两种方案进行车小时消耗比较，选择较优方案。

运送区段管内车流的主要是摘挂列车。重点摘挂列车和小运转列车中摘挂列车是基本形式。制定区段管内列车编组方案，首先应确定中间站的货物作业量，按装车去向和卸车方向编制区段内中间站到发车流表；其次编制区段管内重空车流表；最后再确定各站管内列车数。

4. 车站行车组织工作

车站是铁路运输生产的基地，是客货运输的起始、中转、终到地点。列车编组计划所规定的各种列车均需发往车站接发、编解、装卸、取送。因此车站除办理各项客货运输业务以外，还要完成各项列车组织工作。车站行车组织工作的内容主要有接发列车、列车的解体与编组、列车和车辆的技术作业、车站作业计划的编制和调度指挥。

（1）接发列车工作。接发列车工作是列车运行中不可缺少的重要环节，也是车站的基本任务之一，铁路上所有的车站都有接发列车工作；所有列车都必须经过车站办理发车和接车作业，才能进入区间运行或接入站内进行各项技术作业。为了安全与正点，接发列车工作必须在车站值班员的统一指挥下，严格按照作业程序进行。

（2）货物列车技术作业。货物列车到达技术站以后，需要在到发线上进行各种技术作业，如换挂机车、进行车辆技术检查及修理、货运检查、车长交接票据等技术作业。

（3）调车工作。在车站上，除了列车运行以外，凡是为了解体或编组列车、摘挂或取送车辆，使机车车辆在站内线路上有目的的移动，统称为调车。

调车工作是铁路运输过程中不可缺少的重要组成部分，也是行车组织工作中一项重要而复杂的内容。在铁路各类车站上几乎都有数量不等的调车作业，尤其对编组站来说它更是主要的生产活动。在保证安全的条件下提高调车频率，压缩货车在站停留时间，就可加速车辆周转和货物送达。

(4)车站行车组织指挥系统。为了保证车站行车工作顺利进行，技术站的行车组织指挥系统一般如图7-4所示。

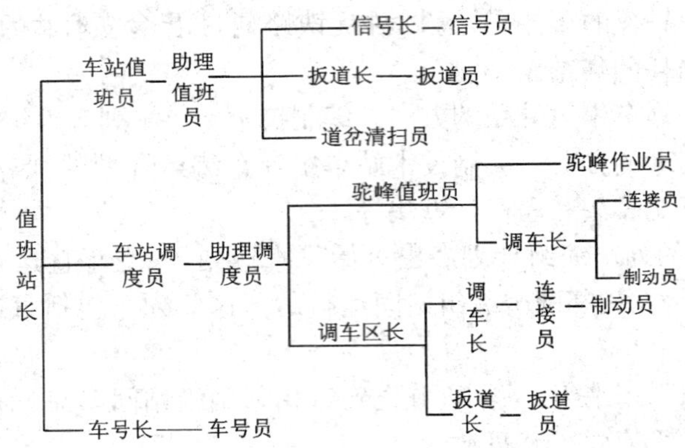

图7-4 技术站行车组织指挥系统

(5)车站日常计划。车站日常计划包括班计划、阶段计划和调车作业计划。

①班计划由主管运输的副站长或值班站长根据调度所计划负责编制。其主要内容有:列车到达计划;列车出发计划;装、卸、排空计划;班计划工作指标。班计划是全体职工的具体任务和目标。

②阶段计划是为了具体执行班计划而由车站调度员编制的3~4小时的行动计划。其主要内容有阶段的列车到发、编解和车辆取送等情况，具体安排调车机车和到发线的运用。

③调车作业计划。它是对每一个调车作业的具体行动安排，由调车区长编制，以调车作业通知单形式下达给调车组执行。它是实行班计划和阶段计划的基础。

(6)车站工作的主要指标。为了评价车站工作，铁路部门规定了各项数量指标和质量指标，并对其完成的情况进行系统的统计和分析。

①数量指标。车站工作的数量指标主要有装车数和卸车数、货物发送吨数、接发列车数、解编列车数及车辆数、办理车数等。

②质量指标。车站工作的质量指标主要有安全情况、货车停留时间、货车净载重、货物列车出发正点率等。

5. 铁路运费

铁路货物运价是由铁道部拟定，报国务院批准。计算铁路运费的程序是:

(1)算出发站至到站的运输里程。

(2)正确查出所运输货物的运价号。

(3)货物适用的发到基价，加上运行基价与货物的运价里程及货物的计费重量相乘之积，得出的就是铁路货物运费。

$$\text{铁路货物运费} = \text{发到基价} + \text{运行基价} \times \text{运价里程} \times \text{货物计费重量} \tag{7-1}$$

铁路货物运费的发到基价、运行基价、计费重量、铁路车站均予以张贴公布。

$$\text{零担货物每车运价} = \text{每吨运价} \times \text{计费重量} \tag{7-2}$$

$$整车货物每吨运价 = 发到基价 + 运行基价 \times 运价里程 \tag{7-3}$$

$$集装箱货物每箱运价 = 发到基价 + 运行基价 \times 运价里程 \tag{7-4}$$

托运人应在铁路承运货物当日支付货物运费(铁路运送货物的费用)。与运费同时核收的一般还有货物保价、保险费——托运人自愿申请办理情况时;货物装车费——整车货物;

货物过秤费——一般为零担、集装箱货物;铁路建设基金费;印花税;施封、施封材料费——有施封作业时;电力附加费——经电力区段时;押运人乘车费——有押运人时;铁路码头使用费——有在铁路码头作业时;其他费用——根据作业需要核收,如取送车费、篷布使用费、分卸作业费等。

7.4　公路快件货物运输组织

7.4.1　快件货物

1. 快件货物

快件货物的特点不同于普通货物,一般批量小、价值高,更重要的是要求快捷运输,对时间因素特别敏感,其基本特征是货物随到随运,尽可能快地实现货物的空间位移,而运输价格不是货主考虑的主要因素。

从目前情况分析,适合快件运输的货物主要有急件、新闻报纸等物品,要求随到随运;鲜活类产品,有一定的时间限制及批量特点;价值高的产品,主要注重物品运送的安全及可靠。一般来说,快件货物主要有以下几类。

(1)急件类。配件(汽车配件)大多数是急件,其他货物种类也有作为急件发送的情况,如报纸(办公生活用品),在调查数据中表现了一定的业务量,作为省市级的报纸,其发行范围会受到运输条件的影响,快件货物运输为其提供了快捷、可行、实用、方便的营销支持途径。

(2)鲜活类。海鲜类货物对快件货物运输的服务需求较为旺盛,为保证其产品的鲜活性,要求快件运输中间环节尽可能少,最好“门到门”,因此运输时间以及运输的便捷性成为顾客考虑的主要因素。由于高等级公路网络的逐步形成,使公路运输逐步发挥出自身的特点,在鲜活类货物运输方面越来越体现出竞争的优势。

此外对鲜活类货物应该研究合适的运输操作环节,包括装运方式以及取送或服务等,尽可能采取优质的服务来稳定货源。

(3)价值高以及对运输质量要求高的货物。医疗器械、药品、电子产品、布料服装、办公生活用品等,由于自身价值较高,因此对运输的质量提出了较高的要求,主要涉及运输的安全性和可靠性,其对货物运输价格的承受能力较大,这些货物应该是快件运输对象的主要货源。

此外,快件货物按比重可以分为一般计重货物和轻泡货物,计重货物起始重量是 10kg,不足 10kg 的均为小件货物;轻泡货物体积在 30cm × 30cm × 30cm 之内的均计为小件货物。不受理国家禁止用快运方式运输的物品,也不得经营邮政专营的信函。

快件货物还分为保价货物和非保价货物两种,保价与否客户自己选择。

2. 货物运输定价分析

在制定快件货物运输价格时除了要考虑具体的运输线路上竞争状况以外,还要考虑货物

本身的特点,特别是运输时间的要求。完整的快件货物运输价格的表达公式为:

$$P = f(X_1, X_2, X_3, X_4) \tag{7-5}$$

式中:X_1——运输线路的影响因素;

X_2——货物本身的影响因素;

X_3——运输时间的要求;

X_4——其他因素(成本、品牌等)。

(1)运输线路的影响因素分析。经营线路的实际情况对该线路上货物运输价格有非常巨大的影响,不同的线路如果运营环境差异较大,必须制定各自的服务价格策略以便于同竞争对手相竞争。

根据市场营销学中的定义同样地可以把快件货物运输市场分为垄断市场、完全竞争市场和不完全竞争市场。其中完全竞争市场上有很多个经营类似的企业相互竞争,价格随行就市;而完全垄断市场企业本身就是价格的决定者。根据目前快件货物运输主要线路的实际情况,垄断经营的情况较少,大多数线路都面临着竞争,但还没有形成完全竞争的市场,这就意味着在制定快件货物运输价格时还具有一定的控制能力。因此快件货物运输企业要及时收集市场信息,及时掌握快件货物运输市场的新变化,从而制定更加合理有效的运输价格策略。

(2)货物本身的影响因素分析。货物本身的影响因素主要包括货物的物理属性以及运输时限要求等。其中物理属性主要是鲜活类货物等,对运输时间和方式要求较高。从事快件货物运输的公司应该在对运输货物种类分析的基础上,考虑和设计出不同种类货物在运输环节中的不同处理方法,以满足快件货物特殊的运输需求。

(3)运输时间的要求分析。快件货物运输中非常重要的要素就是运输时间,快件货物区别于其他普通货物最大的特点就是对时间的要求特别严格,必须在规定的时间内将货物运送到指定的场所。快件货物运输的价格与运输时间成阶段性的反比关系,时间越长,顾客愿意支付的价格也就越低。在这种情况下,强调运输时间的观念对公路运输非常重要,而且时间单位的概念应进一步缩小,不能以“天”为单位,而要以“小时”甚至“分钟”的概念去宣传,这样才能体现出快件货物运输优势所在。

以上从运输线路、货物本身以及运输时间的要求三个方面对影响快件货物运输的主要因素进行了分析,可以看出,快件货物运输企业只有从这三个方面入手努力提高自身的服务水平,才能保持企业健康、快速的发展。

7.4.2 公路快件货物运输组织

快件货物运输的服务程序分为:

发站:接(取)货——验货——划价——开票——贴标签——清点——分拣——交接——装车。

到站:卸车——交接——清点——分送。

(1)货物受理。

①受理规定。在发送快件货物前,承运方应当同货主签订合同,承运人应当按照合同约定的期限,将货物运到目的地。营业网点在受理货物时有权对货物名称、件数、运输包装、标记及加固材料等进行检查。国外进口货物,按原包装托运时,应注明“进口原包装”。此外,快件运

输严禁运送危险、违禁货物，发现危险和违禁货物按国家有关规定处理。受理货物时，遇有对其性质不能识别时，应请托运人提交有关部门出具的非危险品或不妨碍公共卫生物品的鉴定证明后再予受理。相关证明随货同行。

②受理方式。受理方式分为：营业网点受理、上门受理、异地受理和网上受理。其中各自的操作方式分别如下。

a. 营业网点受理：托运人到营业网点办理货物托运手续，受理人员完成“货物托运单”的信息录入后，托运人在计算机打印出的“货物托运单”上签名。

b. 上门受理：托运人通过电话告知上门取货及相关信息，承运人到托运人制定的地点收取货物，办理托运手续，并将“货物托运单”第三联交托运人存查。

c. 异地受理：异地代办受理是一种特殊受理方式，其服务对象是收货人，收货人通过电话、传真、网上订单将所需货物信息通知受理网点，由其与货物所在地沟通，并办理相关手续。

d. 网上受理：托运人通过网络平台，申请托运业务，并可选择在线或离线方式交付运费；承运人按托运人指定地点取货后将货物运往目的地，交付收货人。

③货物检验。包装内的货物应与客户填写的“货物托运单”内容一致。如检查出不一致应按实际情况重新录入。包装应符合JT/T385的规定，出现包装不严、捆扎不牢等影响运输的货物，应请托运人重新包装、改装，或应托运人要求代其改包装。货物的最小外包装为20cm×15cm×10cm，小于此规格的物品，应用专用包装箱进行包装。最后要验核货物的到达地址、邮政编码、收件人姓名以及相关单位是否齐全有效。

④信息录入。货物受理完成后，受理人员应及时将相关信息录入管理系统，打入托运单。

⑤条码和标签。受理人员将含有货物名称、货物托运单票号、货物发运和到达站名等货物运输信息的条形码分别贴在“货物托运单”和货运标签上。货物入库前应将货运标签贴于货物外包装明显位置，标签上注明货物名称、货物托运单编号、货物发运和到达站名等信息。托运人应根据货物性质，按照GB/T 191的规定，在货物包装上做好包装储运图示标志。货件上与本批货物无关的运输标记和包装储运图示标志，托运人应撤除或抹消。货运标签粘贴完成后，由工作人员负责安排搬运入库，并确认货物已入库。

⑥运费结算。货物受理后，受理方根据收费标准用以下方式向托运人收取运费：

a. 现结运费：货物受理后向托运人收取运费。

b. 货到付款：收货人收到货物后向送货方付托运费。

c. 合同结算：根据合同在规定时间向承运人结算运费。

d. 在线结算：接受网上订单后，在线交付运费。

(2)理货。理货应做好货物的分票、计数、清理残损、签单和交接入库、出库及库存管理工作。

①货物分拣。应由专门的生产组织在专用场地，根据货物的品种、流向、时限等进行处理作业。

②货物堆存。库管人员应按到达站不同将货物分栈入位，遵循重不轻压、大不压小、不搭肩、箭头向上、标签朝外的规定进行合理码放。库存人员应对入库货物适时地整理，做到同票货物不分离，异票货物不交叉，货票一致。按货流流向、出货时限调整位置和次序。每天依次通过管理系统将货物流向、流量传至数据库，以便调整人员了解各营业网点的配货量，科学合

理地安排车辆。

(3)货物配装。发运人员凭“货物托运单”同押运人员交接货物，并对货物名称、数量、到达地等信息进行确认，保证货票相符。装车人员要轻搬轻放，严格执行相关的操作规程。配装货物应做到分类合理、装载均衡、先远后近、重不压轻、包装上的箭头向上一致。货物配装完毕，核对无误后，应打印出“货物交接单”，发运人员在上注明发运时间，并与押运人员在“货物交接单”上签名。发送完成后，发运人员应根据“货物交接单”将有关信息录入管理系统。

(4)货物接受。货物到达后，“货物托运单”交到达站，并按“货物交接单”对货物逐票逐件核对，核对无误后，接收和押运人员在“货物交接单”备注栏签名并填写到达时间。出现货物短缺、残损、包装破损、不得拒绝收货。交接双方共同验货、复磅、签字确认，通知发运方，由接收方负责处理，经济损失向责任方追偿。货物到达交接完毕，接收人员填写或打印“货物配送单”。

(5)货物交付。配送单位应在自己的行政区域内，合理划分配送区域，优化配送资源，制定切实可行的作业计划，及时准确地把货物交给收货人。

①自提货物。货物到达后，应尽快通知收货人取货。自通知到收货人次日起，货物免费保管三天，逾期提取，承运人或其代理人按规定核收保管费。收货人提货时，应当面与配送单位工作人员清点货物，如发现缺失、损坏、污染等事故，应在“货物托运单”备注栏注明。如提货人拒收应将货物暂存，查明原因后处理。自通知到收货人领取货物次日起，20 日内收货人未到配送单位办理提货手续，配送单位应通知承运人，征求托运人对货物的处理意见，满 30 日无人提取又未收到托运人的意见时，按无法交付的货物处理。

②上门送货。配送人员应看清、看全收货人地址、姓名，计划好送货路线，出发前应查看现场有无遗落货物，防止漏带而造成货物延误。货物送出后，如发现错送，应及时取回。错送的货物如已被误拆，应对货物重新包装，注明误拆的原因并在重封处签章。配送人员送货完毕，应及时交回“货物配送单”和应收款额。每班工作结束，配送单位应对上班留存、本班已配送货物及留存货物数量进行清点，将相关信息录入系统，保证进出货物的一致。

快件运输实行网络统一经营、分段结算的方式进行运作。整个网络是一个整体，由一个专门机构或中介组织对品牌和信息平台进行统一经营和管理，负责网络内各经营主体之间信息交换和费用结算，并对网络成员之间的纠纷进行协调。

各网络成员可以在自己的能力范围内，发展自己的验货和配送体系、建设自己的快运中心和扩展自己的运输网络，并以此来发展整个快运网络体系；同时一个城市也可以有多个企业分别设自己的快运中心和验货、配送、运输网络从事各阶段的快运业务，以鼓励进行适度竞争。

快件运输高效率的关键是构建网络，要充分利用目前日渐完善的直达客运网络，采用直达客运车辆带货的方式，以各主要客运站场为枢纽，实行一条龙的服务方式，鼓励市内揽货、站场收货、分拣、运输、末端配送几个过程由一个企业或企业集团经营，并不断增强企业之间的合作。随着快件运输网络的完善，逐步形成包括客运企业、货运企业、物流企业共同参与，依托统一的信息平台，由多种运输方式组成的快件运输网络。

此外快件运输信息平台的建设不同于物流，不能由各个企业或集团自行发展，而必须统一规划、统一运作，信息网络与快件运输网络同步发展，提供相应的服务。在发展初期，由于信息平台不完善，可以采用一些人工的方法加以解决结算、信息流通和流程方面的问题，而最终需

要一个统一、完善的系统来进行运作。在信息平台的运作和经营方面,可由专门机构或中介组织进行开发、管理和经营,为保证公平、公正,该公司不应参加具体的业务经营。

总之,快件运输是一个庞大的系统工程,需要众多企业共享信息,建立完善的信息平台,利益共享,只有在这种经营模式下才能实现我国快件运输的健康、快速发展。

复习思考题

1. 试述快件货物的种类及组织程序。
2. 开展拖挂运输应注意几方面的问题?
3. 试述货物运输系统的构成形式。
4. 阐述公路零担运输组织的特点及发展趋势。
5. 阐述公路运输组织的特点及发展趋势。

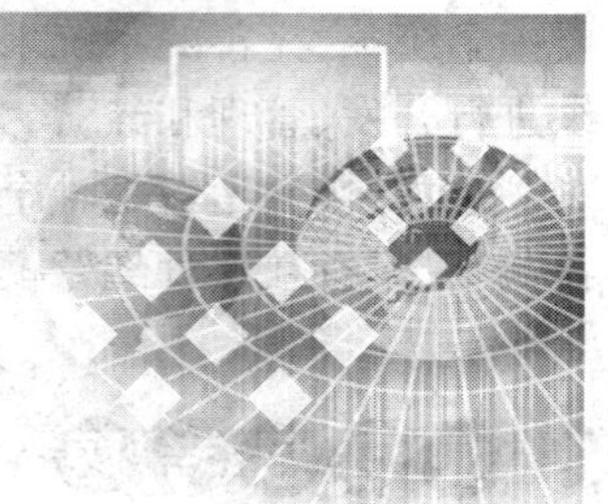

第8章　城市轨道交通运营组织

轨道交通的运营管理和行车组织对轨道交通运能潜力的发挥有着直接的影响。轨道交通运营组织方案一方面对轨道交通运营成本起着决定性的作用,另一方面对客流的吸引也有着重要的影响。合理和科学的运营组织可以有效地降低运营成本,提高运营效率。本章主要介绍城市轨道交通的基本形式、运营管理模式及其适用性、列车开行计划的编制、列车运行组织和车站客运组织方法等。

8.1　城市轨道交通的基本形式

根据城市交通系统的组成,城市中使用车辆在固定导轨上运行并主要用于城市客运的交通系统称为城市轨道交通。一般而言,城市轨道交通是指以轨道运输方式为主要技术特征,在城市公共客运交通系统中具有中等以上运量的轮轨交通系统(有别于道路交通);主要为城市内(有别于市际铁路,但可涵盖郊区及大都市圈范围)的公共客运服务,是一种在城市公共客运交通中起骨干作用的现代化立体交通系统。自19世纪中叶,世界上先后出现城市地下铁道与有轨电车以来,经过100多年的研究、开发、建设与运营,城市轨道交通系统已经形成多种类型并存与发展的状态。根据轨道交通系统基本技术特征的不同,轨道交通系统主要有有轨电车、轻轨交通、市郊铁路和地下铁道等类型。

8.1.1　有轨电车

有轨电车通常采用地面线,有时也有隔离的专用路基和轨道,隧道或高架区间仅在交通拥挤的地带才被采用。旧式的有轨电车由于其与公共汽车及行人共用街道路权,且平交道口多,因而其运行所受的干扰多,速度慢。现代有轨电车与性能较差的轻轨交通已很接近,只是车辆尺寸稍小些,运营速度接近20km/h。有轨电车实际上是轻轨的最早形式。有轨电车在混行车道上运行,速度低,载客量也较少,每节车载客量在100~200人。有轨电车是最便宜的轨道交通运输工具,造价大约400万美元/km,有轨电车的车辆价格一般为30万美元/辆,车辆和轨道维修也较为简单。

20世纪50年代,许多城市拆除了有轨电车,但是近年来人们又开始重新评价有轨电车在城市交通中的作用。

8.1.2　轻轨交通

20世纪60年代,轻轨交通在有轨电车的基础上发展起来,但它与原来的有轨电车已有了

质的区别,已成为一种崭新的交通工具。1978 年 3 月,国际公共运输协会 UITP 在比利时布鲁塞尔召开的会议上,把在有轨电车的基础上发展而成的中等运量的城市轨道交通方式,定名为"轻轨交通(Light Rail Transit)",简称 LRT。轻轨的涵义是指新车辆对轨道施加的荷载而言,轻轨车辆与市郊列车或地下铁道车辆比较相对较轻。早期的轻轨系统一般直接对旧式有轨电车系统改建而成。20 世纪 70 年代后期,一些国家才开始修建全新的现代轻轨系统。现代轻轨系统与旧式有轨电车系统相比,具有行车速度快、乘坐舒适、噪声较低等优点。对世界各国轻轨系统进行分类研究表明,轻轨也存在多种技术标准并存发展的情况。高技术标准的轻轨接近于轻型地铁,而低技术标准的轻轨则接近于有轨电车。轻轨交通是由电力牵引、轮轨导向、车辆编组运行在专用行车道上的中运量的城市轨道交通系统。轻轨系统的运量低于重轨系统,介于公共汽车和地铁之间。它可以根据不同城市的地理特点和具体情况,采用地下、地面和高架相结合的方式进行建设,具有很大的灵活性。

地面上的轻轨系统的造价为 600 ~ 1 000 万美元/km,如果高架与地下部分占的比重较大,其投资会超出该水平。轻轨车辆购置费用大约 80 万美元/辆,总运营成本一般在 0.10 ~ 0.15 美元/人 · km。

8.1.3　市郊铁路

市郊铁路是基于大铁路的原形,由电力牵引或内燃机牵引、轮轨导向,车辆编组运行在城市中心与市郊、市郊与市郊、市郊与新建的卫星城之间,以地面专用路线为主的大运量的快速轨道交通系统。市郊铁路主要为通勤者提供运输服务,故有时也称为通勤铁路(Commuter Rail)或地区铁路(Regional Rail)。市郊铁路线路较长,车站间距较大,坡度较缓,速度较高。线路长度一般在 40 ~ 80km,虽然市郊铁路的终点站可以引入市中心区,但大多车站仍在郊区。

市郊铁路系统可以与城市间铁路系统使用共同的线路。新建的地面市郊铁路运输系统平均造价为 600 ~ 1 000 万美元/km,车辆购置费大约为 100 万美元/辆,总运营成本为 0.08 ~ 0.15美元/人 · km。

8.1.4　地下铁道

地下铁道俗称地铁,国际公共交通联合会用重型轨道交通系统(Heavy Rail System)或快速轨道交通系统(Rapid Rail Transit)来定义地铁。地铁是由电力牵引、轮轨导向、车辆编组运行在全封闭的地下隧道内,或根据城市的具体地理情况和条件,运行在地面或高架线路上的大容量快速轨道交通系统,单向最大断面流量达 3 ~ 8 万人次/h。对世界各国地下铁道系统进行分类研究可以发现,地下铁道还可分为重型地铁、轻型地铁与微型地铁三种类型。重型地铁就是传统的普通地铁,轨道基本采用干线铁路技术标准,线路以地下隧道和高架线路为主,仅在郊区地段采用地面线路,路权专用,运能最大。轻型地铁是一种在轻轨线路、车辆等技术设备工艺基础上发展起来的地铁类型,路权专用,运能较大,通常采用高站台;微型地铁,又称小断面地铁,隧道断面、车辆轮径和电动机尺寸均小于普通地铁,路权专用,运能中等,行车自动化程度较高。欧洲地铁运营资料表明,地铁系统的运营成本(包括折旧在内)一般在 0.15 ~ 0.25 美元/人 · km。

各种轨道交通方式的比较如表 8-1 所示。

轨道交通方式的比较 表 8-1

项目		有轨电车	轻轨交通	市郊铁路	地下铁道
城市规模	人口	20~50 万	10~100 万	50 万以上	100 万以上
	商业区雇员	2 万以上	2 万以上	4 万以上	8 万以上
线路特点	CBD 线路长度	10km 以下	20km 以下	40km 以下	24km 以内
	股道	在街道	至少 40% 隔离	分离	隔离
	CBD 可达性	地面	地面或地下	地面到 CBD 边缘	地下
	郊区站距	350m	1km	1~3km	2km
	CBD 站距	250m	300m	—	0.5~1km
	最大坡度	10%	8%	3%	3%~4%
	最小半径	15~25m	25m	200m	300m
	工程量	最小	轻	中等	重
机车车辆	车辆重量	16t	20t 以下	46t	33t
	车辆数	1 或 2	2 或 4	至多 12	至多 8
	车辆能力	50 座 75 站	40 座 60 站	60 座 120 站	50 座 150 站
	车辆可达性	步行	步行或站台	站台	站台
运行指标	供电电流	DC500~750V	DC600~750V	DC600~1.5V 或 AC 25kV	DC750V DC1500V
	供电方式	顶上	顶上	顶上或三轨	三轨或顶上
	平均速度	10~20km/h	30~40km/h	45~60km/h	30~40km/h
	最大速度	50~70km/h	80km/h	120km/h	80km/h
	一般高峰间隔	2min	4min	3min	2~5min
	最大小时流量	15 000	20 000	60 000	30 000

8.2 城市轨道交通运营管理模式

8.2.1 城市轨道交通运营管理模式分类

城市轨道交通的运营管理模式在世界各国出现了多样化的趋势。由于世界各个城市发展城市轨道交通的历史条件和经营环境不同,形成了各种各样的城市轨道交通管理模式。按资产属性及运营企业性质划分,世界城市轨道交通的运营管理模式主要可以分为以下 6 种。

1. 有竞争条件下的官办官营模式

有竞争条件下的官办官营模式,线路为政府所有,两家或两家以上的运营单位通过招标方式获得运营权。

韩国首尔采用了这种模式。首尔的城市轨道交通系统由政府出资修建,并委托国有企业运营。在同一个城市内有两家以上的城市轨道交通运输企业,它们通过招投标的方式获得新线路的建设及运营权。首尔的城市轨道交通网络包括首尔地铁和首尔铁路系统两部分,分别

由首尔地下铁公司(SMSC)、首尔快速城市轨道交通公司(SMRT)和韩国国家铁路公司(KNR)三家国有公司运营。地铁从运输税务系统得到补助金,但每年仍有亏损。为弥补亏损,市政府不得不注入额外的资金,发行债券。

有竞争条件下的官办官营模式是一种带有计划性质的市场竞争。在此模式下,政府作为企业主给企业的补助较为优厚;官办性质的企业不能过分重视盈利,所以票价带有福利性;但是由于创造了一定的竞争环境,客观上提高了企业的主观能动性。

2. 无竞争条件下的官办官营模式

无竞争条件下的官办官营模式,线路为政府所有,一家单位独家经营,或两家以上单位按行政区域划分经营范围。

伦敦、纽约、北京、广州、柏林、巴黎的地铁运营管理都是属于这种模式。这种模式的特点是城市轨道交通的运营者由政府指定,政府给予相应的补贴。如纽约的地铁系统在纽约市运输局(Metropoling Transportation Authority,简称 MTA)的管理之下。MTA 是纽约州政府的下属机构,负责管理纽约市内的公共交通系统。MTA 的董事会成员基本都由纽约州政府指定,其余部分由纽约市市长或郊区各县的官员指定。自 1950 年以来,纽约所有城市轨道交通系统的资金补助都来自市政府、州政府和联邦政府的拨款;运营费用占总拨款的 65%,不足的部分由州和联邦政府补贴;用税收收入补贴运营所需的资金。

欧美国家多采用无竞争条件下的官办官营的管理模式,主要是因为欧美国家的城市轨道交通系统客流密度比较低,系统盈利的可能性比较小。这些城市一般由非盈利性的公共团体代表政府管理城市轨道交通;票价带有极大的福利性,运营收入不能抵偿运营成本,主要靠补助金支持日常开销。

3. 官办半民营模式

官办半民营模式,线路为政府所有,交由政府股份占主导地位的上市公司经营。

香港地铁的运营管理采用这种模式。香港地铁公司是一家上市公司,它的第一大股东为香港政府。虽然是市场化运作,但是香港政府为地铁公司提供担保,从多个方面干涉地铁公司的经营。因此,香港地铁不能算是完全民营的模式,只能算作半民营。政府委任有关人员组成香港地铁公司董事局后,就让其按商业原则运作,政府主要靠法律手段规范市场主体的行为。2000 年,香港政府又对地铁公司进行股份制改造,让高层主管及员工持股。该公司 10% 的股份通过上市私有化。

4. 官办民营模式

官办民营模式,线路为政府所有,交由民间股份占主导地位的上市公司经营。

新加坡的地铁运营管理属于这种模式。新加坡城市快速轨道交通公司负责新加坡地铁的运营,公司的最大股东为一家私人企业。新加坡国土运输局(Land Transport Authority,简称 LTA)拥有城市轨道交通的所有权和建设权并承担建设费用。国土运输局是新加坡城市轨道交通系统的建设者和所有者,同时还是运输规则的制定者。它制定规则确保系统的正常运营和养护维修等工作。LTA 通过与新加坡城市快速轨道交通公司(SMRT)签订租借合同授予 SMRT 地铁线路的经营权,并对 SMRT 的运输行为进行约束。

新加坡地铁是把建设和运营分开的一种管理模式,所有线路都在国土运输局(LTA)建设完成以后交付运营公司使用。它的主要特点有:

(1)地铁作为福利项目由政府负担建设费用。

(2)淡化运营公司的职能,运营公司无线路的所有权,政府不干涉运营收入也不对运营开支进行补贴。

(3)运营公司完全民营,第一大股东为私人投资公司。

(4)由政府制定运营水平和规则,以保证城市轨道交通的公共福利性质。

5. *多种经济成分构成的模式*

多种经济成分构成的模式即公私合营,线路归政府和地方公共团体所共有,同样由政府和地方公共团体共同组织人员经营。

东京的城市轨道交通系统很早就引入了多种经济成分。例如,有政府投资、商业贷款、民间投资、交通债券等多种形式,充分开拓了融资渠道。以帝都高速交通营团(TRTA)为例,它的资本金由日本政府和东京都政府分摊,运营补助金50%以上来自地方公共团体,贷款来源于政府的公共基金、运输设备整备事业团的无息贷款、民间借入金和交通债券等。政府对帝都高速交通营团的控制在于高层人员的任免(董事长由东京都政府任命)。帝都高速交通营团的管理委员会施政的实权机构,它决定收支预算、营业计划和资金计划等。管理委员会共有5名成员,其中4名由国土交通局任命,1人由出资的地方公共团体推荐。

6. *私办私营模式*

私办私营模式,线路由私人集团投资兴建,由私人集团经营,政府无权干涉私人工作。

以曼谷轻轨为例,曼谷轻轨的建设和运营由一家私人企业控股的公司——曼谷大众交通系统公共有限公司(Bangkok Mass Transit System Public Limited,简称BTS)负责。泰国政府通过合同形式对轻轨建设和运营以及BTS的股本结构进行约束,如特许经营协议规定、票价范围在10~40泰铢等。

这种模式能最大限度地激发私人投资者的兴趣,但在票价、线路走向等敏感问题上政府与私人投资者不可避免地发生冲突,政府难以保证城市轨道交通作为公共福利事业的本质。城市轨道交通的投资回收期长,私人投资者要有在头几年亏损的情况下偿还贷款利息的心理准备。这种模式会激发私人投资者严格控制建设和运营成本。

总体而言,西方国家的城市轨道交通线路几乎都是国家政府或市政府所有,由政府机构直接运营或是交给公有性质的企业运营;而东方国家城市轨道交通的情况比较复杂。

8.2.2 各种运营管理模式的适用性

通过上述分析,我们发现,城市轨道交通的运营管理模式在世界各国呈现出多样化的格局。由于不同的管理模式是在不同的社会环境下发展起来的,在具体选择时应立足城市实际情况,设计和选择适应具体城市的管理模式,以有利于城市轨道交通持续、健康、稳定的发展。从上述分析可知,不同模式均存在自身的优势与不足,有自己的适应范围。

(1)强调地铁福利性质的城市,如纽约、新加坡,政府承担了过多的责任,都存在后续投资困难的危机;在选择盈利性的城市,如曼谷,难以保证城市轨道交通项目本身的有序发展;而在香港、东京、首尔,城市轨道交通发展已逐渐走上良性循环,城市轨道交通的福利性和盈利性得到了较好的融合,基本上能够自给自足,以线养线,政府的角色也在逐渐淡出之中。

(2)客流量和线路类型是影响城市轨道交通管理模式的重要依据。结合世界主要大城市

轨道交通的客流密度(表 8-2)进行分析,可以初步得出如下结论。

城市轨道交通客流密度分布(万人/km·日)　　表 8-2

城市	伦敦	巴黎	纽约	柏林	香港	首尔	东京	曼谷(预计)	新加坡	上海
客流密度	0.64	1.54	0.80	0.77	2.86	1.75	2.87	1.70	1.30	1.64

①当客流密度在 0 ~1.5 万人/km·日时,城市轨道交通运输缺乏盈利所需的必要客流,因此需要在政府的扶持下存活。这种类型的城市轨道交通系统适宜采用官办官营的管理模式。

②当客流密度在 1.5 ~2.5 万人/km·日时,城市轨道交通运输系统基本具备维持运营成本所需的客流且能略有盈利,因此可考虑采用有竞争条件下的官办官营、公私合营、官办半民营的模式。

③当客流密度达到 2.5 万人/km·日以上时,可采用官办半民营、官办民营的模式。

④当城市轨道交通系统的业主(政府)独自承担建设费用,而不从运营收入抵扣时,在大于 1.0 万人/km·日的客流密度时就可尝试官办民营的管理模式。

⑤考虑到市中心地区修建城市轨道交通的成本和物业开发的难度较高,市中心区城市轨道交通线路不宜采用私办私营的管理模式,必须有公共资本参与。私办私营的模式最好用于市郊铁路。在市郊铁路的条件下,客流密度达到 1.7 万人/km·日以上时就可采用私办私营的模式。

8.2.3　城市轨道交通运营方案

城市轨道交通工程建设投资巨大,每公里轨道线路的资金需要数亿元,难以一次性建成投入使用,无论采用哪种管理模式,一般是采取边建设边运营的方法。在此过程中,城市轨道交通的建设与运营无疑大大促进了沿线区域经济的发展,由此反过来更加加剧了运输需求的不断变化。因此,城市轨道交通运营方案需要不断地调整,以适应客流的变化,有代表性的运营方案有以下三种。

1. 共线运营方案

本方案特点是对前期建造线路的运营组织不会产生太大的干扰,对于后期线路运营方案也很容易实施,并且使前后期线路上任意两车站旅客乘车方便。这样既节省了工程建设投资,也实现了各条线路的联网综合组织管理与使用便利的功效。但其明显缺点是共线车站运输组织较为繁忙。此外,行车间隔的不同会造成输送能力的不均衡,非共线段能力利用率较低等。这要求在规划阶段与地面大型公共交通一起做好客流预测、换乘衔接、合理分流的方案设计等工作,在城市轨道交通建成联网后尤其要加强客运组织与管理工作,并提供列车导向信息,组织好旅客乘降工作。

2. 独立运营方案

本方案特点是不产生共线运营,要求在交汇点或衔接点设换乘站,一、二期信号设备及车辆系统要能相互兼容,这样,部分旅客要换乘两次或更多次。这种方案会增加旅客的旅行时间,给旅客带来不方便。如果采用此方案,应加强运营组织,认真设计好换乘站。

3. 部分独立、部分共线方案

本方案特点是部分线路共线运营,另一部分线路独立运营和联合运营相结合。这种组织有利于分段建成的线路依据其客流各区段均匀与否选择部分线路共线运营、部分线路独立运营和联合运营相结合,这样既满足了部分乘客的换乘直达,又减少了完全共线运营所造成的乘客虚乘及其能力浪费。共线运营还有利于长短交路结合的高效率运行。除空间共线方案外,结合节假日及高峰期与非高峰期车流特点,在基础方案上还可形成各种不同时段部分独立、部分共线的方案。但该方案在运输组织灵活、运输能力与需求相匹配程度高的同时,对车站的组织工作要求提高,也增大了难度,其中列车的组织方案的稳定性与灵活性应同时兼顾,车站的导向服务尤其应该配套加强。

8.3 列车开行计划

为了经济合理地运用技术设备,实现高服务水平、高效率和低成本的运营目标,轨道交通的运营组织必须以列车开行计划为基础。列车开行计划由全日行车计划、列车开行方案、列车运行图和车辆运用计划组成。

8.3.1 全日行车计划

全日行车计划是指在营业时间内各个小时开行的列车数计划。它决定着城市轨道交通系统的输送能力和设备(列车)使用计划,也是编制列车运行图的基础。全日行车计划编制的主要依据有:营业时间计划、全日分时最大客流断面分布、列车运载能力以及设计满载率等。全日行车计划的编制一般在分时行车计划的基础上汇总后完成。

1. 计算分时开行列车数

$$n_i = p_{max,i}/(c_p \times \beta) \tag{8-1}$$

式中:n_i——某小时 i 内应开行的列车数;

$p_{max,i}$——该小时最大客流断面旅客数量;

c_p——列车的设计载客能力,即列车编组数与车辆定员数的乘积;

β——列车满载率,一般可取 0.75 ~ 0.90。

2. 计算分时发车间隔

$$I_i = \frac{3\ 600}{n_i} \tag{8-2}$$

式中:I_i——某小时 i 内的发车间隔。

3. 最终确定全日行车计划

在计算得出的分时开行列车数和发车间隔的基础上,检查是否存在某时段内发车间隔过长的情形,如果发车间隔过长,就会增加乘客的候车时间,不利于吸引客流。一般为了保证轨道交通的客运服务水平,发车间隔在非高峰运营时间的 9:00 ~ 21:00 不宜大于 6min,在其他非高峰运营时间不宜大于 10min。高峰小时发车间隔的确定应检验与列车折返能力是否相适应。

8.3.2　列车开行方案

列车开行方案包括列车编组方案、列车交路方案和列车停站方案三部分。列车编组方案规定了列车是固定编组还是非固定编组，以及列车的编组车辆数；列车交路方案规定了列车的运行区段和折返车站；列车停站方案规定了列车是站站停车还是非站站停车，以及非站站停车的方式。列车开行方案是日常运营组织的基础。列车开行方案的确定应遵循客流分布特征与运营经济合理兼顾的原则，以实现既能维持较高的乘客服务水平，又能提高车辆运用效率的目标。

1. 列车编组方案

根据列车编组车辆数的多少和固定与否，可将列车编组方案分为三类。

(1)大编组方案。大编组是指在运营时间内列车编组车辆数固定且相对较多，如地铁列车采用 6 辆或 8 辆编组的情形。

(2)小编组方案。小编组是指在运营时间内列车编组车辆数固定且相对较少，如地铁列车采用 3 辆或 4 辆编组的情形。

(3)大小编组方案。大小编组是指在运营时间内列车编组车辆数不固定。大小编组有两种情形，一种是在客流非高峰时段编组车辆数相对较少，在高峰时段编组车辆数相对较多。如在客流非高峰和高峰时段，地铁列车分别采用 3/6 辆编组、4/6 辆编组或 4/8 辆编组的情形；另一种是在全日运营时间内采用大小编组，如地铁列车采用 3/6 辆或 4/6 辆编组的情形。在采用大小编组方案时，与 4/6 辆编组相比，3/6 辆编组方案具有乘客服务水平较高、可根据客流量灵活编组以及车辆维修周期一致等优点。

在进行列车编组方案比选时，通常需要考虑客流需求、服务水平、车辆运用经济性和运营组织复杂性因素。需要指出的是，离开一定的客流条件来讨论列车编组方案的比选是无意义的。例如，在线路的分时客流比较均衡时，大小编组方案就失去了比选的必要性；在客流已经接近远期设计客流量时，小编组方案失去了可实施的可能性。因此，只有在客流尚未达到远期设计客流量、并且分时客流不均衡程度较大的情况下，才有必要对列车编组方案进行比选。

2. 列车交路方案

当轨道交通线路较长，客流分布不均衡时，通过合理、可行的交路组合来安排列车输送能力是一种充分利用有限资源、降低运输成本的常见方法。

由于城市轨道交通系统站线少甚至没有侧线，规定不同的交路其实要受客观条件的限制。根据轨道交通线路的特点，列车交路可分为长交路、短交路及混合交路 3 种类型。长交路是指列车在全线各站间运行，为全线提供运输服务，列车到达折返线(站)后返回。短交路是指列车在某一区段内运行，在指定车站折返，它可为某一区段旅客提供服务。混合交路则指线路上长短交路并存的情形，也叫长短交路。图 8-1 给出了 3 种交路示意图。

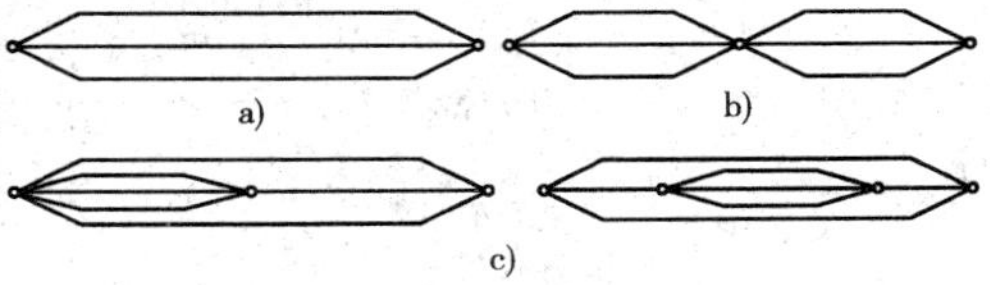

a)　b)　c)

图 8-1　不同类型的列车交路

a)长交路列车交路；b)短交路列车交路；c)混合交路列车交路(长短交路)

列车交路计划的确定应建立在对线路各区段客流量进行统计分析的基础上，充分考虑行车组织与客运组织的条件，进行可行性研究后加以确定。

（1）符合客流的空间分布特征是列车交路方案选用的前提条件或必要条件。只有在线路各区段断面客流分布不均衡程度较大时，才有必要考虑列车交路的比选。在断面客流分布为阶梯型时刻选用混合交路或短交路，在断面客流分布为凸字型时可选用混合交路方案，而在断面客流分布比较均衡时，一般应选用长交路方案。

（2）行车条件决定了列车交路计划实现的可能性，城市轨道交通的线路设置由于其运营特点，不可能在每个车站设置具备调车作业功能的线路，交路的实现只能在两个设有调车或折返线路的车站之间进行，同时还必须注意列车交路是否会影响到行车组织的其他环节，例如，是否会影响行车间隔、后续列车的接车等。

（3）客运组织是列车交路确定的必要条件，由于列车交路计划的实现可能导致列车终到站的变化，相关车站的乘客乘降作业、列车清客、客运服务工作都会随之不断调整，对客运组织水平的要求比较高，如果客运组织不力将会直接影响到列车运行图的执行情况。因此，确定列车交路计划应该对客运组织的条件加以考虑。

3. 列车停站方案

通常城市轨道交通的列车运行采用站站停车的方式，也就是说，列车在全线所有车站均停车。这种列车停站方案开行列车种类简单、不存在列车越行，乘客无须换乘、也无须关注车站上的列车信息显示。但是随着轨道交通超长线路的越来越多，跨区段、长距离出行乘客的比例较大时，站站停车方案在车辆运用与服务水平方面均未达到最佳状态。因此，从优化列车运行组织、提高列车旅行速度，节约乘客出行时间出发，根据具体线路的客流特点，也可采取一些非站站停车的列车运行方案。可采取的非站站停车方案主要有以下三种。

（1）区段停车。区段停车在长短交路情况下采用，长交路列车在短交路区段外每站停车，但在短交路区段内部不停车通过；而短交路列车则在短交路区段内每站停车，短交路列车的中间折返站同时又是乘客换乘站，如图 8-2 所示。

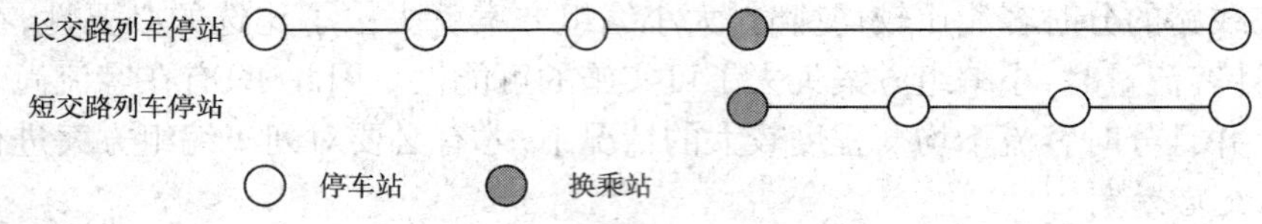

图 8-2　区段停车方案示意图

（2）跨站停车。跨站停车是在长交路的情况下采用的停车方式。将线路上开行的列车分为 A、B 两类，全线的车站分为甲、乙、丙三类，其中 A、B 两类车站按相邻分布原则确定，C 类车站按每隔 4 或 6 座车站选择一站原则设置。A 类列车在甲、丙类车站停车，在乙类车站通过；B 类列车在乙、丙类车站停车，在甲类车站通过，如图 8-3 所示。

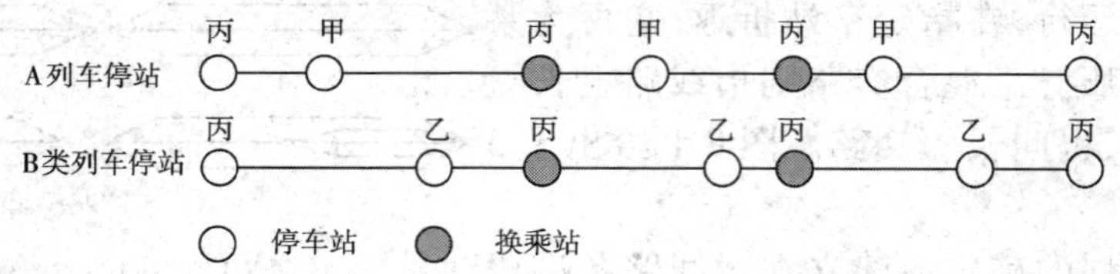

图 8-3　跨站停车方案示意图

（3）部分列车跨多站停车。部分列车跨多站停车是指线路上开行两类长交路列车，即普

速列车(站站停车)和快速列车(跨多站停车)。快速列车只在线路上的主要客流集散站停车，而在其他车站则不停站通过,如图 8-4 所示。

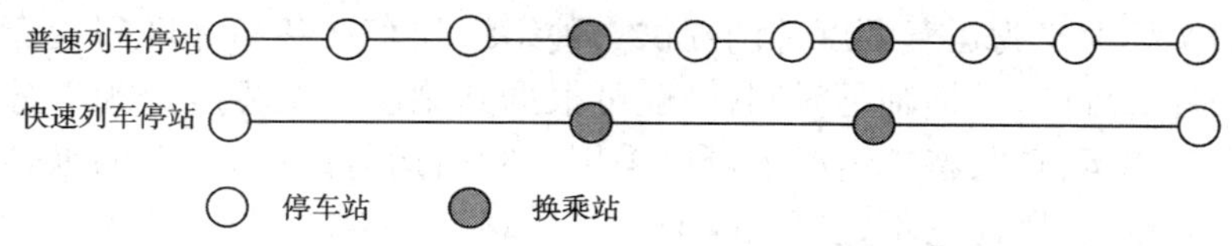

图 8-4　部分列车跨多站停车方案示意图

采用非站站停车方案通常有利于减少车辆运用与降低运营成本,但采用非站站停车方案也会出现一部分乘客节约了乘车时间、另一部分乘客则增加了候车时间或换乘时间的情况。乘客节约时间的总和是否大于增加时间的总和则取决于站间 OD 客流的空间分布特征。此外,由于轨道交通车站一般不设置侧线,采用非站站停车方案还会产生列车越行问题。因此，列车停站方案的确定需要综合考虑站间 OD 客流特征、乘客服务水平、列车越行、运营经济性和运营组织复杂性等。

8.3.3　列车运行图编制

列车运行图又称时距图(Distance-Time Diagram)。它是列车运行的综合计划,也是轨道交通系统各部门协同工作,维持全线列车与旅客组织的秩序,保证系统运行安全和旅客服务质量的前提和基础。

由于轨道交通系统的运行环境是城市区域,线路客流的波动或变化较一般城市间要大。因此,运行图计划需要更频繁地调整。一般说来,轨道交通系统需要采用较城市间铁路更灵活的运行图。例如,由于客流特点的差异,它需要编制平时运行图、周末运行图和周日运行图。每经过一定时期,有必要根据客流增减情况重新审视班次计划和运行图。

1. 准备工作

编制轨道交通系统运行图需要做一些准备工作。一般来讲,需要以下基本的技术数据或资料。

(1)全线各区段分时班次计划。

(2)最小列车运行间隔。

(3)各区间列车运行时间。

(4)各站列车停站时间。

(5)列车在折返站/折返线上的折返及停留时间。

(6)列车出入车辆段的时间标准。

(7)可用列车或动车组数量。

(8)换乘站能力使用计划。

(9)系统开始营业时间和营业结束时间。

(10)列车交路计划,指存在长短交路配合时的情况。

(11)供电系统作业标准及计划。

(12)乘务组工作制度、乘务组数量及工作时间标准。

(13)过去的运行绩效统计。

(14)沿线设备运用及进路冲突数据。

2. 运行图的基本类型

列车运行图实际上是为运营调度部门提供一种组织列车在各站和区间运行的图解形式。列车运行图是一种二维图,其横轴是时间,一般可根据其刻度仔细程度分为一分格运行图、二分格运行图和十分格运行图,特殊情况下可以采用小时格运行图;运行图的纵轴是距离标志,其标志点按车站来定义,因此它不是等间隔的。

从运行图的种类来看,可以按线路方向分为单线运行图和双线运行图,也可以根据列车运行速度有无差异分为非平行运行图和平行运行图。

3. 运行图的铺画

城市轨道交通系统运行图的铺画相对城市间铁路运输而言要简单一些。例如,在城市轨道交通系统中,由于一般均为旅客列车,列车速度差异很小,故常见的基本上都是平行运行图;从线路条件来看,单线很少见,这也使运行图的铺画相对简便一些;在大多数线路上,车站没有设置专门的站线,即利用正线停车的情况很普遍,故列车的越行、会让较少见。当然,在轨道交通系统连接成网的城市,部分枢纽站的列车运行组织也是很费周折的。在铺画列车运行图的过程中,一般可遵循下列步骤。

(1)选定铺画运行图的图纸类型。铺画详图时一般选用一分格或二分格运行图。

(2)根据车站间距在运行图上确定各站的位置,并予以标出。

(3)在一分格或二分格运行图上精确地铺画每一条运行线。当有多类运行线时,要按重要性排序铺画,先铺设重要的运行线,再铺设普通的运行线。

(4)铺画运行线要严格按站间运行时间和车站停留时间来推算,每条运行线从列车出库/始发站开始,铺画到折返站,经过一定的折返时间再返回始发站。

(5)当出现某些冲突或不满足某些条件时,需要调整某一条甚至某些运行线。

(6)重复上述过程,直到所有运行线均铺画完毕,并得到符合标准的运行图。

铺画运行图时要注意下列事项:

(1)列车间的追踪间隔时间必须符合规定的时间标准。

(2)必须严格遵守列车在所有车站的停留时间标准。

(3)必须严格遵守列车在所有区间的运行时间标准。

(4)要严格遵守列车在折返线、出入库时的时间标准。

(5)要检查各时间段内的列车开行班次是否符合班次计划。

铺画出初步的列车运行图方案后,一般要在以下几方面进行进一步的检查,以确定其可用性:

(1)运行图实施所需的列车或动车组数量。

(2)乘务工作方案是否超过规定标准。

(3)在岛式换乘车站上,要检查车站列车到达的均衡性,避免列车集中到达造成拥挤。

(4)需要铺设调试列车时,一般应安排在低谷客流量较低时开行。

对于检查中发现的某些问题,需要返回到初始运行图对某些运行线重新修正,直到得到满意的运行图为止。

4. 运行图指标的计算

得到可实施的运行图后，还需要计算其各项指标，以评价新运行图的质量和效率。这些指标一般包括以下几方面。

(1)全日开行总列车数量。

(2)全线运行所需要的列车或动车组数量，可根据运行线周转来统计。

(3)旅客输送能力。

(4)全日列车总走行公里计算方法见式(8-3)，车辆走行公里包括载客里程和空驶里程。

$$全日动车总走行公里 = \sum(旅客列车数 \times 每列车动车组数 \times 列车运行距离) \tag{8-3}$$

(5)动车组日均走行公里，即每一动车组平均每日走行的公里数，计算方法为：

$$动车日均走行公里 = 全日车辆总走行公里/全日车辆运用数 \tag{8-4}$$

(6)动车组全周转时间，即每动车组周转一次的平均时间，计算方法为：

$$动车全周转时间 = 全日营业时间 \times 运用列车数量/全日开行列车对数 \tag{8-5}$$

(7)技术速度，指不包含停站时间在内的列车在站间平均运行速度。

(8)旅游速度，指列车从始发站发出到抵达折返站时的平均运行速度。

当有客流数据可用时，还可计算满载率等指标，以进一步评价运行图的服务质量水平。运行图的实施要经技术主管批准。在实施前，还应印发有关文件或命令，组织职工进行学习，熟悉新图的特点，并做好全线各站及其他相关设备的各项配套准备工作。

8.3.4　车辆配备、运用与检修计划

车辆配备计划指为完成全线全日行车计划所需要的车辆保有数量计划。车辆保有数计划包括运用车辆数、在修车辆数和备用车辆数三部分。列车保有量根据线路远期客流预测数据，测算远期行车间隔，可得出所需运用列车数；备用列车数量按照运用列车数量的 10% 取得；检修列车数量需根据运用列车数量综合维修能力、修程修制取得，一般为运用列车数量的10% ~15%。

1. 运用车辆数

运用车辆数是指为了完成日常运输任务所必须配备的技术状态良好的可用车辆数量。它与高峰小时开行的最大列车对数、列车旅行速度及折返站停留时间等因素有关，计算方法为：

$$N = n_{高峰}\theta_{列}\ m/60(辆) \tag{8-6}$$

式中：$n_{高峰}$——高峰小时开行的列车对数；

$\theta_{列}$——列车周转时间；

m——平均每列车编成车辆数。

考虑到地铁车辆有时是以动车组形式编组，此时动车组可用式(8-7)计算：

$$N = n_{高峰}\theta_{列}\ L/60(组) \tag{8-7}$$

式中：L——每列车内动车组组数。

在式(8-6)、式(8-7)中，列车周转时间是指列车在线路上往返一次所消耗的全部时间。它包括列车在区间运行时间，列车在中间站停留时间以及列车在折返站作业停留时间。

$$\theta_{列} = \sum t_{运} + \sum t_{站} + \sum t_{折停}(\min) \tag{8-8}$$

式中：$\sum t_{运}$——列车在线路上往返一次各区间运行时间之和；

$\Sigma t_{站}$——列车在线路上往返一次各中间站停站时间之和；

$\Sigma t_{折停}$——列车在折返站停留时间之和。

2. 在修车辆数

由于运营过程中的损耗，车辆需要定期检修，以预防故障或事故的发生。在修车辆则是指处于定期检修状态的那部分车辆。

车辆检修概念包括车辆检修级别和车辆检修周期。它们是根据车辆设计的性能、各部件在正常情况下的使用寿命以及车辆的运用环境和运用指标(如走行公里等)来确定的。轨道交通系统车辆的检修级别通常包括日检、双周检、双月检、定修、架修和大修(厂修)6类。表8-3给出了某地铁系统的车辆检修周期计划。

某地铁系统车辆检修计划 表8-3

检修类别	时间间隔	走行公里数量(km)	检修停时
日检	1日	—	
双周检	2周	4 000	
双月检	2月	20 000	
定修	1年	100 000	
架修	5年	500 000	
厂(大)修	10年	1 000 000	

在修车辆数量的确定可以根据上述检修周期来推算。

3. 备用车辆数

备用车辆是为轨道交通系统适应可能的临时或紧急的运输任务、预防车辆故障的发生而准备的技术状态良好的车辆数。一般来说，这部分车辆可控制在10%左右。不过，对于投产不久的新线来说，在车辆状态较好，客流量不大时，备用车辆数量可适当减少，以节约投资。

8.4 列车运行组织

8.4.1 行车调度概述

1. 运输调度生产组织系统

城市轨道交通系统是一个复杂的、技术密集的公共交通系统，它具有高度密集和各个工作环节紧密联系、协同动作的特点，必须实行集中领导、统一指挥的原则。运输调度是城市轨道交通系统日常运输工作的指挥中枢，凡与运输有关的各部门、各工种都必须在运输调度的统一指挥下进行日常生产活动。

运输调度的基本任务是：科学地组织客流，经济合理地使用车辆及运输设备，挖掘运输潜力，提高运输效率和经济效益，组织与运输有关各部门密切配合、协同动作，确保实现列车运行图，努力完成运输生产任务，为城市经济建设和人民生活服务。

在日常运输工作中，为统一指挥、有序组织运输生产活动，城市轨道交通系统设立控制中心，控制中心组成如图8-5所示。为对复杂的运输生产活动按业务性质划分成若干部分，设置不同的调度工种分别管理一定的工作。如在控制中心，通常设有行车调度、电力调度和环控调

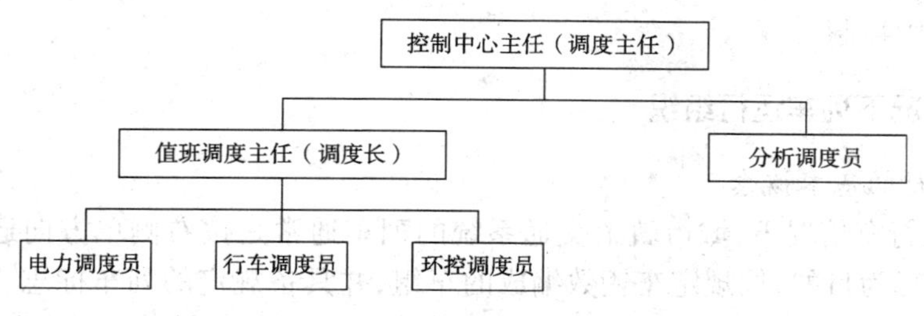

图 8-5 运输调度生产组织系统控制中心组成

度等调度工种。

值班调度主任(调度长)是调度班组工作的组织者和领导者,其主要工作职责是传达、贯彻和执行上级有关文件、命令及指示,负责完成本班组各项运输指标,主持接班会,布置有关注意事项,检查安全生产情况,掌握列车运行图执行情况,负责施工和救援工作的把关,主持事故分析会等。

2. 行车调度

(1)行车调度是运输调度工作的核心,担负着指挥列车运行、贯彻安全生产、实现列车运行图、完成运输计划的重要任务。行车调度员是列车运行的统一指挥者,负责监控或操纵列车运行控制设备;掌握列车运行、到发情况,发布调度命令、检查各站、段执行和完成行车计划情况,在列车晚点或运行秩序紊乱时采取有效措施尽快恢复按图行车;负责施工要点登记,发生行车事故要迅速采取救援措施,并向上级和有关部门报告,填写各种报表。

(2)列车运行是城市轨道交通系统日常运输生产活动的重要内容,行车调度员负有指挥列车安全、正点运行的责任。作为一个合格的行车调度员,必须熟悉各种和运输有关的情况。

3. 行车调度控制方式

城市轨道交通系统的基本行车调度控制方式主要有调度集中和行车指挥自动化两种。车站控制是在特殊情况下采用的辅助方式。采用何种行车调度控制方式与采用的行车调度指挥设备类型有关。

(1)调度集中。行车调度员通过调度集中控制设备控制所管辖线路上的信号和道岔,办理列车进路,组织和指挥列车运行。这时,基本闭塞方法为自动闭塞法,列车运行以驾驶员操纵为主。在调度集中控制因故不能实现时,改为车站控制。车站值班员在列车调度员的指挥下,办理列车进路,接发列车。

调度集中控制设备是一种远程控制的信号设备。它的特点是区间采用自动闭塞、车站采用电气集中联锁,并用电缆把它们引接到指挥该线路列车运行的控制中心。控制中心的行车调度员通过操纵控制台上的按钮集中控制,管辖线路上的信号和道岔,直接办理各车站的接发车进路,指挥列车运行。行车调度员通过区间和车站线路表示盘,可以方便快捷地掌握线路上列车运行和分布情况,区间和站内线路的占用情况,各种信号机的显示状态和道岔开通位置等。

(2)行车指挥自动化。在行车调度员监控下,由双机冗余计算机组等设备构成的列车自动监控子系统(ATS)完成列车运行的控制任务。这时,基本闭塞方法为自动闭塞法,通常还采用列车自动保护(ATP)和列车自动运行(ATO)子系统,三个子系统构成列车自动控制系统(ATC),ATC 系统具有列车运行自动化和行车指挥自动化功能。在 ATS 子系统因故不能使用

时,改为调度集中控制。

8.4.2 正常情况下列车运行组织

1. 列车运行的基本概念

(1)在双线行车情况下,城市轨道交通系统的列车通常是按右侧单方向运行。列车的定义为:以站外运行为目的,按规定车辆数编成的车组,并具备规定的列车标志。列车的标志是头部缓冲梁上方两个头灯,显示白色灯光;尾部缓冲梁上方两个尾灯,显示红色灯光。

(2)为保证列车运行的安全,在组织列车运行时,通过设备或人工控制,使列车按闭塞分区或站间区间保持间隔距离的办法,称为行车闭塞法。

在自动闭塞线路上,基本行车闭塞法为自动闭塞法,实行行车指挥自动化或调度集中控制。当基本闭塞设备不能使用时,根据行车调度员的命令改为电话闭塞法。在电话中断时,可按时间间隔法行车。

(3)在各站的行车工作由行车调度员统一指挥。车站和车辆段行车工作分别由车站行车值班员、车辆段信号楼值班员指挥。列车由值乘驾驶员指挥。列车在车站时,所有乘务人员应按车站行车值班员的指挥进行工作。

行车调度员是日常运输工作的具体组织者、指挥者,对实现列车运行图和完成运输工作的指标,负有重大责任。所以,所有与行车有关的人员必须执行行车调度员的命令,服从调度指挥。

2. 列车运行调整方案

组织列车正点始发是保证列车正点运行和实现列车运行图的基础。对始发列车,行车调度员应在列车出库、列车折返交路和客流情况等方面进行具体掌握和组织,以保证正点发车,列车在始发站发车早点不应超过1min。

在列车运行晚点时,行车调度员应根据列车运行的实际情况按规定的列车等级顺序进行调整,尽可能在最短时间内使列车恢复按图运行。

在进行列车运行调整时,列车等级顺序依次排列如下:专运列车、旅客列车、调试列车、回空列车、其他列车。在抢险救灾的情况下,优先放行救援列车。列车运行调整应注意列车运行安全,做到恢复正点运行和行车安全兼顾。

列车运行调整的主要方法如下:

(1)始发站提前或推迟发出列车。

(2)根据车辆的技术性能、驾驶员操作水平和线路允许速度,组织列车加速运行、恢复正点。

(3)组织车站快速作业,压缩停站时间。

(4)组织列车通过某些车站。

(5)变更列车运行交路,组织列车在具备条件的中间站折返。

(6)组织列车反方向运行。

(7)扣车。

(8)调整列车运行时间间隔。

(9)在环形线情况下,当一条线路运行秩序紊乱时,要尽力维持另一条线路的列车正常运

行，并通知各站组织乘客乘坐畅通线路方向的列车。

(10)停运列车。

8.4.3　特殊情况下列车运行组织

1. 列车自动控制系统故障时的行李

在采用 ATC 系统情况下，由 ATS 子系统完成列车运行的控制任务，行车调度员只起监控作用；列车根据 ATP 子系统提供的信息，由 ATO 子系统自动驾驶运行。

在 ATC 系统发生故障时，行车指挥方法和列车运行控制方式改变如下：

(1)ATS 子系统发生故障，改为调度集中控制，由行车调度员人工控制全线的信号与道岔，办理列车进路和调整运行秩序。

(2)ATP 地面设备发生故障，因 ATO 车载设备接收不到限速命令，无法按自动闭塞法行车。此时，如果是小范围的设备故障，可由行车调度员确认故障区间空闲后，向驾驶员发布命令，列车在故障区间限速运行；如果是大范围的设备故障，须停止使用自动闭塞法，改为车站控制，实行电话闭塞法行车。

(3)ATP 车载设备发生故障，因故障列车无法接收限速命令，该列车驾驶员应按调度命令，人工驾驶限速运行。

(4)ATP 子系统和车站通信设备同时发生故障，采用时间间隔法行车。

(5)ATO 子系统发生故障，列车改为人工驾驶，在 ATP 车载设备的监护下，按车内速度信号显示运行。

2. 改为车站控制时的行车

凡发生下列情形之一时，根据行车调度员的命令，由调度集中控制改为车站控制。

(1)对所管辖的道岔或信号失去了控制作用。

(2)表示盘上失去了复示作用或不能正确复示。

(3)停止使用自动闭塞法。

(4)清扫道岔。

(5)列车运行或调车有关工作必须由车站办理。

当调度集中控制改为车站控制时，在行车调度员的指挥下，由车站行车值班员办理闭塞、准备进路、开闭信号和接发列车。

3. 改用时间间隔法时的行车

由于自然灾害或其他原因使车站一切电话中断，车站行车值班员无法与控制中心、邻站取得联系，为了不间断行车，双线区间可改用时间间隔法行车。此时，行车作业办法与要求如下：

(1)车站行车值班员指定改用时间间隔法的第一趟列车驾驶员，将实行该行车法的情况通知有关车站。

(2)除线路两端折返站外，中间站道岔一律置于正线列车运行位置，如车站行车值班员无法在控制台上确认道岔位置或转换道岔，必须随车就地确认或办理。

(3)出站信号机置于停车信号显示，列车进入区间的行车凭证为红色许可证，手信号发车。

(4)两列车的间隔时间和列车运行速度应符合要求。

4. 夜间施工时的行车

夜间施工是城市轨道交通系统生产活动的重要组成部分。运输调度部门既要按照批准的施工计划保证设备维修更换、线路扩建工程等夜间施工任务顺利完成,又要保证次日运输生产能正常进行。为此,夜间施工时的行车应按有关作业方法与要求组织。

(1)行车调度员应认真核对当夜施工计划,对施工内容、地点和方法做到心中有数。目前规定:如施工负责人在23点前未与行车调度员确认夜间施工,视为施工计划自行取消,行车调度员不予安排。

(2)行车调度员在23点后将施工命令下达给有关车站值班员和信号楼值班员,对重点车站应作重点布置。行车调度员应保证施工时间,并在施工过程中与施工负责人保持联系。

(3)需向施工封锁区间开行施工列车时,列车进入封锁区间的行车凭证未调度命令。调度命令中应包括列车车次、运行速度、停车地点、停车时间、到达车站的时刻等有关事项。向施工封锁区间开行施工列车,施工地点每一端只准进入一列。施工列车进入施工地段时,应在施工防护人员显示的停车手信号前停车,根据施工负责人的要求,按调车方法,进入指定地点。

(4)施工列车应按闭塞方式运行。当一个区段一条线路上,只有一个列车往返多次运行时,可采取封闭区间运行的办法。

(5)行车调度员应在满足施工要求的前提下,尽量缩小线路封锁或封闭的范围,使其对行车和其他施工作业的影响达到最小。

(6)当施工负责人报告不能按时完成施工作业,造成设备损坏,影响邻线列车运行和发生人员伤亡等情况时,行车调度员应立即报告值班调度主任,同时采取有效措施,确保施工安全和次日运输生产能正常进行。

8.5 车站客运组织

8.5.1 车站客运组织的原则

城市轨道交通主要通过合理的客运组织来完成其大容量的客运任务。客运组织是通过合理布置客运有关设备、设施以及对客流采取有效的分流或引导措施来组织客流运送的过程。客运组织的主要内容包括:车站售检票位置的设置、车站导向的设置、车站自动扶梯的设置、隔离栏杆等设施的设置以及车站广播的导向、售检票数量的配置、工作人员的配备、应急措施等。

不管是何种型式的车站(高架、地下、地面),进站乘客最基本的流线是:购票→过检票机→通过楼梯上站台(侧式站台地面站一侧乘客可直接进入站台)→乘车。出站乘客则反之。进、出站流程是两个完全对称的逆向过程。影响客运组织的因素较多,不同类型的车站其客运组织的内容有着较大的区别。中小车站的客运组织比较简单,而大车站、换乘站因客流较大、客流方向比较复杂,其客运组织也比较复杂。侧式站台的车站相对于岛式站台的车站容易将不同方向的客流分开,但不利于乘客的换乘,售检票设置较为分散,不利于车站管理。

城市轨道交通客运工作的特点决定了客运组织应以保证客流运送的安全,保持客流运送过程的畅通,尽量减少乘客出行时间,避免拥挤,便于大客流发生时能及时疏散。为此,在进行客运组织时应特别考虑下面几个方面的原则。

(1)合理安排售检票位置、出入口、楼梯,行人流动线简单、明确,尽量减少客流交叉、对流。

(2)乘客换乘其他交通工具之间顺利连接。人流与车流的行驶路线严格分开,以保证行人的安全和车辆行驶不受干扰。

(3)完善诱导系统,快速分流,减少客流集聚和过分拥挤现象。

(4)满足换乘客流的方便性、安全性、舒适性等一些基本要求。如适宜的换乘步行距离、恶劣天气下的保护、气候调节、对残疾人专门设计无障碍通道;又如照明、开阔的视野以及突发事件应急系统。

这些客运设计的基本要求也是评价客流交通组织合理性的重要方面。

8.5.2　站台客流组织方法

车站是城市轨道交通客流的集散地,一般由出入口及通道、站厅层、站台层、设备用房、管理用房、生活用房等几部分构成。但也有些简易车站无站厅层。

城市轨道交通车站有很多不同的分类。按车站客流量大小可分为:大车站、中等车站、小车站;按车站的运营功能不同可分为:终点站即始发站、中间站、换乘站;按车站站台型式可分为:岛式站台车站、侧式站台车站、混合式站台车站。车站根据具体的地理环境、车站类型、车站的具体形式也是多种多样。

城市轨道交通车站的规模应能满足远期预测客流集散量的需求,并设置与之相适应的出入口数,以方便乘客出入。车站的大小在很大程度上取决于站台的长度,而站台应满足远期预测客流的要求,且站台的宽度取决于高峰小时的客流量。因此,在进行车站设计确定站台的客流组织方法的过程中,在依照客流组织的原则下,应因地制宜依据不同的车站形式来确定站台客流组织方法。

城市轨道交通车站的选址、规模在城市轨道交通建设时已经确定,一般不能再改变。出入口及通道宽度、站厅及站台的规模一般在建设时根据预测客流量确定,在运营管理中如何正确设置售检票位置、合理布置付费区、进行合理的导向对客流组织起着很重要的作用。在布置时,一般要以符合运营时最大客流量,保持客流的畅通为原则,因此一般按以下要求进行布置:

(1)售票、检票位置与出入口、楼梯应保持一定距离。售检票位置一般不设置在出入口、通道内,并尽量保持与出入口、楼梯有一定的距离,从而保证出入口和楼梯的畅通。

(2)保持售检票位置前通道宽敞。售检票位置一般选择站厅内宽敞位置设置,以便于售检票位置前客流的疏导,售检票位置应适当保持一定距离,避免排队时拥挤。

(3)售检票位置根据出入口数量相对集中布置。因城市轨道交通车站一般有多个出入口,为了减少乘客进入车站后的走行距离,一般设置多处售检票位置,但过多设置售检票位置容易造成设备使用的不平衡,降低设备使用效率,并且不利于管理,因而售检票位置应根据车站客流的大小相对集中布置。

(4)应尽量避免客流的对流。客流的对流减缓了乘客出行的速度,同时也不利于车站管理。因此车站一般对进出客流须进行分流,进出车站检票位置分开设置,保持乘客经过出入口和售票、检票位置的线路不至于发生对流。

车站具有多种形式,在确定站台客流组织方法时,应使行人流动线简单、明确,尽量减少客流交叉、对流。对不用的车站采取灵活的策略。

换乘站一般客流比较大,同时客流流线复杂,客流组织相对于其他车站较为复杂。换乘站根据不同的换乘方式在客流组织管理上应注意采用不同的方法。总的原则是:应组织好换乘客流,缩短换乘路径,减少换乘客流与进出站客流的交叉、干扰。

(1)站台直接换乘:车站一般是两条线路平行交织,而且采用岛式站台。这种情况下要求站台能够满足换成高峰客流量的要求,换乘楼梯或自动扶梯应有足够宽度,以免发生乘客滞留和拥挤。

(2)站厅乘客:乘客在换乘过程中,须通过另一个车站的站厅或者两站共用的站厅到达另一个车站的站台。在这种情况下,下车客流朝一个方向流动,应减少站台上人流的交织,乘客行进速度快。

(3)通道换乘:这种换乘方式有两个车站通过设置单独的换乘通道为乘客提供换乘。通道换乘设计应注意上下行客流的组织,避免换乘客流与进出站客流的交叉紊乱。

(4)组合式换乘:在这种条件下一定要确保换乘旅客客流顺畅,特别要做好客流的诱导工作。

对于不同的站台设置方式,亦有不同的客流组织方式。例如,广州市公园前站站台是"一岛两侧"式的,即除了中间的站台外,两侧还各有两个站台。中间的岛式站台专门用于上车,两侧的站台则用于出站和换乘,这样就合理地分解了上下车客流。

8.6 票务管理

票制和票价是轨道交通系统票务管理中相辅相成的两项内容,票制是具体乘车价格的基础。在轨道交通系统中,只有制定合理的票制才能更充分的吸引乘客,发挥票价的杠杆作用。

8.6.1 票制的制定

1. 票制种类

票制是指票价的结构。目前国内外轨道交通现行的票制大体上可分为两大类,即基本票制和辅助票制(图8-6),其中应用较为广泛的是单一票制和计程票制。

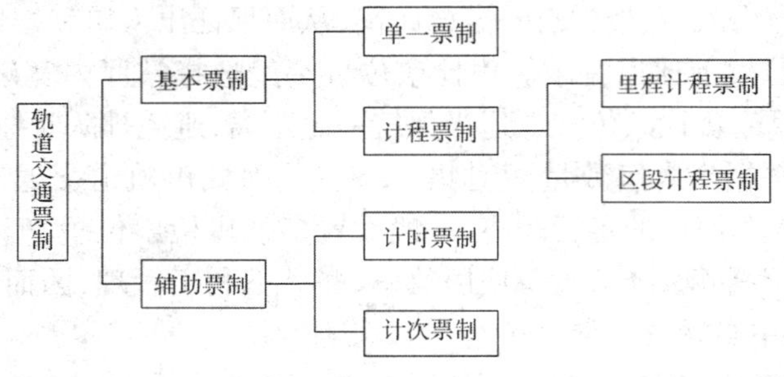

图8-6 票制分类示意图

(1)单一票制。单一票制是不论乘车距离的远近都支付相同的票价。单一票制一般使用于小范围的交通网络,在运营里程较短、运营线路单一的情况下,乘客乘距在较小范围内波动,

制定单一票价基本上能反映价值与价格的关系。同时,在单一票制情况下乘客使用方便,运营企业票务管理和实际操作简便,优势较为明显。但是在运营规模较大的网络中,单一票制无法同时兼顾长途和短途乘客的需求,必将造成轨道交通票价与运输价值的长期背离,导致实际客运量与运输能力之间的矛盾。

(2)里程计程票制。里程计程票制是以一公里作为基本计价单位,累计加价的计程票制。里程计程票制的优点是收费标准精确合理,在规模较大的交通网络中能够精确反映价值与价格的关系,有效地兼顾长、短途乘客需求,实现客运量与运输能力之间的平衡。但是要保证收费标准精确合理,必然要制定多个收费等级,同时计费难以取整。因此,此种票制的系统复杂程度很高,必须依托高效的自动化设备。在实际应用中,轨道交通运营企业的票务管理和实际操作繁琐,乘客使用十分不便。

(3)区段计程票制。区段计程票制是以规定里程作为基本计价单位,累计加价的计程票制。区段计程票制有效地弥补了单一票制和里程计程票制的缺陷。这种票制基本上能够反映价值与价格的关系,兼顾长、短途乘客需求。同时,设置的收费等级相对较少,计费易于取整。在运用中,既减轻了运营企业票务管理和实际操作的复杂程度,又能够方便乘客使用。鉴于区段计程票制的多种优势,在各国城市轨道交通网络规模不断扩大基础上,这种票制逐渐被各运营企业广泛应用。

2. 票制制定的考虑因素

影响轨道交通票制的因素主要有:轨道交通特点、乘客的出行距离差异、线路长度、其他公交方式的票制、未来城市公共交通“一体化”发展的需要等。

(1)轨道交通特点。轨道交通相对于其他公交方式最大的特点在于其运营速度。由于轨道交通的运营不受外界干扰,其运营速度一般可以达到 35km/h 左右,在轨道上的行驶速度甚至可以达到 60 ~ 80km/h 以上。这是其他公交方式望尘莫及的。根据国内外轨道交通系统的实际运营经验,地铁的运输能力可以达到每小时 4 ~ 6 万人次,轻轨的运输能力可以达到每小时 1 ~ 3 万人次。轨道交通车上和车站上都装有乘客信息系统,还有先进的收费系统。

这些特点决定了轨道交通所采用的票制不能等同于常规公交那种简单的票制,需要采用一套具有轨道交通特点的票制;而且先进的收费系统也从物质方面保证了轨道交通可以采用更加合理的票制。

(2)乘客出行距离差异。出行距离差异对于轨道交通票制选择起到了决定性的作用:在乘客出行距离差异小的情况下,轨道交通可以考虑采用单一票制,这样可以减少乘客在换乘、购票等方面的延误,并在一定程度上减少了轨道交通运营企业在收费系统上的投资,降低运营成本;但是,如果乘客出行距离差异较大,为了保护短乘距乘客的利益,则需要设置计程票制。

(3)线路长度也是轨道交通票制选择中的决定性因素。在线路长度比较短的情况下,乘客出行距离相差比较小,在这种情况下选择单一票制是非常有利的,反之则需要考虑采用计程票制。

(4)其他公交方式的票制。其他公交方式的票制对于轨道交通票制的影响主要在吸引乘客和未来实现城市公交票卡一体化等方面。

(5)城市公交“一体化”。城市公交“一体化”是未来城市发展的需要,也是城市公交系统的必然发展趋势。实现公交“一体化”可以更有效的满足城市居民出行的要求,促进城市交通的健康发展。因此在制定轨道交通票制的时候，必须要考虑到公交"一体化"发展的需要，不仅需要从轨道交通的特点考虑，也需要综合考虑与其他公交方式协调服务情况下的乘客票制需求。

8.6.2 票价的制定

1. 票价制定方法

城市轨道交通作为城市公共交通的一个组成部分，带有公益性质，不能单纯追求盈利。票价高低直接影响客流量与系统吸引力。因此，城市轨道交通系统票价制定应考虑：

(1)城市轨道交通系统运营成本。

(2)城市交通其他交通方式的票价水平。

(3)城市经济发展水平、市民生活水平以及乘客承受力。

(4)政策因素：物价因素、交通费补贴政策等。

在城市轨道交通票价的制定过程中，由于定价的侧重点不同，相应的票价制定模式也有差别。以运输成本定价，侧重于投资的回收；视运输市场供需关系定价，侧重于谋取最大利润；从乘客的出行支付能力入手制定票价，只有在某类供给趋于垄断，或形成所谓的交通运输"卖主市场"时才可施行，其目的是为了占据客运市场，获取长期利润的增长。

1)基于运输成本的定价方法

这是适用范围较广，应用时间较长，被大多数行业、企业采用的方法。它的核心是票价必须以成本为基础，在此基础上再加上平均利润。该定价模式从社会总体分析上看是比较合理的，其突出优点是考虑了运输业从事运输生产的劳动消耗，操作起来比较简单。但没有考虑和反映运输市场上供求关系与票价之间的相互关联和影响，在运输需求发生变化时，不能灵活地调整票价以适应市场状况，也没有考虑成本差异对票价制定的影响。该模式一般适合于城市客运市场不十分活跃，竞争不太激烈，并且轨道交通具有了比较稳定的客流情况。

2)基于运输市场供需关系的定价方法

依运输市场供需关系定价，存在着一个经济学假定，即票价随着运输供给的增加而下降，随着运输供给的减少而提高；同时，又随着运输需求的增加而上升，随着运输需求的减少而下降。供给曲线与需求曲线的交点就是供给与需求相等的均衡点。这个点意味着市场上运输供给与运输需求恰好平衡。依运输市场供需关系定价，要结合运输市场自身的特点进行，例如供给和需求对票价的敏感性是否一致就需要进一步研究，供需均衡票价是由市场作用产生的而不是通过任一个运输企业就能确定的，企业不是在主动"创造"票价，而是在被动地接受票价等。由于运输生产有其自身的特殊性，供给过剩和需求过剩通常会交替出现，仅仅从供需关系一个方面来确定票价，容易出现票价波动过大、不能很好地平衡供需双方利益。因此，制定轨道交通票价不能不充分考虑供需关系，又不能唯一地依赖供需关系。

3)基于乘客出行支付能力的定价方法

按乘客的出行支付能力定价，是指高收入的乘客有较高的票价负担能力，对于他们可以提供更好的运输服务质量并制定较高的票价水平；而低收入的乘客票价负担能力较低，对他们则采取相对较低的服务质量和较低票价的运输策略。这种方法定价是以运输需求，而不是以运输成本为基础定价。以上谈到的运输成本定价实际上是一种供给票价，而乘客出行负担能力

定价则是一种需求票价。

这种方法定价有两个问题须引起注意：一是出行费用可以报销的乘客通常选择较高服务质量和较高票价水平的交通方式，而这并不能反映他们的真实票价负担能力；二是按乘客出行支付能力定价，实质上是运输市场细分后的价格反映，它一方面贴近了运输市场的实际需要，另一方面也可能提高了乘客的出行支付水平。

2. 票价制定程序

在我国，城市轨道交通属于大型基础设施项目，与公众的生活密切相关，而且在运营上具有自然垄断的特点，这就决定了政府必须对其票价进行管制。根据《价格法》等相关法律法规的规定，城市轨道交通票价属于政府定价范围，并实行政府价格决策听证制度。目前我国城市轨道交通定价和听证程序如下：

(1)由运营商根据需要制定票价机制和票价水平，并向市政府价格主管部门提交定价书面申请报告。

(2)根据相关法律法规，价格主管部门对申请报告进行初步审查、核实，并对合乎听证条件的组织进行票价听证。

(3)市政府进行定价决策时要充分考虑听证结果，协调申请单位根据需要调整价格，必要时可以重新组织听证。

(4)价格主管部门公布票价，并对票价执行情况进行监测和跟踪调查。

8.6.3　售检票方式

目前国内城市轨道交通采用的售票、检票系统有人工售检票和自动售检票两种系统。

人工售票、检票系统是单一的采用纸制车票作为介质，通过人工出售、人工检验票、人工统计的一种售票、检票系统。虽然设备比较简单，车票单一、投资成本低，但是分段计费效果差、不利于在复杂的城市轨道交通网络中应用，运营成本大，而且不利于统计和分析。随着城市轨道交通的发展将逐步为自动售检票代替。

自动售票、检票系统是通过计算机集中控制的，以磁卡及非接触器或 IC 卡为介质的一种售检票方式。它是城市轨道交通实现票务管理自动化的基础，贯穿了城市轨道交通票务运营的全过程。包括乘客自动/半自动购票、进出站检票(包括验票、计费、收费和单程票回收)、客流和收费统计、售/检票设备监控、车票初始化/个人化、车票分发/回收/循环/退票/挂失/报废、系统密钥的生成和管理、票务清算等。根据技术制式的不同，自动售检票设备主要有以下三种系统：

(1)磁卡型自动售检票系统。

(2)接触式 IC 卡型自动售检票系统。

(3)非接触式 IC 卡型自动售检票系统。

自动售检票系统方便了乘客，保证了通道，提高了服务质量，因储值票还有储值功能，简化了乘客购票手续，受到了普遍欢迎。自动售检票系统对城市轨道交通运输的客运组织、收入审核、决策分析起着重要的作用。设置自动售检票系统是城市轨道交通合理计费、吸引客流(特别是短途乘客)、遏制舞弊及逃票、减少管理人员、增加收入、减少运营成本的重要手段，对提高社会效益和经济效益都有重要的作用。

从国外的经验和发展趋势来看，凡实行计程票价制，绝大多数都相应采取自动或半自动售检票方式。虽然采用自动或半自动售检票方式要增加设备投资，但优点十分明显。譬如能高效准确的售检票，既节约时间，节省大量劳动力，又避免因人为误解产生纠纷，确保乘客迅速通过售票、检票口。采用自动或半自动售票、检票方式还可以加强票务管理，减少人为因素影响，尤其在客流调查方面具有人工售票、检票无法比拟的优越性。

为方便乘客，许多城市在推行"一卡通"，即市民持有"一卡通"、IC 卡，乘坐市内地铁、公共汽车等交通工具均可使用该卡付费，有的城市还将其和金融机构的系统相连，可持卡进行金融活动及各种消费的付费。随着 IC 卡技术的发展，可进一步简化，使用更加可靠，建设和维修费用还可降低。

复习思考题

1. 什么是列车交路？一般有哪几种形式？如何确定列车交路方案？
2. 列车停站方案有哪几种类型？各有什么优缺点？
3. 在特殊情况下，应该怎么进行列车运行组织？
4. 当发生突发客流时（如某站附近的体育场馆举行重大的体育赛事，导致该站在某一时段内客流增加很多），怎么有效地组织车站内的客流？

第9章　航空客运组织

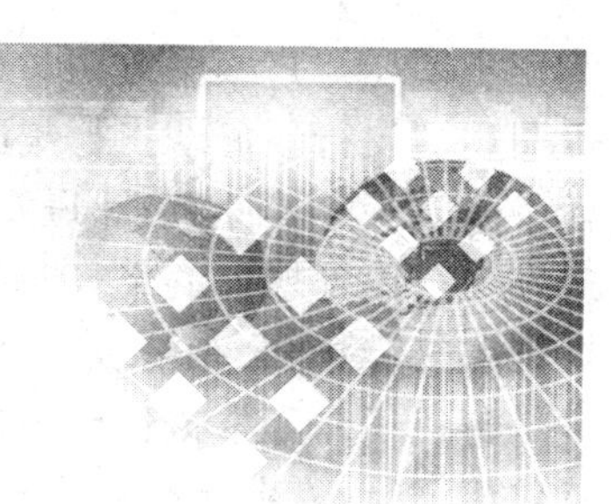

航空运输组织涉及航线、航班、飞行方式等基本知识和组织的基本职能，与其他交通运输方式有较大的差异。本章主要介绍航空运输基本知识、航空客运运输组织方式和方法。

9.1　航空运输组织概述

9.1.1　航空运输生产组织概述

1. 航空运输的基本概念

航空运输是将旅客、货物、行李和邮件从始发地运送到目的地而产生位移的过程。随着全球航空公司之间竞争的加剧，各个航空公司争先采用先进的管理方法，简化生产过程，提高服务质量，以吸引更多的旅客。

1）航线及其分类

航线是指连接两个或多个地点进行定期或不定期飞行，并且对外经营运输业务的航空交通线。航线不仅确定有航行的具体方向、起点、终点与经停地点，还根据空中交通管理的需要，规定了航路的宽度和飞行的高度层，以维护空中交通秩序，保证飞行安全。航线是航空公司满足社会需要的形式，是实现企业自我发展的手段。对于航线的选择，以及在此基础上形成的航线网络，是航空公司长远发展的战略决策。

航线的基本要素包括起点、经停点、终点、航路、宽度、高度、班次和班期时刻等。

按照航线要素中起终点及经停点地理位置的不同，可将航线分为国内航线、国际航线和地区航线。国内航线是指旅客与承运人签署的契约中要求的运输始发地、目的地及约定的经过停留地均在同一国家内的航线。国际航线是指旅客与承运人签署的契约中要求的运输始发地和目的地不在同一个国家内，或者在同一国家内，但在另一国家有至少一个约定的经过停留地的航线。地区航线是指在一国之内，各地区与有特殊地位地区之间的航线，如我国内地与港、澳、台地区的航线。另外，国内航线根据所连接的城市不同又可分为：国内干线、国内支线和地方航线。国内干线是指连接首都和各省（区）中心大城市以及连接两个省（区）中心大城市的航线；国内支线是指大城市向附近中小城市辐射的航线；地方航线是指在一个省（区）以内中小城市间的航线。

2）飞行方式

民航的运输飞行主要有两种形式：班期飞行和包机飞行。

班期飞行是根据班期时刻表,按照规定的航线,定机型、定日期、定时刻的飞行。班期飞行也叫定期飞行。班期飞行是民航运输生产的基本形式。严格执行班期时刻表的飞行叫正班飞行。由于天气等原因,正班飞行取消,第二天加补的飞行叫补班飞行。根据临时性的需要,在班期飞行以外增加的飞行叫加班飞行,加班飞行是在班期飞行的航线上,解决航班客货运输拥挤现象,并对外公布航班时刻的临时飞行,是班期飞行的补充。

包机飞行是根据包机单位的要求,在现有航线上或以外航线进行的专用飞行。它包括客货包机飞行,专业飞行和专机飞行。包机飞行也有定期和不定期之分。

3)航班、班次、航班号和班期时刻表

航班是根据班期时刻表,在规定的航线上,使用规定的机型,按照规定的日期、时刻进行的定期飞行。航班分为去程航班和回程航班。从基地出发的航班称为去程航班,返回基地的航班称为回程航班。

班次是指在单位时间(通常为一周)内,飞机飞行的航班数目(包括去程及回程)。在机型不变动的情况下,班次增多表明提供的运力增加。班次要根据运量的需要和运输能力来确定。

随着民航运输业务的发展,航线、航班不断增多。为了便于区别,并有利于业务上的处理,民航运输中按照一定的方法,给各个航班编以不同的号码,并加上航空公司的两字代码组成航班号。我国大多数航空公司国内航线航班号的编排由四位数字加航空公司两字代码组成。其中,第一位数字表示执行该航班任务的航空公司所在地的数字代码,第二位数字表示航班起点或终点站所属管理局地区的数字代码,第三位、第四位数字表示某个具体的航班,第四位数字单数表示去程航班,双数表示回程航班。

班期时刻表是航空公司组织日常运输生产的依据,也是向社会上介绍民航运输生产的一种重要形式。班期时刻表是根据生产计划和航线运输计划编排的。严格实施班期时刻表,对于方便旅客旅行、为社会服务、提高飞机日利用率和载运比率、完成运输生产任务具有重要作用。班期时刻表每年制定两次,分为夏秋班期时刻表和冬春班期时刻表。一般国内夏秋班期时刻表从 3 月的最后一个星期日开始使用,冬春班期时刻表从 10 月最后一个星期日开始使用。

2. 航空运输的分类

(1)按照服务对象的分类。对于航空运输而言,其运输对象主要有 P(PASSENGER,旅客)、C(CARGO,货物)、B(BAGGAGE,行李)和 M(MAIL,邮件)。按照运输对象的不同,可以将航空运输分为两大类:航空旅客运输和航空货物运输。其中,航空旅客运输的运输对象主要是旅客和行李,而航空货物运输的运输对象主要是货物和邮件。

(2)按照航线种类的分类。按照航线种类的不同,航空运输可以分为国内运输和国际运输。其中,国内运输是指在国内航线上从事的航空运输活动;国际运输是指在国际航线上从事的航空运输活动。国际运输的前提条件是"双边协议"。所谓双边协议是两国政府或两个航空公司之间签订的某种特殊的排他协议。该协议所规定的条款只由签订双方执行,任何第三方均不可参与此双边协议的活动。

3. 航空运输生产组织

航空运输生产与其他运输方式生产类似,即生产的过程和消费的过程合二为一,同时发生同时结束。加上航空运输的特性,使得生产过程中对效率和质量的控制更为重要。

航空运输生产组织是指运用系统的方法和理论,对航空运输生产过程进行控制和调整,进而输出有效服务的过程。

航空运输生产的过程就是从航空公司或代理人售卖座位和舱位开始,经过相关工作人员的操作,将旅客、货物、行李和邮件输入航空运输生产系统,最终将其送达目的地。航空运输生产组织则是利用一定的原理和方法,将输入生产过程的人、财、物、信息等生产工具要素有效地结合起来,并实现在不同的条件下,人员、物资、资金等有效配置,以取得最大经济效益。

9.1.2 航空运输组织的方式和内容

1. 航空运输生产组织的方式

对于航空运输的服务对象,在运输过程中要经过两个运输节点,即始发地机场和目的地机场。无论在始发地机场还是目的地机场,旅客都要办理一些手续,如在始发地机场,旅客要办理乘机手续、安全检查和候机等。每项手续需要的时间、办理手续时各工序所需柜台的数量、柜台间的间距等都将直接影响整个航班的运营时间。而要想缩短运营时间、提高运营效率,就要做好整个系统各工序的空间和时间的组织。

1)航空运输生产的空间组织

简单地说,航空运输生产空间组织就是针对整个航空运输生产过程中涉及到的设施设备进行合理的空间布局,以便于航空运输生产工作的展开。以机场为例,空间组织体现在对机场的各项服务设施进行合理布置,如将机场办理乘机手续的柜台进行合理的空间位置安排、科学配置柜台开放数量等,从而节省整个生产系统的工作时间。在进行空间布局时主要考虑的因素有:服务设施的布置应满足生产过程的要求,以避免相互交叉和迂回运输,节省旅客或货物完成所有手续的时间;联系和协作关系密切的服务设施应相互靠近,以提高设备的利用率;服务设施要有扩建的余地,以满足航班班次增加和扩大生产的需要;服务设施的数量要充足,应当满足生产的要求,尽量避免持续的高峰期;不同服务设施间的距离要合理,尽可能方便旅客和工作人员的操作。

2)航空运输生产的时间组织

航空运输生产的时间组织是指如何合理安排整个系统中各工序的衔接,从而达到减少整个生产系统生产时间的目的。以旅客办理手续为例,时间组织体现在通过合理安排,使某一个航班的所有旅客在机场办理乘机手续、托运行李和安全检查的总时间最短,在时间上实现相互衔接和配合。在航空运输生产的时间组织方面可根据机场的具体情况,选择采用顺序移动法、平行移动法或平行顺序移动法进行时间组织。

2. 航空运输生产组织的主要内容

航空运输生产组织是将航空公司飞机的现有舱位通过旅客、货物、行李和邮件的形式供旅客和货主使用,并且将旅客、货物、行李和邮件通过已有的航线运送到目的地。它包括采用一定促销手段销售客票和货运单,将汇集到机场的旅客、货物、行李和邮件从始发地机场运至目的地机场以及售后服务等。概括地说,航空运输生产组织主要分为民航运输生产工作和民航运输组织工作。

航空运输生产组织包括的内容很多,主要有以下工作内容:

1)计算飞机的最大可用业载

从事民航运输生产组织工作的人员应能迅速准确地计算出本次航班的最大业务载重量，既保证航班的飞行安全，避免超载飞行，又最大限度地减少航班的空载，以提高航空运输的经济效益。

2）多航段航线的载量分配

对于新开辟的多航段航线或当已有航线出现机型变化、机座变化或发生索取吨位时，应恰当地分配各航段的载量，并根据此控制各航站的售票量和收货量，保证整个航线的最大运输效益。有关工作人员应了解本航站及相关航站的限制载量及其原因。

3）航班业载的配载工作

对于直达航班，在满足航班的最大可用业载的前提下，根据业载各部分内容的轻重缓急情况，合理为航班配载，使航班的装卸更合理并使空载减少到最低程度。对于多航段航班，参照各航段分配载量和业载各部分内容的轻重缓急情况进行配载。要做到飞机在各航站起飞时都不超载、各航站之间的实现相互配合、在保证全局利益的条件下尽量满足各航站自身利益。

4）载重平衡工作

除了保证飞机不超载飞行之外，还要保证飞机在飞行时处于平衡状态，才能更进一步地确保飞行的安全。合理地安排各种业载的装载位置，使飞机的起飞重心位于合适的位置上，便于驾驶员的操纵，也便于飞机自身性能的发挥，同时也能缩短飞机在各航站的业载装卸时间，减少航班延误。

5）办理旅客进出港手续

旅客进出港手续主要包括以下工作：查验客票和旅客的身份证件；办理行李收运工作；发登机牌等。由于部分工作人员与旅客直接接触，其工作的好坏直接反映了所属运输企业服务质量的高低，进而直接影响所属企业乃至整个民航在旅客心目中的形象。因此，要求工作人员具备良好的职业道德和丰富的工作经验，迅速准确地进行工作，以减少每位旅客办理乘机手续的时间，减少因本项工作的不足造成航班延误的情况。

6）部分出售、签转客票及收运行李

在确定航班还有剩余座位和剩余吨位时，可以再出售和签转一部分客票及收运一部分行李，以满足旅客的临时需求并减少航班的空载，提高飞机的客座利用率和载运率。

7）拍发和处理各类业务电报

航班从本站出发时的装载情况及服务要求等信息要及时通知前方各站，以便前方各站采取措施做好工作准备和服务准备。另外，根据其他站拍发来的业务电报所提要求及自身情况提供适当的帮助或采取相应的措施。

8）编制和处理各种业务文件

准确地编制和处理各类业务文件，减少与机组交接的时间，避免因编制业务文件工作的错误造成航班延误。

9）各类不正常运输情况的处理

当航班出现不正常的情况时，应采取适当的处理措施，以减少给旅客造成的经济损失和不便，也尽量减少给承运人造成的经济损失和信誉损失。

10）航班座位和代理人的管理

由于航空运输的产品具有不可储存性，因此航空公司应当尽一切所能将本次航班的座位

销售出去。销售代理人是民航运输客票销售的很重要的渠道,保证销售代理业健康有序地发展是民航运输业务持续增长的关键。

11)离港系统的功能及其操作

随着航班的增加和世界计算机的普及化,世界上的很多航空公司和机场采用离港系统来办理旅客的乘机手续和收运托运行李。采用离港系统,可以节省航班操作的时间,便于航空公司进行收益管理,进一步促进航空运输业的全球化发展。

9.2　航空运输旅客运输工作

旅客运输是民航运输中最重要的部分。旅客运输工作的好坏直接反映了民航服务的质量,也直接影响旅客的旅行生活、工作以及承运人的经济效益和信誉。对于航空客运来说,在具体运作中会涉及承运人、销售代理人、地面服务代理人等多个主体;运输方式则涉及国内航空运输、国际航空运输;运输对象除了旅客以外,还包括旅客行李。由此可见,旅客运输的全过程涉及到很多部门,这些部门的工作都与旅客运输工作的质量有着密切的关系,因此各部门要各司其职,同时又要相互配合,顾全大局,保证整个旅客运输工作的完成。

9.2.1　航空旅客运输基本概念

在航空客运中需要了解以下基本概念:

(1)定座指对旅客预定的座位、舱位等级或对行李重量、体积的预留。

(2)航班指飞机按规定的航线、日期、时刻的定期飞行。

(3)旅客订座单指旅客购票前必须填写的供承运人或销售代理人据以办理订座和填开客票的业务单据。

(4)客票指由承运人或代表承运人所填开的被称为“客票及行李票”的凭证,包括运输合同条件、声明、通知以及乘机联和旅客联等内容。根据客票的提供者不同,客票可分为航空公司客票和 BSP 客票;根据时间确定与否可以分为定期客票和不定期客票,定期客票是指列明航班、乘机日期和订妥座位的客票,而不定期客票则未列明航班、乘机日期和未订妥座位的客票,也称为 open 票。现今,客票的形式已经从纸质客票为主发展到电子客票为主,购买了电子客票的旅客可以凭有效证件直接办理登机手续。在航空旅客运输中,有效身份证件指旅客购票和乘机时必须出示的由政府主管部门规定的证明其身份的证件,如居民身份证、按规定可使用的有效护照、军官证、警官证、士兵证、文职干部或离休干部证明、16 岁以下未成年人的学生证、户口簿等。

(5)离站时间是指航班旅客登机后,关机门的时间。

(6)约定经停点是指除出发地点和目的地点以外,在客票或承运人的班期时刻表内列明作为旅客旅行路线上预定停留的地点。

(7)中途分程点是指经承运人事先同意,旅客在出发地点和目的地点间旅行时由旅客有意安排在某个地点的旅程间断。

(8)联程是指含有两个(含)以上航班的航程。

(9)来回程是指从出发地点至目的地点并按原航程返回出发地点的航程。

9.2.2 航空旅客运输生产管理

1. 订座过程

1)订座的基本要求

订座只有在旅客按照航空公司规定的手续和购票时限内交付票款,经航空公司认可或销售代理人填开客票,并将该订座列入客票有关乘机联内,交给旅客以后或以任何方式支付票款成功后,才能认为座位已经定妥和有效。未经航空公司或其销售代理人认可,不得认为订座已确认。一些航空公司会规定,某些特种票价可以附有限制或排除旅客更改、取消定座权利的条件。

2)座位再证实的规定

旅客持有订妥座位的联程或来回程客票,如在该联程或来回程地点停留72h以上,须在联程或来回程航班离站前两天的中午12时(含)以前,办理座位再证实手续,否则原定座位不予保留。如旅客到达联程或来回程地点的时间离航班离站时间不超过72h(含),则不需办理座位再证实手续。

3)对未使用座位的取消

旅客没有按航空公司规定使用已定妥的座位,也未告知有关部门,航空公司可以取消旅客所有已定妥的续程和来回程座位。

2. 乘机过程

1)旅客乘机的规定

(1)旅客应当在航空公司规定的时限内到达指定机场,凭客票及本人有效身份证件按时办理客票查验、托运行李、领取登机牌等乘机手续。电子客票实行后,旅客只需凭借有效身份证即可办理乘机手续。

(2)如旅客未能按时到达乘机登记柜台或登机门,或未出示有效身份证件及运输凭证,或未能做好旅行准备,航空公司为不延误航班可取消旅客定妥的座位。对旅客由此产生的损失和费用,航空公司不承担责任。

(3)航空公司或其地面代理人按规定的时间开放、关闭柜台,按规定接受旅客出具的客票,快速、准确地为旅客办理乘机手续。并应将有关时间规定以适当的方式告知旅客。

(4)乘机前,旅客及其行李和免费随身物品必须经过安全检查。

2)办理乘机手续的时间规定

办理乘机手续的时间规定根据航空公司、机场、航班的不同情况,有所差异。以某航空公司为例,200个座位(含200)以上的客机在离站时间前120min开始办理手续,在离站前30min停止办理手续。停止办理乘机手续时间根据机场情况可作相应调整,航空公司应以适当的方式告知旅客。

3. 退票

旅客购买客票后,由于旅客原因或承运人原因不能在客票有效期内完成部分或全部航程,而要求退还部分或全部未使用航段票款,称为退票。

1)退票的一般规定

由于承运人或旅客原因,旅客不能在客票有效期内完成部分或全部航程,可以在客票有效

期内要求退票。票款只能退给客票上列明的旅客本人或客票的限制条件上注明的指定人和付款人。旅客退票应出示本人有效身份证件,如退票受款人不是客票上列明的旅客本人,应出示旅客及受款人的有效身份证件。

旅客自愿退票,可在下列地点办理:在原购票地点办理;在出票处以外的航班始发地或终止旅行地要求退票,可在经航空公司授权的当地售票处办理;如当地无售票处,可在经航空公司特别授权的当地销售代理人售票地点办理。持不定期客票和团体票价客票的旅客自愿退票,仅限在原购票地点办理,持特种票价客票的旅客按该票价限制规定办理。

2)自愿退票

旅客由于本人原因未能按照运输合同完成航空运输,在客票有效期内要求退票称自愿退票。

(1)退票手续费的收取。退票手续费的收取各航空公司的规定有所不同,可按照有关标准收取退票手续费。一般来说,主要依据旅客申请退票的时间与航班离站时间之间的时间差来确定退票手续费的收取比例,现在也有一些航空公司根据票款的折扣水平确定退票手续费的收取比例。联程、来回程客票,根据退票时间进行处理。如果客票部分已使用,从原付票款中减去已使用航段的票价,再扣减相应的退票费,将余额还给旅客。

(2)其他规定。旅客自愿变更过航班、日期的客票,其退票费按变更的时间与申请退票的时间比较,计算收取手续费最高的为准。持不定期客票的旅客要求退票,应在客票的有效期内到原购票地点办理退票手续,收取实付票款5%的退票费。持由定期更改为不定期客票的旅客要求退票,按规定办理。持联程、来回程客票的旅客要求全程退票,按规定办理。若持联程、来回程客票的旅客要求部分退票,对于旅客继续使用的航段,不收退票费,保留原定座位,旅客另购新票。革命残废军人及持婴儿客票的旅客要求退票,免收退票费。旅客在航班的约定经停地自愿终止旅行,该航班未使用航段的票款不退。

3)非自愿退票

由于航班取消、提前、延误、航程改变、或航空公司不能提供旅客原定座位等原因,旅客退票称为非自愿退票。非自愿退票均不计收退票费,旅客购买的客票含有折扣,应按与实付票价相同折扣率计退票款。

(1)非自愿退票的原因。旅客因下列原因之一要求退票,属于非自愿退票:承运人取消旅客已经订妥座位的航班;取消的航班约定经停地点中含有旅客的出发地点、目的地点或中途分程地点;承运人未能在合理的时限内按照班期时刻进行飞行;承运人造成旅客已定妥的航班衔接错失;承运人更换了旅客的舱位等级;旅客因病不能旅行要求退票,须按承运人规定提供有关医疗单位的证明等文件;其陪伴人员要求退票,也按非自愿退票办理。

(2)退票手续费。非自愿退票一般不收取退票手续费,退还旅客所付全部票款。

在约定经停站,应退还的票款为旅客的航班实付票价减去已使用航段的票价金额(与原付票价相同折扣率),剩余部分全部退还给旅客。

航班在非规定的航站降落,取消当日飞行,旅客要求退票,应退还由降落站至到达站的票款,并按原付票款相同折扣率,但不得超过原票款金额。

4. 客票变更

客票变更指旅客购票后,要求改变航班日期、舱位等级、承运人等。

(1)自愿变更是指由于旅客原因提出的改变航班、日期等要求。航班规定离港时间72h前提出,免费办理;航班规定离港时间72h内提出,免费办理1次,再次变更收客票价的5%作为变更手续费。

(2)非自愿变更是指由承运人原因或因旅客身体原因造成的客票变更。要为旅客安排后续航班;改变舱位等级多退少不补;经旅客及有关承运人同意后,办理签转。

5. 误机、漏乘、错乘旅客的处理

误机指旅客未按规定时间办妥乘机手续或因旅行证件不符合规定而未能乘机。旅客如发生误机,应到乘机机场或原购票地办理改乘航班或办理退票手续。旅客误机后,如要求改乘后续航班或退票,按客票相应规定办理。

漏乘指旅客在始发站办理乘机手续后或在经停站过站时未搭乘上指定航班。由于旅客原因发生漏乘,旅客要求退票,按自愿退票规定办理。由于承运人原因旅客漏乘,承运人应尽早安排旅客乘坐后续航班旅行。如旅客要求退票,在始发站未开始旅行,应退还全部票款;在经停地应退还未使用航段的全部票款,不收取退票费。

错乘指旅客乘坐了不是客票上列明的航班。旅客错乘航班,承运人应安排错乘旅客搭乘最早的航班飞往旅客客票上的目的地,票款不补不退。如旅客要求退票,在始发站未开始旅行,应退还全部票款;在经停地应退还未使用航段的全部票款,不收取退票费。

6. 不正常航班的处理

1)不正常航班的涵义

不正常航班是指由于承运人原因或非承运人原因,航班未能按照公布的时刻、航线、目的站、机型等正常执行,致使旅客受阻、滞留的航班。承运人的原因包括机务维护、航班调配、商务、机组等方面的原因;非承运人的原因包括天气、自然灾害、突发事件、空中交通管制、安全盘查以及旅客等方面的原因。

2)不正常航班的处理

不正常航班包括航班延误、航班取消、飞机减载、航线变更、不能向旅客提供已订妥的座位等级等。航班不正常将给旅客带来诸多不便,影响旅客正常的旅行和工作,同时也给承运人带来经济损失和信誉损失,因此应努力减少航班不正常情况的发生。如果一旦发生了航班不正常情况,则应努力为旅客提供热情周到的服务,尽量满足旅客的合理要求,把给旅客造成的损失减小到最低限度,同时尽量挽回承运人的经济损失和信誉损失。以航班延误和航班取消为例,按照国际惯例,由于承运人的原因造成航班在始发地延误和取消,承运人应当为旅客提供餐食和住宿等服务,费用由承运人负担;由于非承运人的原因造成航班在始发地延误或取消,承运人应协助旅客安排餐食和住宿,费用由旅客自理;航班在经停地延误或取消,无论何种原因,承运人均应负责向经停旅客提供膳宿服务。航班延误或取消情况下,航空公司或其营业部要随时掌握不正常航班情况,并将航班动态信息及时通知旅客。

9.3 行李的运输工作

行李运输是旅客运输的重要组成部分,是民航运输业务的重要环节之一。近年来,民航运输业有了很大发展,随着旅客流量的不断增长,行李运输量也有了大幅度的增加。

9.3.1 行李运输的概述

1. 行李及其分类

行李是指旅客在旅行中为了生活和工作的方便而携带的物品和财物。根据运输责任，行李可分为托运行李、自理行李和随身携带行李。

(1)托运行李(CHECKED BAGGAGE)。托运行李是指旅客交由承运人负责照管和运输，并填开行李票的行李。承运人在收运行李时，必须在客票的行李栏内填写托运行李的件数及重量，并发给旅客作为认领行李用的行李牌识别联。这种行李一般在乘机手续柜台接收，旅客在到达时认领并由承运人(或其代理人)交付。

(2)自理行李(UNCHECKED BAGGAGE)。自理行李是指经承运人同意由旅客带入客舱自行负责照管的行李，如易碎物品、贵重物品、外交信袋等特殊物品。这类物品要挂行李牌。自理行李只能是那些适于在客舱中运输的物品，诸如文件资料、有价证券、贵重物品或手提电脑等。

(3)随身携带物品（CABIN BAGGAGE)。随身携带物品是指经承运人同意由旅客自行携带乘机的小件物品。随身携带物品有别于自理行李，是旅客在旅途中需要使用而携带的个人物品，如一定量的食品、书报、照相机、大衣等。这类物品不挂行李牌。

2. 行李的重量和体积限制

(1)托运行李的重量和体积限制。托运行李每件重量不得超过50kg，体积不得超过40cm×60cm×100cm或不得小于5cm×15cm×20cm。不符合规定的行李，须事先征得承运人的同意方可托运。

(2)自理行李的重量和体积限制。每名旅客的自理行李重量不能超过10kg，每件体积不超过20cm×40cm×55cm。

(3)随身携带物品的重量及体积限制。随身携带物品每件体积不超过20cm×40cm×55cm，总重量不得超过5kg。

3. 禁运与限运物品

(1)不能作为行李运输的物品：国家规定的禁运物品、限制物品、危险物品、具有异味或容易污损飞机的其他物品以及不属于行李的物品。

(2)只能放入托运行李中的物品。除去管制刀具以外的利器、钝器(如菜刀、水果刀、餐刀、工艺品刀、手术刀、剪刀等各类刀具，以及钢锉、铁锥、斧子、短棍、锤子等)只能放入托运行李中运输，不得随身携带。

(3)不能放入托运行李中的物品。机密文件、保密资料、技术资料、外交信袋、证券、货币、易碎易损物品、流质物品、贵重物品以及其他需要专人照料的物品。

4. 行李的包装规定

托运行李必须包装完善、锁扣完好、捆扎牢固、能承受一定的压力，能够在正常的操作条件下安全装卸和运输，并应符合下列条件：旅行箱、旅行袋、手提包等能加锁扣的必须加锁；两件以上的包件不能捆为一件；行李上不能附插其他物品；竹篮、网兜、草绳等不能作为行李的外包装物；行李上应写明旅客的姓名、详细地址、邮政编码和电话号码。

5. 免费行李额和逾重行李的收费规定

(1)免费行李额是根据旅客所付票价、乘坐舱位等级和旅客乘坐的航线决定的。每位旅客的免费行李额(包括托运行李和自理行李)规定如下:

①国内航线免费行李额。持成人或儿童票的旅客免费行李额如下:持成人或儿童票的头等舱旅客为40kg;公务舱旅客为30kg;经济舱旅客为20kg;持婴儿票的旅客无免费行李额;构成国际运输的国内航段,每位旅客的免费行李额按适用的国际航线免费行李额计算。

②国际航线免费行李额。乘坐国际航线的旅客,其免费行李额一般分为计重免费行李额和计件免费行李额。计重免费行李额:每位旅客的免费行李额与国内航线免费行李额相同。计件免费行李额:在中美、中加国际航线上,旅客的免费行李额均按件数计算。根据旅客所付的票价座位等级,每位旅客的托运行李和自理行李合并计算的免费行李额为:

——头等舱及公务舱旅客:每人可免费托运两件行李,每件行李的三边之和不超过158cm,每件重量不超过32kg。

——经济舱旅客:每人可免费托运两件行李,每件行李的三边之和不超过158cm,但两件行李的三边之和不超过273cm,每件重量不超过32kg。

——持婴儿票的旅客可免费托运一件行李,其三边之和不超过115cm。另外还可免费托运全折叠式或轻便婴儿车或婴儿手推车一辆。

③行李合并交运。搭乘同一航班前往同一目的地的两个(含)以上的同行旅客,如在同一时间、同一地点办理行李托运手续,其免费行李额可以按照各自的客票价等级标准合并计算。免费行李额的合并计算,也称为合并行李。

例如:有三个旅客同行,其中一名旅客持头等舱客票,另两位旅客持经济舱客票,则三人的免费行李额可合并计算为40kg+20kg+20kg,即80kg。

(2)逾重行李和逾重行李费。旅客的托运行李和自理行李,超过该旅客免费行李额部分,称为逾重行李,应支付逾重行李费。

不管旅客所付票价是何种等级和类别,计重制下逾重行李的费率为每千克按逾重行李票填开当日所适用的直达单程成人正常经济舱票价的1.5%计算,以人民币元为单位,取小数点后两位,舍去其他小数位数,以确定每千克的费率。

逾重行李费=逾重行李重量×逾重行李费的费率

重量以千克为单位,小数点以后的数字四舍五入。逾重行李运费金额以元为单位,元以下四舍五入。

逾重行李票是收取逾重行李费和行李声明价值附加费的收据,是一种有价证券,也是承运人之间的结算凭证。在财务上应按照有价票证的要求处理。国内逾重行李票由财务联、出票人联、运输联和旅客联构成。财务联为财务结算用,出票人联为出票人存查用,运输联为运输逾重行李及航空公司之间结算用,旅客联为旅客提取逾重行李和报销凭证。逾重行李票在填开完毕交给旅客之前应撕下财务联和出票人联,旅客持逾重行李票办理逾重行李托运手续时,工作人员撕下逾重行李票的运输联作为运输凭证。

6. 声明价值行李

根据航空运输规定,旅客的托运行李在运输过程中发生损坏、灭失时,承运人按照每千克最高赔偿限额赔偿。当旅客的托运行李的每千克实际价值超过承运人规定的每千克最高赔偿

限额时,旅客有权要求更高的赔偿额,但必须在托运行李时办理行李声明价值,并付声明价值附加费。办理过声明价值的行李,如在运输过程中由于承运人原因造成损失,承运人应按照旅客的声明价值赔偿。

(1)声明价值行李运输的规定。属国内运输的托运行李每千克价值超过人民币50元时或属国际运输的托运行李每千克价值超过20美元时,可办理行李声明价值。承运人应按旅客声明价值中超过最高赔偿限额部分价值的0.5%收取声明价值附加费。

行李声明价值附加费的计算公式为(9-1)式,声明价值附加费以元为单位,不足元者应进整为元。

$$\text{声明价值附加费}=(\text{行李声明价值}-\text{每公斤行李最高赔偿额}\times\text{声明价值行李重量})\times 0.5\% \tag{9-1}$$

当旅客申报价值为外币时,按当日银行公布的买入价折算成人民币。

每一旅客的行李声明价值最高限额为人民币8 000元。行李的声明价值不得超过行李本身的实际价值,如承运人对声明价值有异议而旅客又拒绝接受检查时,承运人有权拒绝收运。

自理行李、随身携带物品和小动物不办理行李声明价值。

声明价值行李的计费重量为千克,不足千克者应进整。但实际重量应保留至小数点后一位。

除与另一承运人有特别协议外,一般只能在同一承运人的航班上办理行李声明价值。

办理声明价值的行李重量不计入免费行李额内,应另外收费。

(2)运输声明价值行李的注意事项。办理声明价值的行李必须与旅客同机运出。

在载重平衡表备注栏内须注明办理声明价值的行李件数、重量、行李牌号码和装舱位置。值机人员与装卸人员应严格办理交接手续。运出时应发电报通知到达站。

9.3.2 行李运输的流程

行李运输的流程包括三个方面:行李收运、行李运载、行李领取。

1. 行李收运

收运行李是整个行李运输工作流程的第一道工序,是行李运输中最重要的环节。收运行李工作的好坏将直接影响到整个行李运输工作的正常开展和行李运输质量。

1)行李收运的流程

(1)旅客必须凭有效客票交运行李。托运行李的目的地应该与客票所列明的经停地、目的地相同。

(2)承运人一般应在航班飞机起飞当日办理乘机手续时收运行李。如团体旅客的行李过多,或其他原因需要提前交运时,也可和旅客约定时间、地点收运。

(3)清除托运行李上的旧行李牌。

(4)检查行李的包装、体积和重量是否符合要求。如不符合要求,应请旅客改善包装;如因时间或条件限制无法改善包装,旅客坚持要求运输,可视具体情况决定可否收运,收运时应拴挂免除责任行李牌,免除相应的运输责任。

(5)超过免费行李额的行李,应收取逾重行李运费,并填开逾重行李票。

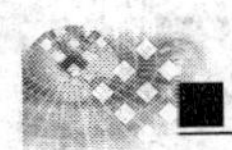

(6)行李过磅应准确,以免影响飞机的载重平衡。随身携带物品不能计入旅客的免费行李额之内。

(7)托运行李的件数、重量,应准确地填入旅客客票的相应栏中,以明确责任。

(8)每件托运行李都必须拴挂行李牌,并将其中的识别联交给旅客。

(9)经承运人同意的自理行李应与托运行李合并计重后,交由旅客带入客舱自行保管,并在行李上拴挂自理行李牌。

2)收运行李应注意的事项

(1)要了解行李的内容是否属于行李的范围,不属于行李的物品如自行车、缝纫机、电视机等不能作为行李交运。

(2)要了解行李中是否夹带禁运物品、易碎易损物品及其他不能作为行李运输的物品。承运人为了运输安全,可以会同旅客和有关部门对行李进行检查。如果旅客拒绝接受检查,承运人有权拒绝收运该行李。

(3)检查行李包装是否符合运输要求。如不符合要求,应请旅客加以改善。如因时间限制而无法改善,旅客又要求交运,可根据具体情况决定。同意收运时,必须在行李上挂"免除责任行李牌"并请旅客签字。

(4)如发现有下列情况之一者,旅客又愿意在免除责任行李牌上签字,则应拴挂免除责任行李牌:

①易损物品及包装不符合要求;

②行李有破损或残迹;

③需要加锁的行李无锁或锁已失效;

④行李超重或超大;

⑤鲜活物品或动物。

(5)了解行李是否属于声明价值行李,是否应请旅客办理声明价值行李运输手续。

(6)乘坐国际航班的旅客,其托运行李必须事先办妥海关手续方可收运。

(7)旅客托运的行李一般应随旅客同机运出,如果逾重行李过多,受载量条件的限制无法做到同机运出,应向旅客说明,在后续班机上运出,并将行李重量、件数、行李牌号通过电报通知到达站。

(8)不属于行李范围内的物品,应按货物托运,不能作为行李托运。

2. 行李运载

(1)旅客的托运行李,应与旅客同机运送,特殊情况下不能同机运送时,承运人应向旅客说明,并优先安排在载量允许的后续航班上运送。

(2)旅客的逾重行李在飞机载质量允许的情况下,应与旅客同机运送。如载量不允许,而旅客又拒绝使用后续可利用航班运送,承运人有权力拒绝收运旅客的逾重行李。

(3)迟到旅客和候补旅客托运的行李,应尽可能与旅客同机运出,但如果影响航班正点起飞,其托运行李可在后续航班优先运出。此类行李应拴挂免除责任行李牌。

3. 行李领取

旅客到达目的站后,一般情况下可以马上到提取行李处领取自己托运的行李。

9.3.3 行李运输特殊情况的处理

1. 行李的不正常运输

行李的不正常运输是指行李在运输过程中，由于承运人的工作疏忽、过失或其他原因造成行李迟运、遗失、多收、破损、被盗等运输差错事故。行李运输发生不正常情况时，应及时、迅速、认真、妥善地处理，尽量避免或减少因行李不正常运输造成的损失。

国际行李查询部门（代号LL）是负责处理国际行李不正常运输工作的部门；国内行李查询部门（代号LN）是负责处理国内行李不正常运输工作的部门。一些航空公司还设立专门的行李查询中心（代号LZ）协助各地查询及处理本航空公司的行李查询工作和行李赔偿工作。

2. 迟运行李的处理

1）迟运行李及其产生原因

在始发站由于漏装行李、行李牌上联脱落无法辨认行李的目的地或由于飞机载量不足落下行李，使旅客的托运行李未能随旅客同机运出，称之为迟运行李。迟运行李不包括旅客的逾重行李由于飞机载量原因而被安排在后续航班运出的托运行李。

迟运行李的原因主要有：行李牌脱落；由于工作疏忽漏装；旅客交运行李太晚而来不及装机；由于飞机运力不足而临时落下。

2）迟运行李的处理

（1）对迟运行李进行编号登记。

（2）安排续运的航班和日期，并拍发速运行李电报给行李的目的站或有关转运站。

（3）当收到外站发来的遗失行李查询电报后，认真查阅本站掉牌行李记录。如果由于行李牌脱落，无法确定行李的目的站而造成迟运，应向当日从本站起飞的有关航班的中途站和目的站按多收行李电报的格式发报查询。在得到有关站的电报确认后，再将行李运出。运出前应拍发速运行李电报，并应填写和挂速运行李牌。

（4）代理其他承运人处理迟运行李时，应通知该航空公司驻本站代表。

（5）中转站收到迟运行李后，按照速运行李牌上列明航班号/日期转运。

（6）到达站收到迟运行李后，立即通知旅客提取。迟运行李提取后，将收到日期和交付日期用电报通知迟运行李的中转站和到达站。

3. 遗失行李的处理

1）遗失行李及其产生原因

遗失行李是指由于各种原因造成行李未与旅客同机到达，而且下落不明尚待查找的行李。遗失行李是由于始发站行李漏装、行李错装或行李牌脱落无法辨认行李的目的地而没有装上飞机；中途站错卸行李；到达站漏卸行李或行李与货物混淆被卸到仓库或其他地方等原因，造成旅客提取行李时找不到自己的托运行李。

行李遗失的原因主要有：始发站挂错行李牌、始发站漏装或错装、航班中途站错卸、转运站或到达站漏卸。

2）遗失行李的处理过程

（1）查验旅客的客票和行李牌识别联：请旅客交验客票及行李牌识别联，记录旅客姓名、旅行路线、客票上填写托运行李的件数、重量、行李牌识别联上的目的地、有无改变航程、客票是否签转等情况。

(2)了解遗失行李的件数、重量、形状、颜色和制作材料等特征,如是联程行李,还要向旅客询问行李的转运情况,最后看见行李的地点,是否已在联运站发现短少行李。

(3)按行李查找地点的顺序查找行李:查看行李到达大厅与行李传送带周围有无遗留行李;通知行李装卸队检查货舱、集装箱内(必要时还可检查客舱)是否有漏卸行李,并检查行李仓库;向货运仓库询问有无误将行李卸到货物仓库内,必要时向海关查询;沿到达行李的运输路线查找。

(4)查看有无他站发来的多收行李电报或速运行李电报。

(5)查阅多收行李记录本,确定该行李是否已先期到达。

(6)填写“行李运输事故记录”(Property Irregularity Report——PIR)。它是少收行李、多收行李、行李破损及行李内物被盗等行李运输不正常情况的原始记录。由于“行李运输事故记录”是行李查询与赔偿工作的依据,在填制时,应力求做到准确、详尽。

(7)填写“遗失行李处理登记表”。

(8)根据旅客的申请向旅客预付日用品补偿费。由于承运人的原因使旅客的托运行李未能与旅客同机到达,造成旅客旅途生活的不便,承运人可根据实际情况在经停地或目的地等候行李期间,给予旅客适当的临时生活用品补偿费,作为购买洗漱用具和换洗衣裤等生活日用品的费用。

(9)拍发遗失行李查询电报。第一次查询电报应在航班到达后12h以内拍发;24h后拍发第二次查询电报;48h后拍发泛查电报。

3)收到遗失行李查询电报的处理

收到遗失行李查询电报后,应立即到本站行李库房查找,看是否有所查找的行李;查看本站的多收行李登记本和各站发来的多收电报;如所查行李是由本站始发航班的行李,要仔细查阅本站的掉牌行李记录;如找到该行李,要尽快速运行李运至有关站;如本站无此行李,可视查询站的要求决定是否需要回电。

4. 多收行李及其处理

1)多收行李及其产生原因

多收行李是指每一次航班行李交付工作已经完毕,仍无人认领的行李,包括错运行李(挂有目的站为非本站行李牌错运到本站的行李)、速运行李(挂有速运行李牌需要中转至目的站的行李)、无人认领行李(挂有目的地为本站行李牌的行李,但无人认领)、无行李牌行李(没有挂任何行李牌的行李)。多收行李可以分为三类,即挂有本站行李牌、挂有非本站行李牌、无行李牌。

多收行李的原因主要有:其他站错运至本站、中途站漏卸、行李牌在运输中脱落及行李牌挂错的行李。

2)多收行李的处理

对挂有到本站的行李牌的多收行李,先进行登记,然后查询有关航站发来的查询电报。若仍无线索,向到达航班的沿途各站拍发多收行李电报(OHD报)。登记时仔细查看行李外包装是否完整无损、有无上锁;行李上有无旅客姓名、地址、电话号码,应尽量详细地作好记录;对破损和无锁的行李进行包扎或上铅封后过磅重量,并做好记录;将多收行李登记本与少收行李登

记本上记录的情况进行对照分析，从中找出少收的行李。

属于它站错运至本站的多收行李，可按原行李牌上的目的地，选择合理的运输路线和航班运往行李的目的地。拍发运送行李电报至行李目的地或有关中转站，并在电报最后注明是错运行李。如果本站没有至行李目的站的航班，也无法通过其他航班中转，可将行李退回原发运站。填写和拴挂速运行李牌，保留原行李牌。

对无行李牌的多收行李，可将行李搬入库房内进行登记。然后在征得领导同意后有三人在场的情况下，尽快开箱查验，了解有关线索，并核对本站 PIR 单和查阅外站发来的少收行李电报（AHL 报），如发现情况相符，应立即处理。若 24h 后仍无人认领，应拍发 OHD 报。

如果多收行李保留 90 天后仍无人认领，应报请主管单位批准，会同有关部门根据民航规定按无人认领行李处理。

5. 破损行李及其处理

1）破损行李及其原因清查

旅客的托运行李在运输过程中，行李的外部受到损伤或行李的外部形状改变，因而使行李的外包装和/或内装物品的价值受到损失，称之为行李破损。行李破损分为明显破损和不明显破损。明显破损是指行李外包装有明显的破损或外包装变形；不明显破损是指行李外包装完好或看不出有破损的痕迹，但是内装物品已损坏。

发生行李破损，应立即查明行李破损的原因，明确责任。如果属于在运输过程中正常现象，应向旅客解释，因为在正常的行李运输过程中，行李箱包也会受到一定损耗，轻微的摩擦、凹陷或表面沾染少量的污垢等。这些轻微擦碰，承运人不负运输责任。

2）破损行李的处理

在装卸或传送行李时发生或发现行李破损，应会同行李装卸人员填制行李事故证单，并采取必要的补救措施。行李破损发生在始发站，一般要求将破损的行李修复后运输；如果已经无法修复，在运出时，应拍发行李破损电报（DMG），通知行李目的站和有关转运站。

旅客提取行李时提出行李破损，应立即会同旅客检查行李的外包装和内物损坏情况。检查内容：有无人为开、撬现象；破损痕迹的新旧；行李本身的包装是否符合航空运输的规定；整件行李的重量是否超过其包装所能承受的负荷；有无挂“免除责任行李牌”，是否已免除相应的责任；将破损行李过秤，核对旅客客票上填写的托运行李重量与实际重量是否相符，以确定行李的内物是否短缺。同时还应明确破损责任：

属于承运人责任的行李破损应会同旅客填制“行李运输事故记录”（PIR），一式两份，一份交旅客收执作为索赔的依据，一份留行李查询部门存查。代理其他航空公司业务时，增加一份交该航空公司。

填写“破损行李事故记录单”（DBR）。填写时一式两份，交给旅客一份，凭此向民航索赔；主办站留存一份备查。

如果行李的外包装完好无损，旅客提出行李内物破损，并要求赔偿，除非旅客能证实是承运人的过失所造成，否则承运人可不负赔偿责任。

如代理其他承运人处理破损时，填妥“行李运输事故记录”（PIR）后，可由该承运人驻本站代表直接处理。

挂有“免除责任行李牌” 的行李发生破损，应查对“免除责任行李牌”上打“ × ”的项目，如果属于免除责任的破损，承运人可不负赔偿责任。

发生或发现行李破损，应立即填写“行李装卸事故签证”或“行李运输事故记录”，并根据破损行李赔偿标准的有关规定办理赔偿。每月终了填写行李损坏登记表。

6. 托运行李内物被盗或丢失

托运行李内物被盗或丢失的处理步骤如下。

(1)旅客在提取行李时，提出所托运的行李内物部分被盗或丢失，承运人应详细询问旅客，并请旅客书面提出被盗或丢失的物品和价值。属于承运人责任，应负责赔偿。

(2)旅客在领取行李时，如果没有提出异议，即为托运行李已经完好交付。事后旅客又提出行李内物被盗或丢失，承运人应协助旅客查找，除非旅客能证明是承运人的过失所造成，否则承运人可不承担任何责任。

(3)旅客在托运行李内夹带现金、贵重物品等，一旦丢失或被盗，如属于承运人原因，按一般托运行李承担赔偿责任。

(4)发现托运行李内物短缺，应立即通知装卸部门和运输部门的值班领导到现场查验情况，检查该航班到达行李的交付过程，记录卸机、运送行李和交付行李的经办人员，尽可能找到疑点。短缺严重的要向公安部门或保卫部门报案。

(5)会同旅客填制“行李运输事故记录”(PIR)，一式两份，一份交旅客作为赔偿凭证，一份为查询部门存查。如承运人责任已解决，仅填制一份作存查之用。

(6)填制行李内物短缺报告。

(7)填制行李内物短缺赔偿工作表。

(8)向有关航站行李查询部门拍发托运行李内物被盗或丢失电报。

(9)托运行李被盗或丢失一旦找到后，应当面交付旅客。旅客提取时，需办理签收手续。

(10)有关站收到查询电报后，应立即协助查找。若找到，可按“速运行李”运送到站。贵重物品、易碎物品或小件物品应交乘务长带到目的站。

7. 遗失/遗留自理行李、随身携带物品

自理行李、随身携带物品是指经承运人同意由旅客自行负责照管的行李物品。自理行李物品的遗失不属于承运人的运输责任范围，但承运人可根据旅客提供的情况和线索协助旅客查找。找到后，通知旅客前来提取。旅客遗留的自理行李、随身携带物品应及时找到失主；一时无法找到失主，应交由行李查询部门保管和处理。

遗失自理行李和随身携带物品的处理如下。

(1)根据旅客提供的情况和线索，协助旅客查找。

(2)与有关的机务人员、乘务人员、机上清洁人员、候机室服务人员和海关、安检、部门联系。

(3)请旅客留下姓名、地址、遗失物品名称、数量、牌号及型号等。

(4)不填写“行李运输事故记录”，但要根据旅客提供的情况作好记录、编号、登记。

(5)向有关站发查询电报。

遗留自理行李和随身携带物品的处理如下：

(1)旅客遗留的物品(包括自理行李、随身携带物品等)应交由行李查询部门保管和处理。

(2)旅客的遗留物品应做好交接手续，进行编号、登记、拴挂多收行李记录卡、过磅、上铅

封、入库。

(3)查看物品,并对其内容列出清单。如果发现失主姓名、地址,应通知失主认领。

(4)向有关站拍发多收行李电报(OHO)。

(5)有关站回电或来电查询,应认真查对,并将遗留行李物品按多收行李处理。如找到失主,应将遗留的行李物品拴挂速运行李牌运送到离失主最近的航站。

(6)如果找不到失主,旅客遗留的行李物品保管90天后,作为无法交付行李处理。鲜活易腐物品不受上述时间限制,可根据具体情况经请示领导后及时处理。

(7)代理其他承运人的班机上发现旅客遗留的行李物品,可转交给该承运人驻本站办事处处理。

8. 特殊行李运输

旅客携带的行李物品如果超出行李的定义范围,在一般情况下,承运人可以拒绝运输。但是,一些特殊行李物品经承运人同意,并按承运人要求,采取了适当措施或受一定限制条件后,可以作行李运输,这些行李物品称之为特殊行李。承运特殊行李必须符合国家的法律、法规和承运人的运输规定,在确保飞行安全、人身安全和地面安全的前提下方可承运。

1)外交信袋/机要文件收运

(1)外交信袋的收费规定。外交信袋应当由外交信使随身携带,自行照管。根据外交信使的要求,承运人也可以按照托运行李办理,但承运人只承担一般托运行李的责任。外交信使随身携带的外交信袋较多,可以协助免费提供候机室与停机坪之间的地面运输。随身携带的外交信袋以10kg为限,可放置在外交信使的座位前面,并不妨碍其他旅客,否则按单独占座处理。外交信使携带的外交信袋和行李,可以合并计重或计件,超过免费行李额部分,按照逾重行李的规定办理,收取逾重行李费。

(2)占用座位的外交信袋的收费规定。外交信使携带的外交信袋需要单独占用座位时,旅客必须在订座时提出申请,并经承运人同意后,方可办理。外文信袋占用座位时,无论是否拆除座椅,均按以下两种办法计算运费,收取较高者:根据占用座位的外交信袋或自理行李的全部实际重量,按照逾重行李费率计算运费;根据占用座位的外交信袋或自理行李占用的座位数,按照运输起讫地点之间,与旅客本人座位等级相同的单程成人全票价计算应付运费。外交信袋占用每一个座位的重量不得超过75kg,占用座位的外交信袋没有免费行李额,均挂自理行李牌。

2)易碎物品及其他物品收运

(1)旅客携带的易碎物品,一般作为旅客的自理行李,如发现旅客把易碎物品放入托运行李中,应请旅客取出。旅客在客舱内携带的易碎品可以放置在旅客自己座位的前面,在不妨碍他人的情况下,也可放在座位旁边,否则应按单独占用座位处理。由于体积过大而不适合放进客舱的易碎品,只有在旅客愿意自己承担运输责任时,方可作为托运行李收运。

(2)旅客携带的小动物(宠物)运输。作为宠物携带的狗、猫等小动物,必须在订座时提出,并征得同意后,方可托运。如果是联程运输,还应征得有关承运人的同意。小动物及其容器和食物在符合运输条件的情况下,并且旅客同意承担其宠物在运输过程中可能出现伤病、死亡等意外情况的责任,则其宠物可作为托运行李装在货舱或非托运行李装在客舱运输。旅客携带的小动物必须是健康、无害、干净、无异味的。体形或形状异常的动物只能按货物规定运

输。旅客携带的小动物应不晚于航班离站前45min,亲自运至机场办理手续。作为托运行李运输的小动物应具备有效的健康证明和狂犬免疫证。另外,要拴挂免除责任行李牌,小动物及其容器不得计算在旅客免费行李额内,全部按逾重行李计收运费,涉及国际联程运输的航程应遵循相应规定和收费标准。同时,拍发旅客名单报和航班载重报时,应将旅客携带小动物的情况通知沿途各站。

9. 行李的退运和变更

1)行李的退运

(1)旅客在始发站要求退运行李,须在行李装机前提出。如果旅客临时退票,则必须同时退还已托运的行李,并退还已收的行李运费。

(2)旅客在中途站要求退运,已收的行李运费不退。但如旅客是因病退票或由于航空公司原因造成的旅客非自愿退票,则可以从已收取的行李运费中扣除已使用航段的行李运费后退还余额。

(3)退还行李运费时,收回原逾重行李费收据,另填开退款单给旅客。

(4)旅客退运行李,其交付手续按规定办理。

2)中途站提取行李的处理

(1)航班在中途站过夜,旅客要求提取行李,可将行李交给旅客并收回旅客的行李领取联。

(2)旅客再交回行李时,则重新办理行李托运手续,行李重新秤重,并重新拴挂行李牌。

(3)行李重新秤重时,如重量有变动,须在有关的业务文件上作相应的交更;重量增加超过免费行李额或超过原付费重量时,补收该站至到达站的逾重行李费或原付费的差额部分;重量减少的,已付逾重费的差额不退。

3)航班中断时对行李的处理

(1)如果安排旅客改乘其他班机,行李的运输应随旅客作相应的变更,并可重新计算行李运费,多退少不补。

(2)如果旅客改乘地面运输工具,行李交还旅客。已收取行李运费的,退还未使用航段的运费。

4)声明价值行李的处理

(1)已办理声明价值的行李退运或变更时,已交的行李运费按上述规定办理。已交声明价值附加费在始发站予以退还。在中途站不论是由于何种原因,一律不退还。

(2)退还声明价值行李的运费时,按上述规定办理。

(3)在始发站退还声明价值附加费时,收回原收据,另填开退款单交旅客。

10. 违章夹带物品和违章行李的处理

凡旅客的托运行李、自理行李和随身携带物品中,夹有国家规定的禁运物品、限制携带物品或危险物品,其整件行李称为违章行李。对夹带上述物品的违章行李按以下规定处理。

(1)在始发站发现应拒绝承运。如果已承运的应取消运输,或将夹带物品取出后再运输。已收逾重行李费不退。

(2)在经停站发现则立即停运,已收的运费不退。

(3)对违章行李中夹带的国家规定的禁运物品、限制携带物品或危险物品,交有关部门

处理。

(4)夹带物品和违章行李有其他可疑的情况，一律交公安部门或其他有关部门处理。

(5)对于易燃、易爆、有毒等危险物品的处理，要提高警惕，防止因处理不当而造成事故。必要时，还应请具有这方面知识或专业人员在场指导。

(6)因违章行李造成本公司或其他旅客、货物、邮件的损失时，应由托运违章行李的旅客负责。

11. 行李的赔偿

在运输的过程中，由于承运人的过失使旅客的行李全部或部分遭受损坏、丢失、短缺或延误运输，承运人应负赔偿责任。旅客的自理行李、随身携带物品经承运人同意由其自行负责照管，除非旅客能提出证明是承运人的过失所造成损失，否则承运人不负赔偿责任。

1)赔偿责任的划分

(1)承运人的责任。旅客的交运行李在运输过程中如发生遗失、损坏、内物短少或延误等差错事故，如确系承运人的疏忽所致，承运人应负赔偿责任。所谓运输过程指从旅客交运行李时起，直到收到交付行李时止，由承运人掌管期间。

如果行李的损失只是全部交运行李的一部分，不管其损失的价值如何，只能按该损失行李的重量在全部重量中的比例承担责任。

承运人对行李运输事故所负责任，应依据有关国际航空公约或议定书确定。

(2)在下列情况下，承运人可免除对行李的赔偿责任

自然灾害或无法控制的原因造成的损失、由于旅客没有遵守国家有关规定而造成的损失、由于旅客行李本身的缺陷或内部物品导致行李的损失，承运人可免除对行李的赔偿责任；对交运行李内的易碎物品、易腐物品、货币、珠宝、贵重金属以及公务文件、证券等物品的损失，承运人不负责任；对自理行李和随身携带物品的损失，除非能证明是承运人的过失所致，否则承运人不负责任；拴挂有“免除责任行李牌”的行李，免除相应的运输责任。

2)行李赔偿的时限

行李赔偿的时限有以下规定。

(1)对于行李损坏，应当在交付行李时，立即向承运人提出索赔要求，最迟不得超过从收到行李之日起 7 天内提出。

(2)对于行李遗失，最迟不得超过从行李应当交付给旅客之日起 21 天以内提出。

(3)对于行李延误，最迟不得超过从行李交付给旅客之日起 21 天以内提出。

3)行李赔偿的程序

(1)旅客或其代理人以书面形式提出赔偿要求，列明损失的实际价值，并提供必要的证明和行李运输事故单。

(2)请旅客或其代理人填写“旅客行李索赔单”。

(3)调查该行李的查询及处理情况，判明责任。

(4)填写“行李损失事故调查报告单”，并提出赔偿处理，经审批后，办理赔偿手续。

(5)付款前必须请旅客在收据上签字，同时收回旅客手中的 PIR 单的副本。

4)办理行李赔偿应具备的文件

(1)客票旅客联的复印件。

(2)行李牌识别联。

(3)行李运输事故记录单。

(4)来往查询电函。

(5)赔偿申请书。

(6)行李索赔单及实际损失价值的必要证明。

(7)行李运输事故调查报告单。

(8)逾重行李票或声明价值附加费收据。

5)受理赔偿的地点

一般情况下,受理旅客行李赔偿的地点为旅客的目的站或事故发生的航站。特殊情况航班的始发站也可受理赔偿,但是,必须事先与原处理不正常行李运输的航班取得联系,并且得到该航站正式委托以后才能受理。

复习思考题

1. 航空运输组织的方式有哪些?

2. 何种原因造成的旅客退票称为自愿退票?

3. 行李不正常运输的涵义是什么?

4. 如何办理行李的赔偿?

5. 某旅客航程为SHA——NYC,其购买一张F舱机票,票价为人民币4 500元,另外,经济舱票价为人民币3 000元。该名旅客共带了4件行李,行李的重量分别为20kg、28kg、35kg、47kg,四件行李的三边之和均低于158cm,计算该旅客适用多少倍的逾重行李费率?

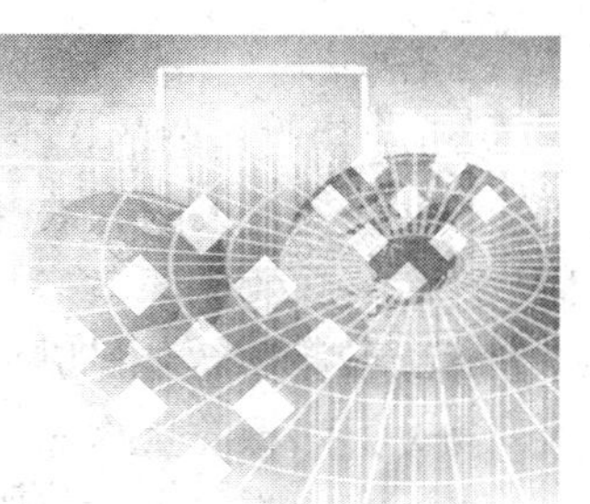

第10章　航空货物运输组织

航空货运与其他运输方式相比其技术速度最快，可以满足一些客户的特殊要求。本章主要介绍航空货运组织基本知识、方法和主要工作过程。

10.1　航空货物运输组织概述

10.1.1　货物进出港生产组织与管理

航空货物运输，从航空公司角度出发，在运作流程上基本的处理程序为：出发货：收货——仓储——吨位控制——出港；到达货：进港——仓储——发货（交付）。对于国内货物和国际货物而言，在操作环节上有些差异，下面将从国内货物运输和国际货物运输两个方面进行阐述货物的进出港生产组织与管理工作。

1. 国内航空货物运输

1）货物收运

（1）货物收运的原则是：保证重点、照顾一般、合理运输。

要保证重点：

①中央文件、报刊及纸型、新闻图片、新闻稿件、紧急的新闻影片、电视片、录音录像带及与重要活动有关的物品。

②政府指定运输的物资，抢险救灾物资和急救药品。

③援外物资，驻华使领馆的物品及与外事活动有关的急需物品。

④国防、工农业生产及科研急需物品。

要按运力承运：

①承运人应根据本站运输能力、按货物的性质和急缓程度，有计划地收运货物。

②有特定条件及时限要求和大批量的联程货物，承运人必须预先安排好联程中转舱位后，才能收运。

③遇有特殊情况，如政府法令、自然灾害、停航或者货物严重积压时，承运人可暂停收运货物。

要执行法令和规定：

①凡是国家法律、法规和有关规定禁止运输的物品，严禁收运；凡是限制运输的物品，一定要符合规定的手续和条件后，方可收运。

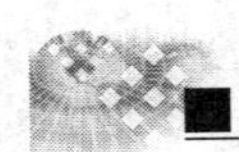

②需要经主管部门查验、检疫和办理其他手续的货物，在手续未办妥前不能收运。

(2)货物收运前的检查项目

①查验托运人的有效身份证件。凡国家限制运输的物品，必须查验国家有关部门出具的准许运输的有效凭证。

②检查货物品名与货物是否相符，严防假报品名，夹带禁运品、危险品和其他违法物品。

③对不熟悉的货物品名，要查证清楚，避免将危险品误作普通货物收运。

④检查货物的重量与体积是否超过限制。

⑤检查托运人托运货物的包装，不符合航空运输要求的货物包装，须经托运人改善后方可办理收运。承运人对托运人托运货物的内包装是否符合要求，不承担检查责任。

⑥对收运的货物应当进行安全检查。对收运后24h内装机运输的货物，一律实行开包或者通过安检仪器检测。

⑦检查包装上的发货标记与货物托运书中填写的内容是否一致。如有错误或遗漏，承运人更正或补充，没有发货标记的货物不予收运。检查时要注意方式方法，应态度好并做好解释工作。

(3)货物收运程序是：检查(限制运输物品、托运书、重量、尺寸、包装、标志)——清点——称重量——填开货单——收费——安检(24h以内装机运输)。

①清点货物件数。如件数不符，应请托运人在货物托运书上更正。

②过秤计重。货物过秤后在货物托运书的重量栏内填写重量。如是轻泡货物，应分别填明货物的计费重量和实际重量。

③填制货运单。根据货物托运书的内容填制货运单，并在货物托运书上填写货运单号码。

④计算运费。根据货物重量按公布货物运价和收费规定计算运费，并将金额填写在货运单有关栏内。

⑤收取运费。向托运人收取运费，款数点清后将货运单托运人联交给托运人。

⑥贴挂标记。根据货运单填写货物标签，并将标签和应贴的指示标志贴挂在货物自装的规定部位。

⑦填写交接清单(舱单)。将货物和货运单及时入库或转运机场仓库。交接单一式两份，由仓库保管员核对签收，无误后双方签字。一份仓库保管员留存，一份收货柜台留存。

⑧编制销售日报。根据货运单编写销售日报，连同货运单财务联及所收运费送至财务部门。

2)货物运送

应根据进出港货物运量、货物特性分别入库(普货、贵重物品、鲜活易腐、危险品)。货物发运顺序(根据货物性质来确定)如下。

(1)抢险、救灾、急救、外交信袋和政府指定急运的物品、纸型、电视片、录像带、展品、急救药品、鲜活物品等。

(2)指定日期、航班和按急件收运的物品。

(3)有时限、贵重和零星小件物品。

(4)国际和国内中转联程货物。

(5)普通货物按照收运先后顺序发送。

3)货物到达与交付

货物到达和交付是货物运输的最后环节。到达站应迅速、准确地办理提货通知、货物交付,以便于收货人及时使用。

(1)货物到达。

①货物到达后,应分清货物是在机场还是市区提取。对于市区提取的货物,应填写货物交接清单(舱单),一般应在到达当日送市区,最迟不能晚于次日。

②市内货运处在接收到达货物时,应根据清单(舱单)交接,如货物有不正常情况,应在到达清单(舱单)上做出记录,以备查考和明确责任。

③如发现到达货物的重量和货运单所列不符,需补退运费时,应通知出发站向托运人补退运费。如出发站无法办理时,可在交付时向收货人补退。

(2)通知提货。

①货物运至到达站后,除另有约定外,承运人或其代理人应当及时向收货人发出到货通知。

②对于能预知收货人名称及到达时间的货物,如包机货物等,应知道飞机到达时间后即时通知提货。

③急件货物的到货通知应当在货物到达后 2h 内发出,普通货物应当在 24h 内发出。

④如货运单未随货到达,应根据货物外包装的发货标记通知收货人提货;如有疑问,应发电查问清楚或收到货运单后再作处理,以免通知错误。

⑤通知提货的方法有:

a. 电话通知:凡能用电话通知的应尽量用电话通知。在用电话通知时,应交代有关事项,问明受话人姓名,并将通知日期和受话人姓名记录在货运单有关栏内,以备查考;

b. 书面通知:对于不便用电话通知的收货人,可采用邮寄提货通知的办法进行通知。

(3)提货手续。收货人提取货物应提供下列证明。

①收货人凭到货通知单和本人居民身份证或其他有效身份证件提货;委托他人提货时,凭到货通知单和货运单指定的收货人及提货人的居民身份证或其他有效身份证件提货。如承运人或其代理人要求出具单位介绍信或其他有效证明时,收货人应予提供。

②收货人提取海关监管和需要检疫等货物时,应办妥有关手续、并携带放行和检疫等证件来提货。

③收货人如遗失提货证明,应向承运人声明,并提出有效证明文件前来提货。

④经常有货物到达的单位,与承运人协商同意后可以出具委托书指定专人凭印鉴提货,不必每次开具证明。

(4)货物交付程序

①查验收货人的身份证明,其他证件和印鉴,注意防止冒提和误交,查核收货人提货是否超过免费保管期限。

②收清应当向收货人收取的运费、保管费和其他费用。

③根据货运单核对发货标记和货物标签无误后,将货物清点、对号交给收货人;请收货人看货物是否完整无损,对贵重和重要货物,更应查验清楚。如发现不正常情况,按以下办法处理:

货物包装破损、内件缺少或损坏、重量不符,应和收货人当面检查和复评,填制事故单。如属承运人责任事故,应按有关赔偿规定办理。

如货物的缺少或损失、损坏责任不明,应负责进行调查,明确责任,并按调查结果处理。

保险货物发生短少、损坏应告知收货人,在承运人出具事故记录的10天内向所在地保险公司申请办理赔偿。

④将货物点交以后,如收货人对货物的完整无损未提出异议,则视为货物已经完好交付,请其在货运单收货人栏内签收。如货运单未随机到达,应请收货人在货物分批发运单收货人栏内签收。

⑤收货人提取货物并在货运单上签收后,承运人即告完成该次承运任务,解除运输责任。

⑥承运人也应在货运单或分批发运单交付人栏签字,并在提货日期栏注明日期。

⑦到达站应将已交付货物的货运单逐日整理,按日期装订,妥善保存,以备查考。

⑧为了便于查询提取情况,特编制"提取货物登记簿",在交付货物时双方应同时在登记簿上登记签字。

(5)货物保管期限与保管费

①从发出到货通知的次日起,货物免费保管3日。逾期提取,承运人或其代理人按规定核收保管费。

②货物被检察机关扣留或因违章等待处理存放在承运人仓库内,应由收货人负担保管费和其他有关费用。

③动物、鲜活易腐物品及其他指定日期和航班运输的货物,托运人应当负责通知收货人在到达站机场等候提取。对于14日无人提取,又无托运人意见的货物,按无法交付货物处理。

2. 国际货物运输

国际航空货物运输的业务流程指的是为了满足消费者的需求而进行的,从托运人发货到收件人收货的整个过程的物流、信息流的实现和控制管理的过程。随着经济的发展、国际贸易的拓展,国际货物的运输量愈来愈大,为了更好地为客户服务,航空货运代理人必须非常熟悉国际货物运输的业务流程,能够及时地掌握航空运输的全过程,对出现的突发事件能够有思想上的准备,使一票货物的运输顺畅,能够及时运送到收货人的手中。国际航空货物运输的业务流程主要包含两大环节:国际航空货物运输的出口业务流程和国际航空货物运输的进口业务流程。

1)国际航空货物运输的出口业务流程

国际航空货物运输的出口业务流程指的是从托运人发货到承运人把货物装上飞机实现货物出口的全过程。

国际航空货物运输的出口业务流程的环节主要包含两大部分:航空货物出口运输代理业务程序和航空公司出口货物的操作程序。

(1)航空货物出口运输代理业务程序如下。

①市场销售。货代企业需及时向出口单位介绍本公司的业务范围、服务项目、各项收费标准,特别是向出口单位介绍本公司的优惠运价,介绍本公司的服务优势等。

②委托运输。由托运人自己填写货运托运书。托运书应包括下列内容栏:托运人、收货人、始发站机场、目的地机场、要求的路线/申请订舱、供运输用的声明价值、供海关用的声明价值、保险金额、处理事项、货运单所附文件、实际毛重、运价类别、计费重量、费率、货物的品名及数量、托运人签字、日期等。

③审核单证。单证应包括:发票、装箱单、托运书、报送单项式、外汇核销单、许可证、商检

证、进料/来料加工核销本、索赔/返修协议、到会保函、关封。

④预配舱。代理人汇总所接受的委托和客户的预报，并输入电脑，计算出各航线的件数、重量、体积，按照客户的要求和货物重、泡情况，根据各航空公司不同机型对不同板箱的重量和高度要求，制订预配舱方案，并对每票货配上运单号。

⑤预订舱。代理人根据所指定的预配舱方案，按航班、日期打印出总运单号、件数、重量、体积，向航空公司预订舱。

⑥接受单证。接受托运人或其代理人送交的已经审核确认的托运书及报送单证和收货凭证。将收货记录与收货凭证核对，制作操作交接单，填上所收到的各种报关单证份数，给每份交接单配一份总运单或分运单。将制作好的交接单、配好的总运单或分运单、报关单证移交制单。

⑦填制货运单。航空货运单包括总运单和分运单，填制航空货运单的主要依据是发货人提供的国际货物委托书，委托书上的各项内容都应体现在货运单项式上，一般用英文填写。

⑧接收货物。接收货物，是指航空货运代理公司把即将发运的货物从发货人手中接过来并运送到自己的仓库。接收货物一般与接单同时进行。对于通过空运从内地运往出境地的出口货物，货运代理按照发货提供的运单号、航班号及接货地点日期，代其提取货物。如货物已在始发地办理了出口海关手续，发货人应同时提供始发地海关的关封。接货时应对货物进行过磅和丈量，并根据发票、装箱或送货单清点货物，核对货物的数量、品名、合同号或唛头等是否与货运单上所列一致。

⑨标记和标签。

标记：包括托运人、收货人的姓名、地址、联系电话、传真；合同号等；操作（运输）注意事项。

标签：航空公司标签上三位阿拉伯数字代表所承运航空公司的代号，后八位数字是总运单号码。分标签是代理公司对出具分标签的标志，分标签上应有分运单号码和货物到达城市或机场的三字代码。一件货物贴一张航空公司标签，有分运单的货物，再贴一张分标签。

⑩配舱。核对货物的实际件数、重量、体积与托运书上预报数量的差别。对预订舱位、板箱有效利用、合理搭配，按照各航班机型、板箱型号、高度、数量进行配载。

⑪订舱。接到发货人的发货预报后，向航空公司吨控部门领取并填写订舱单，同时提供相应的信息；货物的名称、体积、重量、件数、目的地、要求出运的时间等。航空公司根据实际情况安排舱位和航班。货运代理订舱时，可依照发货人的要求选择最佳的航线和承运人，同时为发货人争取最低、最合理的运价。订舱后，航空公司签发舱位确认书（舱单），同时给予装货集装器领取凭证，以表示舱位订妥。

⑫出口报关。首先将发货人提供的出口货物报关单的各项内容输入电脑，即电脑预录入，在通过电脑填制的报关单上加盖报关单位的报关专用章；然后将报关单与有关的发票、装箱单和货运单综合在一起，并根据需要随附有关的证明文件；以上报关单证齐全后，由持有报关证的报关员正式向海关申报；海关审核无误后，海关官员即在用于发运的运单正本上加盖放行章，同时在出口收汇核销单和出口报关单上加盖放行章，在发货人用于产品退税的单证上加盖验讫章，贴上防伪标志；完成出口报关手续。

⑬出仓单。配舱方案制订后就可着手编制出仓单：出仓单的日期、承运航班的日期、装载板箱形式及数量、货物进仓顺序编号、总运单号、件数、重量、体积、目的地三字代码和备注。

⑭提板箱。向航空公司申领板、箱并办理相应的手续。提板、箱时，应领取相应的塑料薄

膜和网。对所使用的板、箱要登记、销号。

⑮货物装箱装板。

注意事项:不要用错集装箱、集装板,不要用错板型、箱型;不要超装箱板尺寸;要垫衬,封盖好塑料纸,防潮、防雨淋;集装箱、板内货物尽可能配装整齐,结构稳定,并接紧网索,防止运输途中倒塌;对于大宗货物、集中托运货物,尽可能将整票货物装一个或几个板、箱内运输。

⑯签单。货运单在盖好海关放行章后还需要到航空公司签单,只有签单确认后才允许将单、货交给航空公司。

⑰交接发运。交接是向航空公司交单交货,由航空公司安排航空运输。交单就是将随机单据和应有承运人留存的单据交给航空公司。随机单据包括第二联航空运单正本、发票、装箱单、产地证明、品质鉴定证书。交货即把与单据相符的货物交给航空公司。交货前必须粘贴或拴挂货物标签,清点和核对货物,填制货物交接清单。大宗货、集中托运货,以整板、整箱称重交接。零散小货按票称重,计件交接。

⑱航班跟踪。需要联程中转的货物,在货物运出后,要求航空公司提供二程、三程航班中转信息,确认中转情况。及时将上述信息反馈给货主,以便遇到不正常情况及时处理。

⑲信息服务。从多个方面做好信息服务:订舱信息、审单及报关信息、仓库收货信息、交运称重信息、一程二程航班信息、单证信息。

⑳费用结算。

发货人结算费用:在运费预付的情况下,收取航空运费、地面运输费、各种服务费和手续费。

承运人结算费用:向承运人支付航空运费及代理费,同时收取代理佣金。国外代理结算主要涉及到付运费和利润分成。

(2)航空货物出港操作程序。

航空公司出港货物的操作程序是指自代理人将货物交给航空公司,直到货物装上飞机的整个业务操作流程。航空公司出港货物的操作程序分为以下主要环节。

①预审 CBA(Cargo Booking Advance),CBA 即国际货物订舱单。

②整理货物单据,主要包括已入库的大宗货物、现场收运的货物、中转的散货等三个方面的单据。

③货物过磅、入库。

④货物出港。对于货物出港环节,重点处理好制作舱单及转运舱单的业务。

a. 货运舱单(Cargo Manifest):货运舱单是每一架飞机所装载货物、邮件的运输凭证清单;是每一航班总申报单的附件;是向出境国、入境国海关申报飞机所载货邮情况的证明文件;也是承运人之间结算航空运费的重要凭证之一。

b. 货物转港舱单(Cargo Transfer Manifest,CTM):货物转港舱单由交运承运人填写,是货物交运承运人和货物接运承运人之间交接货物的重要运输凭证;也是承运人之间结算航空运费的重要凭证之一。

2)国际航空货物运输的进口业务流程

国际航空货物运输的进口业务流程指的是从飞机到达目的地机场,承运人将货物交给收货人的物流、信息流的实现和控制管理的过程。

国际航空货物运输的进口业务流程主要包含两大部分:航空公司进港货物的操作程序和航空货物进口运输代理业务程序。

(1)进港货物操作程序。

航空公司进港货物的操作程序指的是从飞机到达目的地机场,承运人将货物卸下飞机到交给代理人的整个操作流程。

①进港航班预报。填写航班预报本,以当日航班进港预报为依据,在航班预报本中逐项填写航班号、机号、预计到达时间;预先了解货物情况,了解到达航班的货物装机情况及特殊货物的处理情况。

②办理货物海关监管。有关人员将货运单送到海关办公室,由海关人员在货运单上加盖海关监管章。

③分单业务。在每份货运单的正本上加盖或书写到达航班的航班号和日期;认真审核货运单,注意运单上所列目的港、代理公司、品名和运输保管注意事项;联程货运单交中转部门。

④核对运单和舱单。若舱单上有分批货,则应把分批货的总件数标在运单号之后,并注明分批标志;把舱单上列出的特种货物、联程货物圈出;根据分单情况,在整理出的舱单上标明每票运单的去向;核对运单份数与舱单份数是否一致,做好多单、少单记录,将多单运单号码加在舱单上,多单运单交查询部门。

⑤电脑输入。根据标好的一套舱单,将航班号、日期、运单号、数量、重量、特种货物、代理商、分批货、不正常现象等信息输入电脑,打印出国际进口货物航班交接单。

⑥交接。中转货物和中转运单、舱单交出港操作部门;邮件和邮件路单交邮局。

(2)航空货物进口运输代理业务程序。

航空货物进口运输代理业务程序是指代理公司对于货物从入境到提取或转运整个流程所需通过的环节,所需办理的手续及必备的单证。

①到货预报。在国外发货之前,由国外代理公司将运单、航班、件数、重量、品名、实际收货人及其地址、联系电话等内容通过传真或 E-mail 发给目的地代理公司,这一过程被称为到货预报。到货预报的目的是使代理公司做好接货前的所有准备工作。

②货物交接。航空货物入境时,与货物相关的单据(运单、发票、装箱单等)也随机到达,运输工具和货物处于海关监管之下。货物卸下后,将货物存入航空公司或机场的监管仓库,进行进口货物舱单录入,将舱单上总运单号、收货人、始发站、目的站、件数、重量、货物品名、航班号等信息通过电脑传输给海关留存,供报关用。同时根据运单上的收货人及地址寄发取单、提货通知。若运单上收货人或通知人为某航空货运代理公司,则把运输单据及与之相关的货物交给该航空货运代理公司。航空公司的地面代理向货运代理公司交接的有:国际货物交接清单、总运单、随机文件、货物。交接时要做到:单、单核对,即交接清单与总运单核对;单、货核对,即交接清单与货物核对。航空货运代理公司在与航空公司办理交接手续时,应根据运单及交接清单核对实际货物,若存在有单无货或有货无单的情况,应在交接清单上注明,以便航空公司组织查询并通知入境地海关。发现货物短缺、破损或其他异常情况,应向民航索要商务事故记录,作为实际收货人交涉索赔事宜的依据。

③理货与仓储。代理公司从航空公司接货后,即短途驳运进自己的监管仓库,组织理货及仓储。理货内容包括:检查货物破损情况,遇有异常,确属接货时未发现的问题,可向民航提出

交涉;按大货、小货、重货、轻货、单票货、混载货、危险品、贵重品、冷冻、冷藏品,分别堆存、进仓。堆存时要注意货物箭头朝向、总运单、分运单标志朝向,注意重不压轻,大不压小;登记每票货储存区号,并输入电脑。鉴于航空进口货物的贵重性、特殊性,其仓储要求较高,须注意以下几点:防雨淋、防受潮、防重压、防温升变质、防危险品危及人员及其他货品安全。

④理单。将集中托运进口的每票总运单项下的分运单分理出来,审核与到货情况是否一致,并抄成清单输入电脑;将集中托运总运单项下的发运清单输入海关电脑,以便实施按分运单分别报关、报验、提货。

⑤制单、报关。除部分进口货存放民航监管仓库外,大部分进口货物存放于各货代公司自有的监管仓库。由于货主的需求不一,货物进口后的制单、报关、运输一般有以下几种形式:货运代理公司代办制单、报关、运输;货主自行办理制单、报关、运输;货运代理公司代办制单、报关后,货主自办运输;货主自行办理制单、报关后,委托货运代理公司运输;货主自办制单,委托货运代理公司报关和办理运输。

制单指按海关要求,依据运单、发票、装箱单及证明货物合法进口的有关批准文件,制作"进口货物报关单",货运代理公司制单时一般程序为:

a. 长期协作的货主单位,其有进口批文、证明手册等存放于货运代理处的,货到港,发出到货通知后,即可制单、报关,通知货主运输或代办运输;

b. 部分进口货,因货主单位(或经营单位)缺有关批文、证明的,可于理单、审单后,列明内容,向货主单位催寄有关批文、证明,亦可将运单及随机寄来的单证、提货单以快递形式寄货主单位,由其备齐有关批文,证明后再决定制单,报关事宜;

c. 无须批文和证明的,可即自行制单、报关,通知货主提货或代办运输;

d. 部分货主要求异地清关时,在符合海关规定的情况下,制作《转关运输申报单》办理转关手续。

进口报关是进口运输中关键的环节,报关程序中,还含有许多环节,大致可分为四个主要环节:初审、审单、征税、验放。

⑥收费、发货。

a. 收费。货运代理公司仓库在发放货物前,一般先将费用收妥。收费内容有:到付运费及垫付佣金;单证、报关费;仓储费(含冷藏、冷冻、危险品、贵重品特殊仓储费);装卸、铲车费;航空公司到港仓储费;海关预录入、动植检、卫检报验等代收代付费用;关税及垫付佣金。

b. 发货。办完报关、报验等进口手续后,货主须凭盖有海关放行章、动植物报验章、卫生检疫报验章(进口药品须有药品检验合格章)的进口提货单到所属监管仓库付费提货。仓库发货时,须检验提货单据上各类报关、报验章是否齐全,并登记提货人的单位、姓名、身份证号,以确保发货安全。保管员发货时,须再次检查货物外包装情况,遇有破损、短缺,应向货主做出交代。

除了一次一结的货主外,经常性的货主可与货运代理公司签订财务付费协议,实施先提货,后付款,按月结账的付费方法。

⑦送货与转运。出于多种因素(如便利、节省费用、运力所限等)许多货主或国外发货人要求将进口到达货由货运代理报关、垫税,提货后运送至直接收货人手中。货运代理公司在代理客户制单、报关、垫税、提货、运输的一揽子服务中,由于工作熟练,衔接紧密,服务到位,因而受到货主的欢迎。转运业务主要指货运代理公司将进口清关后货物转运至内地,办理转运业

务，需由内地货运代理公司协助收回相关费用，同时口岸货代公司亦应支付一定比例的代理佣金给内地代理公司。

10.1.2　航空货物运输的变更及退运

航空货物运输是一项复杂的经济活动。在一般情况下，交运的货物都能够按照货物运输双方当事人事先的约定，安全、顺利地运抵目的地。但是，由于种种原因，货物在运输过程中会发生变更或退运等情况，如有时候货物会在中途停运，有时候货物被要求运回始发地，有的需要变更目的地或者变更收货人，等等。运输变更发生后极易引起纠纷，因此掌握运输变更过程中的操作原则和方法非常重要。

运输的变更或退运的发生，有时是出于托运人的要求，有时是航空公司的原因，有时是由于客观情况发生变化所造成。根据变更的原因，可把运输变更划分为自愿变更和非自愿变更两种形式。

1）运输变更或退运的原则

无论是出于什么原因，需要对原定的运输进行变更，都应该力求遵循如下基本原则。

（1）不得违反国家的法律法规，以及航空运输的有关规章制度。

（2）不得损害对方或他人的利益。

（3）对受损害一方给予公平补偿。

（4）双方应该遵守诚实信用原则。

2）自愿变更

自愿变更运输是指由于托运人的原因，根据托运人的请求而对运输的航班或路线等做出修改。

（1）始发站接受托运人变更运输时的条件

①在货物交运之后和货物提取之前，托运人有权对航空货运单上所列的全部货物提出变更运输。交运后是指托运人已经办妥货物的运输手续，并已经交付给承运人或其代理人。提取前是指收货人尚未提取货物，或者尚未要求提取货物，或者拒绝提取货物。托运人要求将货物从目的站退回时，货物必须处于收货人尚未提取、或者尚未要求提取、或者收货人拒绝提取的状态。

②托运人不得要求将货运单上所列的部分货物变更运输，也不得要求将整批货物分批变更运输。

③托运人不得在损害承运人、代理人、或者其他托运人的利益的情况下提出变更运输的要求，也不得办理违反政府法令或运输限制条件的运输变更。

（2）自愿变更的范围

在货物交运后和提货前，托运人有权申请对货运单上所列全部货物的运输作下列变更。

①货物发运前在始发站退运。

②在航班经过的任何一个经停站停运。

③由目的站退回始发站。

④变更收货人。

⑤变更目的地。

（3）自愿变更的手续

①由托运人以书面形式向始发站提出申请，并同时出具个人有效证件和货运单托运人联。

②托运人负担因变更运输而产生的一切费用。

3)非自愿变更

非自愿变更运输是指由于天气原因、机械故障、货物积压、机场关闭、禁运等，或者承运人自身的原因而改变已经预定妥当的航班和运输路线。

(1)承运人变更运输的权利

①货物还在填开货运单的承运人监管之下时，该承运人有权变更运输。

②货物需在中途变更运输时，只有货运单上所列在变更运输时的承运人才有权变更运输。

(2)承运人应采取的措施

非自愿变更运输时，有关承运人应按照货物运输安全、迅速、可靠的原则，采取下列措施，以合理的速度和方式将货物运至目的地。

①利用自己的其他航班将货物运至目的地。

②利用其他运输方式，如地面运输将货物运至目的地。

③将货物转交给其他承运人运至目的地。

4)航空货物运输变更的处理

(1)航空货物运输变更的运费处理办法

托运人要求变更时，应出示货运单正本并保证支付由此产生的费用。托运人的要求，在收货人还未提货或者拒绝提货的前提下应予以满足。托运人的要求不应损害承运人及其他托运人的利益。当托运人的要求难以做到时应及时告之。对于已经变更的运输，其运费的处理应采用以下办法处理。

①货物尚处于始发站而办理退运的，如果属于承运人的原因而退运的，退还全部运费。如果属于托运人要求退运的，退还全部运费时，应在已付运费中扣除已发生的费用(如地面运输费等)。承运人还可以收取退运手续费。按照国内航空货物运输的规定，退运手续费按每千克货物以及每张货运单分别收取相应数量人民币。

②货物在中途办理停运的，应从已付运费内扣除已运输航段的航空运费和其他费用，多退少补。

③货物在中途运回原始发地的，如果属于承运人的原因而退运的，退还全部运费，并免费将货物运回。如果属于托运人要求退运的，应将始发站至变更运输地点之间的往返运费与已付运费比较，多退少补。

④变更预定到达目的站分为以下几种情况进行处理：如果货物尚未发运，应按变更的起止地点重新计收运费。如已发运但尚未运达目的地的货物变更目的地，应从已付运费中扣除已运输航段的航空运费和其他费用，另按变更的起止地点重新计收运费与原运费余额相比，多退少补。如货物已运达目的地但尚未交付的货物变更目的地，则应重新计收原目的地至新目的地的运费。

⑤货物在中途改用其他运输方式运至目的站的，其间发生的运输费用与尚未运输航段的航空运费比较，差额部分退还，超额部分由承运人自负。

运输变更后的运费，统一由承运人在始发站向托运人结算。各有关航空港站在办妥运输变更后，应该及时通知始发站，以便于结算。

(2)货运单及货物标记的处理

在货物运输发生变更后,有些货物需要结算退、补运费。一般来说,始发站应该收回货运单托运人联,并注明变更情况,然后送交财务部门。至于是否需要重新填制货运单,则应根据如下具体情况办理。

①如果货物是在发运前变更目的站的,则始发站应重新填制货运单,原货运单作废。

②如果货物是在中途停运的,则该中途站应在货运单上注明"中途停运"字样和停运日期,货运单留站存查。

③如果货物是运回原始发站和变更目的站的,则处理该变更航空港站应该根据始发站的通知,在货运单上注明"根据××站函(电)要求运回原处或变更到达站"字样,以及执行日期和改运的地点等。货运单随货运回原始发站或者新的目的站。

④如果货物属于变更收货人的,则始发站和目的站都应在货运单及有关运输凭证上更改收货人名称、地址。

⑤如果只有一部分货物变更运输,各变更有关站点应在货运单上注明变更的件数、重量和日期,并将货运单随未变更运输的货物寄到目的站。如果变更运输的那部分货物是退回原始发站或变更目的站的,则有关站点应该按照新的起讫地点重新填制货运单,注明运费由始发站结算,并将变更情况通知始发站。

⑥货物运输变更后,有关站点应注意及时更改货物包装上的发货标记和货物标签。

⑦票证遗失的处理。如果与运输有关的凭证遗失,可以向始发站(或者上一站点)提出要求,由它提供票证的复印件,然后到本单位的财务部门盖章,并加注"原货运单丢失,以此为准"字样,就可以凭此复印件和货运单去办理结算或者继续运输。

值得注意的是:如果是对现有货运单进行修改,那么,货运单填开后,对货运单各种修改应在剩余各联同时进行,修改后的内容尽可能靠近原内容,并注明修改企业的IATA代号和修改地的机场或城市代号。如果属于填开新的货运单,那么,应将原货运单号填入新货运单的"Accounting Information"栏内,所有本该向收货人收取而未收取的费用,应填入新货运单的"Other Changes"一栏,按运费到付处理。

10.2　航空配载

10.2.1　航空配载的基本概念

航空配载需要掌握以下一些基本概念。

(1)飞机最大起飞重量MTOW(MAXIMUM TAKEOFF WEIGHT)。它是根据飞机的强度和适航要求,规定飞机滑跑并达到抬前轮速度时的重量极限。受大气温度、机场标高、风向、风速、跑道情况、机场净空条件等因素影响。

(2)飞机最大着陆重量MLDW(MAXIMUM LANDING WEIGHT)。它是根据飞机强度和适航要求规定,飞机着陆时的重量极限。受机场条件、场温、风速、风向,起落架结构强度等因素影响。

(3)飞机最大无油重量MZFW(MAXIMUM ZERO FUEL WEIGHT)。它是根据飞机的结构强度和适航要求规定,除可用燃油之外的飞机重量极限,这是在假想的情况下设置的。

(4)飞机的最大业务载重量(MAXIMUM PAYLOAD)。它是根据飞机性能及安全等因素的要求,飞机的业务载重量不允许超过某一特定值,这个值称为最大业务载重量,简称"最大业载"。一架飞机的最大业务载重量不是固定不变的。

(5)实际业务载重量简称"实际业载",是指飞机实际装载的旅客、行李、邮件、货物、集装设备、压舱物的重量总和。剩余业载简称"空载、余载",是指飞机扣除了实际业务载重量后,还能利用的载重量。

(6)空机重量是指飞机本身的结构重量、动力装置重量、固定设备重量、油箱内不能利用或不能放出的燃油、散热器降温系统中液体重量等的总和。飞机的空机重量由飞机制造厂提供。

(7)基本重量 BW(BASIC WEIGHT)。它指除业务载重和燃油重量之外,已基本做好飞行准备的飞机重量,包括:空机重量及附加设备重量、空勤组及随身携带品用具重量、服务设备及供应品重量、其他应计算在基重之内的重量。基本重量有时也被称为使用空重(OPERATING EMPTY WEIGHT,英文简写 0EW)。飞机修正后的基本重量 DOW(DRY OPERATIN0 WEIGHT)指在基本重量上增减设备、服务用品、机组人数等重量后变动的基本重量。飞机修正后的基本重量有时也被称为修正后的使用空重。

(8)操作重量(0PERATING WEIGHT)指除去业务载重量以外的已经做好飞行准备时飞机的重量,其数值为飞机修正后的基本重量与起飞油量之和。

(9)起飞油量 T0F(TAKEOFF FUEL)是飞机在跑道上离地刹那所需携带的油量。起飞油量包括航段耗油量和备用油量两部分,但不包括地面开车和滑出所用油量。

航段耗油量 TFW(TRIP FUEL WEIGHT)是指飞机由出发站到目的站航段需要消耗的燃油量。航段耗油量是根据航段距离和飞机的平均地速以及飞机的平均小时耗油量而确定的,固定值计算公式如式(10-1)。

$$航段耗油量 = 航段距离/飞机平均地速 \times 平均小时耗油量 \tag{10-1}$$

飞行计划中航段耗油量考虑风向、风速、高度、航路等因素影响,因而是变值。

备用油量(RFW)指飞机由目的站飞到其备降机场并在备降机场上空还可以飞行 45min 所需耗用的油量。有时由于目的站因为某种原因不能让飞机降落,需要让飞机在其备降机场降落,因此执行航班任务的飞机都应携带备用油量。

备用油量的计算公式如式(10-2)。

$$备用油量 = \left(\frac{目的站与其备降机场距离}{飞机的平均地速} + \frac{45}{60}\right) \times 平均小时耗油量 \tag{10-2}$$

由起飞油量的组成可知,起飞油量应按公式(10-3)计算。

$$起飞油量 = 航段耗油量 + 备用油量 \tag{10-3}$$

10.2.2 载重量的计算及载重平衡

1. 飞机的最大业务载重量的计算

无论任何一种交通运输工具,由于自身结构强度、客货舱容积、运行条件及运行环境等原因,都必须有最大装载量的限制。飞机是在空中飞行的运输工具,要求具有更加高的可靠性和

安全性以及更加好的平衡状态。因此严格限制飞机的最大装载量具有重要的意义。

1）最大业载的说明

飞机最大业载限额是飞机出厂时最大允许的商务载重。航班最大允许业载是指执行航班任务的飞机允许装载的旅客、行李、邮件、货物的最大重量。航班最大允许业载主要受飞机最大起飞重量、最大着陆重量、最大无油重量、起飞油量、航段耗油量、备用油量等影响。航班最大业务载量的求算，应保证飞机在起飞着陆和无油时都不超过其限制重量，并取其中最小值作为飞行的最大业务载量。

2）最大业载重量的计算方法

（1）方法一：主要根据飞机的起飞重量、落地重量和实际无油重量的实际值不应超过各自的最大值。

修正后的基本重量 + 起飞油量 + 实际业载重量≤最大起飞重量

修正后的基本重量 + 备用油量 + 实际业载重量≤最大落地重量

修正后的基本重量 + 实际业载重量≤最大无油重量

由上述三个不等式可以计算出三个最大业务载重量如下：

最大业载重量① = 最大起飞重量 - 修正后基本重量 - 起飞油量

最大业载重量② = 最大落地重量 - 修正后基本重量 - 备用油量

最大业载重量③ = 最大无油重量 - 修正后基本重量

飞机实际可用的最大允许业载应为此三个最大业载重量的最小者，并且不应超过飞机的最大业载限额。因此应有：

允许的最大业载量 = min（最大业载量①、最大业载量②、最大业载量③、最大业载限额）

【例 10-1】　B-2544 号飞机（B737 - 500）执行航班任务，基本重量为 32 327kg，增加一名机组人员（按 80kg 计算）。起飞油量为 9 800kg，航段耗油量为 5 900kg。飞机的最大起飞重量为 6 0554kg，最大落地重量 49 895kg，最大无油重量 46 493kg。计算本次航班的最大业载。

修正后的基本重量 = 32 327 + 80 = 32 407kg

备用油量 = 9 800 - 5 900 = 3 900kg

最大业载量① = 60 554 - 32 407 - 9 800 = 18 337kg

最大业载量② = 49 895 - 32 407 - 3 900 = 13 588kg

最大业载量③ = 46 493 - 32 407 = 14 086kg

本机型最大的业载限额为 15 780kg。因此，本次航班的最大允许业载为：

min（18 337、13 588、14 086、15 780） = 13 588kg

（2）方法二：由上述公式可得：

最大起飞重量 = 修正后的基本重量 + 起飞油量 + 最大业载重量①

最大落地重量 = 修正后的基本重量 + 备用油量 + 最大业载重量②

最大无油重量 = 修正后的基本重量 + 最大业务载重量③

在计算最大落地重量公式的等号左右两端同时加航段耗油量，则有：

最大落地重量 + 航段耗油量 = 修正后的基本重量 + 起飞油量 + 最大业载量②

在计算最大无油重量公式的等号左右两端同时加进起飞油量，则有：

最大无油重量 + 起飞油量 = 修正后的基本重量 + 起飞油量 + 最大业载量③

套用最大起飞重量公式则得到：

$$最大起飞重量② = 最大落地重量 + 航段耗油量$$

$$最大起飞重量③ = 最大无油重量 + 起飞油量$$

由上述公式可知，最大业载①、②、③中的最小者，对应于最大起飞重量①、②、③中的最小值。

因此可以先求出最大起飞重量①、②、③中的最小值，然后减去操作重量，其差值再与该机型的最大业载限额进行比较，其中最小者便为本次航班的最大业务载量。

在实际工作中多采用方法二。

【例 10-2】 用方法二计算【例 10-1】中航班的最大业载。

由公式上述公式可得：

$$最大起飞重量① = 60\ 554\text{kg}$$

$$最大起飞重量② = 49\ 895 + 5\ 900 = 55\ 795\text{kg}$$

$$最大起飞重量③ = 46\ 493 + 9\ 800 = 56\ 293\text{kg}$$

$$而操作重量 = 32\ 407 + 9\ 800 = 42\ 207\text{kg}$$

于是有：

$$允许的起飞重量 - 操作重量 = 55\ 795 - 42\ 207 = 13\ 588\text{kg}$$

本机型飞机最大业载限额为 15 780kg、由于 13 588 < 15 780，因此本次航班的最大业载为13 588kg。

3）计算飞机最大业载的意义

（1）确保飞行安全，杜绝超载飞行。超载飞行表现出的最主要问题有：需要较高的速度；需要较长的起飞跑道；减少了爬升速度，降低了最大爬升高度；缩短了航程；降低了巡航速度；降低了操纵灵活性；需要较高的落地速度；需要较长的落地滑行距离；影响飞机机翼、起落架结构，而缩短飞机寿命；飞机发动机因推力不足而危及安全。

这些降低了飞机效率的因素在某些情况下可能并不会有严重的影响，但如果发生在机翼表面结冰或发生故障等情况时，就会造成极严重的后果。因此，实际的业载绝对不能超过本次航班的最大允许业载。

（2）充分利用飞机的装载能力，尽量减少空载。计算出飞机的最大允许业载和实际业载之后，就可知道航班的剩余业载。此时，如果还有旅客要求乘坐本次航班或者还有可由本次航班运出的货物，则可适量接收旅客和货物，最大限度减少航班空载，提高航班客座利用率和载运率。从而提高经济效益。

2. 配载工作的一般要求

由于飞机本身结构强度、动力装置及运行条件等因素限制，为了确保飞机的安全和最大限度地提高载运率，对它所装载的重量及重量分布的严格限制是非常必要的。

（1）配载的概念。飞机实际业务载重量的配算，就是根据飞机从本站出发的最大可用业务载重量配运至各站的旅客、行李、邮件和和货物，简称配载。

飞机实际装载的旅客、行李、邮件和货物（及集装设备等），为飞机的实际业务载重。飞机的实际业务载重量不得大于飞机的最大可用业务载重。配载工作应遵守合理运输、计划运输和负责运输的原则，严格掌握发运顺序，充分合理地利用运力，遵守飞机载重平衡的要求，保证

运输工作顺利进行。

(2)载重平衡工作的要求。载重平衡工作必须做到重量相符、单据相符和装载相符。

重量相符:载重表、载重电报上的飞机基本重量与任务书相符;载重表、载重电报上各项重量与舱单相符;配载表、装机单等工作单据上的重量与舱单、载重表相符。

单据相符:装放在业务文件袋内的各种运输票与舱单相符。

装载相符:出发、到达、过站的旅客人数与舱单、载重表相符;各种货物的装卸件数、重量与舱单表相符;飞机上各个货舱的实际装载量与载重表、平衡图相符。

(3)配运顺序。一般来说,按照以下顺序进行配运工作:旅客;免费限额内的行李;必须当班发运的政治货物、紧急货物、鲜活等符合优先发运的货物;协议吨位内的邮件;普通货物;逾重行李;超过协议吨位的邮包等。

3. 飞机的载重平衡

1)飞机的重心

飞机的各个部位都具有重力。所有重力的合力为整个飞机的重力,飞机重力的着力点为飞机的重心。飞机的重心是一个假设的点,假定飞机的全部重量都集中在这个点上并支撑飞机,飞机就可以保持平衡。飞机作任何转动都是围绕飞机的重心进行的。飞机重心的位置取决于载量在飞机上的分布,除了在重心位置以外,飞机上任何部位的载重量发生变化,都会使飞机的重心位置发生移动,并且重心总是向载重增大的方向移动。

(1)飞机的安定性。飞机的安定性是指飞机在飞行中由于受到各种因素的干扰而失去原有的俯仰平衡状态时,在干扰消失后,飞机能自动恢复平衡状态的性质。飞机的安定性使得飞机在失去俯仰平衡时,不需要总由驾驶员操纵驾驶杆便能自动恢复平衡,因此驾驶员不会过度疲劳。一般来说,飞机的重心位置越靠前,飞机的安定性越好。

(2)飞机的操纵性。飞机的操纵性是指驾驶员操纵驾驶杆而使飞机改变原来平衡状态的性能。飞机的操纵性的目的主要有两个方面。一是,当飞机受到干扰而失去原来的俯仰平衡时,如果单靠飞机的安定性来恢复原来的平衡状态,需要较长的时间,而通过操纵杆改变升降舵与迎向风的角度,加速飞机恢复原来的俯仰平衡状态。二是,当飞机起飞、降落和遇到紧急情况的时候,需要使飞机保持稳定的姿态,这时需要通过驾驶杆改变原来的飞行姿态和俯仰平衡状态。一般来说,飞机的重心位置越靠后,飞机的操纵性越好。

飞机的安定性和飞机的操纵性各有重要的作用,因此要求飞机同时具有一定的安定性和一定的操纵性。又因为安定性和操纵性对飞机重心位置的要求正好相反。因此,决定了飞机重心必须处于前后两个极限范围之内而不得超出。如果重心位置过于靠前,则使飞机的操纵性差,当飞机起飞或者着陆时,驾驶员需要大幅度地拉推操纵杆,甚至拉推到底也不能使飞机取得起飞或者着陆所需姿态,就有可能危及飞行安全。另外重心过于靠前,当飞机着陆或在地面停放时可能会损坏前起落架或支撑结构。如重心位置过于靠后,则使飞机的安定性较差,将导致飞机的俯仰不安定,驾驶员需要随时用操纵杆维持飞机的平衡状态,很难准确掌握操纵分量,使驾驶员容易疲劳,影响飞行安全。另外,不论重心位置偏前还是偏后,飞机都处于下俯或上仰的不平衡状态,因此为了保持俯仰平衡,飞机在巡航时都要额外地偏转升降舵,以减小阻力。在此情况下飞行,既减小了飞行速度,又增大了飞行成本。由此可见,飞机的重心位置与飞行安全和飞行成本都有直接关系,配载人员应充分认识到飞机重心位置的重要性,认真负责

地做好飞机的载重平衡工作,使飞机的重心位置处于适当的范围之内。

(3)重心位置的计算方法。

①力矩:从飞机平衡的角度来看,飞机具有下俯力矩和上仰力矩。先选定一点作为基准点,飞机的每项重量相对于基准点的水平距离,就是该项重量的力臂。如果某项重量的位置在基准点的左侧,则它的力臂取负值,构成的力矩项对于基准点为下俯矩;如果某项重量的位置在基准点的右侧,则它的力臂取正值,构成的力矩项对于基准点上仰力矩。凡是加在飞机上的重量都取正值;凡是从飞机上取下的重量都取负值。按照这个规定逐一计算出各项重量(包括空机重量)构成的力矩值,为负值时为下俯矩,得正值时为上仰矩。把所有力矩值加总得到力矩总和。由于合力绕任何一点的力矩等于各个分力绕该点的力矩之和,因此有

重心相对于基准点距离 = 所有力矩和/总重量

由于事先指定了基准点的位置,因此知道了重心相对于基准点的距离,就得到了重心的实际位置。值为正时,表示重心在基准点的右侧;如为负值,则表示重心在基准点的左侧。

②指数法:指数法是为了便于计算飞机的重心位置而采用的一种和力矩有一定关系的数值,这种数值是人为制定的。目前很多种机型在载重平衡的计算中采用指数,可以以力矩数作为基数按照一定的规定换算成指数。

计算飞机的重心时,大量的运算是计算各项重量的力矩数。空飞机的重量和重心位置是已知的,因此相对于某个基准点的力矩数是可算的,当在空飞机上加入附加设备、空勤组及携带物品、服务设备、供应品等项目后,也可计算出基本重量的力矩数,这个数值一般也是固定的。还需要计算出燃油、旅客和货物的力矩数,这三项的重量虽然在每次飞行时是不同的,但客舱每排座位的位置、每个货舱的位置、每个油箱的位置都是固定的。因此可预先计算出每一个部位的单位装载量(例如 1 个人或 100kg 重量)所构成的力矩数(例如第一排座位安排 1 名旅客时构成的力矩数、第二排座位安排 1 名旅客时构成的力矩数……第 1 号货舱装载 100kg 货物时构成的力矩数、第 2 号货舱装载 100kg 货物时构成的力矩数……第 1 号油箱装入 100kg 燃油时构成的力矩数、第 2 号油箱装入 100kg 燃油时构成的力矩数……),然后在计算每次飞行的飞机各项重量的力矩时,只需要把各排座位、各个货舱、各个油箱的实际装载量与其单位装载量的比值和其单位装载量的力矩数相乘,便可计算出实际装载的各项重量构成的力矩数。把这些力矩数与基本重量的力矩数相加,就得到飞机装载后总的力矩数。在计算时,重量一般以公斤为单位,力臂一般以米为单位,因而以此计算出的力矩数值很大,计算困难。为了计算方便,通常把单位装载量构成的力矩数再乘以某个适当的缩小系数(如 1/100、1/1 000、1/3 000 等,因机型不同而不同)作为实际使用的基数,这个基数就称为单位装载量的指数。把基本重量、燃油和业载构成的力矩数分别乘以该缩小系教就得到基本重量指数、燃油指数和业载指数,再把这三个指数相加就得出飞机装载后的总指数。根据飞机装载后的总指数和总重量,就可以从事先经过计算而画出的平衡图表中查出飞机的重心位置。实际上,指数法是代数法的推衍和简化。

③平衡图表法:在每次飞行前都要求准确地计算出飞机的重心位置。用指数法虽然比用代数法要简便,但仍需要进行很多的计算,既费时费力又易出现错误。载重平衡图表是以指数法为基础设计出来的,即指数法的图表化。用平衡图计算飞机的装载位置要比用指数法简便得多。

2）飞机的平衡

飞机平衡指的是一架飞机的重心位置在合理的范围之内，它对飞机的稳定性、可控性以及飞行安全是极其重要的。为了确保航空运输顺利而圆满地完成，首先要保证航行安全。确保飞行安全的要求和条件是多方面的，而使飞机在飞行时满足载重平衡的要求则是其中尤其重要的一个方面。作为民航地面服务人员，要充分了解和掌握有关飞机平衡的知识和工作方法。飞机的平衡直接受到各部分作用力的影响，如空气对飞机的作用力、飞机上装载的业载重量对飞机的作用力等。作用于飞机各部位的力，如果不是通过飞机的重心，就要对飞机重心构成力矩，促使飞机发生转动。一般来说，飞机的平衡有三种，即俯仰平衡、横侧平衡和方向平衡。

俯仰平衡是指作用于飞机上的上仰力矩和下俯力矩彼此相等，使飞机既不上仰，也不下俯。影响飞机的俯仰平衡的因素主要有旅客的座位安排方式和货物的装载位置及滚动情况、机上人员的走动、燃料的消耗、不稳定气流、起落架或副翼的伸展和收缩等。因此配载人员在安排旅客的座位时，除按照舱位等级与旅客所持客票的票价等级相当来安排之外，在对重心影响较小的舱位尽量多安排旅客，并且在飞机起降时请旅客不要在客舱内走动，以免影响飞机的俯仰平衡和旅客的安全；在安排货物时，对重心影响程度小的货舱尽量多装货物，并且对于散装货物来说，要固定牢靠，防止货物在货舱内滚动，影响俯仰平衡及造成货物损坏。

横侧平衡是指作用于飞机机身两侧的滚动力矩彼此相等，使飞机既不向左滚转，也不向右滚动。影响飞机的横侧平衡的因素主要有燃油的加装和利用方式、货物装载情况和滚动情况等。

方向平衡是指作用于飞机两侧的力形成的使飞机向左和向右偏转的力矩彼此相等，使飞机既不向左偏转，也不向右偏转。影响方向平衡的因素主要有发动机推力等。

10.3　离港系统

10.3.1　离港系统概述

1. 离港系统内部功能简介

计算机离港控制系统（Departure Control System，简称 DCS），是中航信引进美国 UNISYS 公司的航空旅客服务大型联机事务处理系统，分为旅客值机（CKI）、配载平衡（LDP）、航班数据控制（FDC）三部分。

旅客值机是旅客购买机票后上飞机前必经的程序，包括处理旅客信息、确认机上座位、发放登机牌、交运行李等一系列操作；航班数据控制部分负责值机系统的数据管理工作，包括航班信息显示/修改、定期航班时刻表的建立/修改、飞机布局表的建立/显示/修改等；配载平衡是飞机起飞前工作人员进行的飞机业载分配工作，确保飞机处于制造商要求的重量与平衡条件的过程，包括建立配载航班信息、确定业载分布、打印舱单、发送相关报文等。CKI 与 LDP 可以单独使用，也可以同时使用。

2. 离港系统与订座系统的关系

离港系统的应用与订座系统紧密相连。在办理值机前，离港系统需要向订座系统申请旅客名单报（RQL），订座系统收到 RQL 电报后向离港系统传送旅客名单报（PNL）和旅客名单增减报（ADL）。航班关闭后，离港系统向订座系统传送最后销售报（PFS）和常旅客服务报

(FTL)。PFS电报提供详细的最后登机人数、头等舱旅客名单、候补旅客人数、已订座但未办理乘机手续的旅客人数等,以便于订座部门控制人员了解航班实际使用情况。FTL电报提供常旅客记录编号,常旅客卡号等信息。

10.3.2 离港系统工作流程和离港控制业务

1. 离港系统办理航班的工作流程

通过使用离港系统,不仅可以提供旅客快捷的服务,同时可以提高地面服务人员的工作效率及减少不必要的人工误差。使用离港系统的工作流程如下。

(1)建立计划航班信息。计划航班信息是根据各航空公司制定的季节性航班计划来建立的,在一定的时间内是相对固定的,只有在各航空公司季节性航班计划调整后需要重新建立。

(2)每天准备值机航班。准备航班包括:初始化航班;建立航班数据信息。航班在办理值机手续之前,需要由控制人员完成航班的初始化工作,即旅客名单、航班座位的管理及各种限额的分配等工作。

(3)航班实时监控。监控值机航班状态,保证值机手续的正常办理。

(4)柜台办理值机手续。航班准备完毕,由值机人员为旅客办理值机手续,期间若出现限额不足或座位分配方面的问题,及时与航班控制人员联系。

(5)航班关闭。在航班起飞前30min,由值机柜台完成航班初始关闭(CT),即值机关闭,系统会自动传消息给控制室,控制室会相应地做中间关闭(CCL),这样配载员就可以进行配载平衡工作。

(6)航班配载平衡。配载员在航班中间关闭后,对航班进行配载平衡,打印舱单,并发送相关的配载报文。

(7)航班最后关闭。航班起飞后,控制人员对航班作最后关闭(CCl),系统会自动向相关的航站发送所需报文。

2. 离港控制业务

1)离港控制业务介绍

离港控制业务是指在中航信的离港系统中,航班数据控制系统(FDC)对值机系统(CKI)的数据管理。它包括航班信息的建立与修改、飞机布局表的建立与修改、航班的监控、航班的座位管理、航班更换飞机、航班的关闭等内容。总的来说,离港控制业务包括离港航班信息协调、航班监控和静态数据管理三个部分。离港航班信息协调业务主要包括建立当天离港系统中所有航班的离港数据信息,并根据航班的各种变更信息对原有数据进行修改;航班监控业务主要是根据航班飞机的平衡要求对航班飞机座位的发放进行监控并复核该航班的各种离港数据是否正确;静态数据管理岗位负责所有的飞机数据的输入与核对及数据修改。

2)离港控制的工作内容

离港控制的工作内容主要有:在离港控制系统中建立出港航班信息,并对航班进行初始化;为VIP、婴儿、担架等特殊旅客预留座位;依照业务文件预留机组座位;根据订座系统的数据为过境航班的过境旅客预留座位;负责监控出港航班,根据载重平衡控制航班座位发放情况,确保航班的座位发放符合飞机平衡要求;监控航班的办理情况,及时修正航班的变更信息,确保离港系统的航班飞机数据与实际执行航班任务的飞机数据相符;在离港系统中输入航班

登机门信息；负责航班的中间关闭和最后关闭；负责清理离港工作区的电报；电脑发生故障时，记录故障发生时间和情况，及时向计算机中心反馈，并积极联系中航信，尽可能的为值机部门提供航班旅客和行李等数据信息；为城市值机代理点提供服务保障和技术支持；统一管理飞机的离港静态数据。

复习思考题

1. 简述国内航空货物运输流程。

2. 简述航空货物运输变更应遵循的原则。

3. 某飞机执行 HRB-BJS 任务，TSN 站为备降机场，HRB-BJS 距离为 1 700km，BJS-TSN 距离为 200km，飞机的巡航速度为 850km/h，飞机的小时耗油为 3 200kg，飞机的最大起飞重量为 68 300kg，飞机的最大落地重量为 58 968kg，飞机的最大无油重量为 55 338kg，飞机的基本重量为 37 200kg(8)，本次航班的机组为 7 人，该航班的最大业载的限额为 17 000kg。求飞机的最大可用业载。

第11章　水路运输组织

水路运输是运输成本最低的运输方式。本章首先简单地介绍了水路运输组织特点、地位作用、相关技术、运输工具和设施建设，以及水路运输的发展趋势，然后着重从生产组织管理的角度，阐述航运生产调度及航运管理的指标体系。

11.1　水路运输概述

11.1.1　水路运输的特点、地位和作用

1. 水路运输及特点

水路运输，简称水运，是利用船舶，排筏和其他浮运工具，在江河、湖泊、水库、人工水道和海上运送旅客和货物的一种运输方式。水运按航行区域分，有内河运输、沿海运输和远洋运输；远洋运输通常是指除沿海运输以外所有的海上运输。沿海运输是指利用船舶在我国沿海区域各地之间的运输。内河运输是指利用船舶、排筏和其他浮运工具，在江、河、湖泊、水库及人工水道上从事的运输。从统一的运输网来说，水运只是运输大系中的一个子系统。然而，水运系统的组成也是极其庞大复杂的。水路运输的技术组成通常由运输通路，即航道与航线；运输工具，即船舶；场站，即港口；运输对象，即货物和旅客；技术设备及信息网络等组成。水路运输的主要技术设备包括：船舶（以及驳和舟、筏等）、航道、港口及通信、导航等设施。

水路运输具有下列的特点，也是它的优点：

（1）水运主要利用江、河、湖泊和海洋的“天然航道”来进行。水上航道四通八达，通航能力几乎不受限制，而且投资省。

（2）水上运输可以利用天然的有利条件，实现大吨位、长距离的运输。因此，水运的主要特点是运量大、成本低，非常适合于大宗货物的运输。

（3）水路运输是开展国际贸易的主要方式。

2. 地位和作用

水路运输是国民经济的一个重要部门，是国民经济发展的基础产业，是我国综合运输体系中的一种重要运输方式。我国水路运输在为国民经济运输保障，促进对外贸易等方面，发挥了重要作用。

我国海岸线长达18 400km，有着发展海运事业的良好自然条件和重要的经济基础。中国现有沿海港口150余个，沿海港口已初步形成了布局合理、层次清晰、功能明确的港口布局形

态,围绕煤炭、石油、矿石和集装箱四大货类的专业化运输系统,对满足国家能源、原材料等大宗物资运输、支持国家外贸快速稳定发展、保障国家参与国际经济合作和竞争起到了重要作用。我国将进一步加快环渤海、长江三角洲、东南沿海、珠江三角洲和西南沿海五大地区现代化沿海港口群发展。一是环渤海地区港口群体,由辽宁、津冀和山东沿海港口群组成。辽宁沿海港口群以大连东北亚国际航运中心和营口港为主,包括丹东、锦州等港口组成;津冀沿海港口群以天津北方国际航运中心和秦皇岛港为主,包括唐山、黄骅等港口组成;山东沿海港口群以青岛、烟台、日照港为主及威海等港口组成;二是长江三角洲地区港口群体,依托上海国际航运中心,以上海、宁波、连云港港为主,充分发挥舟山、温州、南京、镇江、南通、苏州等沿海和长江下游港口的作用,服务于长江三角洲以及长江沿线地区的经济社会发展;三是东南沿海地区港口群体,以厦门、福州港为主,包括泉州、莆田、漳州等港口组成,服务于福建省和江西等内陆省份部分地区的经济社会发展和对台"三通"的需要;四是珠江三角洲地区港口群体,由粤东和珠江三角洲地区港口组成。在巩固香港国际航运中心地位的同时,以广州、深圳、珠海、汕头港为主,相应发展汕尾、惠州、虎门、茂名、阳江等港口,服务于华南、西南部分地区,加强广东省和内陆地区与港澳地区的交流;五是西南沿海地区港口群体,由粤西、广西沿海和海南省的港口组成。以湛江、防城、海口港为主,相应发展北海、钦州、洋浦、八所、三亚等港口,服务于西部地区开发,为海南省扩大与岛外的物资交流提供运输保障。

综观国内外最新港口发展情况资料,未来港口将出现以下五点发展趋势。

(1)深水化。近年来,船舶大型化步伐不断加快。仅以集装箱为例,当今超巴拿马型(6 000TEU)集装箱船以及未来将会出现的 15 000TEU 超大型集装箱船,其满载吃水均在 14m 以上。这就必然要求集装箱主干线上的枢纽港航道、泊位水深超过 -15m,同时与之相配套的码头规模,装卸运输设施也要做脱胎换骨式变革。

(2)网络化。预计港口布局将逐步脱离欧/美、欧/亚、亚/美三大主干线,继而出现以赤道环球航线中心港为核心的全球性港口网络。这条网络主要包括赤道环球中心港、区域性枢纽港、区域性喂给港三部分。前者的主要功能是中转南北方向向支持集散而来的环球越洋贸易货物,其营运船舶一般需停靠 5~8 个中心大港,占运输界贸易量的 50% 强。后两者的主要功能是为前者提供支持。一是集散本地区的贸易货物,二是向本区域的国际枢纽港输运国际贸易货载。三者密切协调,环环相扣,相辅相成,即可使承运贸易货物以最快捷、最方便的方式运达目的地。

(3)物流化。大多数重要港口一般均位于海、陆、空三位一体运输方式的交汇点上。其商品原材料从开采到生产加工、配送营销,直至废物处理可形成一条典型的物流供应链。这是近年来刚刚出现的一种全新的业务运作、经营模式。这种新模式的应用,给港口的发展注入了新的生机和活力,使得港口在现代物流中的核心作用越来越明显,乃至成为全球国际贸易和运输体系中的主要基地。

(4)信息化。一个港口的现代化程度如何,发展水平高低,在很大程度上取决于信息化管理。这是因为大型船舶的营运成本很高,其耗资数额以天甚至以小时计算都是非常惊人的。所以其接卸港口必须具备全天候进出、快速装卸、通关、集疏储运与配送等综合能力,而所有这一切都要靠现代化的信息技术做后盾。否则,其他硬件设施即使再先进,也无法发挥应有功能。

3. 中国水运发展趋势

为促进我国水运业的发展，我们坚持在国家总体经济政策指导下，不断扩大改革开放，积极利用外资，加强基础设施建设，完善全国水运市场体系，制定积极的水运业发展政策，加快立法进程，建立和完善统一开放、竞争有序的水运市场，促进我国水运行业持续、快速、健康发展。

(1)推进水运市场对外开放，逐步与国际通行规则接轨。不断推进我国水运市场走向法制化、规范化，从法律法规和政策上逐步与国际通行规则接轨，为中外航运经营者创造一个良好的公平竞争的环境。第一，要抓紧调整和完善有关管理法规，逐步取消班轮航线审批制、外国航商在华商业存在的数量限制等规定，逐步开放市场。第二，清理和规范现有开放领域。要加强执法监督和市场监管，对违反规定或我国对外开放承诺水平的商业存在进行清理和规范，提高开放的质量和水平。第三，要按国际通行规则和争端解决机制，合理解决航运贸易争端，维护国家合理的航运权益。

(2)加快水运基础设施建设，为中外航运经营者提供良好的港口服务。我国将继续加强港口、航道等水运基础设施建设。要继续加强主枢纽港的建设，相应发展地区性重要港口，适度建设地方中小港口，逐步拓展以现代综合物流为中心的现代化港口功能。通过新建和技术改造，加速港口结构调整，提高港口装卸效率。要大力改善主要江河出海口航道及主要枢纽港航道的通航条件，积极推动老港区的功能调整和转换，提高港口的市场竞争力。要加快建设集装箱、散货大型深水码头泊位，适应国际海运船舶大型化、专业化的发展趋势。加快中小型、通用型泊位技术改造，提高专业化水平。重点建设、改造集装箱枢纽港，相应发展支线港和喂给港。要加快港口配套设施建设和功能开发，使港口区域逐步形成工业、商贸和物流中心。要尽快完善以上海为中心，以江苏、浙江为两翼的上海。

(3)加快船舶运力结构调整。推动船舶向大型化、专业化、高速化方向发展，发展集装箱船、液化气船、汽车滚装船等专业化船队。要以市场需求为导向，综合运用经济、技术、法律和必要的行政手段，调控运力总量，优化运力结构，提高船舶技术水平。国际海运要努力解决中国资本船舶挂方便旗问题，沿海要重点解决老旧船问题，内河要重点解决运力过剩，船舶标准化和提高技术水平问题。

(4)以科技创新为动力，促进水运技术水平的提高。要结合深水枢纽港建设，在开发深水筑港技术、深水航道整治、大型高效集装箱装卸机械和大宗散货装卸机械等重要技术方面取得进展。围绕提高水路运输效率和管理水平，要加快港口智能管理系统、枢纽港集疏运及多式联运系统、船舶运输和港口管理系统、港航电子商务系统等方面的开发，提高我国航运的现代化水平。

(5)以港口为中心，海运为主体，积极推动现代物流的发展。现代物流正在世界范围内广泛兴起，中国物流发展还处于起步阶段，市场潜力和发展前景十分广阔。物流发展离不开运输，从总体意义上来讲，物流业务是运输服务的延伸。通过近几年的国际海上集装箱运输的快速发展，港集装箱站场不断建立，港口集疏运系统逐步完善，利用现代科学和信息技术，把港口建设成为物流基地或物流中心的条件基本成熟。国际海运业的发展带动了世界物流的发展，我们鼓励中外航运公司根据自身实际，尽早参与物流服务的市场竞争，为中国国际贸易的发展提供高质量的运输服务。

11.1.2　水路运输相关技术

水路交通运输系统是一复杂的系统，若从组成系统的单一因素考虑，则很难从事科学和合理的安全管理。因此，必须从系统的观点对组成该系统的各因素进行分析。它是由“船舶—船员—航道—港口”四因素（或子系统）构成的。

1. 船舶导航与定位

为了保证船舶航行安全，首先要确定船舶的航向与位置。实际航向有 3 种。首先是罗经航向，它是由罗经直接指示的船首方向。罗经航向经过罗经误差修正后得到正确的船首方向，称为真航向。由于风、流的影响，船舶运动的速度是船舶在静水中运动的速度与风流引起的速度的合速度，该合速度的方向是船舶重心轨迹的方向，称为航迹向。测定船首方向的主要仪器罗经包括磁罗经、陀螺罗经。定位方法按照参照目标可分为岸基定位与星基定位。岸基定位是利用岸上目标定位，如灯标、山头以及导航系统中的信号发射台等都是岸基目标。星基定位是以星体为参照物测定船舶位置的方法。卫星导航系统是以人造地球卫星为参照目标的位置测定系统。

2. 船舶操纵与避碰

控制船舶运动的设备是推进器（车）与舵。根据《国际海上避碰规则》，避碰是指航行中各类水上运输工具相互间的避让。一般是通过航行值班人员的瞭望与仪器观测来判断是否有碰撞危险，然后用舵与车来避免本船与他船的碰撞，但至今尚没有一套实用的闭环的自动避碰系统。目前使用最广泛的雷达自动标绘仪（ARPA），是根据雷达的目标回波经过量化、滤波和跟踪处理后得出的目标运动轨迹，在雷达荧光屏显示目标的相对运动矢量或目标的预示危险区（PAD），向驾驶人员提供避碰信息，然后由驾驶人员采取避碰措施。但由于噪声干扰等引起的目标回波误差、本船航向误差，使滤波跟踪后得到的目标轨迹有误差，还会引起跟踪目标丢失或误跟踪。目标船的运动不是本船所能控制的，它有相当的随机性。由于这些原因，使得带 ARPA 的雷达也只能向驾驶人员提供避碰信息，而不能进行自动避碰。

3. 船舶交通管理系统

随着世界外贸海运量的迅速增加，大量船舶频繁活动于港口和海上交通要道，加之船舶向大型化、高速化发展，使港口航道拥挤不堪，导致这些水域的海损事故率逐年增加。国际海事组织对此制订了相应的对策，船舶交通管理系统（VTS）是其中之一。建立 VTS 系统的宗旨是为了改善水上通航环境，防止船舶交通事故发生，提高船舶交通效率，保护水上生态环境。VTS 的功能包括搜集数据、数据评估、信息服务、助航服务、交通组织服务与支持联合行动。VTS 由 VTS 机构、使用 VTS 的船舶与通信三部分组成。VTS 的设备配置随 VTS 系统的等级不同而变化，一个完整的 VTS 系统应由以下部分组成。

（1）电子设备系统，主要包括雷达系统、信息传输系统、船舶数据库信息系统、显示系统、船岸通信系统等。

（2）配套或辅助系统，主要包括电源系统、气象系统、闭路电视系统等。

（3）实施 VTS 系统的主管机关。在我国，该主管机关为海事机关，具体部门为船舶交通管理中心或称为交管中心、VTS 中心。

（4）VTS 用户，主要是指船舶和水上设施。

(5)管理法规。管理法规是VTS系统不可缺少的部分,是VTS系统有效运行的保证。

VTS通过发布消息的方式提供服务。发布的消息分3类:①信息,是在固定时刻,或在VTS中心为必要的时刻,或应船舶要求而播发的消息。它包括有关船舶动态、能见度与他船意图;航行通告、助航设施状况、气象与水文资料;各航行区域的交通状况,各种碍航船舶与障碍物警告,并提供可选择的航线。②建议,是VTS通过咨询服务发出的消息,它包括以专门方式影响交通或个别船舶行为的意图。③指示,是为交通控制目的而以命令方式发布的消息,它包含了控制交通或个别船舶行为的意图。

根据IMO规定,凡使用VTS的船舶应符合《海人命安全公约》要求。到达实施VTS港口之前应注意做到以下几点:仔细阅读VTS主管机关印发的出版物,了解当地水路交通规则及其他有关规定;保证船舶助航与通信设备处于正常工作状态;注意按照规定收听VTS中心发布的有关消息;按照VTS主管机关的规定,正确、及时地向VTS中心报告有关信息;一般不改变经船舶与VTS中心双方同意的航行计划;迅速、准确向VTS中心报告意外情况;当到达或离开VTS区域时要向VTS中心进行到达与最终报告。

4. 全球海上遇险与安全系统

全球海上遇险与安全系统(Global Maritime Distress and Safety Sy stem ,GMDSS)是一个符合《1979年海上国际搜救公约》规定的全球性通信网络。它应能满足遇险船的可靠报警,对遇险船的识别、定位、救助单位之间的协阅通信,救助现场的通信,可靠、及时的预防措施以及日常通信等各项要求。适用于国际航线300总吨以上的运营货船和所有的客轮。GMDSS指岸上的搜寻与救助组织(SAR)及海难地点附近的船舶,通过卫星地球站和地面通信岸站尽快地得到报警,在搜索与救助组织的统一协调下展开救助。

1)GMDSS的功能

IMO为GMDSS定义了九种基本的通信功能,针对这些功能对其设备提出了特殊要求。船舶无论航行在任何海域,在航行过程中,都必须配备能执行这九种通信功能的无线电设备,它们是:船对岸海难报警;船对船海难报警;岸对船海难报警;搜索与拯救协调通信;现场通信 ;定位信号;发送和接收海上安全信息 ;常规无线电通信;驾驶台对驾驶台通信。

GMDSS的功能主要包括以下方面。

(1)报警。船对岸报警即遇险船向某一岸上救助协调中心 Rescure Coordination Center ,RCC)的报警;船对船报警,即遇险船向附近船舶的报警;岸对船报警 ,即岸台向遇险船附近的船舶报警。报警信息应包括遇险船船的识别码(国际统一的一个九位十进制数字识别码)、遇险。

(2)通信。通信包括搜救协调中心通过岸台或岸台与遇险船舶、参与救助的船舶、飞机及其他搜救单位之间的双向通信。在搜救现场参与救助的船舶、飞机之间的通信。GMDSS系统还能进行正常航行时相遇船舶之间的通信和有关的业务通信。

(3)寻位。遇险船舶或救生艇通过应急示位标或其他设备发出一种无线电信号,便于救助船舶和飞机寻找。

(4)播发海上安全信息。GMDSS系统能提供手段发布航行警告、气象预报和其他各种紧急信息以保证航行安全。

2)GMDSS系统构成

为了实现上述功能,GMDSS系统采用了两种系统:一是卫星通信系统,二是地面通信系统。

（1）卫星通信系统，包括 INMARST 和 COSPAS/SARSAT 两个系统。国际海事卫星通信系统是一个静止卫星通信系统，用于纬度低于 70°区域的报警与通信。INMARSAT 是为海上航行船舶提供卫星通信服务的国际性组织。系统由卫星及其跟踪遥测指令站、船舶地面站、海岸地面站、通信网络协调站、运行控制中心 5 个部分组成。COSPAS/SARSAT 是一个近极地轨道卫星通信系统，用于全球范围内船对岸的遇险报警。COSPAS/SARSAT 是由加拿大、法国、美国、前苏联和其他国家联合开发的全球性搜救卫星系统。该系统包括卫星、本地用户终端、使命控制中心与各种应急示位标，如飞机上用的应急定位发射机、陆地上用的个人示位标和海上用应急示位标。

（2）地面通信系统，是指使用 MF/HF/VHF 收发通信设备及其终端进行遇险报警、搜救协调通信和现场通信。由各国主管部门指定的岸台用英语向 400 nmile 海域内船舶定时播发海上安全信息，包括航行警告、气象预报和海上搜救通知及航标失效等。船上接收机自动接收，并打印输出。

5. *船舶自动识别系统（AIS）*

船舶自动识别系统（Automatic Identification System，简称 AIS 系统）由岸基（基站）设施和船载设备共同组成，是一种新型的集网络技术、现代通信技术、计算机技术、电子信息显示技术为一体的数字助航系统和设备。船舶自动识别系统（AIS）由舰船飞机之敌我识别器发展而成，配合全球定位系统（GPS）将船位、船速、改变航向率及航向等船舶动态，结合船名、呼号、吃水及危险货物等船舶静态资料，由甚高频（VHF）频道向附近水域船舶及岸台广播，使邻近船舶及岸台能及时掌握附近海面所有船舶之动静态资讯，得以立刻互相通话协调，采取必要避让行动，对船舶安全有很大帮助。

AIS 的目的（IALA 助航指南）：

（1）识别船舶。

（2）帮助跟踪目标。

（3）简化和促进信息交换。

（4）为避免碰撞提供辅助信息。

（5）减少口头的强制船舶报告。

建设 AIS 系统的意义体现在：

（1）将减少 VTS 和 VHF-DSC 建设的投资。

（2）AIS 的社会效益是避免船舶碰撞、减少人命和财产损失。

（3）解决了船岸信息传输这个大难题，实现船岸信息联网、船舶信息共享。

（4）推动交通运输信息化工程。

AIS 装置的主要功能是能够自动向有相应装置的海岸电台。其他船只及航空器提供相关信息，包括船籍、船型、位置、航向。航速、航行状态及其他相关安全的信息；也能自动接收配备该装置的船舶发出的上述信息；能监视和跟踪这些船舶，并能与岸基装置交换数据。AIS 系统是由 VHF、DGPS 和一个通讯控制器组成。船舶位置和定时信息来自全球卫星定位系统。由 AIS 发出的船舶静态信息、动态信息等四类其他信息来自桥楼上的电子设备。采用 AIS 船台后，能在 VHF 范围内自动识别船只，预测准确的相遇点，预测船首最近交汇距离，识别岛后或湾内航道的船只，及时接收其他船只有关转航向、船向及航速的资料，并通过数据链作短文通信,通过该系统的配置,为船舶的航行安全和航行管理提供了一种新型的十分有效的手段。航行于开阔水域的船舶不用VHF无线电话的通话便可自动获得来往船舶的各类信息;航行于限制水域的船舶不仅可自动获得其他船舶的信息,而且通过VTS的广播可获得各类航行信息和港口信息,这样,在最大限度上人为地防止了船舶碰撞和各类海难事故的发生,为航运界带来了前所未有的安全感。AIS系统的出现标志着海上监视技术取得了革命性的进步;标志着船舶间和船岸间的信息交换进入了计算机数字通信的新时代。

6. 其他技术

船载航行数据记录仪(VDR)俗称船用黑匣子,是专门用于记录船舶航行数据的仪器,当船舶发生事故时,该数据在分析事故时起到不可替代的重要作用。

船舶自动识别系统(AIS)、船载航行数据记录仪(VDR)、电子海图和信息系统(ECDIS)是各自独立的系统,但又是紧密联系的。船舶自动识别系统、船载航行数据记录仪获得的数据需要在电子海图和信息系统上显示;船舶自动识别系统和船载航行数据记录仪能互相引证其数据的准确性,其标准需要一致,所以国际海事组织把ECDIS、AIS、VDR放在一起研究、讨论和定标。AIS、VDR两者有着不可替代的互补功能。AIS的船舶能实时获取周边安装使用AIS船舶的船名、呼号、船长、货物种类等船舶静态数据,和航向、航速、位置、相对距离等船舶航行动态数据;VDR能在事故后保存记录数据并恢复和再现这些数据,对事件的还原准确程度和对事故原因分析提供原始数据的程度是传统的方法无法比拟的。"海上数字交通"的时代就在眼前了。

11.1.3 水运船舶与设施建设

水路运输的主要对象是旅客和货物,而为了输送他们就需要有船舶和港口。现代港口是水陆运输工具的汇集点,是交通运输的枢纽,它所担负的工作就更为繁杂。在一般情况下,港口所在地的规划建设部门要统一研究附近海、河岸线的充分与合理使用,由航务工程部门负责港区码头的勘测设计和施工,而港口机械制造部门则对码头泊位进行"武装",配备上各种先进的装卸机械,使来港车船能在最短时间里将货物卸下或装上,以加速运输工具的周转。

为保证水上运输工作的顺利进行,还有许多部门密切协同,相互支援。如有船舶的燃料、淡水和生活物资的供应部门,通信导航部门,业务代理与理货公司,甚至还有发生海难后的救援打捞机构等。所有上述各系统汇合起来才能组成完整的水运系统,而一般笼统地讲,可以认为水上运输的组成主要是船和港。

1. 船舶

船舶发展有着悠久的历史,自独木舟起,经历木板船到钢铁轮船的历程。船舶动力设备也由最初以人力为动力的篙、桨、橹发展到以自然力为动力的帆,再发展到机器。船舶的种类繁多,各式各样的船舶活跃在广大的江河湖海之中。

1)船舶类型

船舶是能航行或停泊于水域内,用以执行作战、运输、作业等任务的运载工具,是各类船、舰、舢板、筏及海上作业平台等的统称。通常按某种共同特征来划分,一般有如下几种分类方法及相应的船种名称。

(1)按船舶用途分类,可分为军用舰艇和民用船舶两大类。

①军用舰,具体包括:战斗舰艇,如航空母舰、巡洋舰、驱逐舰、护卫舰、潜艇、鱼雷艇、导弹

艇及布雷、扫雷舰艇等;登陆舰艇,指运送部队和武器装备到敌岸登陆的舰艇,有大、中、小型之分;辅助舰船,即担负后勤保障任务的各类舰,如训练舰、补给舰、侦察船舰、浮桥舟等。

②民用船,具体包括:运输船舶,如客船、客货船及货船等。货船又分成杂货船、油船(包括原油及成品油船)、散货船(如矿砂、煤、水泥等)、集装箱船、滚装船(包括车辆渡船)、载驳船、推(拖)船—驳船队、液化天然气(石油气)船、化学品船、运木船、冷藏船以及各种多用途船等;工程船舶,如挖泥船、打桩船等;渔业船,包括各种捕捞船(如拖网渔船、围网渔船、钓渔船、捕鲸船、灯光渔船等)及渔业辅助船(如水产加工船、水鲜冰藏运输船、渔政船等);港务船,如港作拖船、引水船、航标船、港监船、供油船、供水船、消防船、交通船、带缆船、检疫船、浮油回收船、粪便处理船、水面清扫船等;海洋调查船及深潜器,如近海调查船、远洋调查船、载人潜水器、无人潜水器等;海洋钻井平台。如固定式平台、移动式平台等。

(2)按航区分类,可分为极区船、远洋船、沿海船及内河船等。

(3)按航行方式分类,可分为排水型船、半潜船、潜水船、滑行船、气垫船、水翼船、冲翼艇等。

(4)按有无自航能力分类,可分为机动船、非机动船及机帆船等。

(5)按推进动力分类,可分为蒸汽机船、内燃机船、汽轮机船、电力推进船、核动力船、人力船及帆船等。

(6)按推进器形式分类,可分为螺旋桨船、平旋推进器船、明轮船、喷水推进船、喷气推进船、空气螺旋桨船。

(7)按螺旋桨数,可分为有单桨船、双桨船、三桨船等。

(8)按上层建筑形式分类,可分为遮蔽甲板船、长首楼船、长尾楼船、长桥楼船等。

(9)按建造材料分类,可分为钢船、木船、铁木般、铝合金船、玻璃钢船(艇)、水泥船、皮船(艇)等。

(10)按机舱位置及连续甲板层数分类,可分为中机型船、尾机型船、中尾机型船以及单甲板船、双甲板船等。

2)船舶航行性能

船舶为了完成运输生产任务,经常在风浪、急流 、险滩等极为复杂的航行条件下工作。因此,要求船舶必须具有良好的航行性能,以抵抗风浪的袭击,控制好船舶。

船舶的航行性能主要包括:浮性、稳性、抗沉性、快速性、适航性(耐波性)和操纵性六大航行性能。

(1)浮性。所谓浮性是指船舶在各种装载情况下,保持一定浮态,漂浮于水面一定位置的能力。浮性是船舶最基本的性能,任何船舶都必须具备一定的浮性。

(2)稳性。船舶在航行中,经常会受到风浪等外力的作用,而发生倾斜。如何使这种倾斜能够得到及时扶正,而不致倾覆,这就是船舶稳性的问题。船舶受到外力作用离开原平衡位置而发生倾斜,当外力消除后,仍能回到原来平衡位置的性能,就称为稳性。它是使船舶抵抗一定的外力作用,而不致倾覆的一种性能,是保证船舶安全航行的重要航海性能。

(3)抗沉性。船舶在一舱或数舱破损进水后,仍能漂浮于水面,并保持一定浮态和稳性的能力称为抗沉性。所以,它的实质是研究船舶破损后的浮性和稳性,是关系到船舶安全的一个重要航海性能。

(4)快速性。船舶的快速性就是指对一定排水量的船舶,主机以较小的功率消耗达到较高航速的性能。是船舶的一项重要技术性能,对船舶的经济性影响很大。可以说,一条船舶快速性的优劣决定于船舶的阻力和推进性能。在同样主机功率之下,推进器性能优良的船舶,推力大,航速便高;在推进器推力相同的情况下,阻力性能好的船舶,航速必然亦高。所以,提高船舶的快速性,就应从这两方面着手。

(5)适航性。通常是指船舶在风浪中的摇摆性能。船舶在海上航行时,经常受到风浪袭击而颠簸摇摆不定。剧烈的颠簸和摇摆,会使船舶稳性变坏、降低航速、甲板上浪、损坏船体结构、造成货损、引起旅客头晕和影响船员工作等,严重时还会危及船舶安全。

(6)船舶操纵性。船舶在航行时能够保持原来方向或按照驾驶员意图 变到所需航向的性能称为操纵性。其中船舶能够保持原来航向的性能称为航向稳定性。能够按照驾驶员意图改变航向的性能称为回转性或灵敏性。船舶操纵性是一种重要的船舶航海性能。其中回转性是避免碰撞、防止触礁、保证航行安全所必须具备的性能,尤其对于港湾拖轮更为重要。航向稳定性可减少船舶航线偏离从而减少不必要的功率消耗和时间损失。

3)船舶营运性能

船舶为完成客、货运输任务必须具备一定的载重量性能、容积性能和速度性能等,这是船舶营运的最基本条件。

(1)船舶载重性能。船舶作为运载货物的工具,其装载货物重量大小的能力,主要取决于船舶载重性能,通常用船舶水量、载重量和载重线标志等方法表示。

①排水量。排水量是指船体在水中的部分所排开水的重量(单位:t)。按照船舶装载状态的不同,排水量可分为空船排水量、满载排水量、装载排水量。

空船排水量(Light displacement, *dl*)指船舶装备齐全但无载重时的排水量。空船排水量等于空船重量。按规定应包括船体、机器及设备、机器中的燃料及润料等重量的总和。新船的空船重量是一个定值,可在船舶资料中查得。

满载排水量(Full load displacement, *df*)指船舶的吃水达到规定的满载水线(通常指夏季载重线)时的水量。满载排水量等于船舶满载时的总重量,应包括空船重量、货物、燃润料、淡水、压载水、船员及行李、粮食和供应品、船用备品等各类载荷重量的总和。

装载排水量(Loaded displacement, *Dl*)指船舶时载一定货物的排水量。其大小可根据船舶的装载状态确定。

②载重量。在船舶运输生产中更为重要的是船舶的载重能力,即船舶的载重量。载重量分为总载重量和净载重量。

载重量(Dead weight ,*DW*)是指船舶在某一吃水情况下所能装载的货物、燃润料、淡水、供应品及其他物品的总重量,该值等于装载排水量与空船排水量之差。载重量是随排水量(或吃水)的变化而不同。作为船舶载重能力记入船舶资料中的总载重量(*DW*)是指吃水达到夏季载重线时的载重量,也称为船舶最大载重量、满载载重量度,它等于夏季满载排水量与空船排水量之差。

净载重量(Net dead weight, *NDW*)是船舶具体航次所能装载货物的最大重量,等于载重量减去该航次总储备量(包括航次所需的燃料、淡水、供应品、船员、行李等重量)及船舶常数,即:

$$NDW = DW - \sum G - C \tag{11-1}$$

式中:ΣG——航次总储备量(t);

C——船舶常数(t)。

船舶常数是指船舶经过一段时间营运后的空船排水量与新船出厂时的空船排水量之差。

③载重线标志(load line mark)。载重线标志是勘绘在船中部两侧船壳板上作为在不同条件下的船舶的载重量限制,保证船舶在不同条件下航行的安全,载重线标志包括一个圆环和与圆环相交的一条水平线,该水平线上缘通过圆环的中心,而圆环中心正处于船中处。在它正上方有一长水平线叫做甲板线,该甲板线上缘正通过干舷甲板的上表面,圆环中心至甲板本上缘的垂直距离为夏季干舷。在圆环两侧加绘的字母"C"和"S"表示勘定干舷的机构是"中华人民共和国船级社"。圆环向船首方向还绘有不同区域和不同季节的载重水线,它们是:

夏季载重线"X"(summer load-line, S)。该水线与圆盘中心线处于同一高度。

冬季载重线"D"(winter load-line, W)。

北大西洋冬季载重线"BDD"(Winter North Atlantic loadline,WNA)。船长大于 100m 的船舶可不绘此线。

热带载重线"R"(tropical loadline, T)。

夏季淡水载重线"Q"(summer fresh water loadline,F)

热带淡水载重线"RQ"(tropcal fresh water loadline,TF)。

载重线规定了船舶在不同区域和季节的干舷大小,船舶应严格遵守载重线海图中载重线的海区、季节规定。我国沿海的季节期只有热带和夏季之分,故沿海航行船舶不需要勘绘冬季载重线,并且圆环下半圆实心半圆。甲板上运木材的船舶,干舷可以小些,因此在圆环船尾方向另绘有木材载重线,并在各载重线前面加一个如"M"字,如"MX""MD"等。

(2)船舶容积性能。船舶所具有的容纳各类货载体积的性能就是船舶的容性能,通常由船舶的货舱容积、登记吨位和舱容系数来反映。

①货舱容积(capacity of cargo hold)。船舶的货舱容积是指船舶货舱内实际能够装货物的空间,一般分为散装容积与包装容积两种。

散装容积(grain capacity)是指货舱内实际能够装载散装货物的空间。它是由两舷外板内侧、两横隔舱壁和舱底板所包围的理论容积,扣除肋骨、横梁、支柱等所占容积计算出来的。

包装容积(bale capacity)是指舱内实际能够装载包装或成件货物的空间。它是由两舷肋骨护板内侧、两横隔舱壁、舱底板和横梁下端所包围的理论容积,扣除空间内的支柱等所占容积计算出来的,一般要比散装容积小 5% ~10% 。

②登记吨位(registered tonnage)。船舶的登记吨位,是指船舶为登记注册的需要,按照有关的丈量公约或规范所规定的丈量办法和计算公式确定的船舶容积吨位,一个"吨位"等于 $2.83m^3$ 的丈量容积,又称 1 个容积吨。根据不同的用途分为总吨位、净吨位和运河吨位。

总吨位(gross tonnage, GT)指船舶所有围蔽处所的总容积,按丈量公约或规范规定的测算公式求出的船舶容积吨位。它是统计船舶吨位,表示船舶大小,区别船舶等级,计算船舶建造、买卖、租船费用,以及处理海事赔偿的依据。

净吨位(net tonnage, NT)是指船舶各载货处所的总容积,按丈量公约或规范规定的测算公式求出的船舶容积吨位。它是计算船舶各种港口使用费,如引航费、灯塔费、停泊费等各项费用的依据。

运河吨位(canal tonnage)是指苏伊士运河和巴拿马运河等运河管理当局按各自制订的丈

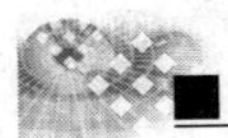

量办法计算出来的船舶容积吨位。它是船舶通过这些运河时需交付运河费的计算依据。

③舱容系数(coefficient of load)。舱容系数是指货舱总容积和船舶净载重量的比值,即第一吨净载重量所拥有的货舱容积。

$$舱容系数=\frac{货舱容积}{船舶净载重吨}(m^3/t) \tag{11-2}$$

(3)船舶的装卸性能。船舶的装卸性能一般影响船舶装卸效率,它随货舱的布置、船体结构及起货设备的不同而不同,即具有不同货舱布置、船体结构和起货设备的船舶,其装卸性能有优劣之分。

2. 港口及设备

港口是水运生产的一个重要环节。船舶的装卸、补给、修理工作和船员的修整等都要在港口进行。因此,港口是水运工作的关键所在。不论河港或海港,其最基本的功能就是为船舶进行装卸搬运工作。

1)港口的分类

(1)按用途分类。

①商港:主要供旅客上下和货物装卸转运的港口。其中又可分为一般商港和专业商港。一般商港即用于旅客运输和装卸转运各种货物的港口,如上海港、天津港等;专业港是指专门进行某一种货物的装卸,或以某种货物为主的商港,如秦皇岛港主要以煤炭和石油装卸为主等。

②渔港:专为渔船服务的港口。渔船在这里停靠,并卸下捕获物,同时进行淡水、冰块、燃料及其他物资的补给。

③工业港:固定为某一工业企业服务的港口,它专门负责该企业进行原料、产品及所需物资的装卸转运工作。

④军港:专供海军舰船用的港口。

⑤避风港:供大风情况下船舶临时避风的港口。这里一般很少有完善的停靠设施,通常仅有一些简单的系靠设备。

(2)按地理位置分类。

①海港:在自然地理条件和水文气象方面具有海洋性质,而且是为海船服务的港口。它又可细分为:海湾港,是指位于海湾内,常有岛屿等天然屏障作保护,不需要或只需要较少的人工防护即可防御风浪的侵袭;海峡港,是指处于大陆和岛屿或岛屿与岛屿之间的海峡地段的港口;河口港,是指位于海河流河口地段的港口。

②河港:位于沿河两岸,并且具有河流水文特性的港口。

③湖港与水库港:是指位于湖泊和水库岸边的港口。

另外,还有按潮汐的影响划分的开敞港、闭合港;以及按其作用划分的世界性港、国际性港、地区港等不同类型。

2)港口的组成

港口由水域和陆域两大部分组成。水域是供船舶进出港,以及在港内运转、锚泊和装卸作业使用的,因此要求它有足够的水深和面积,水面基本平静,流速和缓,以便船舶的安全操作;陆域是供旅客上下船,以及货物的装卸、堆存和转运使用的,因此陆域必须有适当的高程、岸线长度和纵深,以便在这里安置装卸设备、仓库和堆场、铁路、公路以及各种必要的生产、生活设施等。

(1)港口水域。水域是港口最主要的组成部分,它又可分为位于港池之外的港外水域和位于港池之内的港内水域。

①港外水域。这部分主要是指进港航道和港外锚地。多数海港及河口港都有天然进出港航道,但其水深不一定满足船舶要求,在河口段可能还有部分浅滩,往往需要疏浚和整治。内河港口的航道常常就在主航道靠近码头的一侧,一般要求有适当的宽度,既不影响主航道上船舶的航行,又与码头、锚地留有足够的间隔距离。港外锚地是供进出港船舶抛锚停泊使用的,船舶在这里接受边防检查、卫生检疫等手续,引水员也在这里上下(海港);有时也供编、解大型船队之用(河港)。进出港航道和港外锚地均需用航标加以标示。

②港内水域。它包括港内航道、港内锚地以及码头前沿水域和船舶调头区等。船舶在港内航道行驶时要适当减速,以保安全。港内航道与码头之间一般要有供船舶进行回转的调头区,这段水域要有足够的宽度。大型海轮在港内靠离码头时常有拖轮协助,而内河船靠泊时为便于控制常常需要将船首面对着水流的方向,调头区正是供他们使用的。码头前沿水域必须有足够的深度和宽度,以使船舶能方便地靠离。它不仅要保证船舶靠码头的一侧能进行装卸作业,有时还要考虑其另一侧同时进行水上(船过船)装卸作业的需要,因此,码头前沿水域宽度应适当大些,以免影响附近的航道。海港的港内锚地主要供船舶等待泊位,或是进行水上装卸用。在气候恶劣情况下,还可供船舶避风停泊。而河港锚地主要用于编解船队和进行水上作业,水上装卸作业是内河港、河口港的主要作业方式之一,并设置有“水上作业平台”,配备有浮式起重机等。

(2)港口陆域。凡是在港口范围的陆地面积,统称为陆域,有以下几个部分。

①码头与泊位。供船舶停靠,以便旅客上下、货物装卸的水工建筑物称为码头。码头前沿线通常即为港口的生产线,也是港口水域和陆域的交接线。码头线的布置有多种形式,有的与岸线平行,称为顺岸码头,有的与岸线正交或斜交,称为突堤码头。前者多用于河港,后者多出现在海港,以便在有掩护的范围内形成较多的曲折岸线,可以布置更多的码头泊位。突堤码头所谓“泊位”即供船舶停泊的位置。一个泊位即可供一艘船舶停泊。由于不同的船型其长度是不一样的,所以泊位的长度依船型的大小而有差异,同时还要留出两船之间的距离,以便于船舶系解缆绳。一个码头往往同时要停泊几艘船,即要有几个泊位,因此码头线长度是由泊位数和每个泊位的长度来决定的。码头前沿的水深一定要满足船舶吃水,并应考虑到船舶装卸和潮汐变化的影响,留有足够富余的水深。

②港口仓库和堆场。仓库和堆场是供货物装船前和卸船后短期存放使用的。多数较贵重的件杂货都在仓库内堆放保管;只有哪些不怕风吹雨淋的货物如矿石、建材等可放入露天堆场或货棚内,这种散堆装货物的堆场常常远离市区和其他码头,以免对环境污染。

③铁路及道路。货物在港口的集散除了充分利用水路外,主要依靠陆路交通,因此铁路和公路系统是港口陆域上的重要设施。当有大量货物用铁路运输时,需设置专门的港口车站。在这里货物列车可以进行编组或解体,并配有专门的机车,将车辆直接送往码头前沿或库场的装卸线;装卸完毕后再由机车取回送往港口车站编组。在没有内河的海港,铁路是主要的疏运方式,港口生产与铁路部门有密不可分的关系,如我国的秦皇岛港、大连港、青岛港等。

④起重运输机械。现代港口装卸工作基本是由各式各样的机械来完成。有的机械主要用来起吊货物,称为起重机械;有的主要用于搬运货物,称为运输机械,合起来称为起重运输机

械。他们在港口可进行:对船舶实行装卸作业;对火车和汽车进行装卸作业;在船舱内进行各种搬运、堆码和拆垛等工作;在库场上进行起重、搬运、堆码、拆垛等工作。

港口机械通常分为起重机械、输送机械、装卸搬运机械、专用机械四大类。

对于专业化的码头通常都设有专门的装卸机械,如煤炭装船码头设有装船机,散粮卸船码头设有吸粮机,集装箱码头前方设有集装箱装卸桥,后方设有跨运车、重型叉车等。

⑤港口辅助生产设施。为维护港口的正常生产秩序,保证各项工作得以顺利进行,港口还需要在陆域上配备一些辅助设施。如给排水系统,输电、配电系统,燃料供应站,工作船基地,各种办公用房,维修工程队,船舶修理站等设施。

综上所述,港口的设施是非常庞大的,然而就生产作业来说大体上可归纳为船舶航行作业、装卸作业、货物存储以及集疏运这四大部分。船舶航行作业部分包括港内外航道、锚地、港池和船舶回转水域,还有为安全航行的通讯、导航设施;装卸作业部分包括码头、水上装卸锚地,以及各种装卸设备;货物存储部分主要包括陆域上的仓库和堆场,以及库场上的机械设备。对于有旅客运输的港口,在陆域上还必须特别注意建设客运站等设施;集疏运部分除了水路外主要就是铁路与公路。

3. *航道和航标*

航道是供船舶航行的水道,航道应该有足够的航道深度、有足够的航道宽度、有适宜的航道转弯半径、有合理的航道许可流速、有符合规定的水上外廓。此外,航行还要求航道的冰冻期要短和没有水下障碍。

航标是引导船舶安全行驶的标志。

1)海上航标

在海上的某些岛屿、沿岸及港内重要地点,均设有航标,如灯塔、灯船、浮标等。航标白天以形状、颜色,夜间以灯光颜色、时间长短、次数,来区别各自的作用。另外还有音响和无线电助航设备,在雾、雪等视距不良的天气里,为了使航行船舶概略知道航标位置,从而估计船舶方位,因此,在有些地点设置雾钟、雾笛、电雾号等音响设备;无线电助航设备:无线电指向标、雷达导航站及其他无线电导航设备。

2)江河航标

它的主要作用是准确标出江河航道的方向、界限、水深和水中障碍物,预告洪汛,指挥狭窄和急转弯水道的水上交通,引导船舶安全航行。江河航标一般分为三等。在航运发达的航道上设置一等航标,由岸标和浮标交互组成,夜间全部发光,保证船舶昼夜都能从一个航标看到次一个航标。在航运较为发达的河段上设置二等航标,它的密度较一等的稀,夜间只有主航道上的航标发光,亮度也较弱。在航运不太发达的河段上设置三等航标,密度稀,夜间不发光,船舶只能利用航标和天然物在白天航行。

11.2 航运生产组织管理

11.2.1 航运管理指标体系

指标是用于反映生产、管理活动中某一方面得到特征或所达到的程度。它以一定的名称、

一定的数值，配合一定的计量单位，说明航运生产活动某一方面的特征。为了衡量某一生产、经济活动的优劣，需要建立一系列能综合反映这一活动的工作质量、经济效果的指标体系。

航运企业内部用的指标体系，是由一系列相互联系的指标所组成的统一整体。航运企业设置的指标体系具有多方面的作用，其主要表现为：编制企业生产经营计划的基础，考核与评价船舶生产活动成果和经营效益的依据，船舶运行组织优化决策时比选方案的依据，分析船舶生产活动状况、改进工作质量的必要手段，也是各级领导了解和考核企业生产经营活动、指导和监督企业工作、制定有关航运政策的依据。航运企业生产活动指标体系见图 11-1

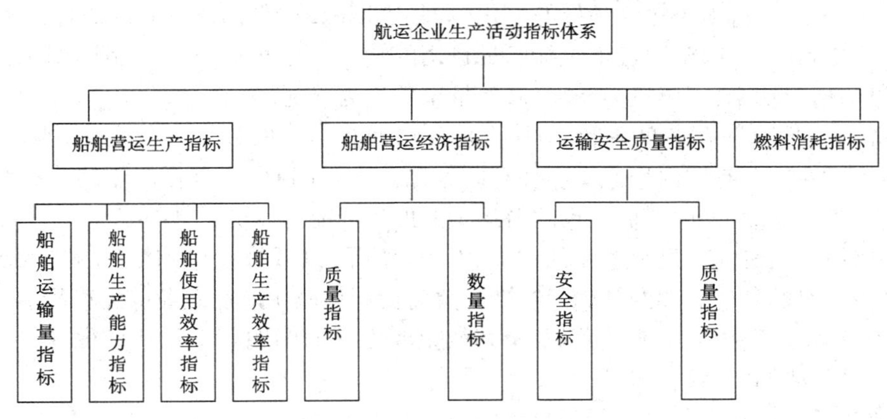

图 11-1　航运企业生产活动指标体系

1. 船舶营运生产指标

1)船舶运输量指标

(1)货运量。货运量是指货物(或旅客)由甲地实际运送到乙地的数量。

单位：货运量(t)；客运量(人)。

计算公式：单船：$\sum Q$；多船：$\sum\sum Q$。(Q 代表货运量或客运量)

(2)货(客)运周转量。货(客)运周转量是指将一定数量的货物(或旅客)位移一定的距离送达目的地，其运量与运输距离的乘积即为货(客)运周转量。

单位：货运周转量(吨海里)；客运周转量(人海里)。

计算公式：单船：$\sum Ql$；多船：$\sum\sum Ql$。Q 代表货运量或客运量，l 代表所载货物或旅客的运输距离。

这里应注意：货(客)运量一律按到达量进行统计，其中的货运量按运输单据上记载的实际重量统计，客货运送距离也按运输单据上所记载的到发港之间的距离计算。

因船舶在实际航程中有可能按多角航线运行或因故绕道航行，其距离同客货运送距离的概念是有区别的。

(3)换算周转量。为了便于计算及比较船舶运输效率，将货物与旅客的周转量换算成统一的单位。具体换算比例是：

座位运客 3 人 =1 换算吨

3 人公(海)里 =1 吨公(海)里

铺位运客 1 人 =1 换算吨

1 人公(海)里 =1 换算吨公(海)里

2)船舶生产能力指标

决定船舶生产能力的要素是拥有船舶的数量和船舶的技术性能,对于具有相当数量船舶的船队,船舶的各种类型和数量也是反映运输能力的指标。

(1)船舶实有数,是指航运企业相似一定时期内实际拥有的船舶数量。它是反映船舶生产能力的主要指标,以船舶的艘数 m,定额吨位 $D_{定}$,定额客位 M 及定额功率 N 等计量单位来表示船舶的拥有量。艘数 m 是指从事营业性运输船舶的数量。定额吨位 $D_{定}$ 是船舶的航次装载量标准,一经确定不得由于运输条件的变化(如枯水期减载等)而改变。定额客位 M 是指用于载运旅客铺位和座位的合计数,不包括船员自用的铺位。定额功率 N 是指船舶主机的额定功率,蒸汽机为指示功率,内燃机为辅功率,计量单位均为千瓦。

(2)船舶运用情况。由于在一定时期内,船公司拥有船舶的数量有所变化,所以,单以船舶实有数不能反映这一时期内企业实际拥有的运输能力。因此,只有将船舶的实有数同它的运用时间结合起来才能准确、全面地反映航运企业的生产能力状况。

船舶运用情况用时间来反映船舶的状态和营运情况,以载重量(客位、功率)天作为计算单位。它是计算船舶营运效率的基础。统计对象为使用权属于航运企业的运输船舶。包括正在使用、修理及待修、待报废的船舶,以及从其他企业租入的船舶。不包括出租、国家征用、封存、越冬和沉没的船舶。

通常,船舶时间可按图 11-2 所示的方法划分。

船舶在册时间 $T_{册}$ 是指历期内航运企业使用所拥有船舶的营运时间和非营运时间之和。增减船舶时间起止按如下规定计算:新增船舶自办妥固定资产登记之日起计算,报废船舶自主管机关批准之日起不再计算。调入及调出船舶以双方交接船舶之日为期,调出方不再计算,调入方开始计算。

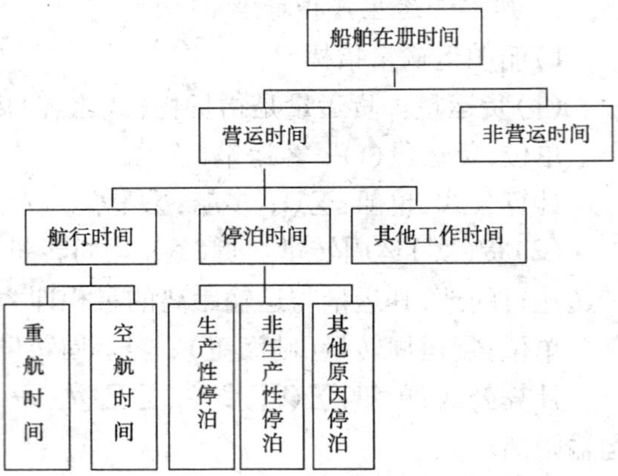

营运时间 $T_{营}$ 是指技术状况完好,可以从事客货运输工作的时间。它包括航行、停泊、其他工作时间。

航行时间 $T_{航}$ 是指船舶实际航行的时间。按船舶是否受载。它又可分重航时间(有载)和空航时间(无载)。

图 11-2 船舶时间划分

停泊时间是指船舶在运输生产过程中,因各种原因在港口和途中的全部停泊时间,包括生产性、非生产性和其他原因停泊时间。船舶至到达港靠好码头或在锚地浮筒妥时起作为停泊时间的开始;离开码头或锚地、浮筒时止,作为停泊时间结束。

其他工作时间是指营运时间中除去航行、停泊时间之外,临时从事港内作业或为救援遇难船舶等从事特殊任务作业的时间。

非营运时间是指因技术状况不良,不能从事运输生产的时间,包括修理时间、等待修理时间、等待报废时间、航次以外进行检修时间,以及专为修理船进出船厂的航行时间。

3）船舶使用效率指标

船舶使用效率指标可以从船舶工作时间的利用以及船舶技术营运性能的应用程度这两方面来加以反映。

船舶时间利用指标包括：营运率、航行率及船舶平均航次周转期。

（1）营运率，指船舶在册时间中，营运时间所占的比重，是反映船舶在一定时期内有效生产时间长短的指标。

该指标用 $\varepsilon_{营}$ 表示，一艘船舶营运率是一定时期内该船营运时间和在册时间只比。对于一组船舶或船队，它是一定时期内各船营运吨天总和与在册吨天总和之比。

单船：

$$\varepsilon_{营}=\frac{T_{营}}{T_{册}} \tag{11-3}$$

多船：

$$\varepsilon_{营}=\frac{\sum D_{定}\ T_{营}}{\sum D_{定}\ T_{册}} \tag{11-4}$$

船舶营运率反映船舶在册时间的利用程度，船舶维修保养越好，处于技术状况完好的时间就多，修理时间就短，则营运率就高。提高营运率是增加运输常量的重要前提，如果其他条件不变，营运率越高，所能完成的运输量也就越大。

（2）航行率，指船舶营运时间中航行时间所占的比重。

该指标用 $\varepsilon_{航}$ 表示，一艘船舶的航行率是一定时期内该船航行时间与营运时间之比。对于一定时期内各船航行吨天总和与营运吨天总和之比。

单船：

$$\varepsilon_{航}=\frac{T_{航}}{T_{营}} \tag{11-5}$$

多船：

$$\varepsilon_{营}=\frac{\sum \mathrm{D}_{定}\ T_{航}}{\sum D_{定}\ T_{营}} \tag{11-6}$$

（3）平均航次周转期，指历期内船舶完成一个航次平均所需天数。

该指标用$\overline{t_{次}}$表示，对于同一航线上从事多个航次生产的某一单船，它的平均航次周转期是一定历期内船舶营运时间与完成的航次数之比。对于同一航线上类型基本相同的多艘船舶或船队来说，它是一定时期内各船营运吨天总和与完成的营运吨次总和之比。

单船：

$$\overline{t_{次}}=\frac{T_{营}}{n} \tag{11-7}$$

多船：

$$\overline{t_{次}}=\frac{\sum D_{定}\ T_{营}}{\sum D_{定}\ n} \tag{11-8}$$

（4）载重量利用率，反映船舶在整个运输生产过程中载重量利用程度的指标。通常情况下，由于货源不足或货物积载因数大于船舶舱容系数或装载不当，而使得船舶的载重量得不到充分的利用。在简单航次中，我们可以直接用实际载重量与定额载重量的比率；来反映这种情况下的载重量利用情况，此又成发航装载率，用符号 $\alpha_{发}$ 表示。

单船单航次：

$$\alpha_{发}=\frac{Q}{D_{定}} \tag{11-9}$$

$$\alpha_{发}=\frac{\sum Q}{D_{定}\ n} \tag{11-10}$$

多船多航次：
$$\alpha_{发}=\frac{\sum\sum Q}{\sum D_{定}\, n} \tag{11-11}$$

(5)平均航行速度，指船舶在海上平均航行一天所行驶的里程。这一速度不同于船舶的技术速度。它只是一个统计概念上的速度值，期间包括船舶营运中进出港口、通过狭水道、运河和遇雾等情况的减速因素，以及受风、流影响的速度损失等，以符号 $\overline{V}$ 表示。

单船单航次：
$$\overline{V}=\frac{L}{t_{航}} \tag{11-12}$$

4)船舶生产效率指标

船舶生产效率指标包括两种指标：一种是每营运吨天生产量；另一种是每吨船生产量。

(1)每营运吨天生产量。船舶在营运期间平均每一载重吨每天完成的货物周转量，用符号 μ 表示，其计算公式为（以多船多航次为例）式(11-13)。

$$\mu=\frac{\sum\sum Q_1}{\sum D_{定}\ T_{营}}\text{（吨海里/吨天）} \tag{11-13}$$

事实上，该指标是三个单元指标：运距装载率、平均航行速度和航行率的乘积。这可以从以下的推导中验证：

$$\begin{aligned}\text{每营运吨天生产量}&=\frac{\text{货物周转量}}{\text{营运吨天数}}\times\frac{\text{航行吨天数}}{\text{航行吨天数}}\times\frac{\text{船舶吨海里数}}{\text{船舶吨海里数}}\\&=\frac{\text{航行吨天数}}{\text{营运吨天数}}\times\frac{\text{船舶吨海里数}}{\text{航行吨天数}}\times\frac{\text{货物周转量}}{\text{船舶吨海里数}}\\&=\text{航行率}\times\text{平均航行速度}\times\text{（运距）载重量利用率}\end{aligned} \tag{11-14}$$

$$\mu=\varepsilon_{航}\cdot\overline{V}\cdot\alpha_{运} \tag{11-15}$$

由式(11-14)可见，提高航行率、平均航行速度和载重量利用率三个指标，可以提高船舶的生产效率。说明 μ 是一个综合性指标。

(2)每吨船生产量。船舶在报告期间内平均每一载重吨完成的货物周转量，即为货物周转量与历期内每天实有的船舶吨位之比，以符号 Z 表示，其计算公式为：

$$Z=\frac{\sum\sum Q_1}{D_{定}}\text{（吨海里/吨）} \tag{11-16}$$

式中：$D_{定}$——历期内平均每天实有船舶吨位。

因为对于货船有：

$$\begin{aligned}\text{每吨位船生产量}&=\frac{\text{货物周转量}}{\text{平均使用船舶吨数}}=\frac{\text{货物周转量}}{\text{船舶总吨天数/历期天数}}\times\frac{\text{营运吨天数}}{\text{营运吨天数}}\\&=\text{历期天数}\times\frac{\text{营运吨天数}}{\text{船舶总吨天数}}\times\frac{\text{货物周转量}}{\text{营运吨天数}}\\&=\text{历期天数}\times\text{营运率}\times\text{航行率}\times\text{平均航行速度}\times\text{载重量利用率}\end{aligned} \tag{11-17}$$

$$Z=T_{历}\cdot\mu\cdot\varepsilon_{营}=\varepsilon_{航}\cdot V\cdot\alpha_{远}\cdot\varepsilon_{营}\cdot T_{历} \tag{11-18}$$

式(11-18)说明 Z 也是一个综合性指标。

2. 船舶营运经济指标

船舶企业的经营活动，除完成客货运输任务，提高船舶使用效率，同时还要取得较好的营运经济效果。

1)船舶营运经济质量指标

(1)单位运输成本,即船舶完成单位换算周转量所消耗的费用。计算公式为:

每千吨海公(海)里成本 = 成本总额/总货运周转量(元/千吨公(海)里)　(11-19)

单位运输成本的高低取决于总成本的大小和生产量的多少,总成本的高低不能反映企业工作质量水平的高低,只有单位运输成本的降低,才能说明企业在生产活动中物质消耗的减少、生产效率和管理水平的提高。

(2)利润率,即反映航运企业在一定时期内的相对利润水平。由于各航运企业的生产规模和生产条件各不相同,仅根据利润额的大小,不能全面评价其经营管理工作质量和准确反映航运企业的经济效果,所以必须同时看到利润率指标。这指标既可反映投资盈利情况,又可比较各企业之间和同一企业在不同时期的经营管理水平。

①销售利润率,即一定时期内,企业的利润总额与收入总额之比,反映企业收入的获利水平。其计算公式为:

销售利率 = 利润总额/产品销售净收入 × 100%　(11-20)

产品销售净收入,指扣除各种折让、回扣之后的销售收入净数额,销售利润率越大,说明成本在总收入中占的百分比较小;否则说明收入中成本比例较大。

②总资产报酬率,即一定时期内,企业的利润总额与平均资金占用额的比率。用以衡量企业单位资产(资金)获利的能力。其计算公式为:

总资产报酬率 =(利润总额 + 利息收入)/平均资产总额 × 100%　(11-21)

其中:平均资产总额 =(期初资产总额 + 期末资产总额)÷2

这里的资产包括固定资产和流动资产。

(3)资产负债率,即企业负债总额与资产总额的比率。用于反映企业负债水平高低的情况,其计算公式为:

资产负债率 = 负债总额/资产总额 × 100%　(11-22)

(4)企业贡献率。

①社会贡献率,即在一定时期内,企业对社会或国家的总贡献额与平均资金占用额之比,用于衡量企业运用全部资产为社会或国家创造或支付价值的能力。其计算公式为:

社会贡献率 = 企业社会贡献总额/平均自资产 × 100%　(11-23)

②社会积累率,即在一定时期内,企业上缴给国家财政的总额与对社会贡献总额的比率,用以衡量企业对社会贡献的总额中有多少上缴给国家财政。其计算公式为:

社会贡献率 = 上缴国家财政总额/企业社会贡献总额 × 100%　(11-24)

2)船舶营运经济数量指标

船舶营运经济数量指标包括船舶运输货物和旅客的收入,营运费用和财务成果。它们是计算其他一系列经济质量指标的基础。

船舶一个航次的收入可按式(11-25)计算。

货船航次收入 = $\sum$每吨货运费率 × 相应货吨(元)　(11-25)

如果要计算一个船组或一定历期内若干个航次的总收入,则只要把它们加总即可。

客船航次收入 = $\sum$每个旅客运费率 × 相应旅客数(元)　(11-26)

船舶的财务成果以利润指标表示,它等于船舶营运收入与运输总成本及税金之差值。即:

船舶利润 = 船舶营运收入 − 运输总成本 − 税金(元)　(11-27)

3．运输安全质量指标

运输质量与工农业产品质量相比较，由于运输业的特殊性，对它的质量也有特殊的要求，安全质量的主要指标如下。

(1)各类海损事故件数。按海损的性质、伤亡人数、直接经济损失等，将海损事故分为重大事故、大事故、一般事故和小事故4个等级。

(2)每千名职工因公死亡率，即在报告期间内，因公死亡人数与全部职工人数之比。其计算公式为：

每千名职工因公死亡率 = 因公死亡人数/全部职工人数 × 100%　(11-28)

(3)旅客安全运输率、货运损失赔偿金额率。

旅客安全运输率 = (年、月)客运总人数 − 旅客伤亡人数/(年、月)客运总人数 × 100%

货运损失赔偿金额率 = 赔偿金额/同期收入 × 100%　(11-29)

(4)货物运达期限保证率，即在报告期内，按合同规定时间完成运送任务的货物吨数占运送货物的总吨数的比例。

(5)货损率，即在报告器内，因运输损坏的货物件数占运输货物总件数的比例。

(6)货差率，即在报告期内，货差件数占运输总件数的比例。

按规定，不计件的货物不统计货损货差率。货主码头自理的装卸货物的件数，航运企业应予以计算。

(7)重大货运事故件数。

4．燃料消耗指标

航运企业燃料消耗是船舶运输的三大支出之一，直接影响运输成本，因此，减少燃料消耗，是降低运输成本的主要途径。

目前，评价船舶燃料消耗情况的指标有以下几个。

(1)燃料应消耗量，即船舶在报告期内，按规定的燃油消耗定额及各项作业时间计算出的燃油理论消耗量。

(2)燃料消耗量，即船舶在报告期的营运时间内，实际消耗的燃料油数量，单位用千克或吨，包括航行、停泊、其他作业所消耗的燃油数量。船舶燃油消耗量统计的原始资料为航次报告单的记录。根据油品不同，可按轻柴油、重柴油、渣油等分类统计。

(3)燃料节约或超耗数量，即船舶实际消耗的燃料数量比按定额计算的燃料应消耗量节约或超耗的数量。其计算公式为式(11-30)。

燃料节约或超耗数量 = 燃料消耗量 − 燃料应消耗量　(11-30)

计算结果，负数表示节约的燃料数量，正数表示超耗燃料数量。

(4)单船单耗。由于船舶类型复杂，机型不一，各船的单耗不同。海运按千吨公(海)里计，内河按千吨公里计。还有按每千瓦运转小时所消耗的标准煤计算的。

单船单耗 = (月、季)燃油实耗量(千瓦) × 1000/(月、季)额定千瓦数 ×

运转小时(标准煤/千瓦小时)　(11-31)

(5)企业单耗。

$$企业单耗 = \frac{\sum 各船燃油实耗量(标准煤) \times 1000}{\sum 各船额定千瓦数 \times 运转小时(标准煤/千瓦小时)} \tag{11-32}$$

或：

$$企业单耗 = \frac{\sum 各船燃油实耗量(标准煤) \times 1000}{\sum 各船换算周转量(千吨公(海)里)(标准煤/千吨公(海)里)} \tag{11-33}$$

(6)润滑油单耗。

$$润滑油单耗指标 = 润滑油实耗量/燃油实耗量 \times 100\% \tag{11-34}$$

11.2.2　生产调度

运输船舶的生产活动地点多、面广、流动、分散，而且环节多、变化大、技术设备复杂且时间上有连续性。在这样的条件下，要使各部门、环节间能够协调而有节奏地进行生产、达到合理地使用各种技术工具和设备，提高运输效率和经济效益，就需要有一个集中统一的、有效的组织指挥结构来安排指挥生产，连续不间断地监督生产和随时调整生产中出现的不平衡。这个机构就是水运生产中的调度部门。

1．船舶调度的主要工作

(1)计划和组织安排船舶的生产活动。

(2)不间断地监督、指导船舶在港作业和安全航行。

(3)不间断了解和分析计划执行过程中各有关环节的变动情况，及时协调各方面的工作和提出作业调整的措施。

(4)进行船舶生产活动的统计、业务核算、分析工作。

2．调度工作制度

(1)值班制度。为保证调度人员不间断地组织、指挥运输生产，调度部门应实行每天 24h 连续值班制度。解决船舶航行中发生的问题，及时指导船员处理在港作业，及与港口和其他管理部门间的协调问题。对当班工作中出现的问题和有关事项做好记录；交接班时，对下一班的值班人员做出交代和安排的建议，重大问题要及时向上级领导汇报。

(2)会议制度。调度会议是组织船舶生产顺利进行的重要会议，需经常、定时召开。如每天早八点，或每日晚五点召开。参加会议的有调度、货运(客运)、商务、机务、海监、船队、计划、人事、通信等部门的有关人员。会议内容主要是检查前期运输任务的完成情况，研究解决目前还存在的问题，制定、审核下期的船舶运行计划。会议时间一般较短，会上只谈论和解决一些非常具体的生产问题。

(3)调度命令。由调度下达给船舶的指示或命令，船长应认真执行。调度命令的内容包括：编号、签发人、受命人、发布时间及命令内容。它是分清调度与船方责任的依据。每位调度都要对上级领导的指示、决定坚决执行；对船长或下级调度部门提出的问题和意见准确记录，及时答复和处理。

(4)调度通信。为了调度室、航运企业有关人员以及上级领导机构即使了解船舶运作实况，掌握计划完成的水平，对远离企业所在地的船舶实施有效的控制，调度管理制度应包括完整的汇报及通信规程。岸上管理部门和船舶都必须严格执行《水上调度通信规程》的各项规定,保持船与调度之间的密切联系。

3. 调度作业调整

水运生产的条件复杂,可变因素很多,已编制好的船舶运行组织方案和作业计划往往在执行过程中,发现客观条件变化或原来的认识不符合客观实际。在这样情况下,摆在调度人员面前的问题是:要不要对原来的安排及时调整,如何调整。这种作业调整是调度工作中所常见的,也是调度工作的重要组成部分。

调度作业调整主要有两个方面的内容。

(1)保证船舶按原定计划运行。具体来讲,主要有:保证按时发船,保证按时到港,保证按计划装载等。当出现不能按计划运行的迹象时,必须马上采取措施,尽可能做到上述三个保证。若影响因素来自港口或货主,则应加强联系和协调。

假设某船上航次已经迟到,或在港口因某种原因延误,为了使下一航次能按计划就航必须采取相应的措施,如:可以在港组织多路作业,集中装卸机械和人力,加强装卸组织,合并某些作业,或考虑调换货种等。假若早已预料某船误点,不能在下一航次按时发船,还可考虑调换另外的船舶来顶替,争取按时发船;而该船原计划的任务由误点船舶承担。

当出现货源情况发生变化,例如,某航次的货不能按时到起运港,而使船舶无法执行原定的装载计划,则可临时改装别的货,若知道的早,还可以改变航次计划,换到别的港口去装货。当然,这还得依靠货运人员迅速组织落实货源。

(2)控制船舶在港密度,减少船舶非生产性停泊时间。影响船舶在港密度的因素很多,有的属于港航部门主观因素,如运行组织不当、调度不当、港口装卸效率降低等;也有客观因素,如大风、雨、雾等气象影响。要能及时有效地调整好船舶在港密度,必须经常了解和研究各港的货源集中情况和趋势,掌握船舶在港的装卸速度、港口库场堆存量、劳动力和装卸机械的情况、外轮抵港预报和其他运输工具情况以及气象变化趋势等。

调整船舶在港密度的一般方法有:临时改变卸货的港口,船舶空放到某港装货,控制船舶运行速度,重点船舶集中装卸等。

复习思考题

1. 简述水路运输的作用和特点。
2. 简述水路运输的发展趋势。
3. 简述水路运输相关的技术。
4. 简述航运管理指标体系。

第12章　远洋运输船舶的营运组织

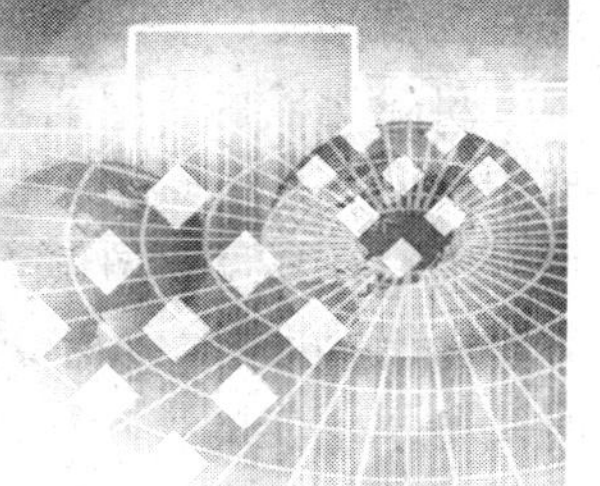

远洋运输是支持国际贸易的主要运输手段。本章从远洋运输的角度，介绍了班轮运输和不定期船运输两种船舶营运组织方式，重点介绍这两种船舶营运方式的基本原理和流程，以及相关货运单证的作用与流转，特别是班轮运输提单业务和航次租船合同条款，还分析了与远洋运输业务密切相关的海运运费构成及其计算的基本思路。

12.1　班轮营运组织

12.1.1　班轮运输的基本原理

1. 班轮运输的概念

远洋运输船舶的营运方式通常可以分为班轮运输（又称定期船运输）和不定期船运输两种。其中，班轮运输是指由班轮运输企业按照事先制定的船期表，在特定的航线上，以既定的挂靠港顺序，经常地从事航线上各港间的船舶运输。

班轮运输是随着经济贸易数量的增长和海上运输技术的改进，于19世纪形成和发展起来的一种船舶营运方式，主要运输工业制品、工业半成品、农产品、生鲜食品、贵重货、邮件、包裹、工艺品等品种杂、批量小、发（收）货人多而分散、价值不同、包装各异的件杂货。这类货物都是以单件形式存在的，包装、重量、形状方面千差万别，装卸效率低，船舶在港停泊时间长，周转速度慢。第二次世界大战后，随着集装箱运输的开展，原来以件为单元的零星货物被化零为整地装入集装箱，有效地克服了传统件杂货班轮运输装卸效率低的缺点，而且还大节省了人力、保证了货运质量。因此，随着集装箱种类的日益增多，货物适箱的范围不断扩大，集装箱班轮运输得到了持续发展。

班轮运输中，通常会涉及班轮公司、船舶代理人、无船承运人、海上货运服务代理人、托运人、收货人等有关货物运输的关系人。

2. 班轮运输的特点

班轮运输除了在资金需求、技术装备、机构设置、运输组织和人员配备等方面存在特殊要求外，在营运组织方面也有其区别于不定期船运输的特点，主要表现在以下方面。

(1)班轮运输具有“定期、定线、定港、定价”的特点。班轮公司在某条航线上的船期表制订完毕并对外公布后，其船期、航线、挂靠港就已经固定了，执行该航次的船舶也基本上是确定的。另外，班轮运输是按照事先公布的运价本计收运费的，运价本一经公布，在相当长的时间

内将保持不变，对于个别运价事项的变动则可以以更替活页的形式予以修改。

班轮运输由于具有“定期、定线、定港、定价”等特点，其经营灵活性往往比较小。实际业务中，也有一些班轮虽然公布其船期表，有固定的始发港和终到港，但中途挂靠港则视货源情况可能有所增减，船舶的抵、离港时间也有一定的弹性，这种班轮称为定线不定期班轮或非核心班轮、弹性班轮。相对而言，严格按照事先制定的船期表运行，船舶挂靠港和到达各港口的时间基本不变的班轮称为定线定期班轮或核心班轮，是班轮的主要形式。

(2)班轮运输中承托双方权利义务、责任豁免以提单背面条款为依据。班轮运输并不是货物装船前承运人和货主之间以书面形式签订运输合同或租船合同，而是按照提单条款组织运输的，根据订舱时的约定将货物装船，货物装船后，再由船公司或其代理人签发详细记载了有关承运人、托运人或收货人的权利、义务、赔偿责任和免责条款的提单。

(3)班轮运价包含装卸费，承托双方不计“速滞费”。班轮运价本规定的运价都包括了货物的装卸费，所以除另有约定外，承运人要负责货物的装卸工作，并承担装卸货物的费用。而且承运人与货主之间没有必要再约定货物的装卸时间，双方也不计算滞期费和速遣费，仅约定托运人和收货人须按照船舶的装卸速度交货或提取货物即可。

另外，班轮运输相对于不定期船运输来说，还有诸如能及时、迅速地将货物发送和运达目的港；适应零星小批量件杂货对运输的需要；船舶技术性能高，设备齐全；船员技术和业务水平较高；既能满足各种货物对运输的要求，又能保证较好的质量；无须担心转运工作及便于扩大贸易网等优点。

12.1.2 班轮运输基本流程

1. 传统班轮运输业务

(1)揽货和订舱。货源是班轮公司经营成败的重要因素之一。船公司组织班轮运输时，首先要确知航线上有足够且稳定的货源，并保证船舶能按预先制定的船期表运行。在竞争激烈的货运市场上，为了使船舶运力能够得到充分利用，满足各种货物对运输的要求，船公司需要主动上门揽货，想方设法开辟市场。揽货又称揽载，是指船公司为使自己经营的船舶在载重量和载货舱容都能得到充分利用，以其获得最好的经济效益，通过各种途径从货主那里争取货源的行为。

订舱是指托运人或其代理人向班轮公司或其代理人申请货物运输，承运人对这种申请予以承诺的行为。班轮运输中承运人与托运人之间通常以口头或订舱函电进行预约。只要船公司对这种预约给予承诺，承托双方即建立了有关货物运输的关系。

(2)装船，分为直接装船和集中装船。

①直接装船。直接装船又称现装，是指托运人将其所托运的货物送至码头承运船舶的船边并进行交接，然后由承运人将货物直接装到船上。如果船舶是在锚地或浮筒作业，托运人还应负责使用自己的或租用的驳船，将货物驳运至船边，办理交接后将货物装到船上。班轮运输中的件杂货一般都不采用直接装船的形式，因为装货现场容易出现比较混乱的局面，会影响装货效率，延长船舶在港的停泊时间，延误船期。只有对一些特殊的货物，如危险品、冷冻货、鲜活货、贵重货才采用船舶直接装船。

②仓库收货，集中装船。集中装船是指由承运人在各装货港指定装船代理人，在各装货港

的指定地点(通常为码头仓库)接受托运人送来的货物,办理交接手续后,将货物集中并按货物的卸货次序进行适当的分类后再进行装船。在班轮运输中,为了提高装船效率,减少船舶在港停泊时间,不致延误船期,通常都采用集中装船的方式。

(3)卸货。

①卸至船边,是指将船舶所承运的货物在卸货港从船上卸下,在船边交给收货人或其代理人并办理货物的交接手续。由于班轮运输所承载的货物批量小、货主繁多,若每个收货人都与承运人在船边完成货物交接,同样会使卸货现场十分混乱,影响卸货效率,延长船舶在港的停泊时间。因此,除贵重品、危险品等少量特殊货物外,对普通班轮运输的货物一般都不采用这种卸货和交付的方式。

②集中卸货。在班轮运输中,为了使分属于众多收货人的各种不同的货物能在船舶有限的时间内迅速卸完,通常采用该种卸货方式,即由承运人所指定的卸船代理人负责在船舶到港后,先将货物卸至码头仓库,进行分类后再向收货人交付,因而这种方式也称为"集中卸货,仓库交付"。

(4)交付货物。交付货物是指承运人或其代理人凭提单将货物交付给收货人的行为。海上货物运输中,"凭单交货"是交付货物的最基本的原则,即以提单交换货物是承运人的法定义务。其具体过程是:收货人将提单交给承运人在卸货港的代理人,并付清必要费用(如到运费、共同海损分摊等),经代理人审核无误后,签发提货单交给收货人,然后收货人再凭提货单前往码头仓库提取货物并与卸货代理人办理交接手续。凭提单换取提货单是收货人在目的港向承运人要求提取货物的必要程序。

除在正常情况下承运人或其代理人应该按照上述程序完成交付作业外,实际业务中也常会出现一些需要按照国际惯例或特殊规定办理货物交付手续的情况,如货主选择卸货港交付货物、变更卸货港交付货物和凭保函交付货物等。

2. 集装箱海运的货运程序

(1)集装箱出口货运业务程序。集装箱运输的出口货运程序与传统的班轮运输的出口货运程序大体相同,不同的是增加了发放和接受空箱和重箱、集装箱的装箱和拆箱等作业程序,改变了集装箱货物的交接方式,以及修订和补充了一些与作业程序和交接方式相适应的单证。主要包括:

①订舱或托运。托运人或货运代理人应根据贸易合同或信用证条款的规定,在货物托运之前的一段时间,填写订舱单,向船公司或其代理人订舱。通常,对于批量较小的一般集装箱货物可填写托运单,直接向船公司或其代理人或多式联运人办理托运手续,而对于较大批量或需要特种运输设备的集装箱货物,则宜向船公司或其代理人预订船舱,取得订舱确认后,再办理托运手续。

②承运。承运可以理解为对订舱或托运要求的书面确认。对于申请订舱并得到船公司或其代理人对订舱货物作出承诺的货物,货主或货运代理人在交运集装箱货物前,还须填制集装箱货运托运单,向船公司或其代理人办理托运,以得到对订舱的确认。船公司或其代理人接受订舱后,应编制订舱清单,并分送集装箱堆场和集装箱货运站,以便安排空箱的发放和重箱的交接、保管以及装船。

③发放空箱。通常,集装箱由船公司无偿借给托运人或集装箱货运站使用。整箱货的空

箱由托运人或货运代理人到集装箱堆场或内陆集装箱站领取,拼箱货的空箱则由集装箱货运站负责领取。提箱时,提箱人必须提交空箱发放单。在堆场或箱站的门卫处,由门卫会同卡车司机代表集装箱堆场及集装箱使用人在集装箱设备交接单上签字办理空箱交接。

④报验、报关。托运人或其货运代理人按照国家有关法规并根据商品特性,在规定的期限之内填好申报单,分别向商检、卫检、动植检等口岸监管检验部门申报检验。经监管检验部门审核或查验,视不同情况分别予以免检放行,或经查验、处理后出具有关证书放行。

出口货物的报关,是由托运人或货运代理人将货物运到海关指定地,向海关申报,由海关加以认可。海关将单证与实物核对无误,就在出口申报单上加盖出口准许章,货物就可出口。

⑤货物装箱。报关完毕后,在整箱情况下托运人即可装箱,并在装箱后将重箱运至集装箱堆场。托运人将出口许可证、装箱单、场站收据一起提交给集装箱堆场经营人。

拼箱货经报关后运至集装箱货运站,经与场站收据核实并检查货物数量和状态后,在海关监管下由货运站将货物拼装于箱内。然后,货运站连同编制好的装箱单一起交给集装箱堆场经营人。

⑥集装箱的交接和签收。托运人自行装箱的整箱货物,或是由集装箱货运站拼装的整箱货物,都会送到集装箱堆场等待装船。集装箱堆场在验收货物后,接收集装箱并在场站收据上签字,将签署的场站收据交还给托运人。

⑦换取提单。发货人收到经集装箱货运站或集装箱堆场的经营人签署的场站收据后,即可凭场站收据向承运人要求换取待运提单或其他多式联运单证,然后根据信用证规定的条件去银行结算货款。

⑧集装箱装船。集装箱码头堆场或集装箱码头装卸部门,根据场站收据和接收待装的货箱情况,制定装船计划,编制船舶预配图,待船靠泊后即可装船。集装箱装船后,船公司的代理人制作出口载货清单,向海关办理船舶出口报关手续;船舶开航后,缮制载货运费清单,连同其他有关货运单证寄交目的地港的船公司的代理人,再由他们编制出口载货清单等船舶进口所需单据。

(2)集装箱进口货运程序。集装箱运输的进口货运程序与传统的班轮运输的进口货运程序大体相同,主要包括以下方面。

①寄送货运单证。对进口集装箱货物,船公司或其在装货港的分支机构或代理人,应在船舶到港前一定时间,采用传真、电传、航空邮寄等方式向卸货港的分支机构或代理人提供完整准确的提单副本、进口载货清单、集装箱装箱单、场站收据副本、积载图、危险货物集装箱清单、冷藏集装箱清单等必要的卸船资料。

②分发货运单证。卸货港船公司分支机构或代理人在收到装货港发来的货运单证后,将有关单证转交集装箱堆场或集装箱货运站。

③发出提货通知。卸货港船公司分支机构或代理人根据船舶到港时间与有关货运资料,制作船舶预计到港通知书、交货通知、集装箱舱单等单证,并将这些资料分送港口、外轮理货、海关等单位,同时通知收货人或其代理人。

④换取提货单。收货人向银行付清货款领取单证后,凭正本集装箱提单向船公司的卸货港代理人换取提货单,并备好进口许可证。

⑤编制卸船计划。卸货港的集装箱堆场及货运站根据收到的货运单证、资料,制定卸货计

划、集装箱堆场内的集装箱堆置计划及整箱货和拼箱货的交货计划等。

⑥卸货接箱。船舶到港后,船长首先向海关交验进口载货清单,收货人向海关申请并放行后,方可卸船。集装箱卸下后运往集装箱堆场。在拼箱货情况下,将集装箱再移到集装箱货运站,并在那里拆箱,按照收货人分类,等待货主提货。

⑦提货交付。在拼箱货情况下,收货人或货运代理人应向集装箱货运站出示提货单,办理提货手续,在对提货单记载内容与货物核实无误后方可交货。交货时,货运站与收货人应共同在交货记录上签字。在整箱货情况下,集装箱堆场根据正本提货单交箱,其与收货人对集装箱铅封进行核查后,在船公司签发的设备交接单上签字,以完成交接手续。

⑧空箱回运。收货人向集装箱货运站集装箱堆场办理提货手续后,在拼箱货情况下,集装箱货运站应将空集装箱运到承运人指定的集装箱堆场或内陆集装箱站,办理空集装箱的交换工作。在整箱货情况下,则由收货人办理。

12.1.3 航运单据

1. 班轮运输的主要货运单证

在国际航运的整个过程中,需要编制各种单证。这些单证一方面起着货方与船方之间办理货物交接的证明作用;另一方面也是货方、船方、港方等有关单位之间从事业务工作及划分责任的依据。船运单据种类很多,而且各国港口的规定不尽相同,但主要单证是基本一致的,因而能在国际航运业务中通用。以下介绍国际上比较通用的货运单证及我国的有关远洋货运单证。

1)装船单证

(1)托运单。托运单也称订舱委托书,是指由托运人根据买卖合同和信用证的有关要求向承运人或其代理人办理货物运输的书面凭证。承运人或其代理人对该单的签认,即表示已接受这一托运申请,承运人与托运人之间对货物运输的合同关系即告建立。托运单的主要内容包括:托运人、收货人的名称,船名、货名、件数、包装式样、标志、重量、尺码、目的港、装货期限,可否分批或装船以及信用证结汇期限等。

(2)装货单。装货单是指作为承运人的班轮公司或其代理人在接受托运人提出的托运申请后,签发给托运人或其代理人的确认承运货物的证明。装货单是国际货运业通用的货运单证,通常为一式三联,称为"装货联单"。第一联是托运单留底,用于缮制其他货运单证;第二联是装货联;第三联是收货单,是船方接受货物装船后由大副签发给托运人的收据。除三联外,根据业务需要,还可增加若干份副本,在我国增加了运费计算联和收取运费联。

装货单上除应记载与托运单内容相同的托运人名称、编号、船名、目的港及货物的详细情况等内容外,还有在货物装船后由理货人员填写的货物装船日期、装舱位置,实际货物装船数量以及理货人员的签名等内容。装货单是承运人同意承运货物的证明;是托运人办理货物出口报关手续的证明。

装货单的流转程序是,船公司或其代理人接受货物托运后,将确定的载运船舶的船名及编号填入托运单,然后将装货联单发给托运人填写,填妥后交回船公司的代理人。经代理人审核无误后签章留下留底联,将装货单和收货单交给托运人前往海关办理出口货物报关手续,经海关审核准予出口,在装运单上加盖放行章,便可凭此要求船长将货物装船承运。

(3)收货单。收货单是指货物装船后由船上大副签发给托运人的货物收据,作为船方已收到货物并已装船的凭证。所以,收货单又称“大副收据”。托运人取得大副签发的收货单后,可凭收货单向班轮公司或其代理人换取正本已装船提单。收货单是装货联单中的第三联,它除了大副签署栏外,其所记载的内容与装货单相同。

在传统班轮运输中,船公司对货物承担责任是在货物装船时开始的。因此,在货物装船时,大副必须认真核对装船货物的实际情况是否与装货单上记载的情况相符合,货物的外表状况是否良好,有无标志不清、水渍、油渍或污渍情况,数量是否短缺,货物损坏情况与程度,以及应急修理的事实等,如有这些情况,大副在签署收货单时应将货物的实际情况明确、具体、如实地记载在收货单上。这种在收货单上记载有关货物外表状况不良或缺陷的情况称为“批注”,习惯上称为大副批注。一旦收货单上有了这类批注,此时的收货单便称作不清洁收货单;反之称为清洁收货单。收货单是划分船、货双方责任的重要依据;也是据以换取已装船提单的单证。

(4)装货清单。装货清单是指承运人或其代理人根据装货单留底,将全船待装货物按目的港和货物性质归类,依航次靠港顺序排列编制的装运货物汇总清单。装货单的内容包括装货单号码、货名、件数及包装、毛重、估计立方米及特种货物对运输的要求或注意事项的说明等。

装货清单是承运船舶的大副编制配载计划的重要依据,又是供现场理货人进行理货,港方安排驳运、进出库场及承运人据以掌握托运人备货情况等的业务单据。

(5)载货清单。载货清单又称“舱单”,是按卸货港逐票罗列全船实际载运货物的汇总清单。它是在货物装船完毕后,由船公司或其代理人根据大副收据或提单编制,编好后再送交船长签认。载货清单的记载事项主要包括装船货物的明细情况、装货港、卸货港、提单号、船名、航次、托运人和收货人的姓名等。

载货清单是办理船舶出(进)口报关手续的单证;是船舶载运所列货物的证明。由于载货清单无误地记载了计算运费和代理费所需要的资料。因此,它是计收运费和代理费理想的依据。载货清单是业务联系的单证,常作为承运人在装货港的代理人拍发开航货载电报的依据;向船长及船公司或其在卸货港的代理人发出更正通知的依据等。

(6)提单。大副核实装船货物后,在装货单上签字确认,然后将收货单退回给托运人。托运人到班轮公司或其代理人处,付清运费(预付运费)并凭收货单换取正本已装船提单。托运人取得正本已装船提单后,可持提单及其他有关单证到银行办理结汇、取得货款。如果收货单上附有关于货物状况的大副批注时,班轮公司或其代理人要将大副批注如实地转批在提单上。可以说,提单是班轮公司或其代理人签发给托运人,证明货物已经装上船并保证在目的港交付货物的凭证。关于提单内容将在下面详细介绍。

2)卸货单证

(1)过驳清单与卸货报告。过驳清单是卸货港采用驳船作业时采用的,作为证明货物交接和表明货物实际情况并据以划分责任的单证。其内容包括:驳船名、货物标志、号码、件数、品名、舱口号、过驳清单编号、卸货日期以及货损货差种类、程度等。在使用过驳清单时,应注意两点,即过驳清单上的批注是否与大副收据上的批注一致;过驳清单必须由理货组长和大副双方共同签字确认。在一些不使用过驳清单的港口,则使用卸货报告。卸货报告是根据进口

载货清单和卸货港实际卸货情况重新编制的，对所卸货物的外表情况、内容、残损和溢短等情况要做详细批注，实际它是一份更详细的进口载货清单。

(2)货物溢短单。货物溢短单是我国港口在卸货过程中，发现所卸货物多于或少于载货清单上所记载的数量时使用的，作为卸货交接证明和区分交接责任的单证。货物溢短单是追随装卸货物的进程，舱口理货员登记每关货物实际数字的原始记录。其作用包括，是船公司处理索赔的原始资料；是向有关港口发出货物查询单的依据。货物溢短单须经收货人和大副共同签认。如果对溢短数字有争议，大副应代表船方将意见在溢短单上加以批注，然后再签字。

(3)货物残损单。货物残损单是在卸货完毕后，现场理货人员根据卸货过程中发现的货物破损、水湿、水渍、油渍等情况汇总编写的表明货物残损状况的单证。货物残损单是由理货组长汇总全船的现场记录编制而成。伴随卸货的进程，用现场记录对随时发现的货物残损或可能形成残损的情况随时记录、随时签认，可以及时解决对货损认识的分歧，也保证了货物残损单的正确无误。该单证须由理货组长、大副共同签字确认；它是收货人向船公司提出索赔的原始资料和依据，是船公司处理索赔的原始依料。大副在签字时必须弄清情况，确属船方责任时，才予以签认。如残损单内所记载残损情况与事实不符，则应将实际情况在残损单内加以批注。

(4)提货单。在卸货港提取货物时，收货人或其代理人不是凭提单，而是首先向班轮公司在卸货港的代理人提交正本提单，班轮公司的代理人根据提单签发提货单，然后收货人或其代理人才能持提货单前往码头仓库或船边提取货物。可见，提货单是收货人或其代理人可以在码头仓库或船边提取货物的凭证。另外，提货单不具流通性，提货单上通常标有“禁止流通”字样。

2. 提单

1)提单(Bill of Lading,B/L)的基本概念

《中华人民共和国海商法》第 71 条给提单下的定义是：“提单，是指用以证明海上货物运输合同和货物已经由承运人接收或者装船以及承运人保证据以交付货物的单证。提单中载明的向记名人交付货物，或者按照提示人的指示交付货物，或者向提单持有人交付货物的条款，构成承运人据以交付货物的保证。”我国《海商法》关于提单的定义概括了提单的本质属性和功能，即提单是海上货物运输合同成立的证明，是证明承运人已接受货物的收据，是承运人保证凭此交付货物的物权凭证。

提单一经承运人签发，即表明承运人已将货物装上船舶或确认已接管货物，并保证将按照提单条款规定的权利、义务、赔偿责任和免责来运输货物，并保证在目的港以本提单交换，将货物交给合法的提单持有人。货主接受提单后，除了受提单条款约束外，不但可以用提单在目的港提取货物，而且可以用提单办理押汇，从银行那里取得货款或贷款，或者将货物转让。提单在国际海上货物运输，尤其在件杂货班轮运输中是一种最重要的单证。

2)提单的分类

提单种类很多，可以从不同角度进行分类。

(1)按货物是否已装船划分。

①已装船提单。是指整票货物全部装船后由承运人、其授权代理人或船长根据大副收据签发给托运人的提单。这种提单除载明一般事项外，通常还必须注明装载货物的船舶名称和装船日期，即提单项下货物的装船日期。在国际贸易中，按照国际金融市场和银行业务的惯例，出口人(卖方)向银行结汇(议付货款)所提交的提单，必须是已装船提单。

②收货待运提单。简称待运提单，是承运人在收到托运人提供的货物后，但还没有装船时，应托运人的要求而签发的提单。由于货物尚未装船，所以提单上未载明所装船名和装船时间。当货物装船后，承运人在这种提单上加注装船名和装船日期并签字盖章后，待运提单即成为已装船提单。

(2)按提单上有无不良批注划分。

①清洁提单。是指货物装船后，货物的外表状况良好，对提单上所记载的“外表状况明显良好”没有作相反的批注，或其他有碍结汇的词句或批注的提单。正常情况下，出口人向银行办理结汇时，都应提交这种清洁提单。

②不清洁提单。是指承运人在提单上加注了有关货物及包装状况不良或存在缺陷等批注的提单。在国际贸易中，银行是拒绝出口以不清洁提单办理结汇的。

实践中，当货物及包装状况不良或存在缺陷时，托运人会出具保函，并要求承运人签发清洁提单，以便能顺利结汇。由于这种做法掩盖了提单签发时的真实情况，因此，承运人将会承担由此而产生的风险责任。

(3)按提单收货人的抬头划分。

①记名提单。记名提单是指提单“收货人”一栏内具体填上特定的收货人名称的提单。记名提单只能由提单上所指定的收货人提取货物。记名提单不得转让。记名提单可以避免因转让而带来的风险，但也失去了其代表货物可转让流通的便利。银行一般不愿意接受记名提单作为议付的单证。

②不记名提单。不记名提单是指提单“收货人”一栏内记明应向提单持有人交付货物或在提单“收货人”一栏内不填写任何内容(空白)的提单。不记名提单无须背书即可转让。也就是说，不记名提单由出让人将提单交付给受让人即可转让，谁持有提单，谁就有权提货。

③指示提单。这是在提单上的收货人栏中只填写“凭指示”或“凭某人指示”字样的提单。指示提单是一种可转让的提单，通过背书的方式转让给第三者，而无须经过承运人认可，所以其流通性强，是国际海运业务中广泛使用的提单。

(4)按签发提单的时间划分。

①倒签提单。倒签提单是指承运人或其代理人应托运人的要求，在货物装船完毕后，为符合信用证对装船日期的规定并顺利结汇，以早于货物实际装船日期为签发日期的提单。签发这种提单，特别是市场上货价下跌时，收货人可以以“伪造提单”为借口拒绝收货，并向法院起诉要求赔偿。承运人签发这种提单要承担一定风险。不过，为了贸易的需要，在一定条件下，比如该票货物已全部装船完毕，且倒签的日期与实际装船完毕的日期间隔不长，在取得了托运人保证承担由此而引起的一切责任的保函后，承运人有时会同意签发倒签提单。

②顺签提单。所谓顺签提单就是指货物装船完毕后，承运人或其代理人应托运人的要求。以晚于该票货物实际装船完毕的日期作为提单签发日期的提单。承运人签发顺签提单的做法同样掩盖了提单签发时的真实情况，也将面临可能承担由此而引起责任的风险。

③预借提单。是指货物尚未装船或尚未装船完毕的情况下，信用证规定的结汇期(即信用证的有效期)即将届满，托运人为了能及时结汇，而要求承运人或其代理人提起签发的已装船清洁提单，即托运人为了能及时结汇而从承运人那里借用的已装船清洁提单。这种提单往往是当托运人未能及时备妥货物或船期延误，船舶不能按时到港接受货载，估计货物装船完毕

的时间可能超过信用证规定的结汇期时，托运人采用从承运人那里借出提单用以结汇。签发这种提单承运人要承担更大的风险，可能构成承、托双方合谋对善意的第三者收货人进行欺诈。这一方面是因为货物尚未装船，货物未经大副检验而签发清洁提单，有可能增加承运人的货损赔偿责任；另一方面还因签发提单后，可能因种种原因而改变原定的装运船舶，或发生货物灭失、损坏，或退关，这样就会很容易地使收货人掌握预借提单的事实，以欺诈为由拒绝收货，并向承运人提出索赔要求，甚至向法院起诉。

除此之外，按运输方式的不同提单还可以划分为直达提单、转船提单和多式联运提单；按船舶营运方式可以划分为班轮提单和租船提单；按提单内容的繁简可以划分为全式提单和简式提单。实际操作中还有最低运费提单、合并提单、并装提单、分提单、交换提单、舱面货提单、包裹提单、运输代理行提单等特殊提单。

3）提单的正面内容

国际公约和各国国内立法均对提单需要记载的内容作了规定，以保证提单的效力，根据《海商法》第73条的规定，提单内容包括下列事项：

（1）货物的品名、标志、包数或者件数、重量或者体积以及运输危险货物时对危险性质的说明。

（2）承运人的名称和主营业所。

（3）船舶名称。

（4）托运人的名称。

（5）收货人的名称。

（6）装货港和在装货港接收货物的日期。

（7）卸货港。

（8）多式联运提单增列接收货物地点和交付货物地点。

（9）提单的签发日期、地点和份数。

（10）运费的支付。

（11）承运人或者其代表的签字。

以上内容中，托运人主要负责填写托运人和收货人、货物名称、标志和号码、件数、重量或体积等。承运人主要负责填写船名、卸货港提单的签发日期和地点等。提单缺少其中一项或者几项的，不影响提单性质。运费支付的时间和地点由贸易条款决定。

提单正面还有一些以印刷、打印、手写或印章形式记载的事项，其内容一般不影响提单的法律效力。其中，属于承运人因业务需要而记载于提单正面的事项，如航次顺号，船长姓名，运费支付的时间、地点、汇率，提单编号及通知人等；属于区分承运人与托运人之间的责任而记载的事项，如关于数量争议的批注；属于为减轻或免除承运人的责任而加注的内容，如为了扩大或强调提单上已印好的免责条款，对于一些易于受损的特种货物，承运人在提单上加盖的以对此种损害免责为内容的印章等。此外，有些提单还以印刷条款的形式，将具有声明性质的，以承运人对提单正面记载的某些事项予以确认或免责和承、托运双方相互作出的承诺为内容的条款，列记于提单的正面。

4）提单的背面条款

提单背面条款可以分为两类，一类是强制性条款，另一类是任意性条款。

强制性条款的内容不能违反有关国际公约、国内法律或港口的规定,违反或不符合这些规定的条款都无效。《海商法》第四章海上货物运输合同中第44条规定:"海上货物运输合同和作为合同凭证的提单或者其他运输单证中的条款,违反本章规定的,无效。"《海牙规则》第3条第8款也作了"运输契约中的任何条款、约定或协议,凡是解除承运人或船舶由于疏忽、过失或未履行本条规定的责任与义务,因而引起货物的或与货物有关的灭失或损害,或以本规定以外的方式减轻这种责任的,都应作废并无效"的规定。不过,不论是海牙规则或各国有关提单的法规,都未对承运人扩大责任或放弃某些免责的条款加以限制。

任意性条款是国际公约、国内法律或港口规定中没有明确规定,允许承运人自行拟定的条款。这些条款也是表明承运人与托运人、收货人或提单持有人之间承运货物的权利、义务、责任与免责的条款,是解决争议的依据。但是,这些条款并不一定都有效。

提单的背面条款主要有以下内容:

(1)首要条款和提单适用法。首要条款是承运人按照自己的意志,印刷于提单条款的上方,用以明确本提单适用法规的条款。我国承运人制订的提单中,首要条款都规定,提单适用于我国《海商法》,有关提单的争议受我国法院管辖。

(2)定义条款。定义条款是对提单有关术语的含义和范围作出明确规定的条款。各船公司的提单中,一般都有定义条款,如规定"货方包括托运人、收货人、发货人、提单持有人和货物所有人"。这样,当提单规定权利和义务时,凡涉及到所有货物关系人,都用"货方"一词表示。

(3)承运人责任条款。承运人责任条款是用以明确承运人承运货物过程中应承担的责任的条款。

关于承运人的基本责任,我国《海商法》的47条规定:"承运人在船舶开航前和开航当时,应当谨慎处理使船舶处于适航状态,妥善配备船员、装备船舶和配备供应品,并使货舱、冷藏舱、冷气舱和其他载货处所适于并能安全接收、载运和保管货物。"《海商法》第48条还规定:"承运人应当妥善地、谨慎地装载、搬移、积载、运输、保管、照料和卸载所运货物。"

(4)承运人责任期间条款。承运人责任期间条款是用以明确承运人对货物运输承担责任的开始和终止时间的条款。如中远提单的规定与海牙规则的相应规定相似:"承运人的责任期间应从货物装上船之时起到卸离船之时止。"有的船公司为了改善服务、争取货载,将责任期间向两端延伸,特别是对于集装箱货物,承运人的责任期间从装货港接收货物时起至卸货港交付货物时止,货物处于承运人掌管之下的全部时间。

(5)承运人免责条款。由于提单的首要条款中都已明确表明本提单所适用的法规,而有关提单的国内立法或国际公约又都有承运人免责事项的规定,所以,不论提单条款是否有免责事项条款的规定,承运人都能按照提单适用法规所规定的免责事项享受免责的权利。

承运人应首先履行适用法规所规定必须履行的基本义务,即承运人应做到谨慎处理使船舶适航、管理货物和尽快地按照约定或习惯的或地理上的航线将货物运往卸货港,并不得无故绕航等义务。而且还应负举证责任(火灾发生的举证责任除外),证明他及船长、船员,他的代理人及雇员都做到谨慎处理,没有过失责任。

(6)承运人赔偿责任限制条款。承运人的赔偿责任限制条款是用以明确承运人对货物的灭失和损坏负有赔偿责任应支付赔偿金时,承运人对每件或每单位货物支付的最高赔偿金额的条款。有关提单的法规之所以要把承运人的赔偿责任限定在一定水平上,一方面是为了减

轻承运人的责任，避免承运人承担不堪负担的损失；另一方面也为了禁止承运人随意减轻应承担的赔偿责任。

(7)索赔通知和诉讼时效。索赔通知也叫做货物灭失或损害通知。它是收货人用书面形式向承运人或他的代理人提出的表明货物的损坏情况，并提出保留索赔权利的书面声明。

诉讼时效是指对索赔案件提起诉讼的最终期限。我国《海商法》中关于诉讼时效的规定是，“就海上货物运输向承运人要求索赔的请求权，时效期间为一年，自承运人交付或者应当交付货物之日起计算”。

5)提单业务

(1)提单的签发。提单是班轮运输中一份重要的单证。提单所记载的事项是否正确无误，不但直接关系到承运人的经济利益，而且还影响到船公司的信誉。提单必须经过签署手续才能生效，它是根据货物装船后大副签署的收货单签发的。

①提单签发人。我国《海商法》第 72 条规定，提单签发人包括承运人、承运人的代理人和载货船舶的船长。船长无须经承运人的特别授权便可签发提单。但如提单由承运人的代理人签发，则必须经承运人授权。未经授权，代理人无权签发提单。经承运人授权的人或者载货船舶的船长签发的提单，视为代表承运人签发，对承运人有约束力。

目前航运市场上签发提单的通常是船公司和货运代理人。经主管部门批准、设立，并取得运输许可证的船公司可以签发提单；而根据我国《国际海运条例》的规定，货运代理人只有在取得无船承运人的资格后，才可以签发提单。

②提单签发日期。提单签发的日期通常是货物实际装船完毕的日期，与大副签署的收货单日期相一致。

在国际贸易实践中，提单签发的日期非常重要，因为信用证中有货物装船期限的规定，如果货物装船时间超过信用证的规定，银行将拒付货款。如果提单签发日期提前于货物实际装船完毕日期，甚至货物未装船就签发已装船提单，即签发倒签提单或预借提单，承运人可能构成对第三者收货人的欺诈行为，需承担由此引起的收货人损失的赔偿责任。

③提单的份数。提单有正本提单和副本提单之分。若没有专门的说明，提到即指正本提单。副本提单只用于日常业务，不具有法律效力。正本提单通常一式几份，以防提单的遗失、被窃或延迟到达。在实践中通常允许签发数份正本提单，而且各正本提单具有同等的法律效力，但用其中一份提货后，其他各份就自动失效。签发正本提单的份数，应分别载于所签发的各份正本提单上。副本提单虽没有法律效力，不能据以提货，但却是装运港、中转港及目的港的代理人和载货船舶不可缺少的补充货运文件。

(2)提单的更正与补发。

①提单的更正。在实际业务中，提单通常是在托运人办妥托运手续后，货物装船前，在缮制有关货运单证的同时缮制的。在货物装船后，这种事先缮制的提单，可能与实际装载情况不符而需要更正或重新缮制。此外，货物装船后，承运人或其代理人签署提单前，也可能因托运人申报材料的错误，或信用证要求的条件有所变更，或其他原因，而由托运人提出更正提单内容的要求。在这种情况下，承运人或其代理人通常都会同意托运人提出的更正提单内容的合理要求，重新缮制提单。

②提单的补发。如果提单签发后遗失，托运人提出补发提单，承运人会根据不同情况进行

处理。

如果正本提单结汇后，在转递途中遗失，收货人可在目的港凭副本提单和具有信用证的保证人，如银行出具的保证书提取货物。在这种情况下除需依照一定的法定程序将提单声明作废外，无须另行补发提单；如果提单在结汇前遗失，应由托运人提供书面担保，经承运人同意后补签新提单并另行编号，同时还要把有关情况转告承运人在目的港的代理人，声明前提单作废，以免发生纠纷。

(3)提单的背书转让。提单是物权凭证，通过背书可以转让。所谓背书是指转让人在提单的背面写明受让人，并签名的转让手续。按照背书的方法，背书由记名背书（完全背书）、指示背书、选择不记名背书和空白背书（不记名背书）四种。

①记名背书。又称完全背书，是背书人（转让人）在提单背面被背书人（受让人）的姓名，并由背书人签名的背书形式。

②指示背书。是指背书人在提单背面写明“凭指示”或“某某指示”字样，并不写明特定受让人，由背书人签名的背书形式。

③选择不记名背书。是背书人在提单背面既特指某一受让人，同时又指明可以以提单持有人作为受让人，即以“某某或持有人”形式表示受让人，并由背书人签名的背书形式。

④空白背书。是指在提单背书中不记载任何受让人，只由背书人签名的背书形式。

12.2 不定期船的营运组织

12.2.1 不定期船运输的基本原理

1. 不定期船运输的基本概念

不定期船运输是相对于班轮运输的另一种远洋船舶营运方式，是指租船人向船东租赁船舶用于运输货物的业务。不定期船运输既没有固定的船期表，也没有固定的航线和停靠港，而是船舶所有人按照货主的要求双方事先签订租船合同，安排船舶航行的航线和停靠港，组织货物运输。因此，又被称为租船运输。

不定期船运输总运量的80%以上主要用于大宗干散货和液体散货，如谷物、煤炭、矿石、石油等的运输；对于小批量、港口分散、货流和货源不稳定的货物，航运公司则需根据货物流量和流向、发货港和到达港、发运日期等编制月度运输配船计划或运输安排组织运输。

2. 不定期船运输的基本特点

不定期船运输区别于班轮运输，具有以下特点。

(1)无固定航期、航线、装卸港和运价（或租金率）。不定期船运输根据承租人的需要和租船合同灵活安排运输的船期、航线和装卸港，运价受租船市场行情、气候条件变化、国际政治形势变化等的影响，如当船舶供过于求时，运价下跌，反之则上涨。而班轮表现为“四定”，即固定船期表、固定航线、固定停靠港和固定费率。

(2)根据租船合同组织营运。租船合同由船舶所有人与承租人双方洽谈签订，一般进行的是特定货物的运输。租船合同是解决合同履行过程中的争议的依据。合同中应规定船舶行驶的航线、运输的货物种类、停靠港以及双方应承担的责任、义务和享有的权利。而班轮运输

的依据是船公司或其代理人签发的提单。

(3)船舶营运中的有关费用,如港口使用费、装卸费及船期延误,应事先在租船合同中订明,并由船舶所有人(出租人)和承租人分担。而班轮运输中船方负担船舶的一切正常营运支出。

(4)主要用于从事国际贸易中大宗货物的运输,如各种谷物、工业原料、燃料、各种矿石、石油、煤炭、硫磺、磷灰石、饲料及化肥、水泥等,且一般都是整船装运。而班轮运输一般用于装运杂货。

3. 不定期船运输的基本经营方式

船公司经营不定期船主要有航次租船、包运租船、定期租船、光船租船等形式。

(1)航次租船。航次租船是指船舶所有人依照租船合同向租船人提供船舶或船舶的部分舱位,在指定的港口之间进行一个或多个航次运输指定货物的租船。又称程租船或航次租船,是一种以航程为基础的租船方式。航次租船由出租人负责营运,其责任与义务以租船合同为准。航次租船又分单航次租船、来回航次租船、连续航次程租船。

(2)包运租船。包运租船是指船舶所有人向承租人提供一定的运力,在确定的港口之间,按事先约定的时间、航次周期和每航次较均等的货运量以完成合同规定的货运总量的租船方式。

(3)定期租船。定期租船是指船舶所有人依照租船合同的规定提供一艘特定的船舶供租船人在约定的期间内使用,又称期租船。租期由船舶所有人和承租人根据实际需要洽商,租期短则仅几个月,长则几年或十几年,甚至直到船舶报废时止。

在定期租船方式下,承运人可以利用船舶的运载能力自行安排货运,除租船合同另有规定外,租船人还可将租赁的船舶作为班轮运输,或作为程租船使用,或将其转租给第三者以取得运费收入。租期内租船人负担船舶的燃料费、港口费、装卸费等营运费用,船舶所有人负责船舶的维修保养、保险、配备船员和负担船员的给养及支付其他固定费用。

(4)光船租船。光船租船是指船舶所有人在租期内只提供一艘空船给承租人使用,而由承租人自行负担配备船员、供应给养,负责船舶的营运管理以及航行的各项事宜。即在租赁其间,实际上船舶由租船人支配、占有、使用和营运,并向出租人支付租金,而船舶所有人除了收取租金外,不再承担任何责任和费用。

国际上近年发展起一种介于航次租船和定期租船之间的租船方式,即航次期租船。其目的为完成一个航次运输,而租金按完成航次所花的时间和约定的租金率计算。

12.2.2　不定期船运输租船流程

船舶所有人和承租人洽商租船业务、签订租船合同是通过租船市场进行的。租船市场为船舶所有人和承租人提供了一个船舶供给和需求相结合的交易平台,双方当事人主要通过电话、电传、电报或传真等现代通讯手段进行洽谈。租船程序是指一项租船业务从发出询价到缔结租船合同的全过程。一项租船交易一般要经过询盘、发盘、还盘、受盘、确认、签约等几个环节,经双方就具体条件和条款进行谈判,最终达成交易,签订租船合同。

1. 询盘

询盘是租船程序的开始。所谓询盘,是指承租人根据货物情况通过租船经纪人在租船市场寻找合适的船舶,并要求有意向的船舶所有人作出信息反馈的行为,又称询价。

在租船实务中，询盘可由承租人发出，也可由船舶所有人发出，可分为意向性询盘和实质询盘两种。

2. 发盘

发盘又称报价，是指船舶所有人收到询盘后，经过估算、比较，就自己所能提供的船舶情况、运价或租金水平以及其他条件，向承租人所作出的一种答复。如果船舶所有人先提出询盘，那么报价则由承租人提出。在租船实务中，发盘可分为条件发盘和绝对发盘两种。

3. 还盘

还盘又称还价，是指船舶所有人与承租人之间就报价条件中不能接受或不合理的部分进行磋商和修改，或提出自己的不同条件。还价意味着询价人对报价人报价的拒绝和新的询价开始。在租船实务中，承租人一般不会对报价全部接受，而报价人收到还价后，还会继续对还价条件进行修改或作出新的报价，即反还价。当事人双方一般需要进行多次反复的还价和反还价，直到双方意见一致，达成租船交易或终止谈判。值得注意的是，凡是还盘中没有提到的对方报盘中的条件，都被认为是已接受的条件。

4. 受盘

受盘即接受订租船舶，是指一方当事人在有效期内对实盘所列条件明确表示接受的行为。原则上，接受是租船程序的最后阶段。但在实际租船业务中，一旦发出接受，实盘所列条件即对双方当事人产生约束力，通常还需要编制订租船舶确认书和正式签署租船合同这两项程序。

5. 签订订租船舶确认书

订租船舶确认书是指在当事人双方在达成一致、形成合同的前提下，由船舶所有人汇总编制的一份对受盘的主要条款予以确认的书面文件，应经承租人签字确认并由双方各存一份备查。订租船舶确认书没有统一格式，但应列出洽租过程中的主要条款，一般包括下列内容：订租船舶确认书制定日期、船名（注明可否代替）、双方当事人名称和详细地址、货名和数量、装卸货港和装卸期、装卸条款（注明谁负担装卸费）、运费或租金及支付方法、各方应承担的有关税收、亏舱费的计算、所采用租船合同范本的名称、其他特殊约定事项、双方当事人或其代理人的签字等。

6. 编制、审核及签署正式租船合同

订租船舶确认书实质是一份简式租船合同，船舶所有人还应汇总、整理、编制正式的租船合同并送交承租人审核，承租人应对合同各项条款详细审核，若发现与原协议有不符之处，应及时向船舶所有人或租船经纪人提出异议，并进行修改更正；若无异议，则签字确认。

12.2.3 航次租船合同

航次租船合同是规定航次租船双方当事人权利、义务与责任以及各项条件和条款的书面契约。航次租船合同的格式和条款因货物、航线等不同而各异，但所涉及的内容主要包括以下几个方面。

1. 船舶

(1)船名。

①船名指定船舶，即在合同中明确了船舶的具体名称。船舶所有人只能派遣合同中的指定船舶，同时，合同中也可同时规定替代船，替代船的各项条件必须与原指定的船舶条件相符，

否则,承租人可以拒绝接受替代船或要求解约。指定船或替代船因发生意外事故无法履行合同运输任务时,船舶所有人不必为承租人急需船舶而另派船舶,即合同受阻时,合同解除,合同双方不承担责任。

②船舶待指定。这是指因某些原因,签约时无法在合同中确定船名,经双方同意,船舶所有人在航次租船合同履行前的适当时间,将已确定的船名通知承租人。应注意,合同中应明确规定待指定船舶的条件、性质和技术规范等。在船舶待指定情况下,航次租船合同中不再有"代替船条款"。

(2)船籍。船籍是指船舶所属的国籍。因为船籍影响货物保险、港口收费等,所以航次租船合同中应指定船舶的国籍。

(3)船级。船级是船舶技术与性能状况的反映,在于保证船舶的适航性和适货性能。

(4)船舶吨位。船舶吨位与船舶大小、装载货物的数量,以及港口费用、运河通行费有密切的关系。合同中常用载重吨表示船舶实际可以装载货物的最大重量。应注意合同中载重吨的数字是指不包括燃料、淡水、备用品等的重量的。航次租船合同中通常只规定能够装载货物的大概数量和可增减的百分比,百分比一般在5% ~10%之间。

2. 装货港与卸货港

在航次租船中,装卸港口一般由承租人指定或选择。装卸港口一般有以下三种确定方法:指明港、未指明港、选择港。指明港即已经在合同中明确列出了具体的装卸港;未指明港只是笼统规定某一区域的港口;选择港是指在合同中列出两个及两个以上装卸港的港名,将来由承租人选择。承租人应在合同规定的期限内或船舶驶经某地时向船舶所有人发出宣港通知。若装卸港不止一个,则应明确港口挂靠的顺序。

无论采取何种港口确定方法,都必须为安全港。这里的"安全"是指在自然条件方面、港口设施方面、航海方面、装卸货物方面、政治局势方面都是安全的。

附近港条款。这是指当出现"阻碍或延误"船舶正常航行的事件时,并且这种事件是无法预料的、估计会持续较长时间、发生在港口及附近,船舶所有人有权将船舶驶往"附近港口或地点"装卸货物。

3. 受载期与解约日

受载期是指所租船舶抵达装货港并已做好装船准备,随时接受货物装船的期限。受载期可以具体规定为某一天,但习惯上规定为一段期限,如 10 ~15 天。解约日是指所租船舶未能在受载期限抵达指定装货港,按合同规定承租人行使解除与出租人合同关系的日期。解约日通常为受载期限的最后一天或受载期限届满后 10 ~20 天中的某一天。

若船舶不能在解约日前抵港的原因是船舶所有人故意谎报船舶位置,或未使船舶尽速航行至装货港,或途中发生不合理绕航等,则承租人不仅有权解除合同,还可以向船舶所有人要求损失赔偿。但气象原因,不可抗力,或合同中明确规定的其他原因只可解除合同,不可索偿。

即使船舶所有人明知不可能在解约日前抵港,在未得到承租人的解约通知前,仍有义务将船舶继续驶往装货港,否则可能承担更大的违约责任。合同中采用"询问条款"的,船舶所有人则有权向承租人询问是否解除合同,承租人必须在规定的时间内作出答复,否则视为"自愿放弃解除合同的权利"。承租人未在合同规定的行使解约权的时间内作出宣布,也视为"自愿放弃解除合同的权利"。

合同中一般还制定“不得提前条款”，即船舶提前到达装货港，承租人不承担提前装货义务。

4. 货物

承租人只能提供“契约货物”装船，即合同规定的货物，否则，船舶所有人有权拒载或要求赔偿损失。租船合同中货物的数量一般只规定一个约束或上下限。船长应在船舶抵达装货港前书面通知承租人确切的装货数量，即通常所说的“宣载”。承租人有义务按合同规定提供“满载货物”，即包括燃料、淡水、食品或其他船用物料在内，正好使船舶达到满载吃水线的货物数量，否则要支付亏舱费。

5. 运费

承租人有义务按合同规定向船舶所有人支付运费作为其提供货运服务的报酬。航次租船一般是按所装运货物的数量计收运费的在合同中应明确记载货物的运费率、计费标准和计费币种。一般载货量既可以按装货数量，也可按卸货数量。

航次租船运费的习惯做法是“运费预付”，但要明确是装货完毕时支付还是签发提单时支付。当然，也可约定“运费到付”，同样也要明确是在船舶到达卸货港时支付还是卸货完毕时支付。在预付运费情况下，合同中常附加“不论船舶或货物是否灭失，运费都不能减付或退还”。在运费到付情况下，船舶所有人可以要求承租人预付一部分运费以支付一些港口费、燃料费、船员给养费等经常性费用。

6. 装卸费用

装卸费用是指将货物从岸边（或驳船）装入船舱内和将货物从船舱内卸至岸边（或驳船）的费用。航次租船运输中，装卸费用的负担一般有以下几种方法。

(1)班轮条款（Liner Terms），即船舶所有人负担装卸费用。承租人只负责在装运港将货物送至船舶吊钩下，在卸货港船舶吊钩下提取货物。

(2)舱内收交货条款（Free In and Out, FIO），即船方既不管装也不管卸。一般理舱费、平舱费也由承租人负担，即 FIOST（Free In and Out, Stowed and Trimmed）。

(3)舱内收货条款（Free In, FI），即船方管卸不管装，只负责卸货费用。

(4)舱内交货条款（Free Out, FO），即船方管装不管卸，只负责装货费用。

7. 装卸时间

装卸时间（laytime）是指承租人和船舶所有人约定的，承租人保证将合同货物在装货港全部装完和在卸货港全部卸完的时间。航次租船合同中装卸时间有两种规定方法：一是直接规定法，即合同规定具体的装卸日数；另一种是间接规定法，即规定平均每天的装卸定额。

装卸时间一般用“日”（或小时）表示，在合同中应明确规定“日”的计算方法，一般有连续日、工作日、晴天工作日、连续 24 小时晴天工作日等表示方法。

装卸时间的起算一般规定为承租人或代理人收到来自船长递交的“装/卸准备就绪通知书”后，经过一定时间开始起算。船长递交“装/卸准备就绪通知书”必须具备下列三个条件：船舶必须抵达合同中指定的港口或指定的泊位；船舶已在各方面做好装货或卸货的准备；船舶已通过各项检查，办妥船舶进口各项手续。

装卸时间的起算不是以船舶实际开始装/卸货物时间为准，就是说一旦进入合同规定的起算时间，尽管船舶这时仍然处于等泊状态，装卸时间依然开始起算，且等泊时间也应计入装卸时间。

航次租船合同中一般对装卸时间的止算不作明确规定。但习惯以实际装货或卸货已经结束，船舶已处于可随时开航状态的时间作为装/卸时间的止算时间。也就是说，只有当结尾工作全部结束，装卸时间才止算。

装卸时间的计算有装货港和卸货港分别计算、装卸共用时间、调剂使用装卸时间等方法。

8. 滞期与速遣

承租人实际使用的装卸时间超过了合同规定的允许使用时间，则超过的时间称为滞期时间。承租人向船舶所有人支付的船舶延期损失赔偿称作滞期费。滞期费按滞期时间和合同约定的滞期费率计算。滞期时间有两种连续计算和非连续计算两种方法。

9. 提单

航次租船合同中一般都规定船长有义务及时签发提单，航次租船下的提单只是作为货物的收据，承租人和船舶所有人之间的权利义务关系以租船合同为准，提单从属于租船合同。

航次租船合同项下的提单持有人不同，提单的法律性质和作用也不同。若承租人持有提单，则提单仅为货物收据证明，解决船舶所有人和承租人之间争议的依据是租船合同。提单为其他善意的第三者，则该持有人可以依据提单条款与船舶所有人交涉，但船舶所有人与承租人之间解决争议的依据仍然是租船合同。

10. 代理人、佣金与留置权

航次租船合同中的代理人条款主要是约定究竟是由船舶所有人还是由承租人委托代理人代办船舶在港业务事宜。在实务中，常约定由承租人指定船舶代理人。

合同中常规定由船舶所有人向租船经纪人支付佣金。佣金一般按运费百分比计算。原则上佣金应在收取运费后支付，但也可以规定在签订租船合同或装货完毕后支付，甚至也有不论是否履行合同，船舶是否灭失，均须支付佣金。要注意的是，在连续航次租船情况下，要明确规定佣金在收取运费后支付。

留置权是指当船舶所有人不能从承租人处获得运费、空舱费、滞期费、共同海损分担额和货物运输相关费用时，按合同规定采取的扣留货物乃至拍卖货物的权利。承租人须对发生于装货港和卸货港的船舶所有人对货物留置权的请求承担责任。

12.3　海运运费计算

12.3.1　海运运费组成

海运运费包括基本运费和附加运费两部分。基本运费是对任何一种托运货物计收的运费；附加运费则是根据货物种类或不同的服务内容，视不同情况而加收的运费，可以说，是由于在特殊情况下或者临时发生某些事件的情况下而加收的运费。附加运费可以按每一计费吨（或计费单位）加收，也可按基本运费（或其他规定）的一定比例计收。

1. 基本运费

在班轮运输中，常将航线上船舶定期或经常挂靠的港口称作“基本港口”，综合这些港口的基本情况，为在航线上基本港口间的运输而制定的运价称作基本运价或叫基本费率。它是计收班轮运输基本运费的基础。

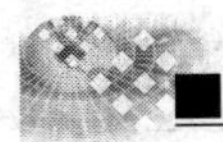

基本运价的确定主要反映了成本定价原则，确定费率的主要因素是各种成本支出，主要包括船舶的折旧或租金、燃油、修理费、港口使用费（如装卸费、吨税和靠泊等费用）、管理费、职工工资等。各种突发因素产生的额外费用通过附加费形式收取。集装箱运输的大量各种后期费用，如空箱的调拨、堆存等费用，也应该包括在基本运价中，但如何量化比较困难，所以，基本成本较难准确控制。同时，市场供求关系也是影响费率的一大主要因素。

基本运价有多种形式，如普通货物运价、集装箱运价、商品费率运价、等级运价、协议运价等。

2. 附加运费

(1)由货物特性衍生的附加费。

①超长附加费。由于单件货物的外部尺寸超过规定的标准，运输时，需要特别操作，从而产生额外费用，承运人为补偿这一费用所计收的附加费称为超长附加费。货物的长度超过规定后，会增加装卸和运输的难度，如需特别的捆绑、铺垫、增加亏舱等，影响船期，增加支出。货主需支付超长附加费。在运价本中，一般长度超过9m的件杂货就可能要有这一附加费。

超长附加费是按长度计收的，而且长度越长，其附加费率越高。如果超长货物需要转船时，则每转船一次，加收一次。

②超重附加费。超重附加费是指每件商品的毛重超过规定重量时所增收的附加费。这种商品称为超重货。由于单件货物的重量超过规定标准时，在运输中同样需要特别的捆绑、铺垫以及影响装卸工作等，所以，承运人规定货物重量超过5t时就要增收超重附加费。

超重附加费是按重量计收的，而且超重重量越大，其附加费率越高。如果超重商品需要转船时，则每转船一次，加收一次。

(2)由运输及港口原因衍生的附加费。

①直航附加费。这是托运人要求承运人将其托运的货物从装货港，不经过转船而直接运抵航线上某一非基本港时所增收的附加费。

通常，承运人在运价本中会作出规定，当托运人交运的一批货物达到某一数量以上时，就可以同意托运人提出的直航要求，并按规定增收直航附加费。船舶直接加挂某一非基本港后，会增加港口费用支出，并延长船期。选择直航一般以直航后产生的额外费用小于原来的转运费用为原则。

②转船附加费。运输过程中，货物需要在某个港口换装另一个船舶运输时，承运人增收的附加费称为转船附加费。运往一些偏僻或较小的非基本港口的货物，必须通过转船才能运达；而有时由于转运干线船，也需要换装船舶。转运一次就会产生相应的费用，如换装费、仓储费以及二程船（接运船舶）的运费等费用，一般这些费用均由负责第一程船运输的承运人承担，并包括在所增收的转船附加费内。

③港口附加费。由于港口装卸效率低，或港口使用费用过高，或存在特殊的使用费（如：进出港要通过闸门等）都会增加承运人的运输经营成本，承运人为弥补这方面的损失而加收的附加费称为港口附加费。

(3)临时性附加费。

①燃油附加费。这是由于燃油价格上涨，使船舶的燃料费用支出超过原核定的运输成本中的燃料费用，承运人在不调整原定价的前提下，为补偿燃油费用的增加而增加的附加费用。

当燃油价格回落后,该项附加费也会调整直至取消。燃料油费用在船公司的经营成本中占有较大比重,燃油价格上涨直接增加了承运人的经营成本。燃油价格的长期上涨所带来的运输成本增加会在一定时期内的基本运价调整中得到反映。所以,燃油附加费一般是用来应对短期的燃油价格变动的。

②货币贬值附加费用。这是由于国际金融市场汇率发生变动,计收运费的货币贬值,使承运人的实际收入减少,为了弥补货币兑换过程中的汇兑损失而加收的附加费。由于国际运输往往涉及多个国家和多种货币,而货币之间的兑换会带来一定的时间上的、手续上的损失,所以,承运人会通过增收货币贬值附加费来来弥补这一收入损失。

③港口拥挤附加费。由于港口拥挤、船舶抵港后需要长时间等泊而产生额外的费用,为补偿船期延误损失而增收的附加费称为港口拥挤附加费。港口拥挤附加费是一种临时性的附加费,其变动性较大,一旦港口拥挤情况得到改善,该项附加费即进行调整或取消。

④选卸附加费。选卸附加费又称选择卸货港附加费。这是由于货物在托运人(货方)尚不能确定具体的卸货港,要求在预先指定的两个或两个以上的卸货港中进行选择而增收的附加运费。

选港卸货会使这些货物在舱内的积载增加困难,甚至会造成舱容的浪费。因此,作为补偿,增收选卸附加费。

⑤变更卸货港附加费。变更卸货港附加费是指商品不在提单上记名的卸货港卸货而增收的附加费。而且,如果变更卸货港的运费率超过原卸货港的运费率时,提出变更要求方还应补交运费差额,反之,不予退还。同时由于因需要翻舱所引起的额外费用和损失,也均由提出变更要求方负担。

另外,还有一些其他的附加费,如绕航附加费、旺季附加费、超额责任附加费、冰冻附加费、苏伊士运河附加费、熏蒸费等。在集装箱班轮运输中,还有一些关于运输费用的概念,如“整体费率上调”是指通常在每年的五月开始,承运人将所有的费率上调一定幅度;“目的地交货费,这是在北美地区的港口对到港的货物收取的费用;“空箱调运费用”,也称设备调运费,是收货人没有按约定还空箱时,承运人为调运空箱而收取的费用。还有一些不尽合理的费用,如码头作业费、原产地接货费等。

12.3.2 各种运费的结算

1. 计费标准

计费标准也称计算标准,是指计算运费时使用的单位,历来都是以容积和重量作为最基本的计费单位,即把商品分为容积货物和重量货物,并且为货物的容积和重量规定一个比例关系。

在班轮运输中,主要使用的计费标准是按容积和按重量计算运费;对于贵重商品,则按其货价的一定百分比计算运费;对于某些特定的商品也会按其实体的个数或件数计算运费。

各种不同的商品应按何种计费标准计算运费,在船公司制定的运价表(本)中都有具体的规定,通常都用如下各种符号表示。

(1)以“W”表示,指该种商品应按商品的毛重计算运费。

(2)以“M”表示,指该种商品应按尺码或体积计算运费。

(3)以“W/M”表示,指该商品应分别按其毛重和体积计算运费,并选择其中运费较高者收取运费。

(4)以“Ad. Val.”表示,指该种商品应按其FOB价格的一定百分比计算运费,并选择其中运费较高者收取运费。

(5)以“Ad. Val. Or W/M”,指该种商品应分别按其FOB价格的一定百分比和毛重、体积计算运费,并选择其中运费高者收取运费。

此外,还有按商品实体的个数或件数为单位计算运费的,如活牲畜按“每头”计收;车辆按“每辆”计收,以及按承运人与托运人双方临时议定的费率计收运费等。按临时议定的费率计收运费多用于低价商品的运输。

随着集装箱运输的发展和班轮运输的集装箱化,托运人采用整箱托运方式的增加,在集装箱运输中,又有按每一个集装箱计算收取运费的规定。

2. 杂货班轮运费的计算公式

杂货班轮运费是由基本运费和各项附加费组成的,其计算公式为式(12-1)。

$$F = F_b \sum S_i \tag{12-1}$$

式中:F——运费总额;

F_b——基本运费额;

S_i——某一项附加费。

其中,基本运费是所运商品的计费吨(重量吨或容积吨)与基本运价(费率)的乘积,即:

$$F_b = fQ \tag{12-2}$$

式中:f——基本运价;

Q——计费吨。

3. 航次租船运费的估算方法

航次租船合同中,除一般的航次租船按照约定的费率和约定的货物数量计算运费的租船方式外,还有日租租船以及包船租船等方式。上述估算费率的方法,实际是以估算日租租金的方法为基础,根据日租租金的估计费率,分别估算出航次租船和包船租船的费率。

(1)日租租船费率的估算。日租租船是航次租船的一种特定形式,它是根据具体的船舶及航线的情况,按船舶每营运吨天的固定费用和平均每营运吨天的航次费用,以这两项费用作为确定船舶每营运吨天运费的下限。

$$\text{每营运吨天固定费用} = \frac{\text{船舶投资费用} + \text{船舶维持费用} + \text{一般管理费}}{\text{计划营运天数} \times \text{船舶载重吨}} \tag{12-3}$$

其中船舶投资费包括折旧费和利息。

船舶维持费用包括船舶保险费用、维修费用、船员费、物料费、润滑油费及其他有关费用。

在确定船舶每吨天费率下限的基础上,再考虑港口的装卸效率,船方应负担的其他费用、盈利率及市场的竞争情况等因素确定船舶每吨天的费率,即可估算出船舶每天的运费。

(2)航次租船费率的估算。通常航次租船的运费都是按照合同约定的装载货物的数量和约定的费率来计算的。在这种情况下,关于计收运费的费率,实际上可以按照日租租船估算每营运吨天的固定费用和航次费用的合计值乘以合同航次估计的时间,得出完成预定航次所需要取得的总收入,然后再将这一数值除以合同约定的货物数量,即估算出每吨货物的费率的下

限，即：

$$每吨货物的费用=\frac{(每营运吨天固定费用+每营运吨天航次费用)\times 航次天数}{合同货物数量} \quad (12\text{-}4)$$

以每吨货物估算费率为下限，再考虑适当的利润和船方应负担的其他费用及市场竞争情况等，即可估算出作为洽谈依据的估算费率水平。

在实际业务中，采用这种估算方式比较简单。因为事实上每吨天的船舶费用可以以租船市场上相同类型船舶定期租船的日租金率作为估算的依据，而不必再对每艘船舶的固定费用出实际的计算。只要对租船市场上相同类型船舶的定期租船的租金率事先有所了解，在具体洽谈航次租船运费时，用定期租船的日租金率乘以估计完成合同航次所需时间，再加上具体航次估算的燃油费、港口使用费和其他费，然后再除以合同货物数量即可得出估算的费率，即：

$$每吨货物的估算费率=\frac{相同类型船舶的定期租船的日租金率\times 估计的航次时间+航次费用}{合同货物吨数} \quad (12\text{-}5)$$

(3)包船租船费率的估算。包船租船是指不问装载货物数量的多少，按船舶载重吨数计收运费的租船方式。在这种情况下，估算每一船舶载重吨的费率就更简单一些。可以以日估算的日租租船的费率乘以估计航次需要的天数和船舶的载重吨计算，即：

$$包船租船的费率=日租租船的估算费率\times 估计航次天数\times 船舶载重吨 \quad (12\text{-}6)$$

当然，也可以如上述对每吨货物估算费率的方法那样，以市场上同类型船舶的定期租船的日租金率作为船舶每吨天的固定费用乘以估计航次天数，再加上该合同航次中可能发生的各种航次费用，然后除以船舶的载重吨，便可估算出包船租船运费的费率，即：

$$包船运费的估算费率=\frac{同类型船舶在定期租船市场上日租金率\times 估计航次天数+估算的航次费}{船舶载重吨} \quad (12\text{-}7)$$

复习思考题

1. 分析班轮运输与租船运输的差异及其特点。
2. 简述班轮运输组织的基本流程。
3. 介绍班轮运输的主要货运单证。
4. 简述不定期船运输的基本原理。
5. 简述不定期船运输租船流程。
6. 简述海运运费的组成。

综合运输篇

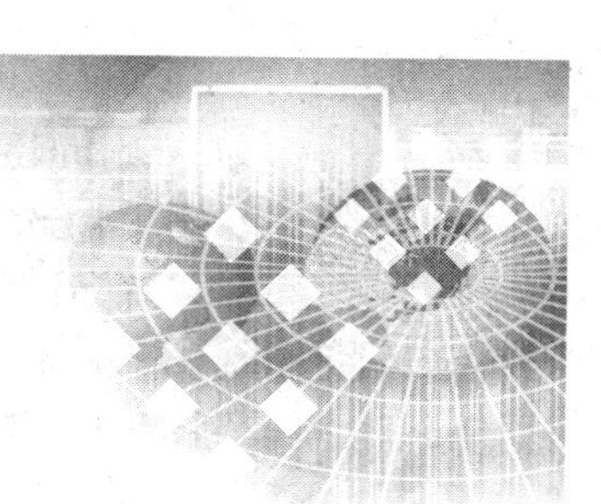

第13章 运输代理

运输代理是通过中介人,对运输资源进行整合。本章首先介绍了国际海事组织、国际船级社协会等官方和非官方的相关国际航运组织,然后分析阐述了在货物运输组织中起着重要桥梁作用的货运代理、船舶代理和航运经纪人等运输代理,重点在于各种运输代理的业务范围、流程和权利义务等方面。

13.1 相关国际航运组织概述

13.1.1 国际海事组织

国际海事组织(International Maritime Organization,IMO)的前身为政府间海事协商组织。IMO 总部设在伦敦,成立于 1948 年,有 162 个成员国,是负责处理海运技术问题、协调各国海上安全和防止船舶污染工作的政府间国际组织,属联合国的一个特殊机构。海事立法是该组织的重要责任之一,制订了《1974 年国际海上人命安全公约》(SOLAS)、《73/78 防止船舶污染公约》(MARPOL 73/78)和《78/95 海员培训、发证和值班标准国际公约》(STCW78/95)三大著名公约以及事关人命财产和航行安全的《1966 年国际船舶载重线公约》和《1972 年国际海上避碰规则》两个最重要的基本文件。IMO 还参与法律事项,包括赔偿责任和补偿以及便利国际海上交通等问题。

IMO 的最高权力机构为大会(每两年召开 1 次),下有理事会(每年 2 次)和(上述的)委员会(每年 1 ~ 2 次);日常工作有秘书处承担,秘书长为最高行政执行官,秘书处下设 5 个司,分别为海上安全司、海上环境司、法律事务及对外联络司、行政司和会议司,以处理日常行政事务。IMO 的全部技术工作由下述 5 个委员会进行,即海上安全委员会(MSC)、海上环境保护委员会、便利运输委员会、技术合作委员会和法律委员会。

1. IMO 的主要活动

召开成员国大会,制订和修改有关海上安全、防止海洋污染、便利海上运输和提高航行效率及与之有关的海事责任方面的公约、规则、议定书和建议案;在上述方面交流实际经验,研究相关海事报告,利用联合国开发计划署等国际组织提供的经费和捐助国提供的捐款,向发展中国家提供一定技术援助;召开各委员会会议,研究与各专业委员会业务有关的事务并提出建议。

2. IMO 的组织机构

(1)大会。该组织最高权力机构,由全体成员国代表组成,每两年召开一次。任务是批准工作计划和财务预算，选举理事会成员国，审议并通过各委员会提出的有关海上安全、防止海洋污染及其他有关规则的建议案。

(2)理事会。由大会选举产生的40个理事国组成。成员分为A、B、C三类，A类是在提供国际航运服务方面具有最大利害关系的10个国家；B类是在国际海上贸易方面具有最大利害关系的10个国家；C类是作为地区代表当选的20个国家。2004～2005年度理事国是：A类有中国、希腊、意大利、日本、挪威、俄罗斯、英国、美国、巴拿马和韩国；B类有阿根廷、巴西、加拿大、法国、德国、印度、荷兰、瑞典、孟加拉国和西班牙；C类有阿尔及利亚、澳大利亚、巴哈马、智利、塞浦路斯、丹麦、埃及、加纳、印度尼西亚、马耳他、墨西哥、尼日利亚、菲律宾、波兰、葡萄牙、沙特阿拉伯、新加坡、南非、土耳其和委内瑞拉。

(3)海上安全委员会。由全体成员国代表组成，每年至少召开一次会议，负责协调有关海上安全的技术性问题。该委员会下设9个分委员会，即：稳线、载重线和渔船安全；防火；航行安全；船旗国履约；培训与值班培训；散装液体和气体；危险品、固体货物和集装箱；无线电通信和搜救；船舶设计和设备。

(4)海上环境保护委员会。由全体成员国代表组成，每年至少召开一届会议，负责协调防止并控制船舶造成污染方面的活动。

(5)法律委员会。由全体成员国的代表组成，每年至少召开一届会议，负责审议本组织范围内的法律事务。

(6)技术合作委员会。由全体成员国的代表组成，每年至少召开一届会议，负责协调技术合作方面的工作，其目的是促进各成员国实施该组织制定的国际公约及其他国际规则。

(7)便利运输委员会。理事会附属机构，在理事会认为有必要时召开会议，负责研究有关便利国际海上运输方面的活动，减少船舶进出港口的手续和简化所涉及的文件。1991年，IMO第17届大会通过了对国际海事组织公约的一项修正案，使便利运输委员会的地位与其他委员会的地位相等，即在该修正案生效后，便利运输委员会应由全体成员国的代表组成，每年至少召开一届会议。

(8)秘书处。处理该组织日常事务的常设机构，负责保存国际海事组织会议制定的公约、规则、议定书、建议案和会议记录、会议文件。设有海上安全司、海上环境保护司、法律事务和对外关系司、行政司、会议司和合作司，共有职员300余人。

13.1.2 国际船级社协会

国际船级社协会(International Association of Classification Societies，IACS) IACS是在1968年奥斯陆举行的主要船级社讨论会上正式成立的。IACS成立的目标是促进海上安全标准的提高，与有关的国际组织和海事组织进行合作，与世界海运业保持紧密合作。

目前，IACS共有美国船舶检验局(ABS)，法国船级社(BV)，挪威船级社(DNV)，韩国船级社(KR)，英国劳氏船级社(LR)，德国劳氏船级社(GR)，日本海事协会(NK)，波兰船舶登记局(PRS)，意大利船级社(RINA)等11个正式成员和2个准会员。中国船级社(CCS)于1988年加入IACS。

IACS由理事会领导和制订总政策，理事会设立一些工作组去执行协会的具体任务。IACS设有下列工作组：集装箱、发动机、防火、液化气船和化学品船、内河船舶、海上防污染、材料和

焊接、系泊和锚泊、船舶强度、稳性和载重线。各工作组完成的项目有:拟定各会员之间统一规则和要求的草案;起草对IMO要求的答复;对IMO的标准作统一的解释;监控与本专业有关的工作。IACS共有5000多名技术精湛的检验人员。世界上92%的商船由IACS去定级。他们除了本职工作外,还受政府委托去处理多种多样的事务。IACS在发展船舶技术规则方面起着重要作用。IACS理事会认识到该协会与IMO之间相互关系的重要性,在伦敦设有1个办事处与IMO保持联系。还与对海运有兴趣的其他组织保持接触,联系最紧密的是国际标准化组织和国际海上保险集团,同他们交换情报和意见,以便提供更好的服务。

IACS的目标之一是要求把会员之间的各种规则统一起来。到目前为止,理事会已通过了150条要求,90%的统一要求都得到成员单位的贯彻。IACS除了提出统一要求外,还公布有关船舶安全营运和维修准则,其中包括舱口盖的保养和检验、消防、船舶单点系泊设备标准等。IACS利用成员们在海上安全、防污染、船舶营运等方面的丰富经验,在向船东和经营者提供准则上起着重要作用。

IACS的成员通过设在全球的检验机构网点,对航运界的情况了如指掌。他们了解到船东抱怨在不同的港口船舶的检验标准不同,为此,IACS制定了一个最低船舶检验标准,让其成员服从这一标准。IACS在人力和技术方面拥有独特的、巨大的潜力,且正在把这些潜力用到船舶检验的共同标准上。

13.1.3 联合国贸易和发展会议航运委员会

联合国贸易和发展会议(United Nations Committee on Trade and Development, UNCTAD)是联合国的一个永久性组织,于1964年在日内瓦成立,下设六个委员会,其中有一个为航运委员会。航运委员会的主要目标是:促进世界海运贸易有秩序地发展;促进班轮事业的发展,以满足有关贸易的要求;协调班轮服务业的供应者与用户之间的利益均衡。

UNCTAD制定了许多决议,如:1979年马尼拉会议上通过一项决议,要求采取多种途径从财政上帮助发展中国家的商船队,并呼吁给予技术支援。1980年5月通过了《联合国关于国际多种方式运输货物的公约》。根据这一公约,建立了一个责任机构负责多种运输方式运输方面的事务。1984年2月召开会议,讨论了关于在正常商业活动中的欺骗行为的报告,不仅包括欺骗和盗窃行为,还涉及海盗问题,因为以上两种行为每年造成的损失达10亿美元之多。这份报告的内容建议改革银行信用社制度,并向政府机构移交处理有海盗行为的罪犯的权力。

13.1.4 上海航运交易所

上海航运交易所于1996年11月28日成立。上海航运交易所是经国务院批准、由交通部和上海市人民政府共同组建的我国唯一一家国家级航运交易所,是我国政府为了培育和发展中国航运市场,配合上海国际航运中心建设所采取的重大举措。上海航运交易所是不以盈利为目的,实行理事会领导下的总裁负责制,下设六部一室,分别是信息部、市场部、交易部、发展部、技术部、结算部和总裁办公室,为水路货物运输、船舶租赁和买卖等交易活动提供场所、设备、并履行相关职责,实行自律性管理的会员制事业法人。上海航运交易所由交通部负责行业管理,上海市人民政府负责行政管理,并接受由交通部、市政府以及工商、税务、经贸委等部门组成的上海航运交易所管理委员会的领导和监督。交易所设立会员大会和理事会,会员大会是交易所经营管理的权力机构。交易所实行理事会领导下的总裁(法人代表)负责制。

交易所的交易宗旨和原则为:坚持公平、公正、公开和诚实信用的原则,为交易者提供优质高效服务,维护市场秩序和交易者的合法权益,稳定和发展水路运输市场;交易范围是国际海上货物运输、国内沿海和内河货物运输、船舶租赁及买卖等交易活动;交易方式为协商和集中竞价交易。

交易所实行会员制。会员分正式会员和临时会员两种。对象包括经国家主管部门依法批准,具有独立法人资格的水路运输企业,水路运输服务企业、港务装卸企业和工商贸企业。经交通部批准的航运单位,原则上都应成为交易所的正式会员。

交易所的基本功能是"规范航运市场交易行为、调节航运市场价格、沟通航运市场信息"。通过其创办的、由交通部主管的《航运交易公报》,向社会和会员单位刊发国家最新的港航政策法规,独家报道、发布最新报备运价、全球三大航运指数以及每周行情与评析。上海航运交易所为会员单位提供"一关三检"配套服务。上海海关在航交所设置了办事处,上海所有口岸出口货物的报关均可在航交所海关一次性办理接单、审单、费收和放行等手续。与此相对应,上海商检、动植物检、卫检、港监和银行也在航交所设点,集中办理出口货物法定检验等工作。申请加入上海航运交易所的中外会员正在不断增加。上海航运交易所将在上海国际航运中心的建设中发挥越来越大的作用。

13.1.5 非官方的国际航运组织

最著名的非官方得航运组织有:代表船东利益的国际航运公会(ICS)、波罗的海国际航运协会(BIMCO);代表航运方面利益处理有关海事的国际海事委员会(CMI);国际干散货船东协会;国际船级社协会;国际独立油轮船东协会。

1. 国际航运公会(International Chamber of Shipping,ICS)

ICS成立于1921年(当时叫International Shipping Conference,1948年改为现名),主要是由英、美、日等23个国家有影响力的私人船东所组成的协会,协会成员大约拥有50%的世界商船总吨位。ICS成立的宗旨是为了保护本协会内所有成员的利益,就互相关心的技术、工业或商业等问题交流思想,通过协商达成一致意见,共同合作。ICS的主要业务:

(1)油船、化学品船的运输问题和国际航运事务。

(2)贸易程序的简化。

(3)集装箱和多式联运。

(4)海上保险。

(5)海上安全。

(6)制定一些技术和法律方面的政策,便于船舶进行运输。

ICS制定的各种决议可通过它的成员,即来自各国的船东带回各自的国家,影响他们国家的法规,从而达到ICS的决议于各国的法规相和谐,使ICS的意愿在各国有所体现,使各国使用统一的航运法规,便于海上交通运输的发展。

2. 波罗的海国际航运协会(BIMCO)

BIMCO成立于1905年,是世界上最大的航运组织,会员遍布120多个国家,有船东、经纪人及保险协会三种正式会员和包括船级社、船厂等在内的副会员。现有约1000家船东会员,

控制了世界61%的船舶运力。通过发行杂志、开展讲座、研讨会等形式,向成员提供全世界港口和海运方面的信息、咨询和培训等服务,颁布反映国际航运总体利益的新法规、政策,制定规范的标准单证,联合船东和有关海运组织,采取一致行动促进航运业的发展。

3. 国际干散货船东协会(INTERCARGO)

该协会创建于1980年,总部设在英国伦敦,是由世界各国或地区的相关船东组成的一个非政府间国际组织,也是世界上唯一一个完全致力于为干货行业需求服务的国际船东组织,被IMO授予观察员身份。

4. 国际海事委员会(CMI)

CMI在1897年成立于布鲁塞尔。它的主要宗旨是促进海商法、海运关税和各种海运惯例和统一。它的主要工作是草拟各种海上公约、有关责任制、海上避碰、救捞等。国际上第一个海上货物运输公约——著名的"海牙规则",就是由该委员会1921年起草,并在1924年布鲁塞尔会议上讨论通过的。

1968年又对"海牙规则"进行了修正,制定了"海牙—维斯比规则",即"1968年布鲁塞尔议定书"。

5. 国际船级社协会(IACS)

该协会成立于1968年,现有正式会员船级社10家,是IMO中唯一能制定和应用规范的具有观察员地位的非政府组织。IACS负责拟定统一的船舶技术规则和要求,对IMO的标准作统一解释,公布有关船舶安全营运和维修准则,为世界上90%的商船定级,以及受政府委托处理各种事务。此外,还吸收成员在海上安全、营运等方面的经验,向船东和经营者提供各种准则。

6. 国际独立油轮船东协会(INTERTANKO)

该协会成立于1790年,有正式成员240个,代表全球独立油轮船东的利益,定期向会员提供全面的信息服务、国际法规、港口信息及与油轮业相关问题专家意见,举办一系列的研讨会及展览并参与所有的IMO委员会会议及分委会,在制订及执行有效的规范及行业标准、确保航运安全及海洋环保方面起领导作用。

13.2 货运代理

13.2.1 货运代理概述

在国际货运市场上,国际货运代理行业处于货主与承运人之间,接受货主委托,代办租船、订舱、配载、缮制有关证件、报关、报验、保险、集装箱运输、拆装箱、签发提单、结算运杂费,乃至交单议付和结汇。这些工作联系面广、环节多,是把国际贸易货运业务相当繁杂的工作相对集中地办理,协调、统筹、理顺关系,增强其专业性、技术性和政策性。

国际货运代理行业早在公元十世纪就已建立,初期为报关行,其从业人员多系从国际贸易企业而来,人员素质较高,能为货主代办相当一部分国际贸易业务和运输事宜,随着贸易发展,逐渐派生出一个专门行业。

国际货运代理行业的形成,是国际商品流通过程的必然产物,是国际贸易不可缺少的组成

部分。国际货运代理协会联合会是世界国际货运代理的行业组织，于1926年5月31日在奥地利维也纳成立，总部设在瑞士苏黎世。其目的是保障和提高国际货运代理在全球的利益。该会是一个在世界范围内运输领域最大的非政府和非营利性组织，具有广泛的国际影响，其成员包括世界各国的国际货运代理行业，拥有76个一般会员，1751个联系会员，遍布124个国家和地区，包括3500个国际货运代理公司，拥有800名雇员。该会是联合国经济与社会组织及联合国贸易发展大会的咨询者，并被确认为国际货运代理业的代表。中国外运总公司作为国家组织以一般会员的身份，于1985年正式加入了该组织。

国际货运代理协会联合会对货运代理的定义是：根据客户的指示，为客户的利益而揽取货物的人，其本人并非承运人。货代也可以以这些条件，从事与运送合同有关的活动，如储货、报关、验收、收款。

我国国际货运代理业管理规定实施细则的定义是：国际货物运输代理企业可以作为进出口货物收货人、发货人的代理人，也可作为独立经营人从事国际货代业务。国际货代企业作为代理人从事国际货运代理业务，是指国际货运代理企业接受进出货物收货人、发货人或其代理人的委托，以委托人或自己的名义办理有关业务，收取来代理费或佣金的行为。

随着国际贸易、运输方式的发展，国际货运代理已渗透到国际贸易的每一领域，成为国际贸易中不可缺少的重要组成部分。市场经济的迅速发展，使社会分工越加趋于明确，单一的贸易经营者或者单一的运输经营者都没有足够的力量亲自经营处理每项具体业务，他们需要委托代理人为其办理一系列商务手续，从而实现各自的目的。而国际货运代理的基本特点是受委托人委托或授权，代办各种国际贸易、运输所需要服务的业务，并收取一定报酬，或作为独立的经营人完成并组织货物运输、保管等业务，因而被认为是国际运输的组织者，也被誉为国际贸易的桥梁和国际货物运输的设计师。

13.2.2 货运代理的业务范围

最初，货运代理人是代表进/出口商进行装/卸货物、储存货物、安排当地运输、为他的顾客索要应付款项等业务活动的佣金代理人。但是，随着国际贸易业务的扩大以及不同运输方式的发展，使得服务的范围也随之扩大了。如今，货运代理在国际贸易和运输中起着重要作用。货运代理提供的服务范围包括订舱、清关等其他的日常服务和复杂的一揽子服务。

国际货运代理通常是接受客户的委托完成货物运输的某一个环节或与此有关的各个环节，可直接或通过货运代理及其雇佣的其他代理机构为客户服务，也可以利用其海外代理人提供服务。其主要服务包括以下内容。

1. 代表发货人(出口商)

(1)选择运输路线、运输方式和适当的承运人。

(2)向选定的承运人提供揽货、订舱。

(3)提取货物并签发有关单证。

(4)研究信用证条款和所有政府的规定。

(5)包装。

(6)储存。

(7)称重和量尺码。

(8)安排保险。

(9)将货物的港口后办理报关及单证手续,并将货物交给承运人。

(10)做外汇交易。

(11)支付运费及其他费用。

(12)收取已签发的正本提单,并交付发货人。

(13)安排货物转运。

(14)通知收货人货物动态。

(15)记录货物灭失情况。

(16)协助收货人向有关责任方进行索赔。

2. 代表收货人(进口商)

(1)报告货物动态。

(2)接收和审核所有与运输有关的单据。

(3)提货和付运费。

(4) 安排报关和付税及其他费用。

(5)安排运输过程中的存仓。

(6)向收货人交付已结关的货物。

(7)协助收货人储存或分拨货物。

3. 作为多式联运经营人

它收取货物并签发多式联运提单,承担承运人的风险责任,对货主提供一揽子的运输服务。在发达国家,由于货运代理发挥运输组织者的作用巨大,故有不少货运代理主要从事国际多式联运业务,而在发展中国家,由于交通基础设施较差,有关法规不健全以及货运代理的素质普遍不高,国际货运代理在作为多式联运经营人方面发挥的作用较小。

4. 其他服务

如根据客户的特殊需要进行监装、监卸、货物混装和集装箱拼装、拆箱、运输咨询服务等。

5. 特种货物装挂运输服务及海外展览运输服务等

13.2.3　货运代理商

海上货物运输是国际运输的主要方式,国际贸易中约有90%的货物是以海上运输方式承运的。海上货物运输不但包括流程和一系列单证手续办理等内容,而且涉及与运输法律有关系的当事方,货运代理商便是其中一方。就货运代理商而言,重要的是能够辨别航运的各种手续,以提供给货主良好的航运服务。

1. 熟知海运地理方面的常识

首先,作为国际货运代理人,由于船舶进出于不同国家,故而应熟知世界地理及航线,港口所处位置,转运地及其内陆集散地。其次,货代还应了解国际贸易的模式及其发展趋势、货物的流向等,如西欧和美、加、日等工业化程度较高的国家,大量从发展中国家进口原材料,并向这些国家出口工业制成品。

2. 熟知不同类型运输方式对货物的适用性

世界航运市场上存在4种运输方式:班轮运输、租船运输、无船承运人运输和多式联运。

班轮运输的特点是定时间、定航线、定港口顺序和定费率。租船运输即不定期运输，指不设固定的航线和时间表，按照航运市场供求关系，可以在任何航线上从事营运业务，运价尚可协商，适合于大宗散货承运。无船承运人是指从事定期营运的承运人，但并不拥有或经营海上运输所需的船舶，无船承运人相对于实际托运人是承运人身份，但相对于实际承运人又是托运人的身份。选择好适当的运输方式，货运代理必须精于以下几个方面业务。

(1)运输服务的定期性，如货物须在某一固定时间内运出则应选择班轮运输。

(2)运输速度。

(3)运输费用，当运输时间和运输速度不是托运人或货主考虑的主要因素时，运价就成为最重要的因素了。

(4)运输的可靠性，选择货运所要托付的船公司前应考察其实力信誉，以减少海事欺诈而成为受害者的可能性。

(5)经营状况和责任，表面上某一船舶所有人对船舶享有所有权，而事实上他将船舶抵押给银行，并通过与银行的经营合同而成为经营人。这会给将来货物运输纠纷诉诸法院时的货主利益带来负面影响。

3. 了解不同类型的船舶对货主货物的适应性

作为货运代理人，必须了解船舶特征，如船舶登记国和吨位、总登记吨(GRT)、净登记吨(NRT)、散装窖、包装窖、总载重吨(DWT)、载重线、船级等方面的知识，还应了解几种重要的货船类型，如班轮、半集装箱船、半托盘船、散货船、滚装船及全集装箱船等。

4. 熟知航运法规

除应了解《海牙规则》、《威斯比规则》、《汉堡规则〉以外，货运代理商还应适当了解货物出口地或目的港国家的海运法规、港口操作习惯等。

5. 熟练操作海上货物运输的单证，并确保单证制作的正确、清晰和及时

主要海运单证包括提单、海运单、舱单、发货单、提货单、装箱单、港站收据、大副收据等。

6. 懂得海关手续和港口作业流程

在进出口贸易中，清关是货运代理的一项传统职能。在货运代理与海关当局中及其客户的双重关系中，对于货运代理的法律地位，各国的规定不尽相同，但海关代理通常是由政府授权的。客户(即货主)应考虑货代作为海关代理的身份，在其履行职责的过程中，是否具有保护客户和海关当局双方责任的能力。货运代理具备运输、到离港手续、保税储存、内陆结关等的代理能力，港口程序的运作能力是非常重要的。此外，货运代理所能提供的较低运费率也是考虑的重要因素，货运代理主要与班轮费率关系密切。当然，对货运代理的考查，还应注意资信等其他一些因素。一流货运代理的运作，对货主完成贸易合同是十分重要的。

13.3 船舶代理

13.3.1 船舶代理概述

1. 船舶代理的概念

船舶代理是指接受船舶经营人或船舶所有人的委托，为他们在港船舶办理各项业务和手

续的人。船舶代理人在港为委托人揽货,在装卸货港口办理装卸货物手续、保管货物和向收货人交付货物,为船舶补充燃料、淡水和食品,以及代办船舶修理、船舶检验,集装箱跟踪管理等。

船舶代理属于服务性行业。船舶代理机构或代理可以接受与船舶货运有关的任何人的委托,业务范围非常广泛,既受船东的委托,代办定期或不定期船舶营运业务,也同时接受货方或承租人的委托,代办他们所委托有关业务。

2. 船舶代理的类型

基于不同的角度,可将国际船舶代理分为不同的种类。

(1)按代理期间的长短划分。

①长期代理。船公司根据船舶营运的需要,在经常有船靠泊的港口为自己选择适当的代理人,通过一次委托长期有效的委托办法,负责照管到港的属于船公司全部的代理关系形式,称为长期代理。

建立长期代理关系的前提是作为委托人的船公司所属的船舶经常来港。在这种情况下,长期代理可以简化委托手续和财务往来结算手续。旧班轮运输而言,在固定航线上,经常往返于航线固定的挂靠港之间,当然以建立长期代理关系更为合适。这种代理关系的建立,既可以通过签订正式的专门委托代理合同来建立,也可以采用由委托人以书面向代理公司或代理行提出委托,经代理公司或代理行接受的方式来建立代理关系。

②航次代理。航次代理是指对不经常来港的船舶,在船舶每次来港前由船公司向代理人逐船逐航次办理委托,并由代理人逐船逐航次接受这种委托所建立的代理关系。凡与代理人无长期代理关系的船公司派来港装卸货物,或因船员急病就医,船舶避难临时修理,添加燃料等原因专程来港的外国籍船舶,均须逐航次办理委托,建立航次代理关系。船舶在港作业或所办事务结束离港,代理关系即告中止。船公司按航次向代理人委托航次代理时,须在船舶抵港前若干天(一般为10天),以书面形式向船舶代理人提出委托,并在船舶抵港若干天以前,将船舶规范,有关的运输合同和货运单证寄交所委托的代理人。代理人接到书面委托,查明船舶国籍,明确来港的任务,审核船舶规范。运输合同或贸易合同、货主单证等是否齐全,明确费用的分担和结算对象,如认为没有什么问题,经索汇备用金,航次代理关系即告建立。

在我国,还存在着所谓第二委托方代理的代理关系形式。委托方一般是指出委托,并负责结算船舶港口费用的一方。除此之外,对于同一艘船舶要求代办有关业务的其他委托人均称第二委托方。

代理人与委托方以外的有关建立第二委托代理关系时,也必须由委托人提出书面委托。提出委托要求的第二委托方在提出委托要求时,也必须提出与委办事项有关的运输合同和其他货运资料,并汇寄备用金。

(2)按所代理船舶的营运方式划分。

①班轮运输代理。班轮运输代理是指在班轮运输中,为班轮公司提供代理服务的人。它的业务内容既可以包括诸如为班轮公司制作船期广告,为班轮公司揽货,办理定舱,收取运费,制作运输单据,代签提单,管理船务和集装箱工作,代表班轮公司就有关费率及班轮公司所属船舶的营运业务等事宜与政府主管部门和班轮公会进行合作管理等一揽子服务,也可以仅代理其中的部分内容如定舱代理。

②不定期运输代理。不定期运输代理是指不定期船舶所有人或租船人的委托，为其代办与在港船舶有关业务的人。它的业务内容既可以包括诸如办理清关、安排拖船与引航、装卸货物、揽货、递交备妥通知书、制作装卸事实记录、代签提单、代收运费、代为计算滞期费、速遣费及管理船务等一揽子服务，也可以仅代理其中的部分业务内容。

此外，船舶代理还可以按代理关系中委托人的主次地位分类，将其分为第一委托代理和第二委托方代理；按代理的权限的不同，将其分为总代理和特别代理；按船舶代理具体代理细节，将其分为定舱揽货代理、船务代理等；按船舶代理的行为方式以及所处的法律地位与责任，将其分为直接代理、间接代理和独立经营人、经纪人、咨询人等；按服务对象有无限制，将其分为代理所有外籍船舶的甲类代理和只能代理母公司所属的船舶以及母公司期租的外籍船舶的乙类代理。

3. 备用金的索汇、使用与结算

备用金是指委托人或者第二委托方按照代理人的建立，在建立代理关系后，预付给代理人用作支付船舶在港期间所发生的一切费用和船员借支或其他费用支出的预付款项。根据代理人不为委托人垫付任何款项的原则，建立关系后，各委托人及时将备用金汇至代理人处，否则因此而造成船舶延误及其他损失或费用，均由委托的一方负责。从这一意义上说，汇寄备用金即为构成建立代理关系的必要条件之一。

(1)备用金的索汇。在建立代理关系后，船舶到港之前，代理人必须向委托方或第二委托方索汇备用金，并且还可以按照实际需要随时提出增汇要求。索汇备用金的数额是代理人根据船舶的总吨、净吨等和装卸货物的种类、数量等货物资料以及船舶在港的任务，或增添燃料、淡水、物料、食品等资料估算出来的。

(2)备用金的使用。代理人在使用备用金时，要指定专人掌握备用金的使用，随时注意使用情况，发现可能超支时，要及时提出增汇。船务部门也要经常与掌握备用金使用人员联系，随时掌握船舶在港作业的进度和费用开支情况，严格按照备用金使用的范围和索汇备用金时分列的费用项目专款专用，逐船逐航次确定供应品的限额。此外，对于船员借支也要严格掌握，只能在委托人汇寄的船员借支项下的数额范围内借支，如果委托方未按索汇金额如数汇寄备用金，则开支时应与保证港口费用、吨税和代理费用的开支为原则控制使用。

(3)备用金的结算。船舶离港后，代理人应及时汇总船舶在港所支付的各项费用和应收取的代理费，详细列出“航次结账单”，连同所付的各项收费单据寄交委托方，并将扣除上述费用后的备用金余额退回或结存。

不论长期代理或航次代理，备用金的结算都应以“一船一结”为原则，并且都应在船舶离港后及时作出航次结账单，随附所付费用的收据寄交委托方。所不同的是，在航次代理的情况下，备用金按航次结算，代理人在寄交航次结账单及随附的各项收费单据的同时，应将备用金的余额退还给委托方，或根据委托方的要求将余额结存。而在长期代理的情况下，备用金虽不必按航次结清，但在船舶离港后，仍然及时将航次结账单及随附各项收费单据寄交委托方，并按月向委托方抄送往来账单，核清数额。

为了避免委托方借故拒付，所有随附于航次结账单的付费收据都应清晰无误，并应经船舶有关人员签字。原始单据是向委托方进行结算的主要依据，原则上应在费用结算时才能对外

寄送。如果航次代理过程中,备用金尚未汇达或费用有结欠,则暂不寄送。如果委托方坚持索取,则可提供影印版或另外缮制抄本。

通常,对国外委托人以及外汇汇寄的备用金,对外都按外币记账,对内则按收汇日银行牌价记入本国货币账户。航次结账,一般应选择付款期内对代理人有利的牌价结算剩余外币,按退汇日外汇买入价结算。至于外汇浮动差价,则由代理人负责盈亏。

13.3.2 船舶代理组织流程

船舶代理业务是一项综合性的服务业务,其业务包括办理船舶的入港出港手续、办理联检业务、船员更换、船舶供给等有关船舶作业方面的事宜。船舶代理业务需要经过委托代理关系的建立以及船舶抵港靠泊前、船舶在装卸港货期间、船舶离港前、船舶离港后等各阶段的代理工作。

1. 与客户洽谈业务范围

与客户洽谈业务范围具体包括以下内容。

(1)办理船舶进出港口的手续,联系安排引航,停泊和装卸。

(2)代签提单,运输合同,代为接受订舱业务。

(3)办理船舶,集装箱及货物的报关手续。

(4)承揽货物,组织货物来源,办理集装箱货物的托运和中转。

(5)代受运费,代办结算。

(6)组织客源,办理海上旅客运输业务。

(7)其他相关业务。

(8)代办货物查询、理赔、溢卸货物的处理。

(9)洽谈办理船舶的检疫检验、修理、熏舱、洗舱、扫舱、燃料、淡水、物料的供应。

(10)办理集装箱的装卸、堆存、拆箱、装箱、清洗、熏蒸、检疫。

(11)洽办集装箱的建造和修理。

(12)办理集装箱的租赁、买卖、交接、转运、收箱、盘存,签发集装箱交接单证。

(13)经办船舶的租赁、买卖、交接工作,代签租船和买卖合同。

(14)办理速遣费和滞期费的计算与结算。

(15)联系海上救助,洽办海事处理。

(16)代聘船员并签订合同,代办海员护照,领事签证,联系申请海员证书,安排船员调换,遣送和参观游览。

(17)提供业务咨询和信息服务。

2. 委托代理关系的建立

有关委托代理关系建立的基本程序,一般而言包括船舶所有人的询价、船代接单审单、预估港口使用费、接受委托等环节。

(1)询价、接单审单。船舶所有人或委托方在船舶到港前向船代询价,船代家户调度接到书面询价后,应了解船舶性质,明确委托关系,掌握来港任务,获得船舶规范,并对其传送的资料进行审核,以确定来港船舶是否被港口所接受;计划装载、卸载危险货物是否被港监所允许;装卸货物时间及装卸设备是否符合要求;是否存在代理协议;是否允许代理费优惠等。对于专程来港加油水、物料等船舶,应事先接洽有关单位,如何供应或修理,方能接受委托。

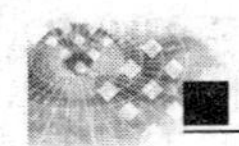

(2)接受委托及审核。

①审核下列事宜：船籍，船舶规范，注意港口限制，是否需要特种设备装卸货物，货物的种类、重量和性质、包装；装卸费用的负担，提单的格式，扫舱，洗舱，捆扎，油料，淡水，垫料，伙食，航次修理，吨税执照的期限，检疫证明，交船地点，危险品运输许可，货物的货积载图，提单副本，舱单，集装箱号清单，危险品舱单，超高超宽箱清单，超长超重清单，船员名单或旅客名单；租船合同，主要条款；来港、去港名称。

②通知船长，发抵港的时间，吃水等船舶动态和船员名单，旅客名单。

③舱单上的注明装货条款。

④备用金的收取和备用金收取凭证，财务对账。

⑤特殊船舶进港，与海事局提前联系。

⑥落实各种费用，包括船员的调动、借支和理货等费用。

⑦与海事局、货主联系，制定计划、码头停泊计划、装卸计划、特殊设备使用计划。

⑧计划的执行，与港方签订滞期和速遣事项，并核算滞期费和速遣费。计算装卸时间。

(3)预估港口使用费备用金。如果计划调度认为可以接受，则将船舶规范等资料转财务部，由其预估包括港口使用费总额、船总顿。垫隔物料及供应品总额、代理费。船长借支和船员配送、就医借支等费用在内的港口使用费备用金。对于代理费折扣，财务部一般需要报经公司经历批准。估算单一份留底备查，另一份交调度人员归入“单船资料袋”中。对集装箱班轮、部分季节性杂货类船舶无须做港口使用费备用金预算。

(4)接受审核。经审核无误后，计划调度向客户正式报价，并证明“接受代理”字样，如客户无异议，则合同成立。对于长期代理协议下的每个单航次应以船长电报、客户传真、电话记录作为委托证明，无须客户再发委托书及确认。

3. 船舶抵港前的准备工作

(1)向报告港港务局和海事局报告船舶信息，并与港方商定抵港时间，把结果通知船方和委托人。

(2)掌握来港船舶的动态，与三方保持联系。

(3)通告船方港口的规定和水道规章，通知引航时间地点和装卸计划。

(4)填写“国际航行船舶进口岸申请书”和“船舶规范”报海事局，之后送海关、边防、检验检疫机构。了解泊位信息，通告港口作业区船舶的状态(船舶净吨、吊杆负荷、吃水、装卸要求)。

(5)向委托方索取进口货运单证(载货清单、提单副本、货物积载图、集装箱位图)，复印份数提交装卸作业区和理货公司，危险品进入需提前72小时，报海事局批准，分送港口作业区和船方。来港装出口货物的船舶，要及时通知发货人提交货物出口托运单，办理货物的集港、制作、舱单、大件尺码、危险品货物申报单、准装单、装载特殊要求，分送港口有关单位。

(6)了解船舶是否需要扫舱、洗舱、货物验舱等特殊要求。

(7)填写“船舶费用分摊表”送装卸公司。

(8)根据租约的要求，了解“交船准备就绪通知书”的要求、“事实记录”的要求。

(9)接受委托方的授权，同港方订立“滞期/速遣事宜的协议”。

(10)编入月度来港船舶计划，送港务局和港口作业区。

(11)协助船方和委托方办理检验检疫、验舱、修理、补给计划。

船舶抵港靠泊前,船舶代理需要办理如下工作:索要货运资料并将资料录入计算机,催索备用金,落实出口货物备妥及进口货物提取,向港方申报进港靠泊计划,向口岸监管机关办理船舶入港手续,接受船长船位报,向外勤人员业务交接,向有关方通告相关信息,解答有关方询问等。

4. 船舶在锚地期间的工作

(1)船舶到达锚地后,与船长联系,取得船舶信息,通知船长锚泊计划、锚地检验检疫的时间、引水员上船时间,同时发出到船电报。

(2)将船舶下锚时间、锚位通知海事局和港务局。

(3)提交"吨税申请书"、"总申报单"、"船员名单(旅客名单)"、"船员物品清单"、"船舶物品清单"、"航海健康申报书"、"货物申报单"、"进口货物载货清单"给海关、边防、海事和检验检疫机构。

(4)24 小时与船方保持联系。

(5)协助和掌握船舶的修理、加水、加油、检测主机、船员调动的情况。

(6)进港计划确定后,立即通知船长做进港准备,引水员上船,起锚、作业时间,向船公司和委托人报告船舶信息。

(7)处理检验检疫工作。

5. 船舶在港作业期间的工作

(1)船舶靠港,外勤人员核对停泊时间、拖轮使用时间、引水员上下船的时间,告诉船长作业安排、预计离港时间,向委托方发送电报。

(2)协助船长填写各种申请表格。

(3)检验船舶的吨税执照,"船舶吨税申报单"。

(4)向船长索取进口货物单证。

(5)按租约要求,接受船方的"船舶装卸准备就绪通知书"。

(6)核对吊杆数和负荷数量,了解备机时间。

(7)请船长签署各项已产生的费用单据,记录船长交办事宜。

(8)接受船长签字的海事报告、航海日志、举证材料。

(9)船舶修理,联系船厂,安排修船,做好船检准备。

(10)还船的检验检测、测油,向委托方交检验证书和还船证书。

(11)根据委托方安排理货。

(12)制作作业记录(动态报告),向船长和委托方通报。

6. 在港装卸货期间的代理工作

船舶进港及在港装卸货期间,船舶代理需要做如下工作:向港方办理船舶进港作业,与船长交接资料、联检,代接船长递交的备妥通知书,做好船舶装卸事实记录工作,向船方发每日船舶装卸动态,处理其他与船舶代理有关的工作等。

7. 船舶离港前及离港时的代理工作

船舶离港前及离港时,船舶代理需要办理如下工作:向有关方索要货运单证,确定港口使用费备用金是否到账,了解船舶委托办理事宜是否办妥,了解离港船舶货物情况,向船长交付货运单证,向联检机关办理船舶出口手续,向港方办理船舶离港作业等。

8. 船舶离港后的代理工作

船舶离港后，船代需要办理如下工作：费用收据及货运单证的移交，向委托方发送离港报，向委托方和卸货港寄送货运资料，财务人员负责航次备用金的结算以及代办船长或船员委托代办的有关事宜等。如果船长或委托方授权并要求代理于船舶开航后签发提单，则包活船务部将场站收据、大副收据等单证转交单证部，由单证部门代表委托方签发提单，并交付托运人。

13.4 国际海运货运代理

13.4.1 国际海运代理发展

海上货物运输代理是货物运输代理的一个部分，是随着国际贸易所涉及的国家和地区的不断扩大、海上货物运输量的日益增加而产生和发展的。海上货物运输环节多、业务范围广，任何一个货主（托运人）或船公司（承运人）都很难亲自处理好每一环节的具体业务，而且限于人力和物力，也不可能在世界范围广设分支机构，承办揽货订仓、货物交接、中转换装和进出口货物报关等项业务。在这种情况下，如果讲有关业务委托代理人办理，对货主来说，有利于贸易合同的履行；而对承运人来说，则无疑扩大了揽货网络，增加了货源。为此，货主或承运人虽然要支付一定数额的酬金或佣金，但他们都可以从货运代理人提供的代理服务中得到补偿。

一般来说，从事海上货物代理业务的机构或个人，都应熟悉贸易和运输业务，了解各种运输程序、手续和规章制度，并能熟练地操作和运用。他们除与货主和船公司有密切地联系外，还应和其他交通运输部门，以及银行、海关保险、商检等部门有着广泛地联系和密切地关系。凭借着这些有利的条件，他们接受货主的委托，代办各种运输事项往往比货主亲自办理更为方便、有利。况且，货运代理人还可以以自己的名义承运货物，将货主托运的小批量货物集零为整，以大批量货载也常可给货运代理人以一定的优惠。

海上货运代理发展至今，已成为渗透到运输领域各个角度、国际贸易运输中不可缺少的、遍及世界范围的行业。对世界货运代理业务起着协调、改进和促进作用的国际货运协会联合会（简称菲亚塔——FIATA：International Federation of Freight Forwarders Association），作为货运代理的国际组织，其成员国已发展到130个国家，拥有货运代理公司35000多家，职工800多万人。中国对外贸易运输总公司已经于1985年正式参加了这个国际组织。

虽然货运代理是伴随国际贸易的发生和发展而发生和发展的，但是，在国际贸易竞争日益激烈、社会分工越来越细的情况下，货运代理对高效、优质、低运费地完成外贸运输任务，保证贸易合同的履行，提高外贸企业的信誉和竞争能力，起着非常重要的作用。

当前，海上货运代理人除经营传统业务外，有的实际上成为所谓的“无船承运人”，由于物流业务蕴藏着巨大利润空间，现在一些著名的海上货运代理人开始经营第三方物流。

第三方物流与传统货运代理的业务有很大的区别，从运输和仓储等简单的代理服务，转为提供全面的物流服务，帮助客户按照客户的经营战略去策划它的物流，其中包括物流活动的组织、协调和管理、涉及最优物流方案、物流全程的信息搜集管理等。第三方物流要求服务企业提供最适宜的运输工具、最便捷的联运方式、最简短的运输路程、最适宜的包装、最少的仓储、最省的时间、最快的信息和最佳的服务。

13.4.2 国际海运代理的业务范围

无论企业规模的大小,货运代理的业务范围都相当广泛。原则上,凡是与运送进出口货物有关的业务,在授权范围内,都可能是货运代理人的业务范围。具体地说,在海上货物进出口运输中,海上货运代理人的基本业务,主要是海运进口的货运代理业务和海运出口的货运代理业务。

1. 海运进口的货运代理业务

海运进口的货运代理业务主要是,代表货主办理各种货运手续,安排船舶到国外装卸港装货,运至国内港卸货,并尽快将货物送交交货人。

(1)承揽海运进口货物的租船订舱。在以FOB价格成交的进口贸易中,买方(进口方)应该负责租船、订舱,实际上买方通常是委托货运代理人代办租船、订舱,以完成货物进口运输。由于货运代理人与各船公司保持密切联系,掌握各班轮航线船舶动态,了解航运市场行情,在接受委托后,往往能够及时租到合适船舶或订到合适舱位。

货主委托货运代理人代办租船、订舱时,必须向货运代理人提交"进口订舱联系单",以明确订舱委托。订舱联系单是货运代理人组织运输的重要依据,其内容包括:货名、重量及尺码、合同号、交货期、装卸港、买货条款、发货人名称、地址及电话等。代理人接受委托后,根据订货联系单填写货物清单。

(2)接受海运进口的租船订舱。货主委托货运代理人代办租船、订舱识,须向货运代理人提交"进口订舱联系单"(或"订舱单"),以明示订舱的委托。一般情况下,进口公司(货主)还会将一份贸易合同副本或影印件交送货运代理人。货运代理人接受订舱单后,即根据订舱单,缮制货物清单,寄交装货港的货运代理人的分支机构或代理人。落实货源后,代理关系即告成立。

(3)办理租船和订舱。具体办理租船和订舱是货运代理人的主要业务。对于小批量货物,代理人应按货物特点、运输条件和货主要求,向班轮公司订舱。对于需要整船运输的大宗货物,如粮食、化肥等,代理人应根据货运量或每月交货量办理航次租船。租船或订舱办理完毕,代理人要将船名和装货日期分别通知国外发货人和国内进口公司,以便发货人提前办好货物出口手续,准备好出口货物,及时装船,同时让国内进出口公司了解租船或订舱进度,做好接收货物准备工作。

(4)掌握船舶动态和收发有关单证。装货船舶起航后,代理人应密切注意船舶动态,事先做好船舶进港、卸货和接运准备工作。进口货物到达卸货港之前,代理人必须从货运代理机构驻国外办事处代理人、国外发货人、船公司在卸货港代理人那里取得有关单证,为办理各种手续做准备。

进口货物单证包括商务单证和货运单证。商务单证有:买卖合同,发票和保险单等,这些都是货运代理办理货物进口报关、报验、纳税和索赔的依据。

货运单证有:载货运费清单、提单、租船合同、货物积载图等,这些单证是代理人与船方办理货物交接的单证,也是货物进口报关、报验的单证。

(5)卸货交接。如果是以FOB价格的贸易,由国内买方派船运输进口货物,货运代理人负责安排卸货港口。代理人必须在船舶到达国内港口之前,了解进口货物流向、船舶吃水、港口条件,合理安排卸货港。

船到港后,代理人负责监督卸货,在卸货过程中如果发现货物残损和短缺,应做好记录,作为以后索赔的依据。货物卸完后,代理人与船方办理交接手续。

(6)报关和报验。进口货物必须经海关查验,照章缴纳关税后,才能离开港区。进口商或货运代理人向海关申报,缴纳关税,请求对进口货物查验放行的业务称为报关。

按照法律规定,有些进口货物必须先通过检疫机关或商检机关检验,取得合格证书后,才能报关。对于这类货物进口,进口商或货运代理人向检疫或商检机构申请检验的业务成为报检。

进口货物检验有两种:法定检验和公证检验。法定检验是指,按照国家有关法律规定,为了防止疫情传入国内,动、植物及其产品进口必须通过建议,合格后放行。法定检验必须在报关之前进行。公证检验属于鉴定检验,目的在于鉴定货物质量或残损原因。这种检验不必在报关前进行。

(7)进口代运。进口货物卸船报关后,既可由收货人自己提取货物,也可委托代理人代办货物交接,安排交通工具,将货物转运到收货人指定地点。特别是收货人距离货物进口港较远的情况,委托代理人代运可加快货物转运。实际上,海运进口的货运代理业务通常都负责从租船订舱到把货物送交收货人的全过程代理,这种情况,进口代运业务本来已包括在整个货运代理业务之内。

2. 海运出口的货运代理业务

海运出口货运代理人的业务是,安排船舶,将出口货物装船,运至进口国装卸港,将货物送交给收货人,在这个过程中代表货主办理各种业务。海上出口货物运输业务涉及的环节多问题复杂,要做好出口运输代理工作,必须了解和熟悉出口运输代理人的各个环节、各种单证和操作程序。

(1)揽货和接受委托。在托运人决定委托货运代理人代办出口货运业务的情况下,通常都预先向货运代理人申报计划,然后再在规定时间内向货运代理人递交具体的订舱单。接到订舱单后,货运代理人即向承运人洽订舱位或洽租船舶。

(2)租船、订舱。货运代理人接受租船、订舱的委托后,首先要了解发货人的备货情况和买方的信用证是否已为卖方所接受。在货物和信用证齐备的情况下,即应按订舱单规定的装船期,在装船期到期前,向船公司租船或订舱。

(3)集中货物。在租船、订舱后,货运代理人就应根据将货物向港口集中的需要和时间安排,将货物集中,对货物进行包装、称重和量尺码,联系市内运输工具,将货物送港口待装。如果是船边现装,更应事先安排车辆或驳船,及时输送货物,以保证连续作业。

(4)货物集中后,货运代理人须缮制货物出口报关单,连同装货单、发票、装箱单、商检证书等有关单证向海关申请出口报关,经海关审核报关单内容与所附单证、文件内容相符,查验货物与单证内容一致后,海关方签印放行。而船方则必须凭经海关签印放行并加盖海关印章的装货单才能将货物装船。各国海关都有关于出口货物报关期限的规定。

(5)装船监装。广义地说,监装既包括为维护船方的利益,而由船公司派员或委托理货人员在装船现场进行的现场工作,也包括为维护托运人的利益,而由货运代理人派员在装船现场进行的现场工作。

装船完毕,船舶开航后,货运代理人应立即向收货人发出离港电报,将货物品名,合同号,

货物毛重、净重，金额，装运船名，装期，开航日等通知收货人，以便收货人做好提前准备工作。对于以CFR价格条件成交的出口货物，及时向收货人派发离港电报，以便收货人及时投保尤为重要。

(6)换取提单及处理善后。货物装船后，货运代理人凭大幅签发的收货单，至船公司或船公司的代理人处，换取已装船清洁提单，送交托运人，以保证及时结汇货款。

正常情况下，将出口货物装船，取得提单，则认为货运代理人代办的出口货运业务已经完成。

13.4.3 国际海运代理人及委托人的责任义务

代理关系一经确立，代理人就应按照委托人的要求，在授权范围内执行其代理职责。作为代理人，在执行其代理职责时，应该以维护委托人的合法利益为原则，诚恳、忠实并勤勉地进行代理工作。

1. 国际海运代理人的权利

(1)有权在委托人的授权范围内依法履行代理职责。

(2)有权向委托人所取其履行代理职责所必需的资料信息，但同时负有保密或返还义务。

(3)在紧急情况下，为委托人利益需要，有权转托他人代理，单应事后及时向委托人说明情况。

(4)有权要求委托人预付代理委托事务的费用。

(5)有权向委托人追偿其履行代理职责而支出的额外费用，或代为垫付的费用。

(6)有权依照代理协议的约定向委托人收取报酬，因不可归则于代理人的事由，代理协议解除或者代理事务不能完成的，有权要求委托人支付相应的报酬，除非双方另有约定。

(7)委托人经代理人同意，可以在代理人之外委托第三人处理委托事务，因此给代理人造成损失的，代理人可向委托人要求赔偿损失。

(8)代理人处理委托事务，因不可归责于自己的事由受到损失的，可以向委托人要求赔偿损失。

(9)有权依照法律规定或合同约定，请求仲裁机关或人民法院确认和追究委托人违反代理协议的法律责任。

2. 国际海运代理人的义务

(1)代理人应当按照委托人的指示处理委托事务，需要变更委托人指示的，应当经委托人同意；因情况紧急，难以和委托人取得联系的，代理人应妥善处理委托事务，但事后应将该情况及时通知委托人。

(2)代理人因过失或超越代理权限使委托人遭受损失的，代理人应对其负赔偿责任。

(3)代理人非经委托人特别许可，对同一代理行为，不能同时兼为第三人的代理人。

(4)代理人不得与第三人串通损害委托人的利益。

(5)代理人必须亲自完成代理工作，经委托人同意，代理人可以转委托。转委托经同意的，委托人可以就委托事务直接指示转委托的第三人，代理人仅就第三人的选任及其对第三人的指示承担责任。转委托未经同意的，代理人应当对转委托的第三人的行为承担责任，但在紧急情况下为保护委托人的利益需要转委托的除外。

(6)代理人应向委托人及时报告开例活动的进展情况及结果,并提交相关的文件和资料。

(7)保守在代理过程中知悉的商业秘密。

3. 委托人的权利

(1)有权依照法律规定或合同约定督促货运代理认真、及时、全面和正确地履行代理职责。

(2)因代理人的过错使委托人遭受损失,有权请求代理人赔偿。

(3)有权要求代理人提供资料、信息,履行返还或保密义务。

(4)对代理人的越权行为,有权承认或否定。

4. 委托人的义务

(1)向代理人提供有关业务资料和信息,并确保真实、合法和有效,以使代理人尽快有效地开展代理业务。

(2)应当按代理协议中约定的标准、支付条件、支付时间、支付方式向代理人支付报酬。

(3)应当偿还代理人因履行代理义务而支出的费用或遭受的损失。

5. 当事双方享有的其他权利

(1)委托人与代理人均可以随时解除委托代理协议,因解除协议给对方造成损失的,除不可归责于该当事人的事由外,应当赔偿损失。

(2)委托人或代理人破产的,委托代理人协议终止,但当事人另有约定或者根据代理协议的性质不宜终止的除外。因委托人破产,致使代理协议终止将损害委托人利益的,在委托人的法定代表人或清算组织承受委托事务之前,代理人应当继续处理委托事务;因代理人破产致使代理协议终止的,代理人的法定代表人或清算组织应当及时通知委托人;因协议终止将损害委托人利益的,在委托人做出善后处理之前,代理人的法定代表人或清算组织应当采取必要的措施。

13.5 航运经纪人

1. 航运经纪人的含义

航运经纪人是以中间人的身份代办洽谈业务,促使航运业务交易成交的人。在海上运输中,有关货物的订舱和揽载、托运和承运、船舶的租赁和买卖等项业务,虽然常由交易双方直接洽谈,但由航运经纪人作为媒介代办洽谈的做法已成为传统的习惯。

航运经纪人作为交易双方的桥梁与纽带,拥有丰富的航运专业知识和经验,精通航运业务,与航运市场保持着良好的联系,能及时了解航运市场行情,掌握船舶和货源的情况。在为委托人提供市场信息、咨询调查及其他信息咨询服务,并促成合同的顺利签订、减少委托人事务上的繁琐手续以及为当事双方调节纠纷等方面起着不可替代的作用。因而,航运经纪业与航运代理业一样已成为我国运输市场中不可缺少的重要组成部分。

2. 航运经纪人的类型

国际上,通过航运经纪人洽谈航运业务的方式主要有以下两种。

(1)由船舶所有人和承租人各自指定航运经纪人。船舶所有人的经纪人接受船舶所有人的委托,代表船舶所有人的利益进行业务的洽谈;承租人的经纪人则接受承租人的委托,代表

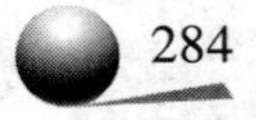

承租人的利益洽谈业务。在双方经纪人就租船业务所涉及的基本条件达成一致意向的基础上，且上访的委托人也认可这些成交条件的情形下，通常由船舶所有人的经纪人根据双方同意选用的某项租船合同范本及达成的各项条款，尽快制定完善的租船合同并代表委托人签署合同，如另一方经纪人对此租船合同无异议，也应代表其委托人在合同上签字。

(2)由船舶所有人和承租人共同指定同一航运经纪人。在该情况下，双方当事人往往需要面谈，并决定谈判是否成功。航运经纪人只起引导作用，利用自己的专业知识和技能尽可能促使双方当事人共同议定各项租船合同条件和条款，顺利成交并签约。

航运经纪人接受船舶所有人或承租人的委托，洽谈租船业务和签订租船合同后，将从船舶所有人那里取得一定的报酬，这种报酬称为佣金。佣金的数额按照租船合同中的佣金条款计算。

复习思考题

1. 简述国际航运组织的概况。
2. 简述货运代理的业务范围。
3. 简述船舶代理的概念及其类型。
4. 简述船舶代理的组织类型。
5. 简述国际海运代理的业务范围。

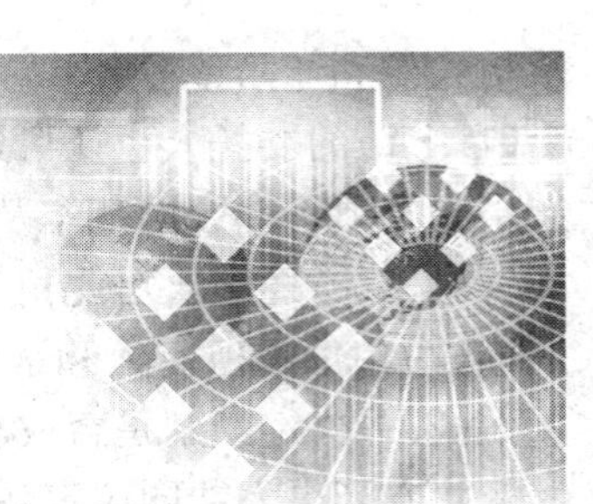

第14章　多式联运组织

发展多式联运是一种以实现货物整体运输的最优化效益为目标的联运组织形式，是体现综合运输的一种方式。本章主要讨论集装箱多式联运的涵义、特征、责任制度和具体组织方式等。

14.1　集装箱多式联运概述

集装箱运输是指将货物装载于标准规格的集装箱内进行运输。它以其高效、优质、低成本的特点，成为当今最重要的一种货物装载形式。在集装箱运输的基础上，把多种运输方式有机地结合起来的国际间连贯运输，即国际多式联运。

14.1.1　国际多式联运的基本概念和特征

国际多式联运是以集装箱装载形式把各种运输方式连贯起来进行国际运输的一种新型运输方式。开展多式联运具有重要的意义。

1．国际多式联运的涵义

国际多式联运（International multimodal transport）简称多式联运，是在集装箱运输的基础上产生和发展起来的，是指按照多式联运合同，以至少两种不同的运输方式，由多式联运经营人将货物从一国境内的接管地点运至另一国境内指定交付地点的货物运输。国际多式联运适用于水路、公路、铁路和航空多种运输方式。在国际贸易中，由于85%～90%的货物是通过海运完成的，故海运在国际多式联运中占据主导地位。按照《联合国国际多式联运公约》的解释，国际多式联运必须具备以下五个条件。

（1）至少是两种不同运输方式的国际间连贯运输。

（2）有一份多式联运合同。

（3）使用一份包括全程的多式联运单据。

（4）由一个多式联运经营人对全程运输负责。

（5）是全程单一的运费费率。

国际货物多式联运公约对经营人有专门的定义，多式联运经营人是与托运人进行签约，负责履行或组织履行联运合同，并对全程运输负责的企业法人和独立经营人。在多式联运中有两种类型承运人，一种是契约承运人，即与托运人订立多式联运合同的人；另一种是实际承运人，即契约承运人委托完成货物运输的人。多式联运经营人可以是拥有或经营运载工具如船舶、铁路、公路、航空、内河运输的某一区段的实际承运人，也可以是其本身不拥有或经营运载

工具的货运代理人。

国际多式联运过程中,涉及货物装卸、交接和管理等许多复杂问题,因而承办多式联运的承运人都只能在有限的几条路线上协调好多种运输方式的连贯性。我国自 20 世纪 80 年代初开展多式联运业务,已建立了数十条联运路线,但完整的管理体系和货运代理网络尚待形成。

由此可见,多式联运是与集装箱运输紧密联系在一起的;多式联运是以集装箱运输或集装箱货物为主体的;从某种意义上说,多式联运就是集装箱多式联运;多式联运的经营人是多式联运的组织者;多式联运是在一次托运、一票到底、一次收费、一次保险、全程负责的基础上的门到门服务。

2. 开展多式联运的意义和优越性

集装箱运输实际上是指货物运输过程中的一种装载形式。集装箱是一种能反复使用的便于快速装卸的标准化货柜。国际标准化组织推荐了 3 个系列 13 种规格的集装箱,在国际运输中常用的集装箱规格为 20ft 和 40ft 两种。

开展多式联运对政府和委托双方来说具有重要的意义。从政府的角度来看,其意义主要表现在:它有利于加强政府部门对整个货物运输链的监督与管理;保证本国在整个货物运输过程中获得较大的运费收入分配比例;有助于引进新的先进运输技术;减少外汇支出;改善本国基础设施的利用状况;通过国家的宏观调控与指导职能,保证使用对环境破坏最小的运输方式达到保护本国生态环境的目的。从承托双方的角度来看,其意义主要体现在:对于货主而言,避免了货物运输繁杂的手续,缩短了运输时间,减少了货损货差的可能性,提高了货运质量,节省了货主在运输方面的费用,方便了货主索赔。而对于承运人而言,促进了承运人之间相互协调配合,提高了运输工具的周转率,降低了运输成本,扩大了承运人的业务范围。开展国际集装箱多式联运具有许多优越性,主要表现在以下几方面。

(1)简化托运、结算及理赔手续,节省人力、物力和有关费用。在国际多式联运方式下,无论货物运输距离有多远,由几种运输方式共同完成,且不论运输途中货物经过多少次转换,所有一切运输事项均由多式联运经营人负责办理。而托运人只需办理一次托运,订立一份运输合同,一次支付费用,一次保险,从而省去托运人办理托运手续的许多不便。同时,由于多式联运采用一份货运单证,统一计费,因而也可简化制单和结算手续,此外,一旦运输过程发生货损货差,由多式联运经营人对全程运输负责,从而也可以简化理赔手续,减少理赔费用。

(2)缩短货物运输时间,减少库存,降低货损货差事故。在国际多式联运方式下,各个运输环节和各种运输工具之间配合密切,衔接紧凑,货物所到之处中转迅速及时,大大减少了货物的在途停留时间,从而从根本上保证了货物安全、迅速、准确、及时地运抵目的地,因而也相应地降低了货物的库存量和库存成本。同时,多式联运是通过集装箱为运输单元进行直达运输,尽管货运途中须经多次转换,但由于使用专业机械装卸,且不涉及箱内货物,因而货损货差事故大为减少,从而在很大程度上提高了货物的运输质量。

(3)降低运输成本,节省各种支出。由于多式联运可实现门到门运输,因此,对货主来说,在将货物交由第一承运人以后即可取得货运单证,并据以结汇,从而提前了结汇时间。这不仅有利于加速货物占用资金的周转,而且可以减少利息支出。此外,由于货物是在集装箱内进行运输的,因此从某种意义上来说,可相应地节省货物的包装、理货和保险等费用的支出。

(4)提高运输管理水平,实现运输合理化。对于区段运输而言,由于各种运输方式的经营人各自为政，自成体系，因而其经营业务范围受到限制，货运量也相应有限，而一旦由不同的运输经营人共同参与多式联运，经营的范围可以大大扩展，同时可以最大限度地发挥其现有设备的作用，选择最佳运输线路组织合理化运输。

14.1.2 中国国际集装箱多式联运概况

1. 中国集装箱多式联运现状

我国集装箱多式联运经过30多年的发展，在技术装备及组织管理等方面具备了一定的水平，但国际海运集装箱在内陆长距离集疏运却很少，其中水路、铁路和公路集装箱运输不配套，难以形成集装箱内陆延伸的联运体系。以铁路为例，我国铁路运输的管理体制、基础设施、运输服务质量以及运输价格等方面尚不能满足国际集装箱多式联运的发展。我国铁路运输实行政企合一的管理体制，基本上是垄断经营，近年来虽然有所改进，但是市场观念淡薄、服务意识差的状况没有从根本上改变。铁路运输基础、设施设备与其他运输方式不统一。目前我国铁路集装箱的箱型有1t箱、5t箱、10t箱和20ft箱及少数40ft箱，只有20ft箱和40ft箱与国际海运集装箱的箱型一致，致使铁路集装箱在调配使用、各运输方式之间的换装以及管理上有很大难度，铁路集装箱办理站数量太少，分布不合理，集装箱吊装设备不配套，铁路集装箱专用车辆数量少，集装箱的跟踪管理及信息反馈手段落后。铁路集装箱运输价格不合理，铁路运费结构复杂，难以计算，也难于公开。集装箱运输需缴纳“自备箱管理费”以及装卸费、堆场费、搬移费、装拆费等各种费用，总的运价水平高于件杂货运输。由于集装箱运价不合理，致使大多数货主仍采用传统的件杂货装铁路普通车辆运输，在港口码头卸车装箱或拆箱装车，从而大大地制约了铁路集装箱运输的发展。

在集装箱运输方面，水路比公路发展快，而公路又比铁路发展得快，三种运输方式不仅在基础设施上存在着很大的差异，而且在管理、营运组织以及通信技术等方面都存在差异，因而严重地影响我国国际集装箱多式联运的发展。

2. 多式联运系统运输通道的实际配置

从港口开始分析，根据每一个通道所选定的线路逐步向内陆延伸。一般的主要内容有：口岸集装箱码头、港口附近的集装箱货运站（CFS）、沿通道内陆运输系统、内陆CFS/CY。通道上的服务是由多方面分别提供的，主要包括：港务局、集装箱码头公司、理货公司、国际船舶代理、国际货代、公路运输经营人、铁路运输经营人、CFS/CY经营人等。其中，货代与参与方的联系更为紧密，这些参与方包括货主、船代、理货公司、一关三检（海关、卫检、动植物检验、商检）、承运人以及集装箱站场经营人。

（1）集装箱码头经营人。专业经营集装箱码头，在集装箱船和码头检查门之间提供集装箱装卸及相关业务的经营者。其特点是：需要使用大量投资密集的机械设备，如集装箱桥吊、拖车、叉车等。集装箱码头经营者的业务主要与船代、船主、货主或货代、“一关三检”（海关、卫检、商检、动植物检验）和内陆承运人等有关。

（2）理货公司。其功能包括，根据有关规定在甲板上对船舶货物进行理货，根据货主要求向收发货人提供服务，在装箱或拆箱时核对箱内货物有关单证记载是否一致，核对货物数量、记载货物破损情况等。

（3）船代。船代作为船舶拥有人的代理在集装箱运输链中起重要作用。作为集装箱经营

者,负责以船舶公司的身份签发提单、设备交接单等运输单证及船舶订舱、与货主或货代联系、通告船期、报价等业务。作为船公司的代表或代理,其责任写在与船公司签订的合同中。船代主要与港务局、货主、货代、集装箱码头经营人以及内陆承运人有密切的关系。

(4)国际货运代理。货代是作为货主与不同承运人以及海关等其他机构之间的中介者,以货主的身份,代表货主处理有关运输方面业务,提供货物运输代理有关的服务。货代是作为一个中介者,在货主、承运人、"一关三检"及其他有关方面之间提供服务。

①货代作为货主的代理与铁路、公路或海运承运人签订一系列独立的运输合同,在这种情况下,货代不承担运输过程中货损、货差的责任,从一种运输方式到另一种运输方式之间的转运风险也由货主自行承担。

②货代作为一程运输的承运人(此时货代同时也是船公司)同时作为货主的代理,为其他各程运输签订独立合同。在这种形式安排中,货代仅对他自己的一程海运负责而其他各程仍遵守各有关方式的规定和条件。同样,不同运输方式间转运时的货损、货差的风险仍然由货主自行承担。

③货代作为多式联运经营人(他应具有相应手段)签订一个门到门运输合同。在这种安排下,货主与各独立的实际承运人没有合同关系,货主的权利与责任都取决于其与货代签订的合同条款。

(5)货主。一般是具有进出口经营权的企业,既可以自行安排运输,也可以通过合同委托他人(通常是通过货代)来安排运输。如果选定了一家货代,货主与集装箱运输链中各方面的接触将由货代安排进行。

(6)内陆运输承运人,负责从港口口岸经公路、铁路或水路的集装箱境内运输。内陆承运人与货主、货代、集装箱码头经营人及 CFS/CY 经营人协作完成运输过程。

(7)内陆集装箱中转站,提供装拆箱、临时堆存、修理集装箱及其与集装箱有关的其他业务的服务,经海关批准还可以办理海关监管业务。内陆集装箱的经营人与内陆运输承运人(公路、铁路、水路)、货代以及在中转站内经批准的"一关三检"机构协作配合开展业务。

中国的集装箱运输体制、法规环境的特点是政府直接参与集装箱运输系统的管理,参与了运输单证方面的工作,规定使用的主要单证有:托运单、站场收据、提单、集装箱装载清单、集装箱装箱单、设备交接单、集装箱预配清单、舱单、运费舱单、到货通知、提货单、交货记录。在多式联运中合资、外资企业已经出现。中国目前需要协调整个系统各方面操作,并能致力于系统长远发展的规划,来推动集装箱多式联运发展。在多式联运充分市场化后,应减少政府干预,通过制定相应经济法规进行管理。

3. 发展中国集装箱多式联运策略

结合我国集装箱多式联运的发展现状,提出以下策略。

(1)研究出适合我国当前国情的铁路、公路、水路集装箱整体运输模式。国际多式联运组织水平的高低主要取决于组成多式联运的各种运输方式之间的相互协作与配合。借鉴国外集装箱多式联运的实践经验,在深入了解当前集装箱多式联运的(公路、铁路、水路港口等)各个环节现状的基础上,分析多式联运各环节的特征,研究集装箱多式联运对各个环节的衔接需求(如设施、技术装备、管理体制和管理方法等方面),提出适合我国当前国情的铁路、公路、水路集装箱整体运输模式。

(2)修订或制定出适合上述运输模式的相关法律法规,明确铁路与其他运输方式在集装箱多式联运中的责、权、利。完善的法律法规是集装箱多式联运开展的基础,只有建立完善的法律法规,才能够明确各种运输方式的责、权、利,使各运输方式工作都在公平、合理、互利的前提下进行,进而促进集装箱多式联运的发展。1997年3月14日,交通部和铁道部共同发布了《国际集装箱多式联运管理规则》,贯彻落实《规则》将进一步规范我国国际集装箱多式联运市场的秩序,保护联运企业的正当权益,将我国集装箱运输的发展纳入科学化、规范化、系统化和法制化的轨道。

(3)改革现行的铁路集装箱管理体制和运价体制,构建适应新模式的铁路集装箱管理体制和运价体制。加大改革力度,将现行的铁路集装箱运输的几何管理模式转变为扁平管理模式,精简机构,提高效率,实现政企分开,构建适应新模式的铁路集装箱管理体制。此外,运价对运输方式的选择以及物流的变化起着决定性的作用。由于我国集装箱海运和公路运输定价较为灵活合理,所以其发展速度较快,铁路运输也应尽快着手进行运价体制改革,由计划转变为市场价,推进集装箱"一口价",构建适应新模式的铁路集装箱运价体制。

(4)加强铁路货运集中化工作,构建适应新模式的铁路集装箱运输网络。加强铁路货运集中化工作的实施力度,对目前的铁路运输网络站点进行优化,进而构建适应新模式的铁路集装箱运输网络。如可根据车站的地理位置、运量大小、所在地区的经济状况等因素构建多级别的集装箱办理站,以便服务于不同的集装箱多式联运客户需要。

(5)大力发展货运代理。规范的货运代理是介于货主和承运人之间的中介服务机构。多式联运的本质特征是通过运输方式的衔接和代理服务,力求充分利用各种运输方式的整体功能和独特优势,以便提供优质、方便、高效的运输条件,完成货物的位移,这些也正是货运代理的本质特征。货运代理可以大大简化运输企业的受理手续,方便货主,提高服务质量,有利于铁路企业树立良好的公众形象,增强铁路竞争力,拓展运输市场,增加运输的需求量;货运代理能够强化交通运输系统的内部联系,促进多式联运的发展,还可促进交通系统信息交流和协调等。

(6)加快EDI系统的开发和运用。EDI系统是国际集装箱多式联运不可缺少的管理手段,可以节约大量的人力、物力和财力,能快速、安全、简便地完成国家集装箱多式联运的单证传递。形成一个完整的、有效的多式联运体系,需要由国家经济综合管理部门牵头,组织铁路、公路、海运、海关、货运代理等部门及企业联合开发和研制,建立统一标准并尽早投入使用。

14.1.3 多式联运合同和责任制度

1. 多式联运合同

以多式联运的运输对象为标准,多式联运合同可以分为旅客联运合同和货物联运合同。多式联运合同指两个以上拥有不同运输方式的承运人为一方,相互衔接地将货物或者旅客运送到约定的地点,托运人或者旅客给付运费或者票款运输合同。多式联运合同包括货物多式联运合同与旅客多式联运合同。多式联运合同除了具有一般运输合同的特点之外,还具有以下特点。

(1)多式联运合同的承运人一方为两个或者两个以上拥有不同运送方式的承运人。这是多式联运合同与一般相继运输合同的主要区别。托运人托运的货物或者旅客要按照合同约定

到达目的地,需要搭乘两种或者两种以上不同而又相互衔接的运输工具。

(2)托运人或者旅客一次交费并使用同一运输凭证。托运人或者旅客一次性向承运人交付运费或者票款,同时在始发站获得同一的运输凭证。当货物或者旅客由一个承运人转移给另一个承运人时,托运人或者旅客无须另行交费或者办理托运手续或购票。因此,联运可以减少运输的中间环节,加快运输速度,从而提高运输效率。

(3)多式联运经营人与区段承运人对托运人所托运货物或者旅客的损失对外承担连带责任。因为多式联运经营人负责履行或者组织履行多式联运合同,对全程运输享有承运人的权利,承担承运人的义务。

2. 多式联运中责任制的类型

要确定多式联运经营人的责任,首先要确定多式联运中责任制的类型。所谓责任制(Liability Regime)类型,是指在多式联运当中如何划分或确定各个运输区段承运人责任和多式联运经营人责任及承运人和经营人之间责任关系的制度。常用的有统一责任制、网状责任制和修正的统一责任制。

统一责任制(uniform liability system)是联运经营人对货物损害责任的一种赔偿责任制度。按照这种制度,统一由签发联运提单的承运人对货主负全程运输责任,即货损货差不论发生在哪一个运输阶段,都按统一的责任内容负责。如果能查清发生损害的运输阶段,联运承运人在赔偿以后,可以向该段运输的实际承运人追偿。

网状责任制(network liability system)是联运经营人对货物损害责任的一种赔偿责任制度。按照这种制度,签发联运提单的承运人,虽然对货方仍负全程运输的责任,但遇损害赔偿不像统一责任制那样,而是按发生损害的运输阶段的责任内容负责。例如,损害发生在海上运输阶段,按国际货运规则办理;如发生在铁路或公路运输阶段,则按有关国际法或国内法处理。

修正性的统一责任制也被有的学者称为“可变性的统一责任制”,是由联合国多式联运公约所确立的以统一责任制为基础,以责任限额为例外的一种责任制度。根据这一制度,不管是否能够确定货运事故发生的实际运输区段,都适用公约的规定。但是,若货运事故发生的区段适用的国际公约或强制性国家法律规定的赔偿责任限额高于联合国公约规定的赔偿责任限额,则多式联运经营人应该按照该国际公约或国内法的规定限额进行赔偿。所以,修正性的统一责任制下,统一责任制是多式联运经营人承担责任的总体规则,但对责任限额,则适用网状责任制形式。

3. 多式联运经营人的责任基础

在国际货物多式联运领域内,较有影响的国际公约主要有 3 个:1980 年《联合国国际货物多式联运公约》、1973 年《联运单证统一规则》以及 1991 年《多式联运单证规则》。

《联合国国际货物多式联运公约》规定:该公约实行修正后的统一责任制,多式联运经营人对全程运输负责。该公约实行推定过失责任制,即如果造成货物灭失、损坏或迟延交付的事故发生在联运责任期间,联运经营人就应负赔偿责任,除非联运经营人能证明其本人、雇佣人或代理人等为避免事故的发生及后果已采取了一切所能合理要求的措施。

《联运单证统一规则》规定:该规则实行网状责任制。如果能够确定灭失、损坏发生的运输区段,多式联运经营人的责任应按适用于该运输区段的强制性国内法或国际公约的规定办理。

《多式联运单证规则》规定:该规则实行一种介于网状责任制和统一责任制之间的责任形式。总体上采用推定过失责任原则,但是对于水上运输的区段,实际上仍采用了《海牙一维斯比规则》的不完全过失责任制。

4. 多式联运经营人的责任

国际多式联运经营人负责全程运输,对发生于全程各区段的货物损坏都承担赔偿责任。在组织联运时,多式联运经营人与参加联运的有关承运人和换装机构签订合同,规定相互的权利、义务。这种联运工作的内部合同不能影响联运经营人对托运人承担的义务。

多式联运是采用两种或两种以上不同运输方式进行联运的运输组织形式,这里的至少两种运输方式可以是海陆、陆空、海空等。各种运输方式的运输责任制度是不一致的。在全程运输中,多式联运经营人究竟应按照何种责任制度承担责任,常成为争议所在。

14.2 集装箱多式联运组织

14.2.1 联合运输与集装箱化

1. 联合运输的涵义与多式联运的特点

联合运输主要是指两种以上运输方式或两种以上运输工具的接力运输或衔接运输,有时也将同一运输方式多国或多家经营、多种运输方式联合经营,以及产供储运销之间的运输衔接也包含其中。但在多数情况下,多式联运主要指的是前者。集成物流经营者要能将多式联运与集货、装卸、信息、仓储、散货等多个环节连接或联系起来。多式联运在物流系统中所表现的特点主要有以下几个方面。

(1)代理性。联运物流系统是建立在两种以上运输工具接力运输基础上的有机整体。实施联运能使各种运输网络基础设施相互兼容,运载工具长短途合理分工,水陆空相互协调,形成一个息息相通、环环相扣、四通八达的综合运输网。

(2)通用性。联运是跨地区、跨部门的衔接运输,应当是有计划地、有组织地进行物流服务活动,从而需有关部门、企业协调合作,基础设施综合利用。

(3)协同性。联运是能够实现产供储销一条龙物流服务系统协同效应的服务。

(4)全程性。联运是实行一次托运、一次计费、一票到底、全程服务、全程负责的物流过程为主要内容的衔接运输。

(5)简捷性。由联运经营人或代理人全面、全程负责物流运作过程,用户不必参与。

多式联运能充分运用各种运输方式的优点缩短流通距离,节约货物流通时间,降低物流总成本。它可以根据不同运输方式的特点,科学地组织运输过程扬长避短,发挥各种运输工具在物流系统中的最佳效果。中国采用多式联运方式运输的大宗货物主要有:煤炭、石油、矿石、钢铁、粮食、矿建、化肥、木材等;主要的联运海港有:大连、秦皇岛、天津、青岛、连云港、上海、宁波、广州、湛江等。一些大宗货物已形成了相应稳定或固定的物流通道和运行过程。例如,煤炭运输有固定的煤码头,粮食运输等也类似。

2. 集装箱运输

集装箱运输是将一定数量单位货物装入标准规格的集装箱,以集装箱作为集装、运送单

位，利用多式联运等方式，将货物运送到目的地的现代化运输手段。集装箱运输多属陆、海多种形式运输方式的联合运输。集装箱船舶运输货流图见图 14-1。

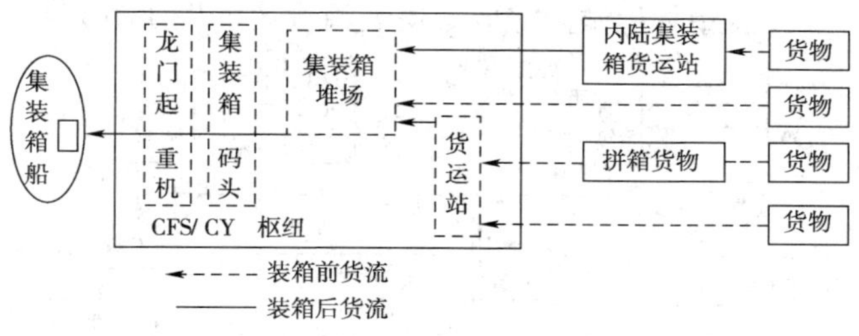

图 14-1　集装箱船舶运输货流

集装箱运输具有提高装卸效率、扩大港口吞吐能力、简化货运手续、提高货运质量、节约包装材料、降低商品成本等优点。为了提高中国对外贸易运输工作的效率和质量，扩大对外贸易往来，中国已对亚、欧、美和大洋洲大部分地区开辟了正式的集装箱运输航线。

中国的集装箱运输出现比较晚，但是发展很快。以中国内地港口集装箱年吞吐量为例，从 1973 年天津港接卸第一个集装箱开始，到 100 万标箱用了 16 年，由 100 万标箱到 1 000 万标箱用了 9 年，由 1 000 万标箱到 5 000 万标箱用了 6 年，而由 5 000 万标箱到 1 亿标箱仅用了 3 年，我国集装箱运输发展不断加速，实现了跨越式发展。

中国在集装箱铁路运输的改革上主要有两个大动作：一是开设集装箱“五定”班列及实行集装箱运输“一口价”；二是通过铁路融资的改革而促进铁路管理体制改革的一些新举措。其中为了保证运输的时效性，铁路组织了集装箱五定班列和集装箱快运直达列车，在国内主要城市间开行了中远程集装箱班列。目前铁路五定班列改革存在的问题主要是：五定班列价格下浮，内贸货和外贸货争货源，使铁路运力更紧张。而海铁联运主要服务于外贸货，不能较好地发挥海铁联运的作用。为了解决五定班列改革中的问题，应该在价格、运力等方面优先保证外贸出口货物，在运力充裕的情况下再延伸到内贸货。

集装箱化程度可以由装箱货物与适箱货物的比重来表示。适箱货物是指可以用国际标准箱进行运输的货物。中国集装箱化程度的现状是在沿海地区最高，向内地通道延伸过程中锐减。集装箱运输需求是一种派生需求，在中国这种需求几乎完全是由对外贸易所引起的。造成内陆地区箱量低、集装箱化程度低的主要因素是：对国际贸易的参与程度和多式联运系统的服务状况。

14.2.2　集装箱运输业务

1. 集装箱运输过程

根据收货人托收货物的数量、性质、状态以及使用集装箱的型号，集装箱货物运输可分为整箱货（FCL）和拼箱货（LCL）两大类。由单个货主的货物装满一箱的货物称为整箱货；由若干货主的货物凑满一箱的货物称为拼箱货。整箱货和拼箱货的运输方式和交接地点不同。整箱货是接取送达作业是以“箱”为单位的，其装箱与拆箱作业由货主负责自理。整箱货物重量由发货人确认，货物装载重量应以不超过所使用集装箱规定的最大允许载重量为限。集装箱运输过程中，凭铅封进行交接，铅封完整，箱体完好，拆箱时发现货物残损、短少或内货不符，应

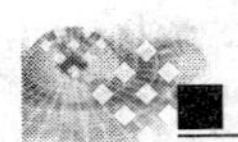

由发货人负责。发货人使用集装箱装货时,必须编制货物清单,并在每只箱子内附上装箱货物清单。拼箱货的接取作业仍以普通货物完成,其作业方式与整车或零担运输作业相仿。拼箱货的装箱拆箱作业应在集装箱货运站内完成。集装箱货运过程如图 14-2 所示。

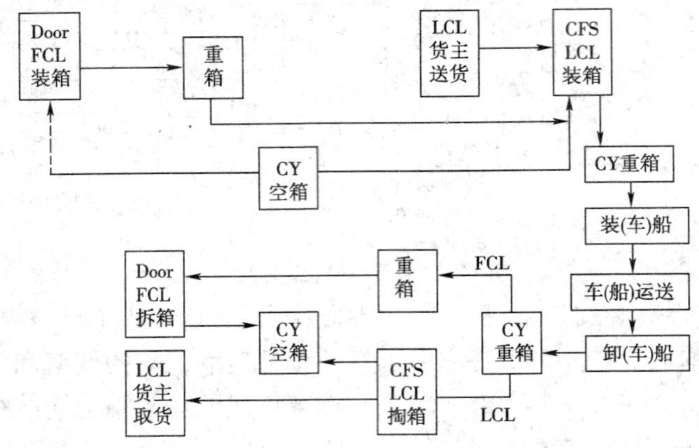

图 14-2　集装箱货运过程图

FCL—整箱货;LCL—拼箱货;CY—集装箱中转站;CFS—集装箱堆场

通过集装箱货运过程分析,我们可以得出以下几点:

(1)不管是采用整箱货还是拼箱货来完成集装箱运输,主要取决于集装箱货流。集装箱货流是组织车(船)流和箱流的关键。

(2)整箱货的接取送达作业是以"箱"为单位的;其拆箱和装箱作业由货主负责自理,整箱货物的质量是由发货人确定并经承运人确认。

(3)拼箱货的接取送达作业仍以普通货物形态来完成的;与零担货物运输相仿,其装箱和掏箱作业由承运人来完成,应在集装箱货运站(CFS)内完成,拼箱货物的托运质量是由承运人按规定予以确认。

(4)集装箱整箱货物运输流程为:CY 堆场——Door 装箱——运输各环节——Door 拆箱——CY 堆场。

(5)集装箱拼箱货物运输流程为:货主送货——CFS 货运站——运输各环节——CFS 货运站——货主取货。

2. 集装箱货流形式

(1)以货流到发量的大小分。

①整箱交,整箱接(FCL/FCL),见图 14-3。

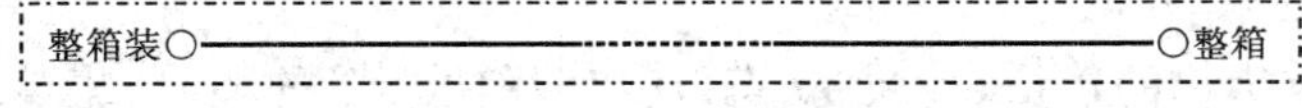

图 14-3　集装箱货流形式(一)

这种货运组织方式的特点是发量大、收量也大。货主在工厂或仓库把装满货后的整箱交给承运人,收货人在目的地以同样整箱接货。换言之,承运人以整箱为单位负责交接,货物的装箱和拆箱均由货方负责。

②拼箱交、拆箱接(LCL/LCL),见图 14-4。

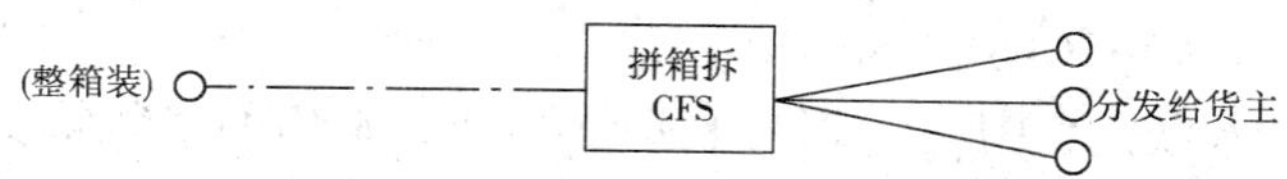

图 14-4　集装箱货流形式(二)

这种货运组织方式的特点是发量大、收量小。货主将不足整箱的小票托运货物在集装箱货运站或内陆转运站交给承运人，由承运人负责拼箱和装箱，运到目的地货站或内陆转运站，由承运人负责拆箱，拆箱后，收货人凭单接货。货物的装箱和拆箱均由承运人负责。

③整箱交，拆箱接（FCL/LCL），见图 14-5。

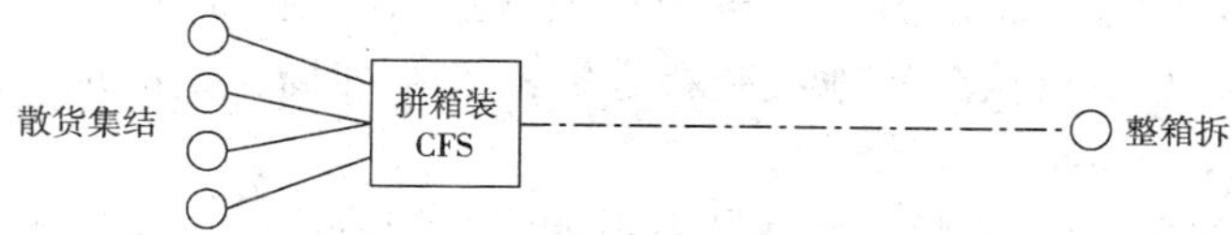

图 14-5　集装箱货流形式(三)

这种货运组织方式的特点是发量小、收量大。货主在工厂或仓库把装满货后的整箱交给承运人，在目的地的集装箱货运站或内陆转运站由承运人负责拆箱后，各收货人凭单接货。

④拼箱交，整箱接（LCL/FCL），见图 14-6。

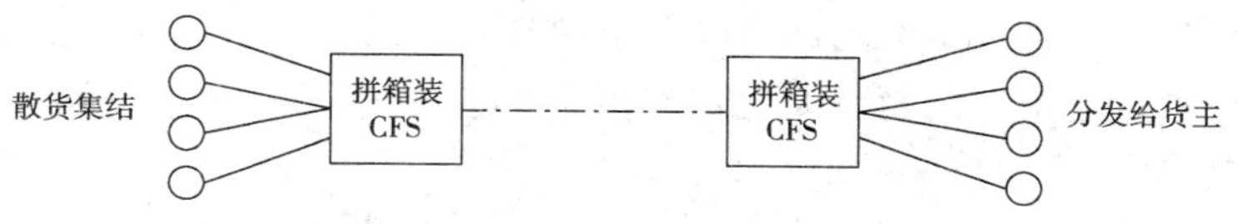

图 14-6　集装箱货流形式(四)

这种货运组织方式的特点是发量小、收量也小。货主将不足整箱的小票托运货物在集装箱货运站或内陆转运站交给承运人，由承运人分类调整，把同一收货人的货集中拼装成整箱，运到目的地后，承运人以整箱交，收货人以整箱接。

上述各种交接方式中，以整箱交、整箱接效果最好，也最能发挥集装箱的优越性。

（2）以始发和到达地点的不同分。

集装箱货流可能发生的起讫点通常有三个：货主仓库（DOOR）、集装箱堆场（CY）和集装箱货运站（CFS），由此形成的集装箱货运组织方式如表 14-1 所示。

集装箱货运组织方式　　表 14-1

D（到达） O（始发）	DOOR（拆箱）	CFS（货运站）	CY（重箱堆场）
DOOR（发送）	FCL	LCL FCL	FCL
CFS（货运站）	FCL LCL	LCL	FCL LCL
CY（重箱堆场）	FCL	LCL FCL	FCL

通过上述分析可以得出如下结论：在货主仓库（DOOR），始发和到达的均是整箱货（FCL）；在集装箱货运站（CFS），始发和到达的均是拼箱货（LCL）；在集装箱重箱堆场（CY），

发出和到达的均是整箱货(FCL)。

在集装箱货物所涉及的(工厂、仓库)门、场、站之间,常用的集装箱交接方式可以概括为以下9种。

①门到门(Door to Door):从发货人工厂或仓库至收货人工厂或仓库。

②门到场(Door to CY):从发货人工厂或仓库至目的地或卸箱港的集装箱堆场。

③门到站(Door to CFS):从发货人工厂或仓库至目的地或卸箱港的集装箱货运站。

④场到门(CY to Door):从起运地或装箱港的集装箱堆场至收货人工厂或仓库。

⑤场到场(CY to CY):从起运地或装箱港的堆场至目的地或卸箱港的集装箱堆场。

⑥场到站(CY to CFS):从起运地或装箱港的集装箱堆场至目的地或卸箱港的集装箱货运站。

⑦站到门(CFS to Door):从起运地或装箱港的集装箱货运站至收货人工厂或仓库。

⑧站到场(CFS to CY):从起运地或装箱港的集装箱货运站至目的地或卸箱港的集装箱堆场。

⑨站到站(CFS to CFS):从起运地或装箱港的集装箱货运站至目的地或卸箱港的集装箱货运站。

以上9种交接方式,进一步可归纳为以下4种典型方式。

①门到门:这种运输方式的特征是,在整个运输过程中,完全是集装箱运输,并无货物运输,故最适宜于整箱交,整箱接。

②门到站场:这种运输方式的特征是,由门到站场为集装箱运输,由站场到门是货物运输,故适宜于整箱交、拆箱接。

③站场到门:这种运输方式的特征是,由门至站场是货物运输,由站场至门是集装箱运输,故适宜于拼箱交、整箱接。

④站场到站场:这种运输方式的特征是,除中间一段为集装箱运输外、两端的内陆运输均为货物运输,故适宜于拼箱交、拆箱接。

如果加上"钩"的形式,理论上集装箱交接方式则可以从9种推导到16种。

3. 集装箱取送、装卸(换装)与中转作业

(1)集装箱取送作业。按照集装箱的货运分类,集装箱取送作业包括以下几种。

①整箱货的装箱与掏箱是由货主完成。

②拼箱货的取送作业有多种经营方式,主要包括:由运输部门来完成拼箱货的取送;由货主自理、接送;由集装箱服务公司承担货物取送。

对于各种运输方式的联合运输,汽车集装箱运输方式是集装箱的主要取送运输工具。

(2)集装箱装卸与换装作业。集装箱的基本装卸工艺一般包括以下几种。

①吊上吊下法,也称垂直装卸法,如叉车、跨运车等装卸方法。这种装卸方法效率高,但投资较大。

②滚上滚下法。也称水平装卸法,也叫滚装运输、驮背运输等。这种装卸方法效率高,具有较强的生命力,但投资较大。

③浮进浮出法,如常用的采用母子驳船等。

(3)集装箱在枢纽场站的搬运方式有底盘车方式和跨运车方式。所谓底盘车方式,一般

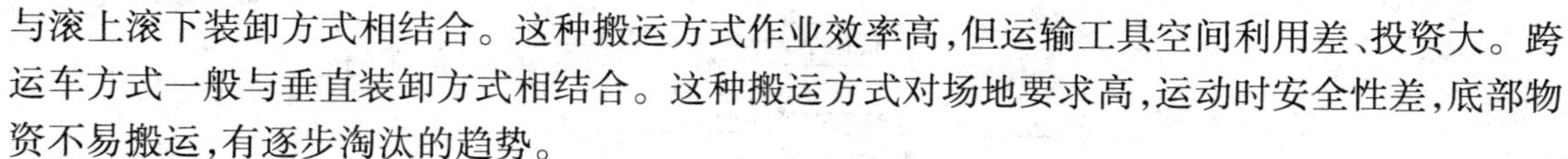

与滚上滚下装卸方式相结合。这种搬运方式作业效率高，但运输工具空间利用差、投资大。跨运车方式一般与垂直装卸方式相结合。这种搬运方式对场地要求高，运动时安全性差，底部物资不易搬运，有逐步淘汰的趋势。

（4）集装箱中转组织作业。集装箱中转作业由集装箱中转站组织。中转站对中转的集装箱，应根据集装箱的流量、流向及中转作业车的箱数，按照“先直达，后中转”的配装原则，采取坐车、过车、落地的中转组织方法，办理中转。中转站不得在一次中转作业中将同一到站或同一中转站的集装箱，组织两辆以上的两站集装箱车装运。规定的直达站应组织直达车装运。对中转的集装箱应填写《集装箱中转登记簿》。

办理中转作业时，应对箱号、箱体和施封情况进行核对和检查，发现中转集装箱破损，如不危及货物安全，可继续运送；如不能继续运送，应清点和检查箱内货物，进行换装，补封并编制货运记录。发现中转集装箱施封锁（环）丢失、封印内容不符、施封失效时，应在当时清点箱内货物，补封并编制货运记录。

14.2.3　国际集装箱多式联运与物流管理

1. 国际集装箱运输

集装箱多式联运在技术装备方面有两种类型：集装箱或托盘等形式和复合运输系统。集装箱或托盘等形式将铁路、水路、公路和航空等不同的货物运输系统一体化。复合运输系统同时具有两种或两种以上不同运输工具的功能，如驮背运输。

集装箱汽车运输是各口岸集装箱集疏的主要方式，在各种运输方式中占有绝大多数的份额。在各口岸公路与铁路的竞争中，公路约占 97% 的运量，具有绝对优势，铁路占有比例很小，主要是为那些位于深远内陆的用户服务。在内陆水运有竞争力的区域如上海口岸，水运约占 9% 的份额，超过了铁路运输。集装箱公路运输部分可由货车运输公司安排，也可以使用货代的车队。中国境内集装箱货物以散货的方式进行内陆运输的比例很高，其中，公路占 85%，铁路占 15%。除少数例外，铁路主要服务于长距离集装箱运输服务。

集装箱运输涉及因素很多，例如，商品的属性决定装卸方式、运输方式以及对运输设备的使用效率等。为了提高集装箱物流服务水平，有必要对运输企业进行改造，将有条件的运输企业培育成高效率的集装箱运输的主体。

集装箱从港口运到内陆目的地，或从内陆运到港口的运输，必然会发生运输费用和物流管理费用。在这一过程中，追求高服务水准和低物流总成本，始终是集装箱运输管理的目标。当用户选定运输方式和运输批量后，就试图使除运输以外的物流成本最小化。物流企业进行集装箱运输管理时，要尽量方便用户，满足用户这些要求。

2. 国际集装箱物流管理

国际集装箱物流业务的核心是以实现国际贸易、国际物资交流为总体目标。国际贸易合同签订后的履行过程，其中的适箱货便是国际集装箱物流业务的实施过程，国际集装箱物流业务的运作流程如图 14-7 所示。

在进行国际集装箱多式联运的物流运作过程中，所涉及主要物流运作及管理人员之间的业务关系参见图 14-8。

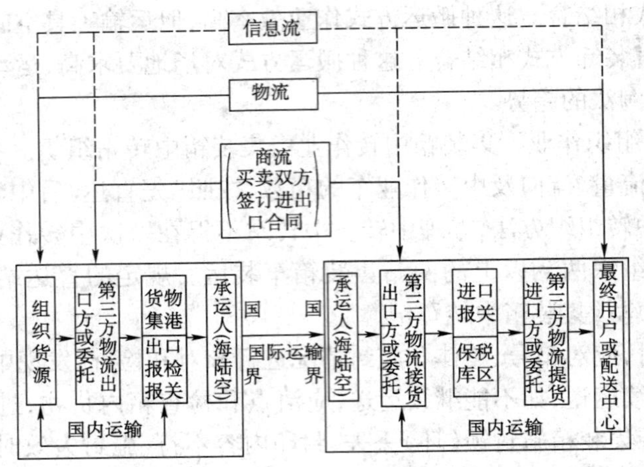

图 14-7　国际集装箱物流业务运作过程

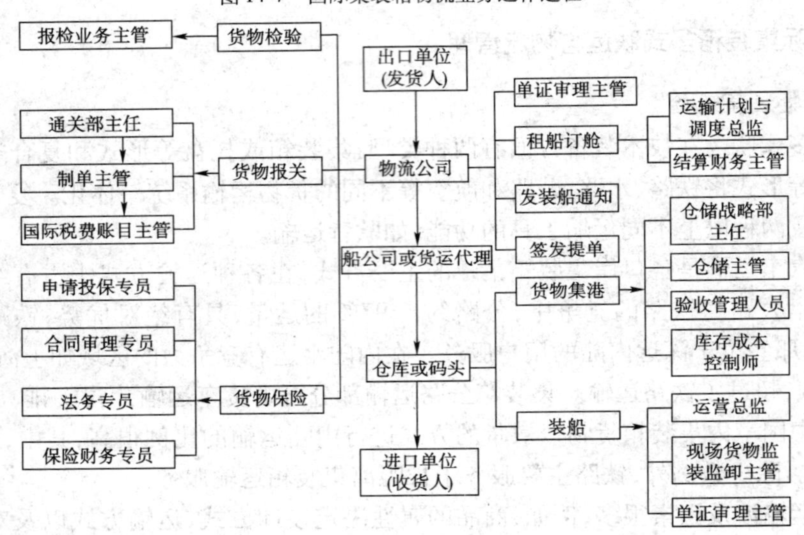

图 14-8　国际物流运作及管理人员工作关系图

14.2.4　国际集装箱多式联运组织形式

国际多式联运至少采用两种运输方式,可以是海陆、陆空、海空等。各种运输方式均有自身的优点与不足,由于国际多式联运严格规定必须采用两种和两种以上的运输方式进行联运,因此这种运输组织形式可综合利用各种运输方式的优点,充分体现社会化大生产大交通的特点。由于国际多式联运具有其他运输组织形式无可比拟的优越性,因而这种国际运输新技术已在世界各主要国家和地区得到广泛的推广和应用。目前,有代表性的国家多式联运主要有远东/欧洲、远东/北美等海陆空联运,其组织形式包括以下几种。

1. 海陆联运

海陆联运是国际多式联运的主要组织形式,也是远东/欧洲多式联运的主要组织形式之一。目前组织和经营远东/欧洲海陆联运业务的主要有班轮公会的三联集团、北荷、冠航和丹

麦的马士基等国际航运公司，以及非班轮公会的中国远洋运输公司、台湾长荣航运公司和德国那亚航运公司等。这种组织形式以航运公司为主体，签发联运提单，与航线两端的内陆运输部门开展联运业务，与大陆桥运输展开竞争。

2. 陆桥运输

在国际多式联运中，陆桥运输起着非常重要的作用。它是远东/欧洲国际多式联运的主要形式。所谓陆桥运输是指采用集装箱专用列车或货车，把横贯大陆的铁路或公路作为中间"桥梁"，使大陆两端的集装箱海运航线与专用列车或货车连接起来的一种连贯运输方式。严格地讲，陆桥运输也是一种海陆联运形式，只是因为其在国际多式联运中的独特地位，故在此将其单独作为一种运输组织形式。目前，远东/欧洲的陆桥运输线路有西伯利亚大陆桥和北美大陆桥。

(1)西伯利亚大陆桥(Siberian Land Bridge)。西伯利亚大陆桥(SLB)是指使用国际标准集装箱，将货物由远东海运到俄罗斯东部港口，再经跨越欧亚大陆的西伯利亚铁路运至波罗的海沿岸如爱沙尼亚的塔林或拉脱维亚的里加等港口，然后再采用铁路、公路或海运运到欧洲各地的国际多式联运的运输线路。

西伯利亚大陆桥于 1971 年由原全苏对外贸易运输公司正式确立，现在全年货运量高达 10 万 ~15 万标准箱。使用这条陆桥运输线的经营者主要是日本、中国和欧洲各国的货运代理公司。其中，日本出口欧洲杂货的 1/3，欧洲出口亚洲杂货的 1/5 是经这条陆桥运输的。由此可见，它在沟通亚欧大陆，促进国际贸易中所处的重要地位。

西伯利亚大陆桥运输包括"海铁铁"、"海铁海"、"海铁公"和"海公空"四种运输方式。由俄罗斯的过境运输总公司(SOJUZTRANSIT)担当总经营人，它拥有签发货物过境许可证的权利，并签发统一的全程联运提单，承担全程运输责任。至于参加联运的各运输区段，则采用"互为托、承运"的接力方式完成全程联运任务。可以说，西伯利亚大陆桥是较为典型的一条过境多式联运线路。

西伯利亚大陆桥是目前世界上最长的一条陆桥运输线。它大大缩短了从日本、远东、东南亚及大洋洲到欧洲的运输距离，并因此而节省了运输时间。从远东经俄罗斯太平洋沿岸港口去欧洲的陆桥运输线全长 13 000km，而相应的全程水路运输距离(经苏伊士运河)约为 20 000km。从日本横滨到欧洲鹿特丹，采用陆桥运输不仅可使运距缩短 1/3，运输时间也可节省 1/2。此外，在一般情况下，运输费用还可节省 20% ~30% 左右，因而对货主有很大的吸引力。

由于西伯利亚大陆桥所具有的优势，且随着它的声望与日俱增，吸引了不少远东、东南亚以及大洋洲地区到欧洲的运输，使西伯利亚大陆桥在短短的几年时间中就有了迅速发展。但是，西伯利亚大陆桥运输在经营管理上存在的问题，如港口装卸能力不足、铁路集装箱车辆的不足、箱流的严重不平衡以及严寒气候的影响等，在一定程度上阻碍了它的发展。尤其是随着我国兰新铁路与中哈边境的土西铁路的接轨，一条新的"欧亚大陆桥"形成，为远东至欧洲的国际集装箱多式联运提供了又一条便捷路线，使西伯利亚大陆桥面临严峻的竞争形势。

(2)北美大陆桥(North American Land Bridge)。北美大陆桥是指利用北美的大铁路从远东到欧洲的"海陆海"联运。该陆桥运输包括美国大陆桥运输和加拿大大陆桥运输。美国大陆桥有两条运输线路：一条是从西部太平洋沿岸至东部大西洋沿岸的铁路和公路运输线；另一条是从西部太平洋沿岸至东南部墨西哥湾沿岸的铁路和公路运输线。美国大陆桥于 1971 年底由经营远东/欧洲航线的船公司和铁路承运人联合开办"海陆海"多式联运线,后来美国几家班轮公司也投入营运。目前,主要有四个集团经营远东经美国大陆桥至欧洲的国际多式联运业务。这些集团均以经营人的身份,签发多式联运单证,对全程运输负责。加拿大大陆桥与美国大陆桥相似,由船公司把货物海运至温哥华,经铁路运到蒙特利尔或哈利法克斯,再与大西洋海运相接。

北美大陆桥是世界上历史最悠久、影响最大、服务范围最广的陆桥运输线。据统计,从远东到北美东海岸的货物有大约50%以上是采用双层列车进行运输的,因为采用这种陆桥运输方式比采用全程水运方式通常要快1~2周。例如,集装箱货从日本东京到欧洲鹿特丹港,采用全程水运(经巴拿马运河或苏伊士运河)通常约需5~6周时间,而采用北美陆桥运输仅需3周左右的时间。

随着美国和加拿大大陆桥运输的成功营运,北美其他地区也开展了大陆桥运输。墨西哥大陆桥(Mexican Land Bridge)就是其中之一。该大陆桥横跨特万特佩克地峡,连接太平洋沿岸的萨利纳克鲁斯港和墨西哥湾沿岸的夸察夸尔科斯港。墨西哥大陆桥于1982年开始营运,目前其服务范围还很有限,对其他港口和大陆桥运输的影响还很小。

随着北美西海岸陆桥运输服务的开展,众多承运人开始建造不受巴拿马运河尺寸限制的超巴拿马型船,从而放弃使用巴拿马运河。可以预见,随着陆桥运输的效率与经济性的不断提高,巴拿马运河将处于更为不利的地位。

(3)北美地区的其他陆桥运输形式。北美地区的陆桥运输不仅包括上述大陆桥运输,而且还包括小陆桥运输(Mini-bridge)和微陆桥运输(Micro-bridge)等运输组织形式。

从运输组织方式上看,小陆桥运输运送的货物的目的地为沿海港口。目前,北美小陆桥运送的主要是日本经北美太平洋沿岸到大西洋沿岸和墨西哥湾地区港口的集装箱货物,也有承运从欧洲到美西及海湾地区各港的大西洋航线的转运货物。北美小陆桥在缩短运输距离、节省运输时间上效果是显著的。以日本/美东航线为例,从大阪至纽约全程水运(经巴拿马运河)航线距离9 700km,运输时间21~24天。而采用小陆桥运输,运输距离仅7 400km,运输时间16天,可节省1周左右的时间。

微陆桥运输的正式名称为Interior Point Intermodal,简称IPI,即货物先以货柜输自远东运至美国西海岸卸下后,由火车或内陆运输公司直接运至内陆各地交柜,而不必如小陆桥运输那样,先运至美国东岸港区的货柜场后,再经由内陆运输公司分运至内陆各地。因此,进口商在美国中西部者,如利用微陆桥运输则可提早收到货物。微陆桥运输是从小陆桥运输形成和发展的基础上产生的,只是其交货地点在内陆地区。因为它只利用了大陆桥的一部分,不通过整个陆桥,比小陆桥还短一段,故称为微型陆桥。北美微陆桥运输是指经北美东、西海岸及墨西哥湾沿岸港口到美国、加拿大内陆地区的联运服务。

随着北美小陆桥运输的发展,出现了新的矛盾。例如,货物由靠近东海岸的内地城市运往远东地区(或反向的运输过程),首先要通过国内运输,以国内提单运至东海岸交船公司,然后由船公司另外签发由东海岸出口的国际货运单证,再通过国内运输运至西海岸港口,然后海运至远东。这种运输组织不能从内地直接以国际货运单证运至西海岸港口转运,既增加了费用,又耽误了运输时间。而微陆桥运输的联运服务解决了这一问题。进出美、加内陆城市的货物采用微桥运输既可节省运输时间,也可避免双重港口收费,从而省费用。

(4)新亚欧大陆桥。新亚欧大陆桥东起太平洋西岸连云港等中国东部沿海港口,西可达大西洋东岸荷兰鹿特丹、比利时的安特卫普等港口,横贯亚欧两大洲中部地带,总长约10 900km。它的东端直接与东亚及东南亚诸国相连,并进而与美洲西海岸相通;它的中国段西端,从新疆阿拉山口站换装出境进入中亚,与哈萨克斯坦德鲁日巴站接轨,西行至阿克斗卡站与土西大铁路相接,进而分北中南三线接上欧洲铁路网通往欧洲。

北线:由哈萨克斯坦阿克斗卡或比什凯克或乌兹别克斯坦的塔什干北上与西伯利亚大铁路接轨,经俄罗斯、白俄罗斯、波兰通往西欧及北欧诸国;

中线:由哈萨克斯坦往俄罗斯、乌克兰、斯洛伐克、匈牙利、奥地利、瑞士、德国、法国至英吉利海峡港口转海运或由哈萨克斯坦阿克斗卡南下,沿吉尔吉斯斯坦边境经乌兹别克斯坦塔什干及土库曼斯坦阿什哈马德西行至克拉斯诺沃茨克,过里海达阿塞拜疆的巴库,再经格鲁吉亚第比利斯及波提港,越黑海至保加利亚的瓦尔纳,并经鲁塞进入罗马尼亚、匈牙利通往中欧诸国;

南线:由土库曼斯坦阿什哈巴德向南入伊朗,至马什哈德折向西,经德黑兰、大不里士入土耳其,过博斯鲁斯海峡,经保加利亚、南斯拉夫通往中欧、西欧及南欧诸国,同时还可经过土耳其埃斯基谢基尔南下中东及北非。

新亚欧大陆桥连接着中国、东亚、中亚、西亚、中东、俄罗斯、东欧、中欧、南欧、西欧等40余国,中国段全长4 213km,由陇海铁路和兰新铁路组成,途经江苏、山东、河南、安徽、陕西、甘肃、山西、四川、宁夏、青海、新疆11个省、区,89个地、市、州的570多个县、市,到中苏边界的阿拉山口出国境。

新亚欧大陆桥的经济作用比西伯利亚大陆桥运输有着较大的优势,主要体现在以下几方面。

①新亚欧大陆桥使亚欧之间的货运距离比西伯利亚大陆桥缩短得更为显著,从日本、韩国至欧洲,通过新亚欧大陆桥,水陆全程仅为12 000km,比经苏伊士运河少8 000多km,比经巴拿马运河少11 000多km,比绕道好望角少15 000多km。

②新亚欧大陆桥使东亚与中亚、西亚的货运距离大幅度减少。日本神户、韩国釜山等港至中亚的哈萨克、乌兹别克、吉尔吉斯、塔吉克、土库曼5个国家和西亚的伊朗、阿富汗,通过西伯利亚大陆桥和新亚欧大陆桥,海上距离相近,陆上距离相差很大。如到达伊朗、德黑兰,走西西伯利亚大陆桥,陆上距离达到13 322km,走新亚欧大陆桥,陆上只有9 977km,两者相差3 345km;到达中亚的阿雷西,走西伯利亚大陆桥,陆上是8 600km,走新亚欧大陆桥,陆上距离只有5 862km,相差2 774km。

③由于运距的缩短,在运输时间和运费上新亚欧大陆桥将比西伯利亚大陆桥有所减少,更有利于同海运的竞争。

④东端桥头堡自然条件好,位置适中,气候温和,一年四季可不间断地作业,目前已有日本、韩国等14个国家和地区参与了新亚欧大陆桥集装箱运输,从1992~2007年新亚欧大陆桥十五年累计完成集装箱运输量达22万标箱。

3. 海空联运

海空联运又被称为空桥运输(Air-bridge Service)。在运输组织方式上,空桥运输与陆桥运输有所不同:陆桥运输在整个货运过程中使用的是同一个集装箱,不用换装,而空桥运输的货

物通常要在航空港换入航空集装箱。但两者的目标是一致的，即以低费率提供快捷、可靠的运输服务。

海空联运方式始于20世纪60年代，但到80年代才得以较大的发展。采用这种运输方式，运输时间比全程海运少，运输费用比全程空运便宜。目前，国际海空联运线主要有以下3条。

(1)远东—欧洲。目前，远东与欧洲间的航线有以温哥华、西雅图、洛杉矶为中转地，也有以香港、曼谷、海参崴为中转地，此外还有以旧金山、新加坡为中转地。

(2)远东—中南美。近年来，远东至中南美的海空联运发展较快，因为此处港口和内陆运输不稳定，所以对海空运输的需求很大。该联运线以迈阿密、洛杉矶、温哥华为中转地。

(3)远东—中近东、非洲、澳洲。这是以香港、曼谷为中转地至中近东、非洲的运输服务。在特殊情况下，还有经马赛至非洲、经曼谷至印度、经香港至澳洲等联运线，但这些线路货运量较小。

总之，根据货物的性质结合运输距离和时间等要求，可以采用陆空联运或海空联运。因此，从远东出发，将欧洲、中南美以及非洲作为海空联运的主要市场是比较合适的。

复习思考题

1. 什么是集装箱多式联运？
2. 集装箱运输组织方式和主要业务有哪些？
3. 集装箱运输交接方式有哪些？
4. 国际集装箱多式联运在国际物流系统中表现的特点主要有哪些？
5. 集装箱内陆运输与国际多式联运的差异在何处？
6. 阐述新亚欧大陆桥运输。

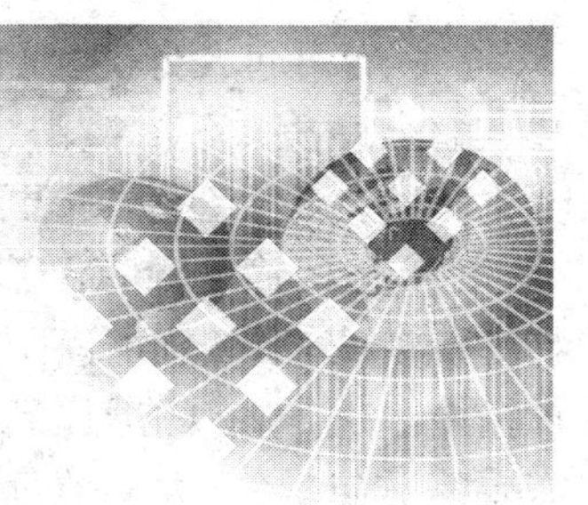

第15章 特种货物运输组织

特种货物是在运输、装卸、保管中需要采取特殊措施的货物，一般包括：大型特型笨重物件、危险货物、贵重货物和鲜活货物等，其中最有代表的就是危险货物和大型特型笨重货物。特种货物运输涉及不同运输要求、载运工具、运输线路、运输技术和方法，在特种货物运输组织过程中形成了特种货物储存技术、运输和联运技术。本章主要侧重从公路运输角度介绍危险货物运输组织、超限货物运输组织，以及贵重和鲜活货物运输组织。

15.1 危险货物运输组织

危险货物具有燃烧、爆炸、腐蚀、毒害、放射性射线等性质，在运输过程中能引起人身伤亡，人民财产损失。其危险性主要取决于他们自身的理化性质，但在一定外界条件的影响下，如摩擦、撞击、振动、接触火源、日光暴晒、遇水受潮、温度变化或与其他性质抵触的物质接触，往往会酿成爆炸、燃烧、毒害等严重事故。因此，掌握各类危险货物的性质及其变化规律，认真做好危险货物的包装、配载、装卸、保管、运送、鉴定、防护等工作，对于危险货物的运输安全和完好十分重要。

15.1.1 危险货物概述

危险货物(Hazardous cargo)是指具有爆炸、易燃、毒害、腐蚀、放射性等性质，在运输装卸和储存保管过程中，容易造成人身伤亡和财产损毁而需要特别防护的货物。据统计，目前通过海上运输的货物中有50%以上是危险货物，常运的危险货物达3 000多种。危险货物一旦发生事故，将给人身、财产及环境造成严重的损害。

1. 危险货物的特征

危险货物用途广泛、门类品种多。由于化学工业的发展，冶金工业和机械制造采用新工艺，轻纺工业合成纤维的生产以及农药、化肥的广泛使用，危险货物的商品用户遍及各行各业。随着新兴技术的迅速发展，需要的品种和用量也在不断增长，现在国际市场上流通的品种大约有六七万种，每年至少有100多种新品问世。作为特殊生产资料的危险货物，在其生产、运输管理中，相应会有许多与众不同的特殊性，只有了解和掌握不同危险货物的相应危险特性，方能有的放矢，确保安全。一般说来，危险货物具有以下三点基本特性。

(1)具有易燃、易爆炸、腐蚀、毒害、辐射等性质。这些是危险货物本身所具有的特殊性质，是造成火灾、灼伤、中毒等事故的先决条件。

(2)能引起人身伤亡和财产毁损。这一点指出了危险货物在一定的条件下,比如,由于受热、明火、摩擦、振动、撞击、洒漏、与性质相抵触物品接触等,发生化学变化所产生的危险效应。不光货物本身遭到损失,更主要的是危及周围人身、货物及环境的安全。

(3)在运输、装卸、保管过程中需要特别防护。这里所指的特别防护,不仅是运输普通货物时所说的轻拿轻放、谨防明火,而且要针对各种危险货物本身的特性必须采取"特别"的防护措施。例如,有的爆炸品需要添加抑制剂;有的有机过氧化物需控制环境温度;有的危险品需要特殊包装,且大多数危险品的配载都有所忌物品。

2. 危险货物的分类

危险货物是一个总称,包括很多品种,《危险货物运输规定》列名的有 3 000 种以上。在众多的危险货物中,性质各不相同,危险程度参差不齐,有的还相互抵触。为了储运的安全和管理的方便,有必要根据各种危险货物的主要特性进行分类。1997 年 7 月 1 日开始实施的中华人民共和国国家标准《危险货物分类和品名编号》(GB 6964—86),将危险货物按其主要特性和运输要求分为 9 类。

1 类 爆炸品(Explosives);

2 类 气体(Gases);

3 类 易燃液体(Flammable Liquids);

4 类 易燃固体、易自燃物质和遇水放出易燃气体的物质(Flammable Solids, Spontane _ ously Combustible Substances and Substances which in Contact with Water Emit Flammable Gases);

5 类 氧化剂和有机过氧化物(Oxidizing Substances and Organic Peroxides);

6 类 有毒物质和感染性物质(Toxic and Infectious Substances);

7 类 放射性物质(Radioactive Material);

8 类 腐蚀品(Corrosive Substances);

9 类 杂类物质和物品(Miscellaneous Dangerous Substances and Articles)。

危险货物按其危害性分为二级,详见表 15-1。

危险货物分类范围及名称 表 15- 1

类别	分类概念	各类档次	各类货物范围或名称
危险货物	交通部《汽车危险货物运输规则》中列名的所有危险货物	一级	《汽车危险货物运输规则》中规定的爆炸物品、一级氧化剂、压缩气体和液化气体、一级自燃物品、一级遇水易燃物品、一级易燃固体、一级易燃液体、剧毒物品、一级酸性腐蚀物品、放射性物品
		二级	《汽车危险货物运输规则》中规定的二级易燃液体、有毒物品、碱性腐蚀物品、二级酸性腐蚀物品

(1)爆炸品(Explosives)。爆炸品是指爆炸性物质、爆炸性物品和为产生爆炸或烟火实际效果而制造的物质或物品。这类物质的化学性质非常活泼,对机械力、电、热、磁场很敏感,受到摩擦、撞击、震动或遇到明火、高热、静电感应或氧化剂、还原性物质如硫、磷、金属粉末都有发生燃烧、爆炸的危险。其特性有爆炸性、吸湿性和不稳定性。

爆炸性。爆炸是物质非常迅速的物理或化学变化而形成压力急剧上升的一种表现。发生

爆炸的主要原因有两个：一是通过本身化学反应产生气体、温度、压力和速度的变化（即不需接触火源）引起爆炸；二是接触火焰、受热或受震动、摩擦、撞击等外力作用或受其他物质激发时引起爆炸。衡量爆炸性的重要指标是爆速和敏感度。敏感度对运输装卸安全影响极大，敏感度及爆炸能力过强的物品，不能运输。这类物品在生产厂中制造出来以后，要经过处理，降低敏感度以后，才能进行安全运输。

吸湿性。绝大多数爆炸性物质或物品具有较强的吸湿性，当吸湿受潮后会降低爆炸性能，甚至失去作用。但必须注意有些物品在水分蒸发后仍可恢复其原来的爆炸性能。有些爆炸物品在受潮后会引起反应使它更加危险，在运输中应确保其干燥。

不稳定性。爆炸品遇酸、碱分解，受日光照射分解，与某些金属接触产生不稳定的盐类等特性，归纳起来称为不稳定性。具有不稳定性的危险货物如雷汞、三硝基甲苯、胶质硝化甘油、电磁辐射机等，在运输中应倍加注意安全问题，采取有效的措施进行防护。

爆炸品按爆炸产生的危险性分为 6 小类，见表 15-2 爆炸品的分类。

爆炸品的分类　　表 15-2

小类	爆炸品产生危险的程度
1.1 类	有整体爆炸危险的物质和物品（是指实际上瞬间影响到几乎全部装药量的爆炸）
1.2 类	有抛射危险，但无整体爆炸危险的物质和物品
1.3 类	有燃烧危险和较小爆炸或较小抛射危险、或两者兼有，无整体爆炸危险的物质和物品
1.4 类	无重大危险的爆炸物质和物品，这种货物危险性较小，万一被点燃或引燃，其危险作用大部分局限在包装件内部，而对包装件外部无重大危险
1.5 类	有整体爆炸的危险，但极不敏感的物品
1.6 类	无整体爆炸，非常不敏感的爆炸物质，此种货物性质比较稳定，着火试验中不会爆炸

（2）气体（Gases）。这里指呈压缩状态、液化状态或在压力下溶解状态需要用耐压容器盛装运输的气体。该类气体的特性有：容易爆炸、气体泄漏、氧气与油脂类接触易燃烧、比空气重的气体易沉积等。根据气体的主要危险性，将第二类气体分为 3 小类，见表 15-3。

气体的分类　　表 15-3

小类	气体的主要危险程度	小类	气体的主要危险程度
2.1 类	易燃气体（Flammable Gases）	2.3 类	有毒气体（toxic gases）
2.2 类	非易燃、无毒气体（Nonflammable, non toxic gases）		

对运输来说，本类货物的危险性主要表现在以下两个方面。

①容器破裂甚至爆炸的危险。本类货物都是罐装在耐压容器中，内部承受着几十千克以上压力的容器本身就是一种危险货物。由于受热、撞击等原因造成容器内压力的急剧升高，或者由于容器内壁被腐蚀，容器材料疲劳等原因使容器的耐压强度下降，都会引起容器破裂甚至爆炸。

②由于气体物质本身的化学性质引起的危险。本类货物由于共同的物理特性，都需罐装在耐压容器中，才成为一大类。但各种气体的化学性质差别很大，有的易燃、易爆，有的有毒，有的具有腐蚀性。气体如果溢漏出来，因其本身的化学性质，则可能引起火灾、灼伤、爆炸、中毒、冻伤等事故。即使是化学性质很不活泼的惰性气体和二氧化碳的溢漏，也会引起窒息死

亡。针对气体的不同化学性质所引起的各种危险,应采取相应的有效防护措施。

(3)易燃液体(Flammable Liquids)。凡闭杯试验闪点在61°C或是61°C以下,散发出易燃蒸汽的液体,或者液体混合物,或含有处于溶解或悬浮状态固体的液体(如油漆、清漆)均属易燃液体。其特性有:极易燃烧性、蒸汽的易爆性、流动扩散性、受热膨胀性、易积聚静电、有毒性等。对运输来说,易燃液体的主要危险性是燃烧和爆炸。其中闪点和沸点是衡量易燃液体危险程度的主要参数。因为易燃液体都是灌装的,而许多物质都有受热膨胀、受冷收缩的物理特性。液体物质受热膨胀系数比较大,再加上易燃液体的易挥发性,受热后蒸汽压也会提高。因此,装满易燃液体的容器,往往会因受热造成容器膨胀而酿成事故。由此液体货物在充装时,在包装容器内必须留有一定的空余空间,以适应温度变化所造成的货物提及的膨胀。易燃液体又分为3小类,即:3.1类 低闪点液体;3.2类 中闪点液体;3.3类 高低闪点液体。

(4)易燃固体、易自燃或易湿易燃物品(Flammable Solids, Spontaneously Combustible Substances and Substances which in Contact with Water Emit Flammable Gases)。本类又可分为3小类,即:4.1类 易燃固体;4.2类 易自燃物质;4.3类 遇湿放出易燃气体的物质。

易燃固体,是指具有易于点燃、易于燃烧或因摩擦而引燃或助燃的物质,还包括自反应物质及有关物质和减敏爆炸品。其具有需明火点燃、高温条件下遇火星即燃、粉尘有爆炸性、与氧化剂混合能形成爆炸品、与水分解等特征。易燃固体虽然很容易发生燃烧,但是如果没有火种、热源等外因的作用,没有助燃物质(如空气中的氧或氧化剂)的存在,也不易发生燃烧。在储运过程中,易燃固体发生燃烧事故,都是由于接触明火、火花、强氧化剂、受热或受摩擦、撞击等引起。因此,在储运过程中,要严格防止上述外因的作用,以保证运输安全。

易自燃物质,是指具有易于自燃、发热或与空气接触即升温,易于着火的物质。对运输来说这类物品的主要危险是自行发热、燃烧。其特征如下:不需要受热或明火,会自行燃烧;自燃点较低;受潮后会增加自燃的危险性;大部分自燃物品与水反应强烈;接触氧化剂会立即发生爆炸等。

遇湿易燃物品,是指遇水受潮时,发生剧烈化学反应,放出大量的易燃气体和热量的物品。其主要特性有:遇水受潮会发生化学反应,放出可燃气体和热量;遇到酸类或氧化剂时,发生的反应更剧烈,危险性也更大;某些遇水燃烧物质遇水反应时,还能放出毒性很强的气体,接触人体后会立即引起中毒。其存在的主要危险有:遇水燃烧性、爆炸性、毒害性和自燃性。

(5)氧化剂和过氧化物(Oxidizing Substances and Organic Peroxides)。第5类分为2小类:5.1类 氧化物质;5.2类 有机过氧化物。氧化剂和过氧化物是指易于放出氧气从而促使其他材料燃烧并助长火势的物质。本身未必燃烧,但一般因容易分解放出氧气并产生大量的热而导致或促成其他物质的燃烧,甚至引起爆炸。其特性有:强氧化性、遇热分解、爆炸性、遇酸遇水分解、有毒性和腐蚀性。运输此类危险货物时,应注意保持低温,且不能与化学性质相反应的物质混装。

(6)有毒物质和感染性物质(Toxic and Infectious Substances)。第6类分为2小类:6.1类 有毒物质;6.2类 感染性物质。

有毒物质,是指如误被吞咽、吸入或与皮肤接触易于造成人或动物死亡或严重损害人体健康的物质。

感染性物质,是指含有会引起或可能引起人或动物疾病的活性微生物的物质。感染性的

物质的运输须经有关的卫生检疫机构的特许，其中经航空运输的占绝大多数。如某地发生疫情，而当地又无法确定疫情的性质和防治措施，需把疫苗运到研究所鉴定，空运是最快、最适合的运输方式。

(7)放射性物质(Radioactive Material)。放射性物质是指自然的放射出大量放射线的物质，其放射性比度(放射性比度是指放射性核素每单位质量的放射性强度或均匀分布的放射性物质每单位质量的放射性强度)大于 2nci/g(约 70Kb9/kg)。其主要特征是放射性，放射性物质放出的主要射线有 α、β、γ 和快中子射线等。放射性物质危害人类的途径有两个方面，即内辐照和外辐照。放射性物质的危害性在于辐射、污染，最终使人员受到辐射伤害，且伤害性很大，因此其运输包装与组织具有特殊的规定，同时还应特别注意做好放射性物质的防护工作。

(8)腐蚀性物质(Corrosive Substances)。此类物质通过化学作用在接触生物组织时会造成严重损伤，或在渗漏时会严重损害甚至毁坏其他货物或运输工具，还可引起其他危险。其特性有：腐蚀性、毒害性、易燃性、氧化性和遇水反应性。腐蚀品的化学性质非常活泼，对运输人员造成直接伤害的货物中，腐蚀性物品处于首位。因此在运输中严禁与其他货物混装，且包装、搬运装卸时应注意特别防护。腐蚀性物质又分为 3 小类，即：8.1 类 酸性腐蚀品；8.2 类 碱性腐蚀品；8.3 类 其他腐蚀品。

(9)其他危险品(Miscellaneous Dangerous Substances and Articles)。国家标准 GB 6944－86 将第九类危险货物称为“杂类”，定义为：在运输过程中呈现的危险性质不包括在上述八类危险品中的物品。

3. *危险货物的次要危险性及其防范措施*

某些种类的危险品除其主要特性外，还有一些次要特性，即次要危险性，如在介绍易燃气体时，曾讲到有些易燃气体有毒，在介绍第四类危险物品时曾讲到它们还具有腐蚀性、毒害性和爆炸性等性质。危险货物的危险性除了由本身的物理、化学、生化等特性决定以外，还与确定各类危险货物的性能标志的非互斥性有关，因此出现了一种货物具有多种危险特性的现象。危险货物的主副危险性应以同样要求进行严格防范。在危险货物的存储运输过程中，应了解和区分危险货物的次要危险性与主要危险性并分别从以下几方面进行严格防范。

(1)从事危险货物运输的单位，不管是营业性还是非营业性运输，都必须获得运输部门批准，否则，不准予运输。

(2)危险货物运输的从业人员，包括管理、驾驶、装卸、随车押送人员、仓储人员，都必须经过专业培训，取得岗位合格证书，才可以上岗操作。

(3)用于运输危险货物的车辆和装卸设备，必须适应所装货物的性质。危险货物包装的外表，装运气体、液体的槽罐体的外表对应两侧必须有所装货物的危险性能标志，包括主性能标志和副性能标志。

(4)托运人托运危险货物时，必须指出所托运危险货物的主特性和副特性，并在托运单和行车路单上标明。

(5)在危险货物的装卸堆桩配载时，必须注意所装危险货物主副特性的不同要求，在对危险货物的洒漏处理和消防急救时，更须注意不能忽视对副特性的防护。

总之,制定危险货物的防护和管理的具体措施和要求时,不能仅凭危险货物的类别归属,而要同时注意到该危险货物可能具有的其他危险性,以防止因为副危险性造成重大事故。

15.1.2 危险货物的运输组织

由于危险货物的特殊性,在运输过程中有特别的要求。以下从危险货物的包装、仓储、搬运装卸等几个方面介绍危险货物的运输组织。

1. 危险货物的包装

危险货物运输包装的目的不仅是为了方便货物的运输、储存和销售,保证货物的完整、使货物价值在运输过程中不受损失,而且是为了防止危险货物危及到环境的重要措施之一。现在不少发达国家都对危险货物的包装制定出相应的法律、法规,要求危险品依照法律规定、按照国际标准进行包装,以保障公共安全。中国自 1962 年以来也对危险货物运输制定了运输规则,中央有关部委,如公安部、交通部、铁道部、化工部、商业部等部门对加强危险货物运输的管理也曾三令五申,并做出若干规定,其中危险货物的运输包装也是重要的组成部分。

1)危险货物运输包装的要求

根据危险货物的性质和运输特点,以及包装应起的作用,危险货物的包装必须符合以下基本要求。

(1)包装所用的材料应与所装的危险货物的性质相适应。危险货物对不同材料的腐蚀作用不同,因此要求相应的包装材料必须耐腐蚀。危险货物包装容器与所装货物直接接触的部分,不应受该物品的化学或其他作用的影响。包装与内装物直接接触的部分,必要时应有内涂层或进行相应的处理,以使包装物能适应内装物的物理、化学性质,不使包装与内包装物发生反应而形成危险产物或削弱包装强度。

(2)包装必须有必要的强度,其构造和封闭装置,能经受运输过程中正常的撞击、震动和摩擦。包装应有一定的强度以保护内部货物不受损失是一般货物的共同要求。危险货物的包装强度,与货物的性质密切相关。压缩气体和液化液体,处于较高的压力下,使用的是耐压钢瓶,强度极大。盛装液体货物的包装,考虑到液体货物热胀冷缩系数比固体大,液体货物的包装强度应比固体高。不同的液体货物,不同的固体货物,根据不同的性质,对包装要求的强度也有所不同。一般来说,性质比较危险的,发生事故危害性较大的,所需的包装强度也大。同一种货物单件包装时重量越大,包装强度也应越高。同一类包装运距越长,换装次数越多,包装强度需要越高。

(3)包装的封口应与所装危险货物的性质相适应。应如何封口,要根据危险货物的性质决定。一般来说,危险货物包装的封口,应该严密不漏。特别是挥发性强或腐蚀性强的危险货物,封口更应严密。根据包装性能的要求,严密封口可分为气密封口(即不透气的封口)、液密封口(即不透示的封口)和牢固封口(即封口关闭的严密程度应使所装的干燥物质在正常运输过程中不致漏出)三种。

但也有些危险货物封口要求不严密,甚至还要求设有通风口。下面一些常见的必须采取非严密包装的货物:①油浸的纸、棉、绸、麻等及其制品,要用通透的笼箱包装,以保持良好的通风。②碳化钙(电石)。电石吸收空气中的水分即能反应产生易燃气体,若不及时排出,大量积聚以后,随着运输中电石与铁筒的碰撞产生的火星,即发生爆炸。③双氧水(过氧化氢)。

双氧水受热或经震动及分解出原子氧，若不随时排出分解出的氧气，泄出容器内的压力，即有爆炸的危险。运输过程中，应在高浓度的双氧水中加入稳定剂，并保证包装上有出气小孔，但同时应保证排出的氧气接触不到易燃物质。④液氮。由于装液氮的容器不耐高压，也不能保持瓶内液氮低于 –147.1°C 的临界温度，所以不时有液氮气化，如不及时排出，有爆炸的危险。同时考虑到氮气无毒不燃，故可以采用不封口的容器包装。

(4)内外包装之间应有适当的衬垫。为了减轻危险货物在运输和装卸中所受的中所受的冲击，需要在内外包装之间采用适当的减震衬垫材料，特别是对于那些易破裂的内包装。如：玻璃、陶瓷等制成的内包装，更应采用衬垫材料，固定在外包装内，这些材料应有足够数量的吸收性材料，以防止内装物从包装中漏出。衬垫材料和吸收性材料与所装危险货物的性质要适应。常用的衬垫材料有：瓦楞纸、细刨花、草套、草垫、纸屑等有机物，以及气泡塑料、发泡塑料、硅藻土、黄沙等惰性材料。

(5)危险货物运输包装应能接受一定范围内温、湿度的变化，空运包装还应适应高度的变化。中国幅员辽阔，同一时间各地的气温相差很大，国际运输中，各地温差更大，而温差对某些危险货物有重要的影响，因此运输包装必须适应这些变化。

(6)包装的件重、规格和形式应适应运输要求。为了便于搬运，每件包装的重量和体积应符合规定，不能过重或过大，尤其是危险货物，应根据货物本身的性质，合理包装。同时其包装还应该便于使用装卸机械进行搬运。同样包装的外形尺寸也应该与有关的运输工具包括集装箱的容积、装载量和装卸机械相配合，以利装卸、积载、搬运和储存。

(7)包装的外表应有规定的各种包装标志。为了保证危险货物运输安全，使从事危险货物运输、装卸、储存的有关人员进行作业时提高警惕，以防止发生危险，同时为了在发生事故时能及时采取正确的施救措施，危险货物运输包装必须具备国家或政府部门规定的“危险货物包装标志”。其次为了说明货物在装卸、保管、运输、开启时应注意事项（如易碎、禁用手钩、怕湿、向上、吊装位置等）必须同时粘贴“包装储运图示标志”。

另外，爆炸品的包装还有附加的要求，如盛装液体爆炸品容器的封闭形式，应具有防止渗漏的双重保护；不仅内包装要能充分防止爆炸品与金属物接触，铁钉和其他没有防护涂料的金属部件也不得穿透外包装，防止损坏内包装；包装内的爆炸物品，包括内容器，必须衬垫妥实，以防止运输中发生危险性移动；盛装有对外部电磁辐射敏感的电引发装置的爆炸物品时，包装应具备防止所装物品受外部电磁辐射源影响的功能等。

2)危险货物运输包装标志

为了明确、显著地识别危险货物的性质，保证装卸、搬运、储存、保管、送达的安全，根据各种危险货物的特性，在运输包装的表面加上特别的图示标志，必要时在加以文字说明，以便于有关人员采取相应的防护措施，提醒各环节的作业人员，谨慎小心，严防发生事故。危险性能标志的制定，是以危险货物的分类为基础，以便于根据货物或包件所贴的标志的一般形式（标志图案、颜色、形状等），识别出危险货物及其特性，并为装卸、储存提供初步指南。标志的颜色和图案不同时，贴有这些标志的货物就不能堆放在一起，在某种情况下，即使贴有同样标志的货物也不能贸然堆放在一起。《危险货物包装标志》（GB 190—90）规定了危险货物图示标志的类别、名称、尺寸和颜色（见表 15-4），共有危险品标志图形 21 种、19 个名称。

危险货物运输包装标志　　表 15-4

 包装标志 1 爆炸品标志 （符号：黑色；底色：橙红色）	 包装标志 2 爆炸品标志 （符号：黑色；底色：橙红色）	 包装标志 3 爆炸品标志 （符号：黑色；底色：橙红色）	 包装标志 4 易燃气体标志 （符号：黑色或白色；底色：正红色）
 包装标志 5 不燃气体标志 （符号：黑色或白色；底色：绿色）	 包装标志 6 有毒气体标志 （符号：黑色；底色：白色）	 包装标志 7 易燃液体标志 （符号：黑色或白色；底色：正红色）	 包装标志 8 易燃固体标志 （符号：黑色；底色：白色红条）
 包装标志 9 自燃物品标志 （符号：黑色；底色：上白下红）	 包装标志 10 遇湿易燃物品标志 （符号：黑色或白色；底色：蓝色）	 包装标志 11 氧化剂标志 （符号：黑色；底色：柠檬黄色）	 包装标志 12 有机过氧化物标志 （符号：黑色；底色：柠檬黄色）
 包装标志 13 剧毒品标志 （符号：黑色；底色：白色）	 包装标志 14 有毒品标志 （符号：黑色；底色：白色）	 包装标志 15 有害品标志 （符号：黑色；底色：白色）	 包装标志 16 感染性物品标志 （符号：黑色；底色：白色）

续上表

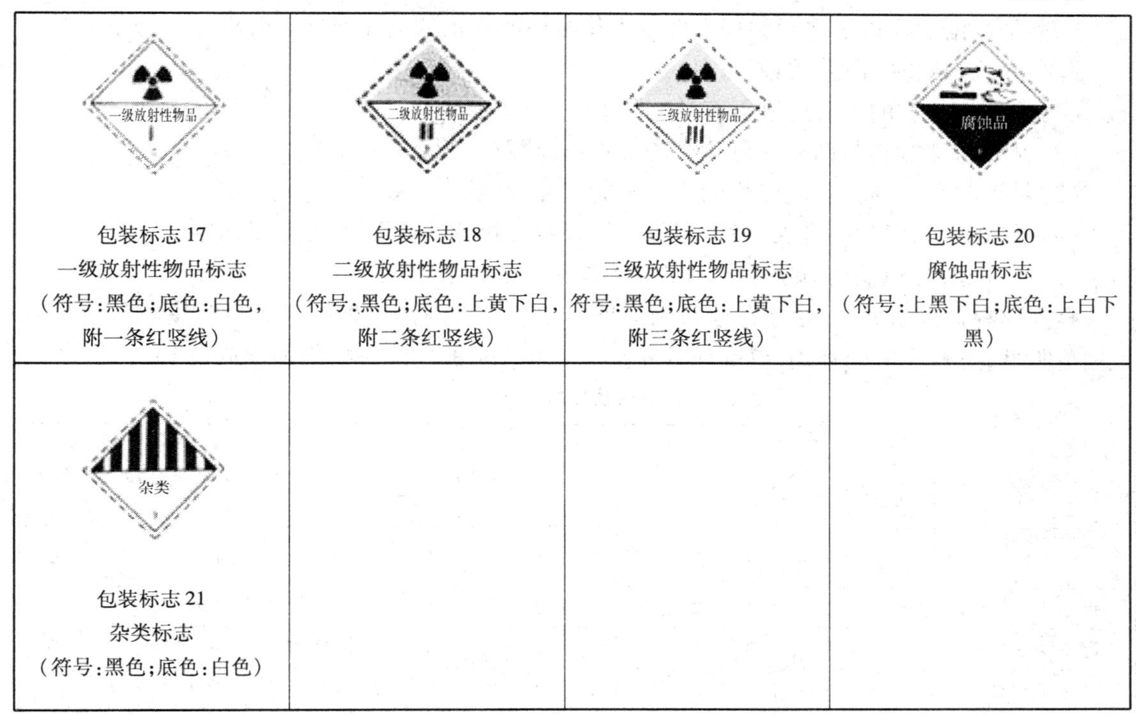

包装标志 17 一级放射性物品标志 （符号：黑色；底色：白色，附一条红竖线）	包装标志 18 二级放射性物品标志 （符号：黑色；底色：上黄下白，附二条红竖线）	包装标志 19 三级放射性物品标志 （符号：黑色；底色：上黄下白，附三条红竖线）	包装标志 20 腐蚀品标志 （符号：上黑下白；底色：上白下黑）
包装标志 21 杂类标志 （符号：黑色；底色：白色）			

2. 危险货物的仓储

1）危险货物的仓储管理

由于危险货物不同的理化性质及其各种危险性，使它的存放具有不同的特点，对仓库的要求也不同。

危险货物的专用仓库是专为存放不同的危险化学品设置的，在设计时，必须保证地面平坦、通风良好、干燥、防火。由于危险货物的保管对温度、湿度有严格的要求，因此，仓内必须保持相对低的温度，必要时，库内应安置温度、湿度监控仪，随时监控库内温度及湿度，一旦温度、湿度超过制定范围，即发出警报，并自动调整直至适宜为止。除此外，库房应配备相应的消防设备。

其次危险货物仓库在选址方面有严格的要求，首先应选择远离水源、火源；再者必须是地势平坦的地方，以便危险货物的安全出入和发生意外事故时及时救援；另外，货物应与普通货物的仓库分开来建设，防止对其他货物造成污染。

危险货物入库时要严格按照危险货物配装表里规定的进行，禁止把不可以配装的货物存在同一库内。仓库管理人员要熟悉各种危险货物的特性，掌握货物的配装性，以便及时发现和制止潜在的危险，并能采取应对措施。

危险货物存放时，应选取适当的保管方式，由专人负责管理。一方面要保持库内的清洁、干燥；另一方面要根据货物的不同性质，采用不同的堆放方式：例如压缩气体和液化气体存放时，气瓶平卧放置时，堆垛不得超过 5 层，瓶头要朝向同一方，瓶身要填塞妥实，防止滚动，立放时要放置稳固，防止倒塌。

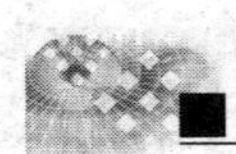

2)危险货物的隔离

隔离是根据危险货物之间的相容性或不相容性所规定的仓储或配装要求。各种危险货物在一起存放或积载时需遵循隔离原则。

(1)性质不相容的物品应进行有效的隔离。

(2)某种特殊货物与助长其危险性的货物不能配存、配载或配装。

(3)易燃物品与遇火可能爆炸的物品不能配存、配载或配装。

(4)性质相似,但危险性大,发生事故不易补救的货物不能配存、配载或配装。

(5)性质相似,但消防方法不同的货物不能配存、配载或配装。

仓库储存危险货物时,由于危险货物品种多、特性广,因而应根据各类危险货物的特性及其副危险性,进行相应的隔离,以确保其安全。不同类别的危险货物隔离表见表 15-5。

危险货物隔离表

表 15-5

类 别	1.1、1.2、1.5	1.3、1.6	1.4	2.1	2.2	2.3	3.0	4.1	4.2	4.3	5.1	5.2	6.1	6.2	7.0	8.0	9.0
爆炸品 1.1、1.2、1.5	*	*	*	4	2	2	4	4	4	4	4	4	2	4	2	4	0
爆炸品 1.3、1.6	*	*	*	4	2	2	4	3	3	4	4	4	2	4	2	2	0
爆炸品 1.4	*	*	*	2	1	1	2	2	2	2	2	2	0	4	2	2	0
易燃气体 2.1	4	4	2	0	0	0	2	1	2	0	2	2	0	4	2	1	0
无毒不燃气体 2.2	2	2	1	0	0	0	1	0	1	0	0	1	0	2	1	0	0
有毒气体 2.3	2	2	1	0	0	0	2	0	2	0	0	2	0	2	1	0	0
易燃液体 3	4	4	2	2	1	2	0	0	2	1	2	2	0	3	2	0	0
易燃固体 4.1	4	3	2	1	0	0	0	0	1	0	1	2	0	3	2	1	0
易自燃物质 4.2	4	3	2	2	1	2	2	1	0	1	2	2	1	3	2	1	0
遇水时放出易燃气体的物质 4.3	4	2	2	0	0	0	1	0	1	0	1	2	0	3	2	1	0
氧化性物质 5.1	4	4	2	2	0	0	2	1	2	2	0	2	1	3	1	2	0
有机过氧化物质 5.2	4	4	2	2	1	2	2	2	2	2	2	0	1	3	2	2	0
有毒物质 6.1	2	2	0	0	0	0	0	0	1	0	1	1	0	1	0	0	0
感染性物质 6.2	4	4	4	4	2	2	3	3	3	2	3	3	1	0	3	3	0
放射性物质 7	2	2	2	2	1	1	2	2	2	2	1	2	0	3	0	2	0
腐蚀品 8	4	2	2	1	0	0	0	1	1	1	2	2	0	3		0	0
杂类危险物质和物品 9	0	0	0	0	0	0	0	0	0	0	0	0	0	0	0	0	0

注:其中易燃固体包括自反应和固体退敏爆炸品,“隔离表”中代码和符号的含义如下:

0 —无一般隔离要求;1—远离;2—隔离;3—用一整个舱室或仓库隔离;4—用一介于中间的整个舱室或仓库做纵向隔离;*—详见 IMDG GOOD 第一类绪论中关于第一类货物的隔离。

1.1—1.6 为爆炸品的小类别;2.1－2.3 为气体的小类别;其他数字分别为九类危险品中的不同大、小类别。

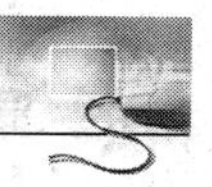

3)危险货物的分类储存

根据危险货物九大类的不同性质,仓库内危险货物的存放和保管应选取适当方式,见表 15-6 危险货物分类仓储表。

危险货物分类仓储表　　表 15-6

类别	名称	仓 储 方 法
1 类	爆炸品	爆炸品必须存放于专库内,库房应有避雷装置、防爆灯及低压防爆开关。仓库应由专人负责保管。库内应保持清洁,并隔离热源与火源,在温度 40℃ 以上时,要采取通风和降温措施。爆炸品的堆垛间及堆垛与库墙间应有 0.5m 以上的间隔。要避免日光直晒
2 类	压缩气体和液化气体	应存放于阴凉通风场所,防止日晒、油污,隔绝热源与火种。当库内温度超过 40℃ 时,应采取通风降温措施。气瓶平卧放置时,堆垛不得超过 5 层,瓶头要朝向同一方,瓶身要填塞妥实,防止滚动,立放时要放置稳固,防止倒塌
3 类	易燃液体	应存放于阴凉通风场所,避免日晒,隔绝热源和火种。堆放要稳固,严禁倒置。库内温度超过 40℃ 时,应采取通风降温措施。容器受热膨胀时,应浇洒冷水冷却,必要时要移至安全通风处放气处理
4 类	易燃固体、自燃物品和遇湿易燃物品	易燃固体、自燃物品和遇湿易燃物品应存放于阴凉、通风、干燥场所,防止日晒,隔绝热源和火种,与酸类、氧化剂必须隔离存放。严禁露天存放遇湿易燃物品。黄磷宜在雨棚中固定货位存放
5 类	氧化剂和有机过氧化物	应存放于阴凉通风场所,防止日晒、受潮,远离酸类和可燃物,特别要远离硫磺、硝化棉、发孔剂 H、金属粉等还原性物质。亚硝酸盐类与其他氧化剂应分库或隔离存放。堆垛不宜过高过大,注意通风散热。库内货位应保持清洁,对搬出后的货位,应清扫干净
6 类	毒害品和感染性物品	应存放在阴凉、通风、干燥的库内,不得露天存放。与酸类应隔离存放,严禁与食品同库存放。必须加强管理,严防丢失和发生误交付。对剧毒品的管理另有严格规定,在铁路运输管理中严格按照《铁路剧毒品运输跟踪管理暂行规定》(铁运[2002]21 号)办理
7 类	放射性物品	存放放射性货物的仓库(或专用货位)应通风良好、干燥、地面平坦。仓库应有专人管理,放射性包装件必须按规定码放。遇到燃烧、爆炸可能危及放射性货物安全时,应迅速将放射性货物转移至安全位置,并派专人看管
8 类	腐蚀性物品	应存放在清洁、通风、阴凉、干燥场所,防止日晒、雨淋。堆放要牢固。应保持堆放处清洁,不得留有可燃物、氧化剂等
9 类	杂类	根据不同的种类和性质,选用不同的存放保管方式

3. 危险货物搬运装卸

1)危险货物的配装和相容性

由于危险货物品种多、特性广,不同种类的危险品混装运输或同类不同项的危险货物混装运输都可能引发爆炸、燃烧等事故,而如果某些不同类的或同类不同项的危险品能同时载运而不会发生事故或某种情况下不致扩大事故,则可以认为这些危险品是"相容的"或"可配装的"。根据这一原则,第一类爆炸品再分成六小类的基础上又被分成若干配装类,用英文字母从 A——L(不包括 I),再加上 N 和 S 表示(见表 15-7 配装类和类别符号)。以下主要介绍各类危险货物之间的配装要求。根据危险货物的性质、包装条件、运输条件、事故的施救等因素制定了配装表,配装表包括危险货物的种类和品名、品名编号、配装号、配装条件和注释等内容。

危险货物配装类和配装符号　　表 15-7

物质和物品配装类说明	配装类	类别符号
初级爆炸物质	A	1.1A
含初级爆炸物质的物品,且不含两个或两个以上有效地保护装置	B	1.1B,1.2B,1.4B
抛射爆炸物质或其他爆炸物质或含有这些物质的物品	C	1.1C,1.2C,1.3C,1.4C
次级爆炸物质、黑火药或含有次级爆炸物质的物品,无引发装置和发射火药,或含有初级爆炸物质和两个或两个以上有效保护装置的物品	D	1.1D,1.2D,1.4D,1.5D
含有次级爆炸物质的物品,无引发装置,有发射火药(含易燃液体和胶体、自然液体除外)	E	1.1E,1.2E,1.4E
含次级爆炸物质的物品,自带引发装置,有推进火药(含易燃液体和胶体、自然液体除外)	F	1.1F,1.2F,1.3F,1.4F
自然物质或含自然物质的物品,或同时含有一种爆炸物质和一种照明、燃烧、催泪或发烟物质的物品(水激活物品或含白磷、磷化物、自然物质、易燃液体和胶体、自然液体除外)	G	1.1G,1.2G,1.3G,1.4G
同时含有一种爆炸物质和一种易燃液体或胶体的物质	J	1.1J,1.2J,1.3J
同时含有一种爆炸物质和一种有毒化学制剂的物品	K	1.2K,1.3K
爆炸物质或含有一种爆炸物质的物品,呈现出特殊危险(例如:由于水激活或存在自然液体、磷化物或一种自然物质),需要被隔离的物品	L	1.1L,1.2L,1.3L
只含极不敏感爆炸物质的物品	N	1.6N
经如此包装或设计的物质或物品,因事故引起的危险作用仅限于包件内部,当包件被烧坏时,一切爆炸和抛射效应不会严重影响和阻碍在包件附近救火或采取其他措施	S	1.4S

2)危险货物搬运装卸

危险货物品种繁多,性质各异,因此对装运和保管的要求也各不相同。在进行危险货物装卸搬运的时,首先应选取与货物性质相近(不会发生反应使货物变质)的工具,并采取防火花、

防腐蚀、防辐射涂层等防护措施，同时做好人身防护工作。作业时用轻拿轻放，不得碰撞、撞击、拖拉、翻滚等，搬运完毕必须及时清理仓库，保持仓库的清洁。除此之外，应注意各类危险品有特殊的安全装卸作业要求。

15.2　超限货物运输组织

超限货物在货运总量中所占比重不大，但由于这类货物在体积、质量上往往超过普通车辆的载重量或容积，甚至超过公路、桥梁的净空界及通过能力，所以在运输超限货物时的安全、质量、效率问题尤为突出，组织好超限货物运输具有重要意义。

15.2.1　超限货物概述

超限货物又称长大笨重货物(Bulky and Length Cargo、Heave Cargo)、大型特型笨重货物、大件或大型物件。这些货物是其外形尺寸和重量超过常规(指超长、超宽、超重、超高)车辆、船舶装载规定的大型货物。如，公路货物运输中的超限货物是指单件(含因货物性质或托运人要求不能分割、拆散的组合件和捆扎件，下同)符合下列条件之一的货物；

(1)长度在 14m 以上、或宽度在 3.5m 以上、或高度在 3m 以上的货物。

(2)重量在 20t 以上的单体货物或不可解体的成组(捆)货物。

在铁路运输中，如一件货物装车后，在静止或运行的条件下，货物的任何部位超出机车车辆限界或特定区段装载限界，均称为超限货物。具体可分为三种情况：

(1)一件货物装车后，在平直线路上停留时，货物的高度和宽度有任何部位超出机车车辆限界，称为超限货物。

(2)一件货物装车后，在平直线路上虽然不超限，但当行经在半径 300m 的曲线线路上时，货物的计算宽度超出机车车辆限界时，亦属超限货物。

(3)一件货物装车后，虽然在平直线路或行经在半径为 300m 的曲线线路上均未超出机车车辆限界，但当货车行经在特定区段时，货物的高度或宽度超出特定区段的装载限界时，也属于超限货物。

1. 超限货物的特点

一般来说，超限货物有以下特点。

(1)装载后车与货的总重量超过所经路线桥涵、地下通道的现在标准。

(2)货物宽度超过车辆界限。

(3)载货车辆最小转弯半径大于所经路线设计弯道半径。

(4)装载总高度超过 5m，通过电气化铁路平交道口时，装载总高度超过 4.2m；通过无轨电车线路时，装载总高度超过 4m；通过立交桥和人行天桥时，装载总高度超过桥下净空限制高度。

2. 超限货物的分级

超限货物是一个总称，包括不同种类，有的是超高货物，有的是超常货物，有的则是超重、超宽货物，这些货物对运输工具、运输组织的要求各异。为了保证运输安全和管理的需要，一些运输方式有必要根据超限货物的主要特性进行分类。如交通部现行规定，公路大件按其外形尺寸和重量分为四级。大型物件的级别,按其长、宽、高及重量四个条件中级别最高的确定。长大笨重货物分级见表 15-8。

长大笨重货物的分级 表 15-8

大件级别	重量(t)	长度(m)	宽度(m)	高度(m)
一级	20 ~ (100)	14 ~ (20)	3.5 ~ (4.5)	3 ~ (3.8)
二级	100 ~ (200)	20 ~ (30)	4.5 ~ (5.5)	3.8 ~ (4.4)
三级	200 ~ (300)	30 ~ (40)	5.5 ~ (6.0)	4.4 ~ (5.0)
四级	300 以上	40 以上	6.0 以上	5.0 以上

注:1. "括号数"表示该项参数不包括括号内的数值;

2. 货物的重量和外廓尺寸中,有一项达到表列参数,即为该级别的超限货物,货物同时在外廓尺寸和重量达到两种以上等级时,按高限级别确定超限级别。

15.2.2 超限货物运输的特殊性

货物运输最基本的要求就是要保证所运货物能够安全可靠、准确经济地到达目的地。由于超限货物运输对象的特殊性,在这一点上更需要精益求精,必须保证将货物"完整无损、万无一失"地由装车地运到卸车点。而且,由于超限货物所具有的特点,同时决定了超限货物运输有以下特殊性。

1. 超限运输

基于超限货物的特点,其运输组织与一般货物运输有所不同,它的超限运输的特点对装载、运输条件和安全保证有三方面特殊的要求。

(1)特殊装载要求。超限货物运输对装载也有特殊要求,一般情况下超重货物装载在超重型挂车上,用超重型牵引车牵引,而这种起重型车组是非常规的特种车组,车组装上超限货物后,往往重量和外形尺寸大大超过普通汽车、列车,因此,超重型挂车和牵引车都是用价格昂贵的高强度钢材和大负荷轮胎制成。

(2)特殊运输条件。超限货物运输对运输条件有特殊要求,途经道路和空中设施必须满足所运货物车载和外形的通行需要。道路要有足够的宽度、净空以及良好的曲度。桥涵要有足够的承载能力。这些要求在一般道路上往往难以满足,必须事先进行勘测,运前要对道路相关设施进行改造,如排除地空障碍、加固桥涵等,运输中采取一定的组织技术措施,采取分段封闭交通,大件车组才能顺利通行。

(3)特殊安全保证。超限货物一般均为国家重点工程的关键设备,因此超限货物运输必须确保安全,万无一失。其运输过程是一项系统工程,要根据有关运输企业的申请报告,组织有关部门、单位对运输路线进行勘察筛选;对地空障碍进行排除;对超过设计荷载的桥涵进行加固;指定运输护送方案;在运输中,进行现场的调度,搞好全程护送,协调处理发生的问题;所运大件价值高、运输难度大,牵涉面广,所以受到各级政府和领导、有关部门、有关单位和企业的高度重视。

2. 高风险运输

超限货物运输的高风险,首先是来自价格特别昂贵的货物本身。这些货物制造周期特别长,而且往往是投资几亿,甚至上百亿元的重大工程的配套设备,例如大型燃煤发电站

配套所必需的发电机定子或变压器，缺了它们，工程就不能按时发挥投资效益，从而对国民经济的发展造成不可估量的影响。所以超限货物运输最主要的就是要保证所运货物绝对安全地到达目的地。但是超限货物运输安全的保证，是由超限货物车的设计性能、特定的超限货物装载加固设计的可靠性及线路条件等综合因素所决定的。而超限货物的规格、形状、重量及重心距轨面高度又各不相同。每次运输，即使所承运车辆相同，但是货物的装载加固方式、重车重心距轨面高度、装载后的超限程度、运输线路及桥梁状况也不尽相同或完全不同，甚至是同样的货物，同样的装载加固方式，同样的运行线路，第一次运输成功，第二次运输仍可能出现不安全因素，这就需要每一件超限货物都要为其设计相应的专用装运方案。因此，每次运输都具有风险性。

3. 高成本运输

由于超限货物运输是超机车车辆限界的运输，特别是对某些特大货物还是超界限运输，再加上货物特重，因此，对某些承载等级低的老式桥梁及某些线路区段，需要进行加固改造，而这种线、桥加固改造的费用有时是很高的。而且，由于超限货物运行速度低，经常会影响道路的正常通过能力，干扰道路正常的运输秩序，从而对道路尤其是高等级公路的运营产生影响。另外，对超限货物运输沿途经过的某些障碍物，例如信号机等需要扳倒，某些障碍物需要拆除等，这需要通过收取运输干扰费来做部分补偿。总之，超限货物运输对工务和运输部门的要求是极高的，而为此所需的费用也是巨大的。

15.2.3　超限货物运输组织

1. 超限货物运输对车辆的要求

运输超限货物货物时，通常都要采取相应的技术措施和组织措施。鉴于超限货物货物的特点，对于装运车辆的性能和结构，货物的装载和加固技术等都有一定的特殊要求，为了保证货物和车辆的完好，保证车辆运行安全，必须满足下列技术条件。

(1)货物的装卸应尽可能选用适宜的装卸机械，装车时应使货物的全部支撑面均匀地、平稳地放置在车辆底板上，以免损坏大梁。

(2)载运货物的车辆，应尽可能选用大型平板车等专用车辆。除了有特殊规定者外，装载货物的质量不得超过车辆的核定吨位，其装载的长度、高度、宽度不准超过规定的装载界限。

(3)支重面不大的笨重货物，为使其质量能均匀的分布在车辆的底板上，必须将货物安置在纵横垫木上，或相当于起垫木作用的设备上。

(4)货物的重心应尽量置于车底板纵、横中心线的垂直线上，如无可能时，则对其横向位移应严格限制；纵向位移在任何情况下必须保证负荷较重一端轮对或转向架的承载质量不超过车辆设计标准。

(5)重车重心高度应有一定的限制，重车重心如偏高，除应认真进行装载加固外，还应采取配重措施以降低重心的高度。车辆应限速行驶。

超限货物货物在运输时，比普通货物更易受到外界各种外力的作用，如纵向惯性力、横向力、垂直惯性力、风力、车板与重物支撑面之间的摩擦力等，这些外力综合作用往往会使货物发生水平移动，滚动甚至倾覆。因此在运输超限货物货物时，除应考虑他们之间合理装载的技术条件外，还应重视货物质量、形状、大小、重心高度、车辆和道路条件、运送速度等具体情况，采

用相应的加固捆绑措施。

2. 超限货物运输的业务流程

依据超限货物运输的特殊性，其组织工作环节主要包括托运与承运、理货、验道、制定运输方案、签订运输合同、装车组织、超限车的运行以及运输结算等环节。

1）托运与承运

由大型物件托运人（单位）向已取得大型物件运输经营资格的运输业户或其代理人办理托运，托运人必须在（托）运单上如实填写大型物件的名称、规格、件数、件重、起运日期、收发货人详细地址及运输过程中的注意事项。凡未按上述要求办理托运或运单填写不明确，由此发生运输事故的，由托运人承担全部责任。

货物承运，是指承运方对托运的货物进行审核、检查、登记等受理运输业务的工作过程。在与托运人签订运输要约后，大件运输企业必须对货物进行理化作业，即对货物的几何形状、重量和重心位置事先进行了解，取得可靠数据和图样资料的工作过程。通过理货工作分析，为确定超限货物超限级别及运输形式、查验道路以及制订运输方案提供依据。

2）理货作业

理货工作的主要内容包括：调查大型物件的几何形状和重量、调查大型物件的重心位置和质量分布情况、查明货物承载位置及装卸方式查看特殊大型物件的有关技术经济资料，以及完成书面形式的理货报告。

3）验道

验道工作的主要内容包括：查验运输沿线全部道路的路面、路基、纵向坡度、横向坡度及弯道超高处的横坡坡度、道路的竖曲线半径、通道宽度及弯道半径，查验沿线桥梁涵洞、高空障碍，查看装卸货现场、倒载转运现场，了解沿线地理环境及气候情况。根据上述查验结果预测作业时间，编制运行路线图，完成验道报告。

4）制订运输方案

在充分研究、分析理货报告及验道报告基础上，制订安全可靠、可行的运输方案。其主要内容包括：配备牵引车、挂车组及附件，配备动力机组及压载块，确定限定最高车速，制订运行技术措施，配备辅助车辆，制订货物装卸与捆扎加固方案，制订和验算运输技术方案，完成运输方案书面文件。

5）签订运输合同

根据托运方填写的委托运输文件及承运方进行理货分析、验道、制订运输方案的结果，承托双方签订书面形式的运输合同，其主要内容包括：明确托运与承运甲乙方、大型物件数据及运输车辆数据、运输起讫地点、运距与运输时间，明确合同生效时间、承托双方应负责任、有关法律手续及运费结算方式、付款方式等。

6）线路运输工作组织

线路运输工作组织包括：建立临时性的大件运输工作领导小组负责实施运输方案，执行运输合同和相应对外联系。领导小组下设行车、机务、安全、后勤生活、材料供应等工作小组及工作岗位，并组织相关工作岗位责任制，组织大型物件运输工作所需牵引车驾驶员、挂车操作员、修理工、装卸工、工具材料员、技术人员及安全员等，依照运输工作岗位责任及整体要求认真操作、协调工作，保证大件运输工作全面、准确完成。

7)装车组织

运输业户对托运人所托运的货物进行装车前的测量。根据测量数据合理选择计划装车方案。根据货物的外形、重量和结构特点,结合装运车辆的技术条件,综合考虑装车方案。

(1)选择装车方案。根据货物外形情况研究顺装、横装或立装等方案,以确定最有利的装载方法。

(2)对货物采取措施。必要时应采取改变货物包装、解体货物或某个部件的措施,以降低超限等级。

8)长大车的运行组织

运行作业主要包括重车运行、途中货载的检查及异常事故的处理。异常情况的处理主要指重车继续运行或继续货物运送有碍运输安全时须做出的处理,如货物装载移位、运输阻碍的处理等。

9)运输统计与结算

运输统计指完成大型物件运输工作各项技术经济指标统计,运输结算即完成运输工作后按运输合同有关规定结算运费及相关费用。

3. 超限货物运输的线路组织工作

大型超限设备的运输是特种运输,涉及面广,牵扯到沿途的公路、桥梁、公安、交通、通信、电力、政等多家部门,是一项复杂的系统工程。为保证车辆的出行安全,设备的顺利运至施工现场,应做到如下要求。

(1)运行中挂车及设备的四周要放置明显的标志,白天悬挂三角旗,夜间车辆不允许在道路上停放。

(2)车组通过交叉口、铁道口和繁华路段,安全人员要配合当地交通民警进行疏导车辆工作,维护交通以便车组安全通过。

(3)为保证设备在途中的运输安全,在大型运载车组前面要设一部模拟车兼架线车,模拟车两侧腰装有探测杆,杆的顶端设有接触触发信号装置,一旦碰到高空障碍,模拟杆的高度调整到行驶时设备的运行高度,车上还应配有架线杆和架线托架,沿途线缆高度不够时,随时进行托架。

(4)穿越大城市应夜间进行,经过无轨电车线路的路段,要选择在 23 时至凌晨 5 时电车停运的时间通过。

(5)沿途更换轮胎等需要停车时,特别是在高速公路上停车,应在车尾放置安全标志(大型停车牌),并派安全人员在车后疏导过往车辆。

(6)由于大型运载车组行驶速度较慢,在高速公路上行驶时,车组后方护卫车要打开警告灯,提示后面车辆注意,防止追尾事件发生。

(7)为保证设备的绝对安全,大型运输车时速为平坦道路 30km,车辆交会时,时速限制在 8km,普通行驶时速 20km,整个运输过程中严禁紧急制动、急加速。通过桥梁时,时速限制为 5km,配有开道联络车随进监测道路情况,山路不允许停车,监护人员做好前后的防护。

(8)为了保证车辆、设备、桥梁的安全,大型车组通过跨度较大的桥梁时,要断路通过,使桥上只行驶大型车辆,不准其他车辆同时在桥上行驶,车组在桥上时速 5km,居中匀速慢行,不准加速,不准换挡,不准停车,以减少对桥梁的冲击载荷。

(9)通过上下坡及弯道前,运行车辆必须进行全面的检查,尤其要保证制动系统良好,其他随车人员必须随车跟进,随时做好掩车准备,此外,开道安全人员必须做好封闭道路工作,以防止意外事件或造成中途停车。

(10)沿途每隔50km,安全技术人员须对行驶车辆进行检查,发现问题及时处理。

(11)为保证运输车辆不出意外,运输过程中要请当地公安交警和路政部门派警车护送,特别是在上、下高速公路前后,经过人口密集地区派警车开道,以保证交通顺畅。

(12)为保证运输车辆及货物的安全,必须为设备办理足额货物运输安全险;必须在运输前将货物用防水篷布完全包住,以防止在路上遇到大雨、下雪天气,对货物造成损坏;需在设备尾部安装三维冲击记录仪,因车辆后部震动最大,冲击仪装在此处记录的数据最准确,可以监测运输途中设备垂直、水平和侧向的速度。

15.3 其他特种货物运输组织

特种货物除了危险货物、超限货物之外,比较典型的还有鲜活货物以及贵重货物。以下简单介绍这两种货物运输组织的基本要求。

15.3.1 鲜活货物运输组织

1. 鲜活货物概述

鲜活货物分为易腐货物和活动物两大类。

第一类是易腐货物,是指货物的价值与时间密切相关的货物。这一类货物主要有两种:一是物品本身容易腐烂变质,对运输时间要求严格。如:鲜花、海鲜、应时水果、肉、蛋、奶、鲜蔬菜、冰、鲜活植物等,按其热状态又分为:冻结货物;冷却货物和未冷却货物。二是物品价值与时间密切相关,对进入市场的时间要求快。如某些商品,进入市场时间越早,越能够抢占市场;或希望在市场需求处于最佳时机投放市场,可以取得最佳经济效益。

第二类是活动物,包括禽、畜、兽、蜜蜂、活鱼以及鱼苗等。

鲜活货物在运输中具有以下特点。

(1)效性强,必须在最快的时间内运达,才能防止死亡和腐烂变质,或者通过时间获得市场价值,以取得更多利润。

(2)运输过程中要进行各种特殊处理,如换水、降温、通风等。

(3)在运输过程中一般要求低温,甚至冷冻;冷藏运输中要注意著名的“T、T、T”理论,即时间(Time)、温度(Temperature)和食品的允许变质量(或耐藏性)(Tolerance),同时注意这三者之间的紧密关系。

(4)季节性强,特别是水果、蔬菜类,受季节变化影响,货源波动性大。

(5)这一类货物运输的货主对运输价格比较敏感,远远高于急快件运输。因此运输企业必须合理定价,以扩大发展这一运输市场。

2. 鲜活货物运输组织

鲜活货物在运输中需要采取相应的保鲜、保活措施,并在规定期限内运抵目的地。良好的运输组织工作,对保证鲜活货物的质量十分重要。承运鲜活货物时,应由起运点货运员对托运

货物的质量、状态进行认真的检查。要求质量新鲜，包装合乎要求，热状态符合规定。托运鲜活易腐货物时，发货人须向承运人提出最长时间的运到期限，并在托运单上注明；承运人应根据发货人的要求和承运方的可能等情况，及时地安排适宜车辆予以装运。承运人在接受承运鲜活货物的同时，也要根据货物的种类、运送季节、运送距离和运送方向确定相应的运输组织方法，如选择使用的车辆、确定货物装载方法和沿途提供的服务等。

15.3.2　贵重货物运输组织

1. 贵重货物概述

贵重货物包括各类黄金首饰、珠宝玉石及其制品、稀贵金属及其制品、珍贵文物、现钞、有价证券。国内运输中，声明价值为毛重每千克(或者等于)人民币 2 000 元的物品，国际运输中，声明价值为毛重每公斤超过(或者等于)1 000 美元的物品，也属于贵重物品。

黄金首饰、珠宝玉石的范围包括各种金银珠宝首饰和经采掘、打磨、加工的各种珠宝玉石。珠宝首饰包括以宝石、珍珠、钻石、翡翠、珊瑚、玛瑙等贵重物质及其制作的各种纯金银首饰及镶嵌首饰。珠宝玉石包括钻石、珍珠、松石、青金石、欧泊石、橄榄石、长石、玉、石英、玉髓、石榴石、锆石、尖晶石、黄玉、碧玺、金绿玉、绿柱石、刚玉、琥珀、珊瑚、煤玉、龟甲等。这里所述的黄金首饰、珠宝玉石不包括各种人造宝石及其制品。

稀贵金属包括：黄金、白金、铱、铑、钯等；黄金(包括提炼或未提炼的金锭)、混合金、金币以及各种形状的黄金制品(如金粒、片、粉、绵、线、条、管、环)和黄金铸造物；白金即铂；白金类金属及各种形状的白金类金属合金，以及以上金属及其合金的放射性同位素，属于危险品的，应按危险品运输的有关规定办理。

珍贵文物包括：书、画、古玩等。

2. 贵重货物的运输要求

贵重货物在运输过程中对运输人员及包装都有特殊的要求。

1)对运输人员的要求

根据货物的性质，在运输过程中需要专人照料、监护的货物，托运人应当派人押运，否则，承运人有权不予承运。押运员应当履行承运人对押运货物的要求并对货物的安全运输负责。贵重货物运输的操作人员的应有严格的准入标准，主要包括：

——品行端正、遵纪守法、无劣迹、无不良行为；

——身体健康、机智敏捷、文化程度较高；

——要经过严格的培训才能上岗；

——工作时养成良好的作风，严格按照操作规程工作，强化组织纪律观念；

——负责人要经常对员工进行思想教育，奖惩分明。

2)对运输包装的要求

承运贵重货物时，要认真检查包装、封志是否完好，如有缺陷，应请托运人改善后方可承运。货运单的“储运注意事项”栏应加盖或者注明“贵重物品”的戳记或者字样。

贵重货物应当使用坚固、严密的包装箱包装，原包装上不得有其他粘贴物，外面加“井”字形包装带加固。包装箱接缝处必须有铅封或者火漆封志，封志要完好，封志上要有托运人的特别印记。包装箱的长、宽、高之和不得小于 40cm。外包装上不得使用粘贴标签或者其他粘贴物,每件货物上应使用两个挂牌,拴挂在货物的两侧。托运人应当在外包装上清楚地写明货运单号码、件数、重量、收货人、托运人的姓名、地址、电话。货物的外包装上不得有任何显示货物性质的标志。包装箱内必须放置足够的衬垫物,保证箱内物品不致移动和互相碰状。

3. 贵重货物的运输组织

贵重货物本身价值昂贵,如货币及有价证券、贵重金属、精密仪器、高档电器、珍贵艺术品等,在运输、装卸、保管中要特别注意安全,做好防范工作,谨防货损货差。因此,贵重货物在运输过程中,承运人必须承担较大经济责任。托运贵重货物时,托运人按货物实际价值,自行选择保险或保价的一种,在运单上准确填写投保货物的声明价格;为确保运输安全,托运人应对物品属性以及运输、装卸、保管注意事项和运抵时间期限等提出特约要求以利承运人重视。贵重货物包装必须完好、牢固;在装载时必须做到轻搬、轻装,大不压小、重不压轻、标志朝外、箭头向上;货物间积载稳妥,不留空隙,质量分布均衡;严禁超高、超载,油布捆扎牢固,谨防湿损。为确保货物安全,尽可能进行快运,因此贵重货物一般选择航空或是公路运输。

复习思考题

1. 特种货物包括哪些类型?
2. 危险货物包括哪几类? 试介绍它的基本特性和类别特性。
3. 如何进行危险货物的运输组织?
4. 超限货物包括哪几类? 它的基本特性和类别特性分别是什么?
5. 如何进行超限货物的运输组织?
6. 分别阐述鲜活货物与贵重货物运输的基本要求。

参考文献

[1] 沈志云,邓学钧. 交通运输工程学. 北京:人民交通出版社,2003
[2] 邵振一,董千里. 道路运输组织学. 北京:人民交通出版社,1998
[3] 陈志红等. 运输组织技术. 北京:人民交通出版社,2003
[4] 李维斌等. 公路运输组织学. 北京:人民交通出版社,2002
[5] 任科社等. 交通运输系统规划. 北京:人民交通出版社,2005
[6] 陈贻龙等. 运输组织学. 北京:人民交通出版社,2003
[7] 董千里. 高级物流学. 北京:人民交通出版社,2006
[8] 张超等. 交通港站与枢纽. 北京:中国铁道出版社,2004
[9] 道格拉斯·兰伯特. 物流管理. 北京:电子工业出版社,2005
[10] 毛保华. 城市轨道交通系统运营管理. 北京:人民交通出版社,2006
[11] 张国宝. 城市轨道交通运营组织. 上海:上海科学技术出版社,2006
[12] 赵杰,李风军. 我国大城市轨道交通的票价体系. 城市轨道交通研究,2003.(6)
[13] 朱沛. 航空货物运输教程. 北京:兵器工业出版社,2004
[14] 李晓津,孔令宇,张晓全. 民航旅客运输学. 北京:兵器工业出版社,2005
[15] 纪华民. 国际货运代理实务. 大连:大连海事大学出版社,2003
[16] 刑金有. 国际航运概论. 大连:大连理工大学出版社,2004
[17] 王述英. 物流运输组织与管理. 北京:电子工业出版社,2006
[18] 谢新连. 船舶运输管理与经营. 大连:大连海事大学出版社,1997
[19] 高玉德. 船舶运营成本控制. 北京:人民交通出版社,1999
[20] 赵刚. 国际航运管理. 上海:上海海运学院出版社,1996.10
[21] 胡美芬,王义源. 远洋运输业务. 北京:人民交通出版社,2006
[22] 纪华民. 国际货运代理实务. 大连:大连海事大学出版社,2005
[23] 王学锋,殷明. 国际海上货物运输. 上海:同济大学出版社,2005
[24] 吴百福. 进出口贸易实务教程(第四版). 上海:上海人民出版社,2005
[25] 李玉如. 国际货运代理与业务. 北京:人民交通出版社,2005
[26] 武德春. 集装箱运输实务. 北京:机械工业出版社,2003
[27] 董千里. 特种货物运输. 北京:中国铁道出版社,2007
[28] 刘敏文,范贵根等. 危险货物运输管理教程. 北京:人民出版社,2002
[29] 万志坚. 物流技术. 广州:广东出版集团,2005
[30] 林自葵. 物流信息系统. 北京:清华大学出版社,2004
[31] 程国泉等. 物流信息系统规划. 北京:中国物资出版社,2004
[32] 郑全成. 运输与包装. 北京:清华大学出版社,2005
[33] 杨占林. 国际货物运输操作规范. 北京:中国对外经济贸易出版社,2002
[34] 国际航运管理人员培训教材编写委员会. 国际航运管理基础知识. 北京:人民交通出版社,2005

[35] 张国伍. 交通运输系统分析. 成都:西南交通大学出版社,1991.12
[36] 彭辉,朱力争. 综合交通运输系统及规划. 成都:西南交通大学出版社,2006.8
[37] 杨兆升. 交通运输系统规划. 北京:人民交通出版社,1998
[38] 陆化普等. 交通规划理论与方法. 北京:清华大学出版社,2006
[39] 关强,胡永举等. 交通运输技术管理. 北京:人民交通出版社,2004
[40] 宋瑞. 交通运输设备. 北京:中国铁道出版社,2003
[41] 佟立本. 交通运输设备. 北京:中国铁道出版社,2003
[42] 徐大振. 交通运输管理概论. 北京:人民交通出版社,2003
[43] 姚新超. 国际贸易运输. 上海:对外经济贸易大学出版社,2003